JN104718

Z-KAI

改訂第3版

実力をつける
地理
100題

問　題　編

Z会出版編集部編

この問題集のねらい

地理で入試を受けようと思っている皆さん。とくに地理を得点源にしたい，あるいは苦手な地理を克服したいと，授業以外に自ら取り組んでいる皆さんに本書をお届けします。入試のスタイルはマークセンス方式から論述問題まで多様です。また，内容も大学によって総合的な理解や深い地理的視野を問うところ，細かい知識の集積がモノをいうところ，と様々です。皆さんは志望校に合格するという自分の目標を達成するために，より効率的な学習はないものか，と思案しているのではないでしょうか。

そのために，知識重視型であれば用語集で単語を暗記することが，論述型であれば論述問題とひたすら格闘することが，それぞれの近道だと考えるかもしれません。しかし，入試対策においては，個々の事項の持つ意味をいったん系統的にきっちりと理解することが，最短の道であり，それが多様な出題形式に対応できる応用力を養う土台にもなるのです。

本書では，①地理の基礎をがっちり固める，②知識を活用する力（実戦力）をみがく，③論述力を養成する，の3点に主眼を置き，これらを「実際に問題を解きながら身につける」という方法で実践します。

以上のような考えから，本書は地理を系統的に理解するための重要なテーマ（入試における頻出テーマでもある）ばかりを取り上げました。問題は，Z会オリジナル問題90題と入試問題10題の計100題を厳選しています。テーマ問題の強みは，各事項が有機的なつながりをもって理解でき，また設問で問われた事項ばかりでなく，関連事項まで派生的に想起できることです。これにより，単なる知識の蓄積にとどまらず，論述問題を解くための視点や考え方も身につけることができます。また，別冊の解答・解説では正解を導くために必要な知識や考え方を詳しく説明しましたので，きちんと復習を行うこともできます。とくに論述問題については，解説を充実させることで，書くべきポイントや論述の組立て方についての理解を深めることができるようになっています。

皆さんが本書を十二分に活用して，出題形式や傾向の変化に左右されることのない「実力」を蓄えること，また地理の面白さを堪能してくれることを願ってやみません。

Z会出版編集部

目　次

本書の利用法

●要点・問題編

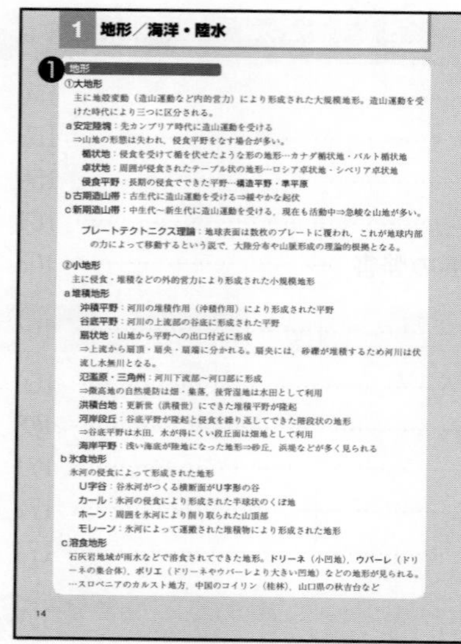

1 地形／海洋・陸水

❶ 地形

①大地形

主に地殻変動（造山運動など内的営力）により形成された大規模地形。造山運動を受けた時代により三つに区分される。

a 安定陸塊：先カンブリア時代に造山運動を受ける
⇒山地の形態は失われ，侵食平野をなす場合が多い。
楯状地：侵食を受けて楯を伏せたような形の地形…カナダ楯状地・バルト楯状地
卓状地：周囲が侵食されたテーブル状の地形…ロシア卓状地・シベリア卓状地
侵食平野：長期の侵食でできた平野…構造平野・準平原

b 古期造山帯：古生代に造山運動を受ける⇒緩やかな起伏

c 新期造山帯：中生代～新生代に造山運動を受ける，現在も活動中⇒急峻な山地が多い。

プレートテクトニクス理論：地球表面は数枚のプレートに覆われ，これが地球内部の力によって移動するという説で，大陸分布や山脈形成の理論的根拠となる。

②小地形

主に侵食・堆積などの外的営力により形成された小規模地形

a 堆積地形
沖積平野：河川の堆積作用（沖積作用）により形成された平野
谷底平野：河川の上流部の谷底に形成された平野
扇状地：山地から平野への出口付近に形成
⇒上流から扇頂・扇央・扇端に分かれる。扇央には，砂礫が堆積するため河川は伏流し水無川となる。
氾濫原・三角州：河川下流部～河口部に形成
⇒微高地の自然堤防は畑・集落，後背湿地は水田として利用
洪積台地：更新世（洪積世）にできた堆積平野が隆起
河岸段丘：谷底平野が隆起と侵食を繰り返してできた階段状の地形
⇒谷底平野は水田，水が得にくい段丘面は畑地として利用
海岸平野：浅い海底が陸地になった地形⇒砂丘，浜堤などが多く見られる

b 氷食地形
氷河の侵食によって形成された地形
U字谷：谷氷河がつくる横断面がU字形の谷
カール：氷河の侵食により形成された半球状のくぼ地
ホーン：周囲を氷河により削り取られた山頂部
モレーン：氷河によって運搬された堆積物により形成された地形

c 溶食地形
石灰岩地域が雨水などで溶食されてできた地形。ドリーネ（小凹地），ウバーレ（ドリーネの集合体），ポリエ（ドリーネやウバーレより大きい凹地）などの地形が見られる。
…スロベニアのカルスト地方，中国のコイリン（桂林），山口県の秋吉台など

14

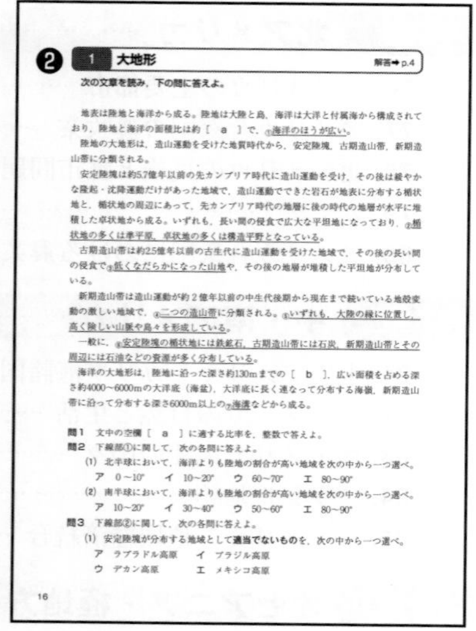

❷ 1 大地形 解答➡p.4

次の文章を読み，下の問に答えよ。

地表は陸地と海洋から成る。陸地は大陸と島，海洋は大洋と付属海から構成されており，陸地と海洋の面積比は約［ a ］で，①海洋のほうが広い。

陸地の大地形は，造山運動を受けた地質時代から，安定陸塊，古期造山帯，新期造山帯に分類される。

安定陸塊は約5.7億年以前の先カンブリア時代に造山運動を受け，その後は緩やかな隆起・沈降運動だけがあった地域で，造山運動でできた岩石が地表に分布する楯状地と，楯状地の周辺にあって，先カンブリア時代の地層に後の時代の地層が水平に堆積した卓状地から成る。いずれも，長い間の侵食で広大な平坦地になっており，②楯状地の多くは準平原，卓状地の多くは構造平野となっている。

古期造山帯は約2.5億年以前の古生代に造山運動を受けた地域で，その後の長い間の侵食で③低くなだらかになった山地や，その後の地層が堆積した平坦地が分布している。

新期造山帯は造山運動が約２億年以前の中生代後期から現在まで続いている地殻変動の激しい地域で，④二つの造山帯に分類される。⑤いずれも，大陸の縁に位置し，高く険しい山脈や島々を形成している。

一般に，⑥安定陸塊の楯状地には鉄鉱石，古期造山帯には石炭，新期造山帯とその周辺には石油などの資源が多く分布している。

海洋の大地形は，陸地に沿った深さ約130mまでの［ b ］，広い面積を占める深さ約4000～6000mの大洋底（海盆），大洋底に長く連なって分布する海嶺，新期造山帯に沿って分布する深さ6000m以上の⑦海溝などから成る。

問1 文中の空欄［ a ］に適する比率を，整数で答えよ。
問2 下線部①に関して，次の各問に答えよ。
(1) 北半球において，海洋よりも陸地の割合が高い地域を次の中から一つ選べ。
ア 0～10°　イ 10～20°　ウ 60～70°　エ 80～90°
(2) 南半球において，海洋よりも陸地の割合が高い地域を次の中から一つ選べ。
ア 10～20°　イ 30～40°　ウ 50～60°　エ 80～90°
問3 下線部②に関して，次の各問に答えよ。
(1) 安定陸塊が分布する地域として**適当でないもの**を，次の中から一つ選べ。
ア ラブラドル高原　イ ブラジル高原
ウ デカン高原　エ メキシコ高原

16

◆問題について

本書は全20章で構成されている。分野別10章・50題，世界地誌8章40題はZ会のオリジナル問題で，最後の2章・10題は入試問題を厳選したものである。問題は，まず系統的な事象を理解してから応用問題に取り組めるように並べている。

❶要点

各章の初めには要点ページを設けている。要点ページでは，その章の重要事項を簡潔にまとめているので，問題に取り組む前に必ず目を通し，重要事項を整理しよう。そしてその分野の大枠を理解した上で，問題に取り組んでほしい。

❷問題

リード文は，問題であると同時にそのテーマの概説でもある。設問箇所以外のところも丁寧に読めば，テーマの流れが理解できるだろう。また設問は，記述・選択・論述といった様々な形式で出題している。

●解答編

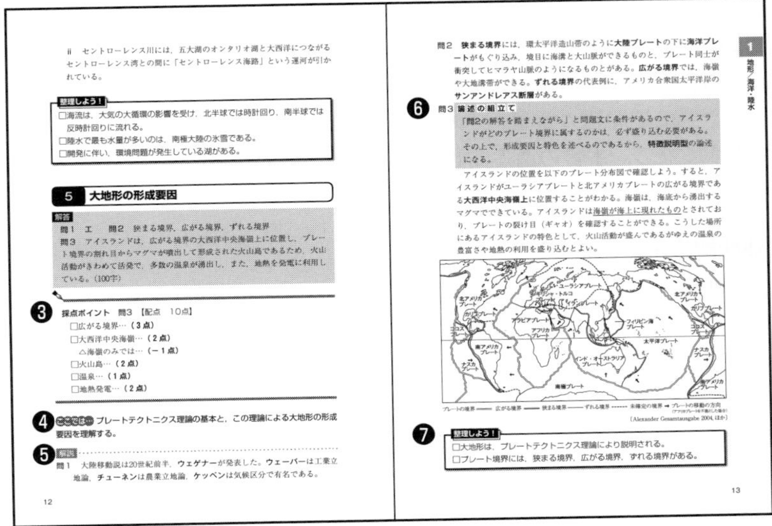

ⅱ　セントローレンス川には，五大湖のオンタリオ湖と大西洋につながるセントローレンス湾との間に「セントローレンス海路」という運河が引かれている。

整理しよう！

□海流は，大気の大循環の影響を受け，北半球では時計回り，南半球では反時計回りに流れる。
□陸水で最も水量が多いのは，南極大陸の氷雪である。
□開発に伴い，環境問題が発生している湖がある。

5　大地形の形成要因

解答

問1　エ　　問2　狭まる境界，広がる境界，ずれる境界
問3　アイスランドは，広がる境界の大西洋中央海嶺上に位置し，プレート境界の割れ目からマグマが噴出して形成された火山島であるため，火山活動がきわめて活発で，多数の温泉が湧出し，また，地熱を発電に利用している。（100字）

❸ 採点ポイント　問3　【配点　10点】
□広がる境界…（3点）
□大西洋中央海嶺…（2点）
　△海嶺のみでは…（－1点）
□火山島…（2点）
□温泉…（1点）
□地熱発電…（2点）

❹ ここでは… プレートテクトニクス理論の基本と，この理論による大地形の形成要因を理解する。

❺ 解説
問1　大陸移動説は20世紀前半，**ウェゲナー**が発表した。**ウェーバー**は工業立地論，**チューネン**は農業立地論，**ケッペン**は気候区分で有名である。

12

問2　**狭まる境界**には，環太平洋造山帯のように**大陸プレート**の下に**海洋プレート**がもぐり込み，境目に海溝と大山脈ができるものと，プレート同士が衝突してヒマラヤ山脈のようになるものとがある。**広がる境界**では，海嶺や大地溝帯ができる。**ずれる境界**の代表例に，アメリカ合衆国太平洋岸の**サンアンドレアス断層**がある。

❻ 問3 論述の組立て
「問2の解答を踏まえながら」と問題文に条件があるので，アイスランドがどのプレート境界に属するのかは，必ず盛り込む必要がある。その上で，形成要因と特色を述べるのであるから，**特徴説明型**の論述になる。

アイスランドの位置を以下のプレート分布図で確認しよう。すると，アイスランドがユーラシアプレートと北アメリカプレートの広がる境界である**大西洋中央海嶺上**に位置することがわかる。海嶺は，海底から湧出するマグマでできている。アイスランドは海嶺が海上に現れたものとされており，プレートの裂け目（ギャオ）を確認することができる。こうした場所にあるアイスランドの特色として，火山活動が盛んであるがゆえの温泉の豊富さや地熱の利用を盛り込むとよい。

〔Alexander Gesamtausgabe 2004, ほか〕

❼ **整理しよう！**
□大地形は，プレートテクトニクス理論により説明される。
□プレート境界には，狭まる境界，広がる境界，ずれる境界がある。

13

❸ 採点ポイント

字数の多い論述問題には採点ポイントコーナーを設けた。論述問題の配点とその内訳を載せているので，答え合わせをする際には，しっかりとポイントを押さえた論述ができていたかを確認しながら採点しよう。

❹ ここでは…

問題のテーマを学習する上での目のつけどころが説明してある。学習のポイント・注意点として頭に入れておいてほしい。

❺ 解説

解説は，それを通して各テーマの内容が概観できること，設問に対し解答に至る過程を示すこと，事項の理解を深めることをめざした。解説本文中の重要語句は太字にして，注意を喚起している。

❻ 論述の組立て

論述問題の解答の組立て方や注意事項などを，それぞれの論述問題について説明している。10ページからの『論述問題の書き方』も参照したい。

❼ 整理しよう！

テーマの核心部分をまとめている。答え合わせの最後に，もう一度重要事項を確認しよう。

論述問題の書き方

論述問題とは？

本書の各章最後の問題，および第20章では，論述問題を取り上げた。論述問題とは，設問文の指示の下，制限字数内で文章による解答を求める問題である。

出題内容や解答の制限字数は多岐にわたるが，論述解答について気をつけるべき点や，論述問題の類型（パターン）を押さえておくと，解答作成の方針が立てやすくなる。本書の論述問題に取り組む前に，論述問題についての以下の説明を読んでおこう。

論述問題の基本条件

論述問題を解答する際，常に意識してほしいのが「5Ｗ1Ｈ1Ｒ」である。これら7つの要素は文章作成の基本であり，論述解答も「文章」である以上，この基本を踏まえて書かなくてはならないが，制限字数などの条件や，事項・事象の特性などにより，そのすべてを明記しなくてもよい場合も少なくない。

問題文・設問文で明記されている内容は省略するなど，問題に応じて解答に盛り込む事項を取捨選択し，必要十分な解答を作成しよう。

when（いつ）：ある事象が起こった「時」を明らかにする。必ずしも正確に「○○年」と記さなくても，「20世紀前半」「第二次世界大戦後」といった表現ですむ場合もある。

where（どこで）：事象が起こったり関係したりする「場所」「国」を明らかにする。

who・whom（だれが・だれを）：行動の主体者や対象者を明らかにする。地理の論述問題の場合は，行動の主体者は人ではなく，国家や機構，あるいは「自動車の生産額」などの数値の場合もあることに留意する。

what（何・何を・何が・どのような）：事項・事象の内容や特徴・意義などを明らかにする。

why（なぜ）：ある事象が起こった理由・背景を明らかにする。複数の文をつなげていく際，この点に留意すると論理的な文章になる。

how（どのようにして）：ある事象がどのような形をとって起こったかを明らかにする。whyと一体化するケースもある。

result（どうなった）：howと分けたが，事象の結果やその後の影響などを明らかにする。

解答作成の手順

文章を書く基本を押さえたら，次は論述問題の解答を作成する手順を押さえよう。解答作成のオーソドックスな手順は，以下の通りである。

① **設問文をよく読み，何が解答として求められているかを確認する。**
設問文中の解答に関係する部分に下線を引くなど目印をつける。

② **設問文に沿って，解答の構成・骨組みを考える。**
各キーワードをつなげ，論述の大まかな流れを考える。

③ **解答に必要とされる具体的事項・事象を書き出す。（②・③は同時進行的）**
用語の示す具体的な現象の内容などを簡単にメモする。

④ **制限字数に基づき，構成の各部分に要する字数の配分を決める。**
解答全体の字数が，制限字数の９割以上を満たすようにする。

⑤ **①～④に留意して解答を作成する。**
誤字・脱字や，主述の不一致などがないか確認する。

本書の問題を最初に解く際には，この手順に則りじっくりと解答の構成を考えながら取り組もう。ただし，実際の試験では，解答の下書きや書き直しをする時間は十分にはないことを肝に銘じ，本書の問題を２度目に解く際には，とくに①・②をしっかりと行い，１回で完成度の高い解答を書けるようにしたい。

また，いずれの場合も文字は丁寧に書くことを心掛けよう。なお，細かいことではあるが，数字は１文字分のマス目に２文字まで入れてよく，「m」といった単位は１文字として数える。例えば，「517.2㎢」は，| 5 | 17 | .2 | ㎢ |とし，４文字として数える。

論述問題の類型

論述問題の解答に際しては出題者の意図するところを正確に把握し，個々の地理事象を有機的に関連付けながら，論旨の明快な文章を構成していくことが大切である。

ただし，ひとくちに論述問題といっても，その内容は様々である。それらの内容を類型化すると次の５つに大別できる。この型をある程度意識しながら問題に取り組むと，解答の方向性がつかみやすくなる。問題によっては，１つの型だけではなく，これらの複数の型が絡み合った問題もある。

なお，本書の解答編では，各問がこれらのどの類型に該当するのかについても説明をしている。

事項説明型

「～について説明せよ」という形の問題である。最も初歩的であり，問題の問いかけも「～とは何か」「～について述べよ」などのように，シンプルに訊いてくる場合が多い。

字数は30字前後のものから，最大でも60字くらいまでの短文が一般的である。

事項の定義を中心に，制限字数に応じて特徴や意義，具体例などを盛り込んだり，複数の視点から説明したりするとよい。字数が短い場合には，核となる説明だけを残し，解答に盛り込むべき内容を絞り込む必要がある。

変化・展開・経過説明型

「工業生産額の変化を説明せよ」というように，特定の事象について，時間の経過とともに現れた動き・変化の特徴や傾向を説明させる形の問題である。

表やグラフなどの統計資料を提示した上で，時間の経過に伴う変化を問う出題が多く見られる。

何がどのように変化したのか，変化前と変化後の違いを明らかにするとともに，必要に応じてその理由にも言及する。統計資料問題の場合は数値の極大・極小時期や増減の傾向に注目し，それらについて言及するとよい。

比較・相違説明型

類似もしくは相反する複数の事項・事象や，複数の国・地域における事項・事象について比較し，相違点や類似点を述べさせる形の問題である。

2つ以上の事項・事象，あるいは国・地域を比較し，その類似点や相違点を説明するので，対比を明確に記述することが不可欠である。そのためには同質同量，すなわち同じ事項において比較し，それぞれの説明の字数が同じくらいになるような配分を心掛ける。

特徴・意義説明型

特定の事項・事象，国・地域に関しての特徴や意義などに特化して説明させる形の問題である。問われている事象がその他の事象などと比べて目立つ部分や異質な部分，意義などを述べる。特定の地域にスポットをあててテーマを提示し，その地域ならではの事情を説明させるパターンが多い。

主観的・抽象的な内容は避け，地理的事項や事象についての知識をもとに，客観的・具体的な事実を前面に出しながら，特徴を明確に説明することが肝要である。

因果関係（背景・理由・結果・影響）説明型

世界の様々な事象には必ず何らかの要因があり，そこに至るプロセスがある。因果関係説明型の問題は，このことを明らかにするものであり，地理の論述問題としては最も頻繁に出題される。

変化・展開・経過説明型よりも，理由付けをはっきり記述する必要がある。

解答の準備段階において，問題文・提示された資料から読み取れる要点や自らの知識を矢印でつなぎながら整理すると論理的な説明に仕上がる。

また，要因は１つとは限らないので，多面的な考察を行うことも大切である。

論述問題を解くにあたって

以上，論述問題を類型化したが，まだ，抽象的でよく分からないであろう。実際に本書を解き進め，各論述問題の解説で類型の説明を読む中で，これらの類型が自らの物として使いこなせるようになる。解説を読みながら，この序章に戻り各類型がどのような位置付けなのかを確認するのもよい。

ただし，論述問題を類型化するのは，問題を解きやすくする１つの方法に過ぎない。例えば，問題文から「比較・相違説明型」だと類型化できれば，２つ以上の要因を記述し，それらに同程度の字数を配分しよう，と解答を組み立てる道筋が見えてくる。このように，類型化は論述問題の構成を考える際の手段と考えてほしい。

地理の入試では特定のテーマや地域について，リード文や統計資料・地図などを提示し，用語や国名・地名を問うた上で，さらに掘り下げた内容を論述させるという出題が頻繁に見られる。知識だけではなく，それを使いこなす思考力・応用力が求められている。

本書の学習を進めるにあたり，知識相互の関連性を意識し，地理的事象を系統的・総合的に捉える力を養ってもらいたい。

1 地形／海洋・陸水

地形

①大地形

主に地殻変動（造山運動など内的営力）により形成された大規模地形。造山運動を受けた時代により三つに区分される。

a 安定陸塊：先カンブリア時代に造山運動を受ける
⇒山地の形態は失われ，侵食平野をなす場合が多い。

楯状地：侵食を受けて楯を伏せたような形の地形…カナダ楯状地・バルト楯状地
卓状地：周囲が侵食されたテーブル状の地形…ロシア卓状地・シベリア卓状地
侵食平野：長期の侵食でできた平野…**構造平野・準平原**

b 古期造山帯：古生代に造山運動を受ける⇒緩やかな起伏

c 新期造山帯：中生代～新生代に造山運動を受ける，現在も活動中⇒急峻な山地が多い。

プレートテクトニクス理論：地球表面は数枚のプレートに覆われ，これが地球内部の力によって移動するという説で，大陸分布や山脈形成の理論的根拠となる。

②小地形

主に侵食・堆積などの外的営力により形成された小規模地形

a 堆積地形

沖積平野：河川の堆積作用（沖積作用）により形成された平野
谷底平野：河川の上流部の谷底に形成された平野
扇状地：山地から平野への出口付近に形成
⇒上流から扇頂・扇央・扇端に分かれる。扇央には，砂礫が堆積するため河川は伏流し水無川となる。
氾濫原・三角州：河川下流部～河口部に形成
⇒微高地の自然堤防は畑・集落，後背湿地は水田として利用
洪積台地：更新世（洪積世）にできた堆積平野が隆起
河岸段丘：谷底平野が隆起と侵食を繰り返してできた階段状の地形
⇒谷底平野は水田，水が得にくい段丘面は畑地として利用
海岸平野：浅い海底が陸地になった地形⇒砂丘，浜堤などが多く見られる

b 氷食地形

氷河の侵食によって形成された地形

U字谷：谷氷河がつくる横断面が**U字形**の谷
カール：氷河の侵食により形成された半球状のくぼ地
ホーン：周囲を氷河により削り取られた山頂部
モレーン：氷河によって運搬された堆積物により形成された地形

c 溶食地形

石灰岩地域が雨水などで溶食されてできた地形。**ドリーネ**（小凹地），**ウバーレ**（ドリーネの集合体），**ポリエ**（ドリーネやウバーレより大きい凹地）などの地形が見られる。
…スロベニアのカルスト地方，中国のコイリン（桂林），山口県の秋吉台など

d 火山地形

火山の規模により火山の形状が異なる

単成火山：火山砕屑丘（さいせつきゅう）・溶岩円頂丘・火山岩尖（がんせん）・マール

複成火山：溶岩台地・楯状火山・成層火山など

e 海岸地形

沈水海岸：海面の上昇，陸地の沈降により形成された海岸

リアス海岸：山地の沈降により形成され，複雑な形の海岸線となる。

エスチュアリー：河川の**河口部**に形成，河川が運ぶ堆積物が少ない

⇒ラッパ状に開いた入江

フィヨルド：氷食地形の**U字谷**に海水が流入した入江

⇒谷の幅が一定で水深が深いため，大型船が湾奥まで航行可能

離水海岸：海面の下降，陸地の隆起により形成された海岸…海岸平野・海岸段丘など

沿岸流による砂の堆積地形：**砂嘴（さし）・砂州・潟湖・トンボロ（陸繋砂州）と陸繋島**

海洋・陸水

①海洋と陸地の分布

陸地と海洋の比…３（1.5億km²）：７（3.6億km²）

陸地の約３分の２は北半球に分布している。

陸半球：陸地面積が最大の半球…パリ西方に中心

水半球：海洋面積が最大の半球…ニュージーランド東方のアンティポディーズ諸島に中心

②海洋の種類

大洋：太平洋・大西洋・インド洋

地中海：異なる大陸に囲まれた海洋…地中海・北極海など

縁海：大陸の外縁にあり，半島や島に囲まれた海…バルト海・日本海など

③海洋の地形

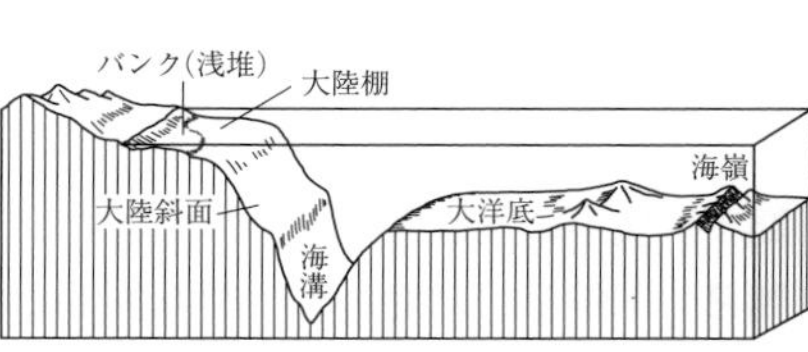

海嶺：大洋底にそびえる海底の山脈

プレートが発生するところ（広がる境界）

海溝：大洋底の細長く深い凹地

プレートの沈降部分（狭まる境界）

大陸棚：水深約130mまでの浅い海底。好漁場となる。

④海流

海流：大気の大循環の影響などにより発生

⇒北半球…時計回り　南半球…反時計回り

寒流…高緯度から低緯度方向に流れる

暖流…低緯度から高緯度方向に流れる

1 大地形

解答➡ p.4

次の文章を読み，下の問に答えよ。

地表は陸地と海洋から成る。陸地は大陸と島，海洋は大洋と付属海から構成されており，陸地と海洋の面積比は約［ a ］で，①海洋のほうが広い。

陸地の大地形は，造山運動を受けた地質時代から，安定陸塊，古期造山帯，新期造山帯に分類される。

安定陸塊は約5.7億年以前の先カンブリア時代に造山運動を受け，その後は緩やかな隆起・沈降運動だけがあった地域で，造山運動でできた岩石が地表に分布する楯状地と，楯状地の周辺にあって，先カンブリア時代の地層に後の時代の地層が水平に堆積した卓状地から成る。いずれも，長い間の侵食で広大な平坦地になっており，②楯状地の多くは準平原，卓状地の多くは構造平野となっている。

古期造山帯は約2.5億年以前の古生代に造山運動を受けた地域で，その後の長い間の侵食で③低くなだらかになった山地や，その後の地層が堆積した平坦地が分布している。

新期造山帯は造山運動が約２億年以前の中生代後期から現在まで続いている地殻変動の激しい地域で，④二つの造山帯に分類される。⑤いずれも，大陸の縁に位置し，高く険しい山脈や島々を形成している。

一般に，⑥安定陸塊の楯状地には鉄鉱石，古期造山帯には石炭，新期造山帯とその周辺には石油などの資源が多く分布している。

海洋の大地形は，陸地に沿った深さ約130mまでの［ b ］，広い面積を占める深さ約4000～6000mの大洋底（海盆），大洋底に長く連なって分布する海嶺，新期造山帯に沿って分布する深さ6000m以上の⑦海溝などから成る。

問1 文中の空欄［ a ］に適する比率を，整数で答えよ。

問2 下線部①に関して，次の各問に答えよ。

(1) 北半球において，海洋よりも陸地の割合が高い地域を次の中から一つ選べ。

ア 0～10°　**イ** 10～20°　**ウ** 60～70°　**エ** 80～90°

(2) 南半球において，海洋よりも陸地の割合が高い地域を次の中から一つ選べ。

ア 10～20°　**イ** 30～40°　**ウ** 50～60°　**エ** 80～90°

問3 下線部②に関して，次の各問に答えよ。

(1) 安定陸塊が分布する地域として**適当でないもの**を，次の中から一つ選べ。

ア ラブラドル高原　**イ** ブラジル高原

ウ デカン高原　**エ** メキシコ高原

(2) 準平原上で，侵食から取り残された地形を答えよ。

(3) 構造平野上で，侵食から取り残された主な地形を二つ答えよ。

(4) 構造平野上で，地層の硬軟による侵食の差から形成された，急崖と緩斜面から成る丘陵を答えよ。

問4 下線部③に関して，ノルウェーとスウェーデンの国境になっている古期造山帯の山脈名を答えよ。

問5 下線部④に関して，この二つの造山帯の名称を答えよ。

問6 下線部⑤に関して，次の山脈や島などに囲まれた盆地・海洋などの名をそれぞれ答えよ。

(1) シエラネヴァダ山脈，海岸山脈（盆地名）

(2) 西インド諸島，南アメリカ大陸，ホンジュラス・ニカラグアなどの中米諸国（海洋名）

(3) テンシャン（天山）山脈，クンルン（崑崙）山脈（盆地名）

問7 下線部⑥に関して，次の資源産出地が分布している地域を，それぞれ下の**ア**～**エ**の中から一つ選べ。

(1) イタビラ鉄山

ア ブラジル高原　**イ** デカン高原
ウ ラブラドル高原　**エ** ギアナ高地

(2) モウラ炭田

ア アパラチア山脈　**イ** ウラル山脈
ウ ペニン山脈　**エ** グレートディヴァイディング山脈

(3) マラカイボ湖油田

ア ロッキー山脈　**イ** アペニン山脈
ウ アンデス山脈　**エ** アトラス山脈

問8 文中の空欄［ b ］に適する海底地形を答えよ。

問9 下線部⑦に関して，次の記述は太平洋周縁に沿った主な海溝を南アメリカ大陸付近から反時計回りに並べたものである。空欄（ c ）・（ d ）に該当する海溝を下から一つずつ選べ。

チリ海溝→ペルー海溝→中央アメリカ海溝→（ c ）→千島・カムチャツカ海溝→日本海溝→伊豆・小笠原海溝→（ d ）→トンガ海溝→ケルマデック海溝

ア スンダ（ジャワ）海溝　**イ** 南西諸島海溝　**ウ** プエルトリコ海溝
エ アリューシャン海溝　**オ** マリアナ海溝

2 小地形

解答➡ p.6

次の文章を読み，下の問に答えよ。

小地形は高いところが侵食されたり，侵食された物質が運搬され，低いところに堆積してできた地形で，河川・風・波・氷河などの作用によって形成されたものである。

侵食によって形成された地形には，河川が土地を深く刻んだ［　a　］字谷，山岳氷河の侵食によるホーン，［　b　］字谷，①氷河湖などがある。また，石灰岩地域では化学的な溶解作用（溶食）によって，鍾乳洞，ドリーネなどの②カルスト地形が発達する。

堆積によって形成された地形には，河川や海の堆積作用による堆積平野がある。堆積平野には，山地の谷底平野，山地から平野に変わるところにできる③扇状地，河川中流部〜下流部に形成される④氾濫原，河口部にできる⑤三角州などの河川の堆積作用による沖積平野，海の堆積作用による海岸平野，⑥過去の沖積平野や海岸平野が台地化した河岸段丘や海岸段丘などがある。また，氷河で運搬された堆積物やこの堆積物がつくった［　c　］と呼ばれる地形もある。

問1　文中の空欄［　a　］・［　b　］に適するアルファベットの大文字１字をそれぞれ答えよ。

問2　文中の空欄［　c　］に適する用語をカタカナ４字で答えよ。

問3　下線部①に関して，氷河湖に**該当しないもの**を，次の中から一つ選べ。

ア　バイカル湖　　**イ**　レマン湖　　**ウ**　エリー湖　　**エ**　ウィニペグ湖

問4　下線部②に関して，次の各問に答えよ。

(1)　カルストとは，石灰岩地形が発達するアドリア海沿岸の地方名である。この地方が位置する国を答えよ。

(2)　石灰岩の奇岩が分布する中国の観光地を，次の中から一つ選べ。

ア　バーターリン（八達嶺）　**イ**　ラサ（拉薩）

ウ　コイリン（桂林）　**エ**　サンシャ（三峡）

問5　下線部③に関して，次の各問に答えよ。

(1)　扇状地の中央部では，河川水は洪水時以外は伏流していることが多い。このような河川の呼称を答えよ。

(2)　扇状地の中央部では，河川は網状流になっていることが多い。網状流をなくすために河川の流路を堤防で固定すると，河川はどのような状態となりやすいか。漢字３字で答えよ。

(3)　扇状地で地表水が得やすいところを二つ答えよ。

(4) 扇状地の中央部を水田化するために，どのような工事がされてきたか。簡潔に答えよ。

問6 下線部④に関して，次の各問に答えよ。

(1) 氾濫原では，土地の勾配がより緩やかになるため，河川は屈曲して流れるようになる。このような流れ方をさす用語を漢字２字で答えよ。

(2) 氾濫原を流れる河川の屈曲がより大きくなると，流路の上流部と下流部が直結し，屈曲部が取り残される。このようにして形成された湖の地形名を答えよ。

(3) 氾濫原には，流路に沿って土砂が堆積した微高地と，その外側の低湿地が形成される。この微高地，低湿地の地形名をそれぞれ答えよ。

(4) 従来，日本では(3)の微高地，低湿地の多くはどのような土地利用がなされてきたか。それぞれ簡潔に答えよ。

問7 下線部⑤に関して，次の各問に答えよ。

(1) ミシシッピ川の河口部に形成される三角州の平面形態を表す地形名を答えよ。

(2) 三角州が卓越する河川として**適当でないもの**を，次の中から一つ選べ。

ア 黄河　**イ** エルベ川　**ウ** ニジェール川　**エ** ガンジス川

問8 下線部⑥に関して，次の各問に答えよ。

(1) 次の**ア**～**オ**に該当する台地の名称を答えよ。

ア 北海道東部の根室海峡に近く，酪農が大規模に営まれている台地

イ 青森県の太平洋側に位置し，農地が広がる台地

ウ 東京都から埼玉県南部にかけて分布し，都市化が進んでいる台地

エ 千葉県北部にあって，成田国際空港が位置している台地

オ 静岡県の大井川右岸に位置し，茶畑が展開する台地

(2) 河岸段丘に関して，次のⅰ・ⅱに答えよ。

ⅰ 段丘の平坦面，急斜面の地形名をそれぞれ答えよ。

ⅱ 長野県の木曽山脈東側の盆地を南流する河川沿いには河岸段丘が発達している。この盆地名と，南流する河川名をそれぞれ答えよ。

問9 濃尾平野西部の氾濫原や三角州において，家屋や水田を洪水から守るために，堤防で囲んだ集落の呼称を答えよ。

3　火山地形・海岸地形

解答➡ p.8

次のＡ・Ｂの問に答えよ。

Ａ　次の文を読み，下の問に答えよ。

現在活動中の火山は，新期造山帯や海嶺などの①地殻変動の激しい地帯に多く分布している。火山は，地球内部から［　ａ　］が噴出し，溶岩や火山砕屑物などの火山噴出物となって地表に堆積して形成された山である。火山は，噴出の規模・回数，噴出物の種類・粘性などによって，様々な形態をなしている。

火山の基本型には，火山砕屑丘（さいせつきゅう）（臼状火山，ホマーテ），②溶岩円頂丘（鐘状火山，溶岩ドーム，トロイデ），火山岩尖（がんせん）（塔状火山，ベロニーテ），マールなどの一時期の噴火でできた小規模な火山と，溶岩台地（ペジオニーテ），③楯状火山（アスピーテ），成層火山（コニーデ）など長期間にわたり噴火を繰り返してきた大規模な火山がある。また，④火山噴出物で堰止められて形成された湖，火山形成後，⑤火口周辺の爆発や陥没でできたくぼ地である［　ｂ　］，⑥火山灰台地などの地形もある。

火山は，⑦人間社会に多くの災害をもたらす一方，美しい景観，温泉，地熱，山麓の湧水などの自然の恵みをもたらす。

問１　文中の空欄［　ａ　］・［　ｂ　］に適する語を，それぞれカタカナで答えよ。

問２　下線部①に関して，火山が**分布していない**島を，次の中から一つ選べ。

ア　ジャワ島　　**イ**　ルソン島　　**ウ**　タスマニア島　　**エ**　シチリア島

問３　下線部②に関して，1990～94年に噴火し，溶岩円頂丘を形成，後に「平成新山」と名付けられた火山が位置するものを，次の中から一つ選べ。

ア　雲仙岳　　**イ**　宮之浦岳　　**ウ**　大台ケ原山　　**エ**　石鎚山

問４　下線部③に関して，ハワイ島に位置し，活動が活発な楯状火山を，次の中から一つ選べ。

ア　ヴェズヴィオ山　　**イ**　キラウエア山

ウ　エトナ山　　**エ**　レーニア山

問５　下線部④に関して，これに該当する湖を，次の中から一つ選べ。

ア　霞ケ浦　　**イ**　中禅寺湖　　**ウ**　諏訪湖　　**エ**　浜名湖

問６　下線部⑤に関して，次の各問に答えよ。

(1)　くぼ地を縁取り，外側に緩傾斜，内側に急傾斜の尾根の呼称を答えよ。

(2)　くぼ地が湖になった例として**適当でないもの**を，次の中から一つ選べ。

ア　十和田湖　　**イ**　猪苗代湖　　**ウ**　田沢湖　　**エ**　池田湖

問7　下線部⑥に関して，火山灰が厚く堆積した鹿児島県の台地の名称を答えよ。

問8　下線部⑦に関して，次の各問に答えよ。

(1)　2000年に噴火し，全住民が島外に避難した火山のある島を，次の中から一つ選べ。

ア　三宅島　　**イ**　奥尻島　　**ウ**　屋久島　　**エ**　八丈島

(2)　洞爺湖畔に位置し昭和新山などの寄生火山もある山で，2000年に噴火し温泉街に被害をもたらした火山の名称を答えよ。

B　次の問に答えよ。

問9　次の(1)～(3)の各**ア**～**エ**のうち，沈水海岸に**該当しないもの**を，次の中からそれぞれ一つずつ選べ。

(1)　リアス海岸

ア　石狩湾南東岸　　**イ**　三陸海岸南部

ウ　若狭湾岸　　**エ**　豊後水道両岸

(2)　フィヨルド

ア　ノルウェー北西海岸　　**イ**　オーストラリア大陸南部海岸

ウ　アラスカ太平洋岸　　**エ**　チリ南部海岸

(3)　エスチュアリー

ア　ヴォルガ川河口　　**イ**　テムズ川河口

ウ　ラプラタ川河口　　**エ**　セントローレンス川河口

問10　砂浜海岸の地形に関して，次の各問に答えよ。

(1)　次の①～③の海岸の砂丘の近くに河口が位置し，砂の供給源になっている河川を，下の**ア**～**ケ**の中からそれぞれ一つずつ選べ。

①　新潟海岸　　②　遠州灘沿岸　　③　鳥取海岸

ア　雄物川　　**イ**　最上川　　**ウ**　利根川　　**エ**　信濃川　　**オ**　天竜川

カ　紀ノ川　　**キ**　千代(せんだい)川　　**ク**　四万十川　　**ケ**　筑後川

(2)　砂州によって形成された湖沼について，次の①・②に答えよ。

①　この湖沼を何と呼ぶか，地形用語を答えよ。

②　この湖沼に**該当しないもの**を，次の中から一つ選べ。

ア　サロマ湖　　**イ**　屈斜路湖　　**ウ**　小川原湖　　**エ**　十三湖

4 海洋・陸水

解答➡ p.10

次の文章を読み，下の問に答えよ。

地球上の水の約97%は海水が占めている。海洋は大洋と付属海に大別される。大洋には，太平洋・大西洋・インド洋の三つがあり，それぞれ独自の①海流を有している。付属海には，異なった大陸に囲まれた海や，大陸内に深く入り込んだ海などを指す②地中海，大陸に沿い島や半島に囲まれた③縁海がある。

海水以外の水を陸水といい，地球上の水の約３％を占めていて，④氷雪が最も多い。陸水には，このほか，⑤地下水・⑥湖沼水・⑦河川水などがある。

問1　下線部①に関して，次の各問に答えよ。

(1)　海流の発生原因の一つに大気の大循環がある。次のⅰ・ⅱに該当する海流の名称をそれぞれ答えよ。

ⅰ　南北両半球の貿易風の影響を受けている海流

ⅱ　南半球の偏西風の影響を受けている海流

(2)　次のⅰ～ⅲに該当する海流の名称をそれぞれ答えよ。

ⅰ　アフリカ大陸西岸を北上する寒流

ⅱ　アフリカ大陸西岸を南下する寒流

ⅲ　南アメリカ大陸西岸を北上する寒流

(3)　次のⅰ・ⅱの各問に答えよ。

ⅰ　暖流と寒流が会合する海域の呼称を答えよ。

ⅱ　次のア・イの海流と会合する海流の名称をそれぞれ答えよ。

ア　メキシコ湾流　　　**イ**　千島海流

問2　下線部②に関して，次の(1)・(2)に該当する地中海の名称をそれぞれ答えよ。

(1)　ユーラシア大陸と北アメリカ大陸に囲まれた地中海

(2)　アフリカ大陸北東部とアラビア半島に囲まれた地中海

問3　下線部③に関して，次の各問に答えよ。

(1)　縁海のベーリング海を囲む島に該当するものを，次の中から一つ選べ。

ア　千島列島　　　**イ**　スヴァールバル諸島

ウ　バミューダ諸島　　　**エ**　アリューシャン列島

(2)　次の島・半島に囲まれた縁海の名称を答えよ。

グレートブリテン島　　ユーラン（ユトランド）半島

スカンディナヴィア半島

問4　下線部④に関して，氷雪の水量が最も多い地域を，次の中から一つ選べ。

ア　南極大陸　　　**イ**　グリーンランド

ウ　北極海沿岸　　**エ**　アルプス山脈

問5　下線部⑤に関して，オーストラリアのグレートアーテジアン（大鑽井(さんせい)）盆地などで掘り抜き井戸から得られる地下水の呼称を答えよ。

問6　下線部⑥に関して，次の各問に答えよ。

(1)　日本における湖の過度の富栄養化の原因について簡潔に答えよ。

(2)　内陸湖に関して，次のⅰ・ⅱに答えよ。

ⅰ　内陸湖に**該当しないもの**を，次の中から一つ選べ。

ア　グレートソルト湖　　**イ**　カスピ海

ウ　チャド湖　　**エ**　バイカル湖

ⅱ　シルダリア川などが注ぎ込む湖で，湖面の縮小が問題になっている内陸湖の名称を答えよ。また，縮小の原因について簡潔に答えよ。

問7　下線部⑦に関して，次の各問に答えよ。

(1)　ライン川が水上交通に適している条件を，気候と地形から簡潔に答えよ。

(2)　次のⅰ・ⅱに該当する河川名を，それぞれ答えよ。

ⅰ　甲府盆地の水を集め，下流ではアルミニウム精錬の電力の発電源にもなっている河川

ⅱ　五大湖を水源として北東流し，大型船も航行できる運河がある河川

5　大地形の形成要因

解答➡ p.12

大地形は，プレートテクトニクス理論から説明される。このことに関して，下の問に答えよ。

問1　「大陸移動説」を唱え，プレートテクトニクス理論により再評価されるようになった人物を，次の中から一つ選べ。

ア　チューネン　　**イ**　ウェーバー

ウ　ケッペン　　**エ**　ウェゲナー

問2　プレートテクトニクス理論によると，地球表面はいくつかのプレートで覆われていて，各プレートは水平に移動している。プレートの境界は大きく三つに分類されるが，この三つのプレートの境界を答えよ。

問3　アイスランドの形成要因とこれに起因する特色を，**問2**の解答を踏まえながら，100字以内で説明せよ。

2 気候・植生・土壌

気候

①気候を決める要素

気候要素：気候を構成する大気現象…気温・降水量・風など

気候因子：気候の地域差を生み出す要因…緯度・海抜高度など

気温の逓減率：高度が1000m上がるごとに平均6.5℃下がる

降水量：一般に高緯度＜低緯度，西岸＜東岸，内陸＜海岸となる

風：**恒常風**…貿易風，偏西風など⇒大気の大循環により発生

モンスーン（季節風）…季節によって風向きが変わる風系

局地風…フェーン，シロッコ，やませなど⇒地方特有

熱帯低気圧…台風，ハリケーン，サイクロンなど

②気候区分…月平均気温・降水量の季節的変化と植生分布などにより分類

ドイツの気候学者ケッペンは，植生分布により気候区分を行った。

気候帯	指標	気候区記号	特徴
A 熱帯	最寒月平均気温18℃以上 樹木気候	Af	年中高温多雨，乾季なし
		Aw	雨季と乾季が明白
		Am	弱い乾季が見られる
B 乾燥帯	蒸発量＞降水量 無樹木気候	BW	砂漠
		BS	ステップ
C 温帯	最寒月平均気温18℃未満 －3℃以上 樹木気候	Cs	夏季乾燥，冬季温暖湿潤
		Cw	夏季多雨，冬季少雨
		Cfa	年中湿潤，夏季高温
		Cfb	年中湿潤，夏季冷涼
D 冷帯	最寒月平均気温－3℃未満 最暖月平均気温10℃以上 樹木気候	Df	年中湿潤
		Dw	冬季厳寒で少雨
E 寒帯	最暖月平均気温10℃未満 無樹木気候	ET	最暖月平均気温0℃以上，ツンドラ
		EF	最暖月平均気温0℃未満，植生なし

③気候と雨温図

雨温図：南半球は1月頃が夏季のため気温グラフの形が下に凸となる。

最寒月と最暖月の平均気温の差，降水量の変化により気候を判断する。

▼雨温図

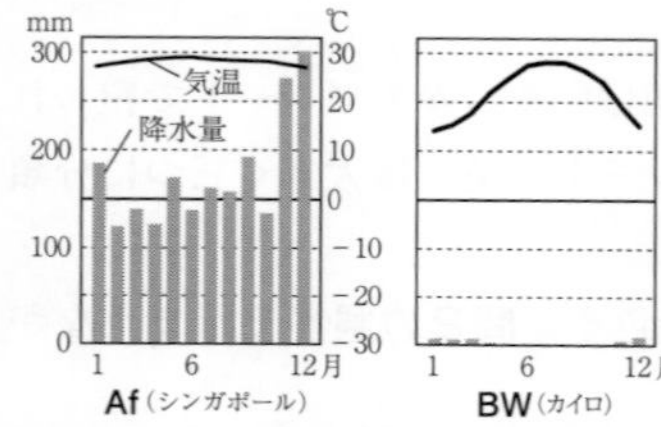

Af（シンガポール）　BW（カイロ）

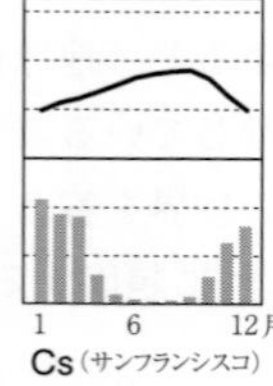

Cs（サンフランシスコ）

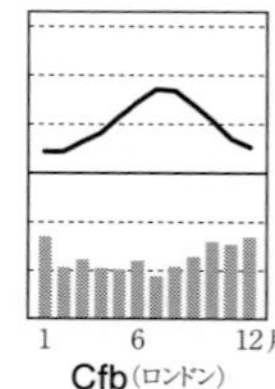

Cfb（ロンドン）

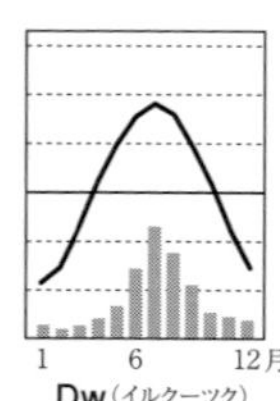

Dw（イルクーツク）

ハイサーグラフ：気温の年較差が大きい⇒縦に長い形
降水量の年較差が大きい⇒横に長い形

▼ハイサーグラフ

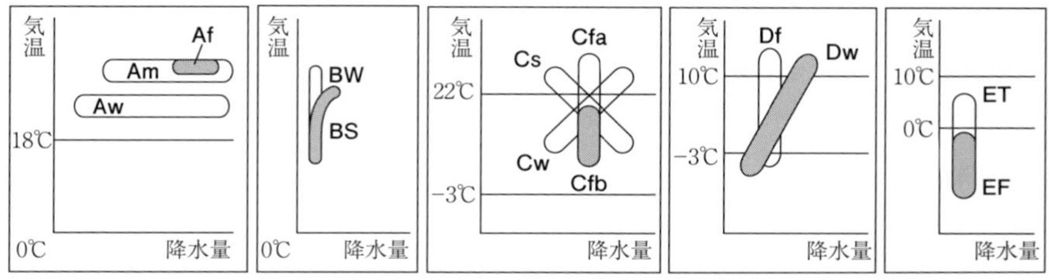

土壌

①**成帯土壌**：気候・植生の影響により生成。気候帯・植物帯に対応した分布を示す。

主な成帯土壌

湿潤土壌	ラトソル	熱帯・亜熱帯に分布。酸化鉄や酸化アルミニウムを多く含む赤色土。多雨により養分が流されてしまうため腐植に乏しい。
	赤黄色土	温帯〜熱帯の常緑広葉樹林地域に分布。土壌中の水分が多い地域では黄色土となる。
	褐色森林土	温帯・冷帯の湿潤な落葉広葉樹林地域に分布。腐植に富み，比較的肥沃。
	ポドゾル	冷帯のタイガ地域に分布。土壌中の化学作用により灰白色の層を持つ酸性の強い土壌。
	ツンドラ土	ツンドラ地域に分布する有機物の分解が不十分な土壌。夏には永久凍土が解けて過湿状態となる。
半乾燥土壌	プレーリー土	主にアメリカ合衆国中部に分布。肥沃な黒色土。
	チェルノーゼム	ウクライナから西シベリアに分布。腐植に富む肥沃な黒色土。穀倉地帯を形成。
乾燥土壌	砂漠土	腐植がほとんどない。蒸発が盛んなため，表層に塩類が集積。
	栗色土	ステップ地域に分布。比較的肥沃だが，降雨が少なく，農耕を行うには灌漑が必要。

②**間帯土壌**：母岩の影響により生成。分布が局地的。

主な間帯土壌

テラロッサ	石灰石の風化でできた赤色土。地中海沿岸に分布。
テラローシャ	玄武岩・輝緑岩の風化でできた暗紫色土。ブラジル高原南部に分布。コーヒー豆栽培に適する。
レグール	玄武岩の風化でできた黒色土。インドのデカン高原に分布し，綿花栽培に適するため**黒色綿花土**とも呼ばれる。
レス（黄土）	ハンガリー盆地，中国の黄土高原などに分布する黄灰色の風積土。
火山灰土	火山噴出物の風化でできた土壌。関東ロームやシラスなどが代表的。

植生

①熱帯林

熱帯雨林：多種多層の常緑広葉樹林，一部に落葉樹
　…南米のセルバ，アジア・アフリカにも分布
熱帯季節林⇒乾季に落葉
マングローブ林⇒海岸部の汽水域に見られる

②温帯林

落葉広葉樹林
暖帯林：照葉樹林，硬葉樹林

③冷帯林

針葉樹林：タイガ⇒針葉樹の純林…北半球北部

④寒帯の植生

ツンドラ：地衣類・蘚苔類

⑤草原

熱帯草原（サバナ）：疎林混じりの長草草原
　…アフリカ，南米のリャノ・カンポなど
乾燥帯草原（ステップ）：砂漠周辺の短草草原
　…中央アジア，北米のグレートプレーンズなど
温帯草原：長草～短草草原
　…北米のプレーリー，南米のパンパ東部，ハンガリーのプスタなど

▼南アメリカ大陸の草原

6　世界の気候区

解答➡ p.14

世界の気候区に関する次の①～⑤の文章を読み，下の問に答えよ。

① 年間を通じて一定の降水があるが，冬季が長く寒さは厳しい。この気候区の南部には広葉樹林と針葉樹林の混合林が見られ，北部には（ 1 ）と呼ばれる針葉樹林が広がっている。

② 主に大陸の西岸地域に分布し，（ 2 ）や暖流の影響を受け，緯度の割に冬季は温暖で気温の年較差が小さい。降水量は日本のように多くはないが，年間を通じて平均した降水がある。

③ 夏季は中緯度高圧帯に覆われるため乾燥するが，冬季は降水に恵まれる。この気候区の地域では，オリーブや柑橘類など，乾燥に耐える硬葉樹が見られる。

④ 大陸の内陸部や大きな山脈の風下側などにも分布し，気温は年較差よりも日較差の方が大きい。この気候区では，降水のときだけ流水がある（ 3 ）と呼ばれる間欠河川が見られる。

⑤ 太陽の回帰によって雨季と乾季がきわめて明瞭に現れる。この気候区特有の疎林の混じった草原は（ 4 ）と呼ばれている。

問1　文中の空欄（ 1 ）～（ 4 ）に適する語を答えよ。

問2　①～⑤の気候区を，ケッペンの気候区記号でそれぞれ答えよ。

問3　①の気候区に分布する酸性度の強い土壌名を答えよ。

問4　②の気候区に**属さない都市**を，次の中から一つ選べ。

ア　ウェリントン　　**イ**　ロンドン
ウ　サンフランシスコ　　**エ**　パリ

問5　③の気候区が分布する地域を，次の中から一つ選べ。

ア　マレー半島南部　　**イ**　チリ中部
ウ　カリブ海沿岸部　　**エ**　オーストラリア北東沿岸部

問6　⑤の気候区が分布する地域の特色を，次の中から一つ選べ。

ア　インドネシアやアマゾン盆地の降雨は，午後から夕方にかけて降るスコールが特徴である。

イ　デカン高原では綿花，ブラジル高原ではコーヒー豆が盛んに栽培される。

ウ　東アジアでは季節により風向きの異なるモンスーンが発達し，四季が明瞭である。

エ　ラプラタ川河口周辺のように世界的な農業地帯になっている所もある。

7 世界の気候と雨温図

解答➡ p.16

次の雨温図は，イルクーツク，ウェリントン，サンフランシスコ，ダラス，モスクワの月別の平均気温と降水量を示したものである。この図を見て，下の問に答えよ。

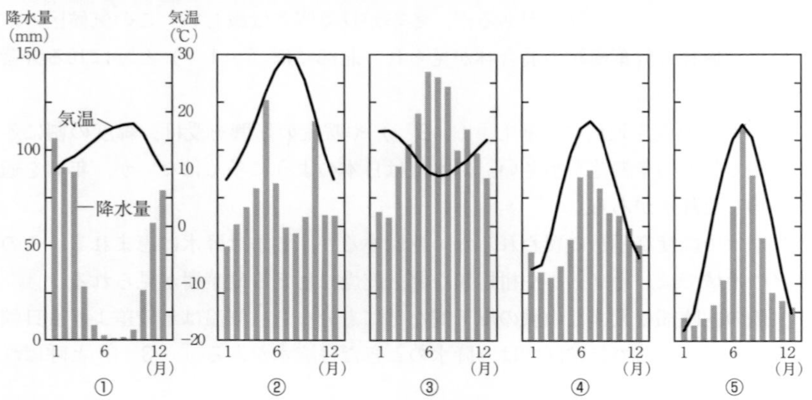

問1　①～⑤の雨温図はそれぞれどの都市の雨温図か，都市名を答えよ。

問2　②・③・④の雨温図の各都市の位置を，より高緯度に位置しているものから順に記号で答えよ。

問3　①～⑤の雨温図の都市の中でその位置が最も内陸に位置しているものを一つ選び，記号で答えよ。

問4　①～⑤の雨温図の各都市が属する気候区を気候区記号で答えよ。

問5　①・②の雨温図の各都市と同じ気候区に属する都市を，次の中からそれぞれ一つずつ選び，記号で答えよ。

ア　メルボルン　　**イ**　ロンドン　　**ウ**　シャンハイ（上海）　　**エ**　札幌

オ　ケープタウン

8 気候区と植生・土壌の分布

解答➡p.17

次の地図を見て，各問に該当する区域の記号をそれぞれ答えよ。なお，各区域は，図の外側に示してあるひらがなと数字の組合せにより，あ1・い1などと呼ぶ。

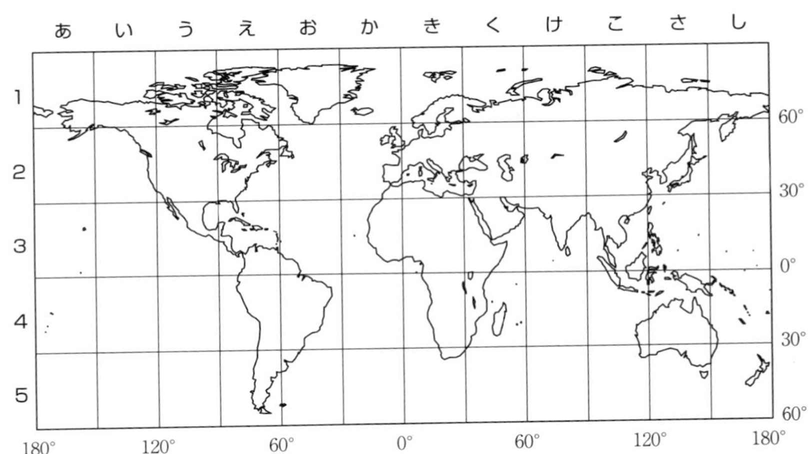

問1 Af・Aw・Cw・BS・BWのすべての気候区が分布する区域はどこか，次の中から一つ選べ。

お4　か3　き3　き4　こ4

問2 B・C・Dの気候帯がすべて分布する区域はどこか，次の中から一つ選べ。

え2　え5　き2　き5　さ5

問3 気温の年較差の最も大きい地域が分布する区域はどこか答えよ。

問4 グランチャコと呼ばれる平原が分布する区域はどこか，次の中から一つ選べ。

う2　え3　え4　く4　け2

問5 テラローシャと呼ばれる土壌が広く分布する区域はどこか，次の中から一つ選べ。

え3　お4　き2　こ1　さ4

問6 レグールと呼ばれる土壌が広く分布する区域はどこか答えよ。

問7 激しい暴風雨を伴うハリケーンが発達する区域はどこか，次の中から一つ選べ。

え3　く4　け3　さ2　し5

問8 シロッコと呼ばれる局地風が吹く区域はどこか答えよ。

9 植生と土壌の分布

解答➡ p.19

次の図Ⅰ～図Ⅲを見て，下の問に答えよ。

図Ⅰ

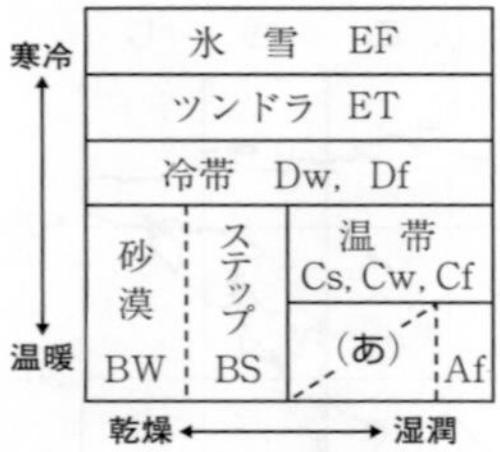

寒冷 ↕ 温暖

氷雪 EF
ツンドラ ET
冷帯 Dw，Df
砂漠 BW ｜ ステップ BS ｜ 温帯 Cs, Cw, Cf
（あ） Af

乾燥 ←→ 湿潤

気候帯

図Ⅱ

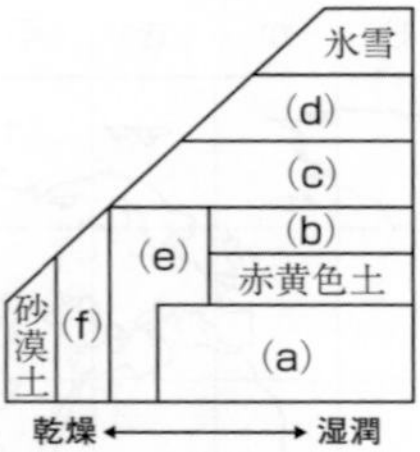

氷雪
(d)
(c)
(b)
赤黄色土
(a)
砂漠土 (f) (e)

乾燥 ←→ 湿潤

土壌帯

図Ⅲ

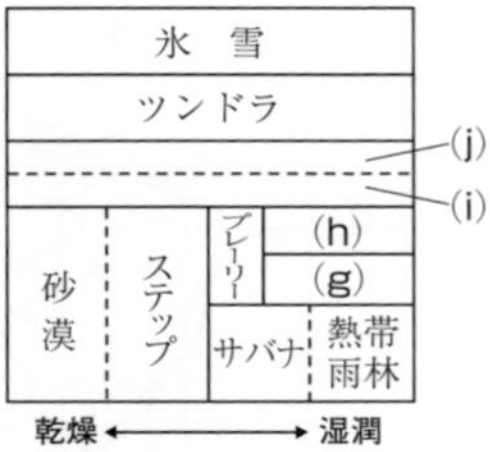

氷雪
ツンドラ
(j)
(i)
砂漠 ｜ ステップ ｜ プレーリー ｜ (h) (g) ｜ サバナ ｜ 熱帯雨林

乾燥 ←→ 湿潤

植物帯

問1　図Ⅰ中，（あ）に属する二つの気候区をケッペンの気候区記号で答えよ。

問2　土壌は，大きく成帯土壌と間帯土壌とに分けられる。この二つの土壌の違いを70字以内で述べよ。

問3　図Ⅱに関して，次の文中の空欄（　a　）～（　f　）および空欄［　X　］・［　Y　］に適する語をそれぞれ答えよ。なお，図Ⅱ中の（a）～（f）は，問題文の（　a　）～（　f　）に対応する。

成帯土壌は湿潤地域では低緯度から高緯度地方に向かって，（　a　）・赤黄色土・（　b　）・（　c　）・（　d　）の順に変化する。（　b　）は温暖湿潤気候区や西岸海洋性気候区の落葉広葉樹地域に発達する土壌で，一般に肥沃である。（　c　）は冷帯の針葉樹林地域に発達する土壌である。（　d　）は有機物の分解が不十分な土壌で，低温のため蒸発量が少なく常に過湿状態にある。

一方，半乾燥・乾燥地域では乾燥の程度が進むにしたがって，（　e　）・（　f　）・砂漠土と変化する。（　e　）は半乾燥土壌で，北アメリカの中央部に南北に分布する肥沃な［　X　］やウクライナから西シベリアにかけて分布する［　Y　］などはその好例である。（　f　）はステップ地域に分布し肥沃であるが，降雨が少ないため，農耕を行うためには灌漑が必要である。

問4　石灰岩の風化により形成された赤色土で，地中海沿岸に分布する間帯土壌の呼称を答えよ。

問5　図Ⅲに関して，図中の（g）～（j）に該当するものを，次の中からそれぞれ一つ選べ。

ア　常緑広葉樹　　**イ**　落葉樹・混合林

ウ　冷帯混合林　　**エ**　タイガ

10 アフリカの気候

解答➡p.20

次の図を見て，下の問に答えよ。

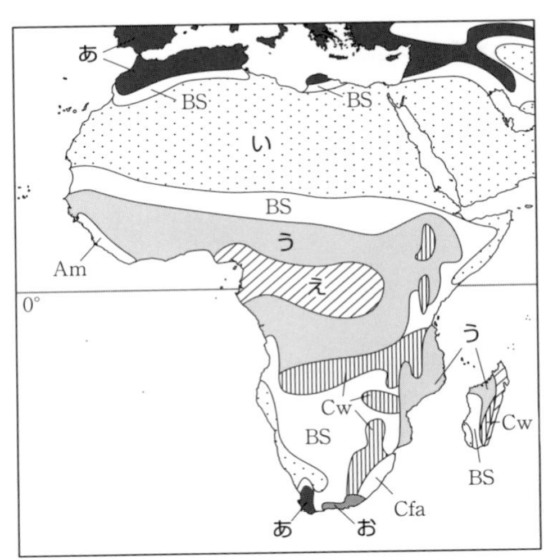

問1　地図中の**あ**の気候区に見られる，気候・植生の特色を，初めにケッペンの気候区名を明らかにした上で100字以内で述べよ。

問2　地図中の**い**の気候区には広大なサハラ砂漠が広がっている。このことに関連して，砂漠をその形成要因により四つに区分し，それぞれの例として下の砂漠・地域名と組み合わせよ。

ルブアルハリ砂漠　　アタカマ砂漠　　ゴビ砂漠　　北極海沿岸

問3　**問2**で解答した砂漠のすべてがケッペンの気候区分で砂漠気候区に分類されているわけではない。その理由を50字以内で述べよ。

問4　地図中の**う**の気候区での降水の季節的変化の特色として正しいものを，次の中から一つ選べ。

ア　季節風や前線，熱帯低気圧の影響で夏季に降水が多い。

イ　偏西風の影響下にあり，降水量の季節変動は少なく，年降水量も多くない。

ウ　夏季は赤道低圧帯により雨季に，冬季は中緯度高圧帯により乾季となる。

エ　赤道低圧帯の影響により，一年を通じて降水量が多い。

問5　地図中の**う**や**え**の地域に広く見られる成帯土壌の名称を答えよ。

問6　アフリカ大陸東岸の低緯度地域に吹く，季節により風向の異なる風を答えよ。

問7　地図中の**お**の気候区名を挙げ，また，アフリカ大陸以外の南半球の地域においてこの気候区が分布する国（地域）を三つ答えよ。

3 農林水産業

農牧業

①農牧業の成立条件

栽培条件：自然的条件…気候・地形・土壌など
社会的条件…産業経済や食文化の地域差・市場との距離など

栽培限界：寒冷限界…緯度，高距限界…高度，乾燥限界…降水量

②農業地域区分

ホイットルセーの農業地域区分：作物と家畜の育て方・労働・資本投下などにより，農業地域を分類。

③農作物

米：高温多湿なモンスーンアジアが主産地。タイが主要輸出国。「**緑の革命**」による農業技術革新。

小麦：世界各地で栽培。栽培時期のずれから世界的な端境(はざかい)期がない。
春小麦…春に種をまき，秋に収穫。**寒冷地**で栽培。
冬小麦…秋〜冬に種をまき，夏に収穫。**温暖地**で栽培。

トウモロコシ：アメリカ合衆国・コーンベルトでの栽培。生産・輸出量ともにアメリカ合衆国が世界第１位。

大豆：アメリカ合衆国が生産・輸出量ともに世界第１位，飼料用・食料原料として利用。

綿花：主に中国・インド・中央アジア・アメリカ合衆国で栽培。アメリカ合衆国の主要産地は，かつてのコットンベルトからカリフォルニア州などの西部へ移動。

④世界の農業

アジア：米などを中心に労働集約的な農業が盛ん

西アジア：外来河川や地下用水路を利用したオアシス農業，遊牧

アフリカ：サハラ砂漠周辺…遊牧，オアシス農業
中南アフリカ…プランテーション，焼畑農業

西ヨーロッパ：混合農業，酪農，地中海式農業，園芸農業が盛ん
EUの**共通農業政策**…域内の農作物保護⇒財政負担・貿易摩擦
環境保全型農業への転換

ロシアと周辺諸国：自然条件の制約大。肥沃なチェルノーゼムを利用した小麦栽培。

北アメリカ：大規模な企業的農業，適地適作
大規模機械化⇒１人当たり農地面積が大きい
生産から加工・流通を行うアグリビジネスが発達，数社の穀物メジャーが絶大な影響力を持つ。日米農産物交渉では日本側に農産物輸入自由化を要求。

南アメリカ：大土地所有制に基づく大農場制。大農場の呼び名は，国によって異なる。
アシエンダ（メキシコ・ペルー・チリ），ファゼンダ（ブラジル），エスタンシア（アルゼンチン），フィンカ（キューバ・グアテマラ）。
⇒現在では解体・再配分され農地改革が進行している地域もある。

アルゼンチンの乾燥パンパ・湿潤パンパ…年降水量500mmが境界。

オセアニア：オーストラリア…北部では牧牛，南東部と南西部では酪農・集約的牧羊，小麦栽培，西部・グレートアーテジアン（大鑽井（だいさんせい））盆地では粗放的牧羊が盛ん。

ニュージーランド…牧畜が盛ん⇒酪農品が主要な輸出品

⑤日本の農業

・総農家数，経営耕地面積とも年々減少

⇒副業的農家（65歳未満の農業従事60日以上の者がいない農家）が半数以上

・戦後の経済発展で食文化が変化→海外からの輸入増加→自給率低下→アメリカ合衆国を中心に中国など近隣諸国からの輸入も増加

⇒輸入自由化と国内農業の保護が問題

水産業

①漁場の成立条件

自然条件：潮境（潮目）・バンク（浅堆）・大陸棚・湧昇流の分布など

社会条件：市場・技術・国際関係など

②漁獲量の多い国々：中国・インドネシア・ペルー（2018年）

⇒中国は1990年代後半より急増

③日本の水産業：オイルショック後の燃料用重油価格の高騰や，各国が200海里の排他的経済水域を設定したことにより遠洋漁業中心から沖合漁業中心へ転換。

養殖業と栽培漁業：人工的に管理・育成して高級魚などを育てる

林業

①世界の林地

熱帯林：低緯度地域に分布。樹種が豊富で密生しているため，伐採・搬出が困難。

冷帯林：北半球高緯度地域に分布。同一種の樹木が分布するため，伐採・搬出が容易。

温帯林：温帯に分布。天然林よりも人工林が多い…シュヴァルツヴァルト

②生産と輸出入

原木生産量の多い国々：アメリカ合衆国・インド・中国・ブラジル（2018年）

木材輸出入国の変化：原木輸出を禁止した東南アジアからの輸出は減少し，ロシア・カナダ・スウェーデンの輸出量が多い。輸入はアメリカ合衆国・中国・日本で多い。

③日本の林業

日本の森林面積比率は国土の約３分の２を占め，世界有数。安価な外材の輸入や林業就業者の高齢化などにより，林業経営は苦境に。

11　農作物・家畜

解答➡p.23

次の文章を読み，下の問に答えよ。

A（　1　）は食用のほか，飼料作物としても重要で，アメリカ合衆国の混合農業地域の中心的作物である。しかし，地力の消耗が激しく，最大の生産国であるアメリカ合衆国では（　2　）と輪作されることが多い。近年では地球温暖化対策として（　3　）の原料としての需要が多くなっている。

B（　4　）は比較的，広範囲で栽培されている果実で，生食だけではなく，果実酒にも多く用いられる。西ヨーロッパにおける北限はケスタ地形を利用したパリ盆地東方の（　5　）地方やドイツのモーゼル川流域である。その他，イタリアやスペインでも栽培が盛んである。アメリカ合衆国のカリフォルニア州も一大産地で，[　a　]はその集散地である。

C　この家畜は，オーストラリアでは大陸東部の年降水量250～750㎜の地域で多く飼育されている。この地域で飼育されているのは毛用種の（　6　）種が多い。なお，この家畜を世界で最も多く飼育している国は，（　7　）である。

問1　文中の空欄（　1　）～（　7　）に適する語を答えよ。

問2　文中の空欄[　a　]に適する都市を次の中から一つ選べ。

ア　ミネアポリス　**イ**　オマハ　**ウ**　フレズノ　**エ**　ウィニペグ

問3　下線部の農業が行われている地域として**適当でない**州を次の中から一つ選べ。

ア　ノースダコタ州　**イ**　アイオワ州　**ウ**　イリノイ州　**エ**　インディアナ州

問4　文中の空欄（　1　）と原産地が同じ地域に属する農作物を，次の中から一つ選べ。

ア　ライ麦　**イ**　サトウキビ　**ウ**　ジャガイモ　**エ**　ゴマ

問5　文中の空欄（　4　）の日本における産地のうち，最も生産量が多い都道府県名を答えよ。

問6　Cの家畜の放牧は，主に乾燥地域で行われている。その結果，引き起こされている地球規模の環境問題は何か，答えよ。

12 アジア式農業

解答➡p.25

次の文章を読み，下の問に答えよ。

アジア式農業は①アジア式稲作農業とアジア式畑作農業に大別され，いずれも（ 1 ）的な経営だが小規模である。そのため［ A ］生産性が低い。

アジア式農業という概念は1930年代，アメリカ人の（ 2 ）による農業地域区分に基づくが，乾燥地域で見られる外来河川や湧水を利用した（ 3 ）もアジア式農業に分類されている。

東南アジアやインドでは，1960年代後半にフィリピンの国際稲研究所で作り出された，米の［ B ］品種が導入され，米の収穫量が飛躍的に増大した。この農業技術の革新を［ C ］と称している。この結果，インド，インドネシア，フィリピンでは，米の自給が達成された。しかし，②問題点も指摘されている。

問1 文中の空欄（ 1 ）～（ 3 ）に適する語を，次の中から一つずつ選べ。

ア 企業　**イ** 集約　**ウ** プランテーション　**エ** ジョルジュ
オ オアシス農業　**カ** 粗放　**キ** 商業　**ク** ホイットルセー
ケ チューネン　**コ** 焼畑　**サ** 遊牧　**シ** 地中海式農業

問2 文中の空欄［ A ］～［ C ］に適する語を答えよ。

問3 下線部①に関して，稲作地域について述べた次の説明文のうち，内容が正しいものをすべて選べ。

ア 華北平原では米と小麦・大豆などとの二毛作地域となっている。
イ スーチョワン（四川）盆地は内陸に位置するが，米の大生産地となっている。
ウ 華南地方では米の二期作のほか，茶の栽培も見られる。
エ 中国の年降水量1000㎜以上の地域には，稲作はほとんど見られない。
オ インドシナ半島の沖積平野では，現在でも棚田での米の栽培が盛んである。
カ インドネシアのジャワ島では，浮き稲の栽培が見られる。
キ タイは世界最大の米輸出国であるが，灌漑施設の整備は遅れている。
ク インドのデカン高原は灌漑施設が整備され，米のほか綿花も栽培されている。

問4 下線部②に関して，その問題点を，文中の［ B ］品種の導入に必要とされた条件から簡潔に述べよ。

13 各国の土地利用

解答➡ p.26

次のⅠ・Ⅱの問に答えよ。

Ⅰ 次の表はアメリカ合衆国，アルゼンチン，インド，日本，フランスの農業統計である。

	A	B	C	D	E
農林水産業就業人口率（%）	43.3	0.1	3.5	2.5	1.4
国土面積に占める農地割合（%）	54.7	53.5	11.8	52.3	41.3
農業従事者１人当たり農地面積（ha）	0.8	6525.4	2.0	36.8	181.9
小麦生産量（千 t）	99700	18518	765	35798	51287
米生産量（千 t）	172580	1368	9728	73	10170
トウモロコシ生産量（千 t）	27820	43462	0.2	12667	392451
X頭数（千頭）	184464	53929	3842	18547	94298
Y頭数（千頭）	8485	5649	9189	13325	74550
Z頭数（千頭）	61666	14340	15	7042	5265

１人当たり農地面積は2016年，農地割合は2017年，その他は2018年。
FAOSTAT などにより作成。

問１ 表中のA～Eに該当する国を，次の中から一つずつ選べ。
① アルゼンチン　② 日本　③ インド
④ アメリカ合衆国　⑤ フランス

問２ 表中のX～Zは家畜を表している。XとZに該当する家畜を，次の中から一つずつ選べ。
① 牛　② 馬　③ ヤギ　④ 豚　⑤ 羊

Ⅱ 次の図A・Bはアメリカ合衆国カンザス州の土地利用の模式図である。

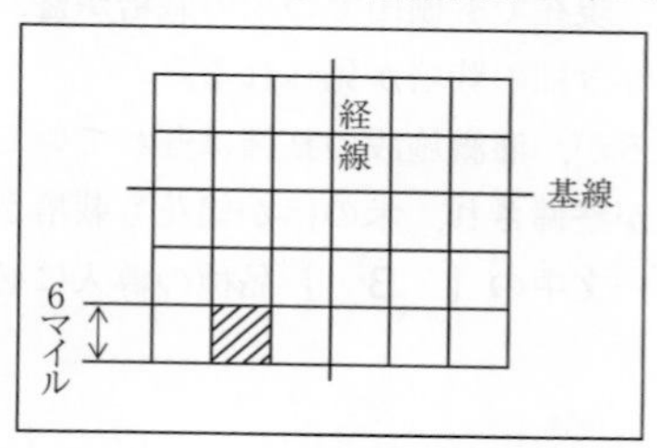

図A

図B

問３ 図Aのように，この地域の土地区画は格子状になっている。こうした土地分割制度を何というか，答えよ。

問4　この地域では，図Bのような円形の土地利用も見られる。これについて，次の各問に答えよ。

(1)　こうした円形の土地利用は何によって生じたのか，農業方式の名称を明らかにして答えよ。

(2)　こうした土地利用を行うことで生じる問題を二つ答えよ。

問5　カンザス州には西経100°線が通過する。この経線について，次の各問に答えよ。

(1)　この経線は，年降水量何mm程度とほぼ合致するか，数字を100の倍数で答えよ。

(2)　この経線の西側では主にどのような農牧業が行われているか，簡潔に答えよ。

14　世界の漁業・林業

解答➡ p.28

次のⅠ・Ⅱの問に答えよ。

Ⅰ　次の文章を読み，下の問に答えよ。

A　暖流の北大西洋海流と寒流の［　a　］海流が出会う潮境や，大陸棚などの自然条件に恵まれ，最も早くに成立した漁場である。漁法では，沿岸諸国が出漁する（　1　）漁業が盛んである。漁獲物は，カレイ・ヒラメなどのほか，ロフォーテン諸島の（　2　）も有名である。

B　沿岸に海溝が発達し，大陸棚はほとんどなく潮境もないが，栄養塩類に恵まれた［　b　］海流が流れ，肥料や飼料になる（　3　）の漁獲が多い。この海域では，海底付近の冷水が上昇する（　4　）によりプランクトンが多い。

C　メキシコ湾流と［　c　］海流による潮境のほか，大陸棚やとくに浅い海底である（　5　）の発達で好漁場になっている。この地域ではチェサピーク湾の（　6　）の養殖が知られている。

D　日本海流（黒潮）と［　d　］海流（親潮）が潮境をつくり，寒暖両流の魚種が集まる。しかし，寒海の代表的魚種であるサケ・マス類の漁獲は（　7　）主義によって規制されている。そのため，日本では近海の水産資源保全のため（　8　）漁業に取り組み，サケ・マス類では成果を上げている。世界で最も漁獲量の多い漁業国である（　9　）は，内水面漁業が盛んである。

問1　文中の空欄［　a　］～［　d　］に適する海流名を，次の中から選べ。

ア　アラスカ　　**イ**　ラブラドル　　**ウ**　東グリーンランド　　**エ**　千島
オ　対馬　　**カ**　ペルー（フンボルト）　　**キ**　カリフォルニア　　**ク**　西風

問2　文中の空欄（　1　）～（　9　）に適する語を答えよ。

問3　(1)　A～Dの各漁場名を答えよ。

(2)　最大の漁獲高を上げている漁場をA～Dから一つ選べ。

Ⅱ　林業に関する下の問に答えよ。

問4　次の表は日本の輸入木材の量の変化を示したものである。これについて，下の各問に答えよ。

	南洋材	米材	北洋材	その他	計（万m³）
1970年	694	1351	657	367	3069
1980年	1726	1598	624	441	4389
1990年	1201	1741	466	202	3610
2000年	309	813	577	252	1951

(1)　南洋材とは，どのような森林から切り出される木材か，次の中から一つ選べ。

ア　針葉樹林　　イ　落葉広葉樹林　　ウ　熱帯林　　エ　硬葉樹林

(2)　南洋材の輸入量が減っている理由を簡潔に答えよ。

問5　次の図は日本の木材自給率の変化を示している。このような変化の理由を，次の語をすべて使用して，簡潔に述べよ。なお，使用した語には下線を引いて示すこと。

木材価格　　高齢化

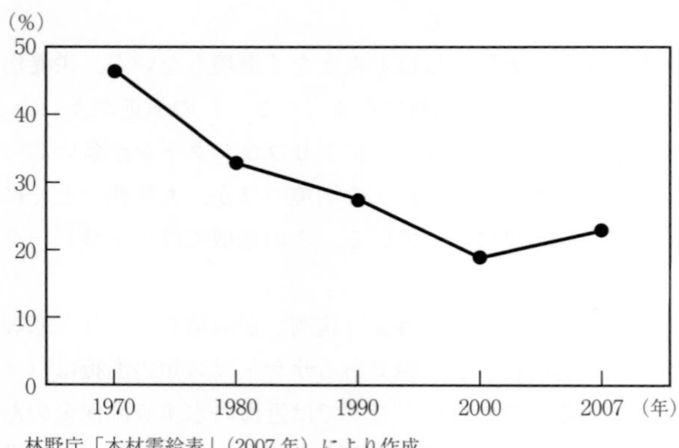

林野庁「木材需給表」(2007年) により作成。

15　EUの共通農業政策

解答➡p.30

問　ECから続くEUの共通農業政策について，その内容を問題点も含めて100字以内で説明せよ。

4 鉱工業・エネルギー

エネルギー・鉱工業

①エネルギーと電力構成

一次エネルギー：自然界に存在する物質を形を変えずに利用
…石炭・石油・天然ガス・水力・風力など
二次エネルギー：一次エネルギーを加工…ガソリン・電力・都市ガスなど
水力中心：豊富な水資源…ブラジル・カナダ・ノルウェー
火力中心：石炭・石油産出国や多くの工業国…中国・日本
原子力中心：石油危機後の政策…フランス

②石炭

古期造山帯に多く分布…中国・アメリカ合衆国・インド・オーストラリア・南アフリカ共和国など
石油危機後，見直しが進み，ガス化して発電に用いるなど新しい利用法が開発された。

③石油

褶曲地形の背斜構造に集中…中東・ロシア・アメリカ合衆国などに分布
石油メジャーによる支配⇒ OPEC の台頭⇒市場での取引で価格決定

④天然ガス

大部分はパイプラインで輸送。一部は液化天然ガスとして輸出入されている。
…ロシア・アメリカ合衆国・カナダなどで産出
クリーンエネルギー：熱効率がよく硫黄分を排出しない。二酸化炭素排出量も少ない。

⑤資源ナショナリズム

自国の資源を自国の利益のために利用するという考え⇒資源カルテルの設立…OPEC（石油輸出国機構）・OAPEC（アラブ石油輸出国機構）など

工業

①工業立地

ウェーバーの工業立地論：生産費のうち**輸送費**が最小となる所に立地する。⇒実際はその他の立地因子や立地条件（自然的条件：気候・地形，社会的条件：交通・通信）などにより大きく影響を受ける。

分類	製品・工業の例	特徴
原料指向型	セメント・パルプ・ワイン	原料質量＞製品の重量 原料が変質しやすい
市場指向型	印刷・高級服飾品・ビール	市場の動向・流行を重視，大都市周辺に立地。 製品が変質しやすい
労働力指向型	繊維工業・機械組立工業	安価で豊富な労働力が得られる場所
臨海指向型	鉄鋼・石油化学	原料を海外から輸入する
臨空港指向型	エレクトロニクス工業	製品が小型・軽量・高付加価値 空港・高速道路の近くに立地

②繊維工業

綿：イギリスのランカシャー地方で発達⇒産業革命発祥の地。近年は，原料の大生産地かつ労働集約地域に立地…中国・インド

羊毛：ベルギーのフランドル地方，イギリスのヨークシャー地方で発展。中国・イタリアに集中。

③金属工業

鉄鋼：石炭・鉄鉱石の原料立地から臨海・消費地立地へ

アルミニウム：ボーキサイト→アルミナ→アルミニウムの順に精錬され，精錬には大量の電力を要する。

④機械工業

自動車：総合組立工業…日本・アメリカ合衆国

造船：2000年頃まで日本が竣工量世界第1位であったが，近年中国・韓国のシェア増加。

航空機：アメリカ合衆国西海岸・フランスのトゥールーズ

ＩＣ：軽量・小型・高付加価値製品⇒空港付近に立地

⑤工業の発展

輸入代替型工業：輸入に依存していた製品の国産化⇒工業発展のきっかけに

輸出指向型工業：製品輸出が目的，労働集約的な繊維工業や機械組立工業。再輸出を条件として原料や製品を免税にする輸出加工区を設けることで発展。

⑥世界の工業地域

ヨーロッパ：原料（石炭・鉄鉱石）産地での製鉄⇒原料の輸入依存⇒臨海製鉄所

アメリカ合衆国：フロストベルトの重工業は地位低下⇒サンベルトを中心に先端産業が発達

東南アジア：安価で豊富な労働力⇒外国資本による機械組立工業

中国：臨海部の**経済特区**を中心に発展⇒外資の導入

インド：資源を利用した鉄鋼（ジャムシェドプル）⇒IT 工業（バンガロール）の発達

⑦近年の日本の工業

貿易摩擦：欧米工業国の対日貿易赤字⇒自動車などの現地生産へ

産業の空洞化：1980年代後半の円高の影響などにより，人件費の安い海外に工場進出⇒国内の製造業が衰退

16　エネルギー資源と鉱産資源

解答➡ p.32

次の文章を読み，下の問に答えよ。

エネルギー資源は，（　1　）・（　2　）・天然ガスなどの化石燃料と，人力・畜力・水力・風力・潮力・太陽熱・地熱などの非化石燃料に分けられる。化石燃料は，地質時代の動植物の遺骸が堆積し長い年月をかけて生成されたため，地球上の埋蔵量には限りがあり，産出地域も偏在していることが多い。さらに，（　2　）は産出国の政治情勢や国際的な経済状況において，その流通量や価格が左右されやすいため，現在は比較的埋蔵量が多く分布地域に偏りが少ない（　1　）が見直されてきている。

一方，非化石燃料は，限りなく無限で，一般にどこでも得られる。また，環境破壊をほとんど起こさないため，（　3　）とも呼ばれている。

現在，発展途上国では，①自国の天然資源に対する恒久的な主権を確立し，それを有効に活用して，その利権を手にすることは，自国の経済発展の上で不可欠であるという考えに基づき，様々な資源カルテルが結成されている。なかでも，1960年に結成された（　4　）は，それまで欧米諸国の（　5　）に採掘から流通・販売までを完全に支配されてきた産油国の国際的な発言力を著しく高めた。1968年には，アラブの産油国による（　6　）も結成された。そして，1970年代の二度にわたる（　7　）は，原油価格の高騰によって，世界経済を著しい混乱の渦に陥れた。これに対し，1974年にはOECD（経済協力開発機構）の下部組織として（　8　）が設立され，先進工業国間の新しいエネルギーの研究・開発やエネルギー利用の長期対策などにおける国際的な協力関係が作られてきた。日本でも，②代替エネルギーの開発や省エネルギー化に取り組んできた。また，③（　4　）に加盟していない国の原油の増産や，代替エネルギー開発の本格化により，（　4　）の影響力は次第に低下してきている。1997年の気候変動枠組条約の第3回締約国会議にて採択された（　9　）の後，④原子力エネルギーや⑤バイオマスエネルギーも注目されるようになってきている。

また，エネルギー資源同様，地球の産出物で重要なものに⑥鉱産資源があり，その多くは工業の基礎となる。なかでも，地球上での存在量が少ない上，偏在している（　10　）は，先端技術産業分野での需要が高い。

問1　文中の空欄（　1　）～（　10　）に適する語を答えよ。

問2　下線部①に関して，このような動きを一般に何と呼ぶか，答えよ。

問3　下線部②に関して，代替エネルギーの意味を30字以内で述べよ。

問4　下線部③に関して，これに該当する国を次の中からすべて選べ。

ア　ナイジェリア　　**イ**　メキシコ　　**ウ**　リビア　　**エ**　ノルウェー

オ　ベネズエラ=ボリバル　　**カ**　イラン　　**キ**　エジプト　　**ク**　エクアドル

問5　下線部④に関して，近年，日本の原子力発電所での事故が相次ぐ一方，ドイツでは脱原子力化を進めている。今日の原子力発電の問題点を50字以内で述べよ。

問6　下線部⑤に関して，その原料として**適当でないもの**を，次の中から一つ選べ。

ア　トウモロコシ　　**イ**　サトウキビ　　**ウ**　ナフサ　　**エ**　牛ふん

問7　次の図1は，日本，フランス，中国，ロシアの2005年における一次エネルギーの供給構成を示したものである。A～Dに該当する国をそれぞれ答えよ。

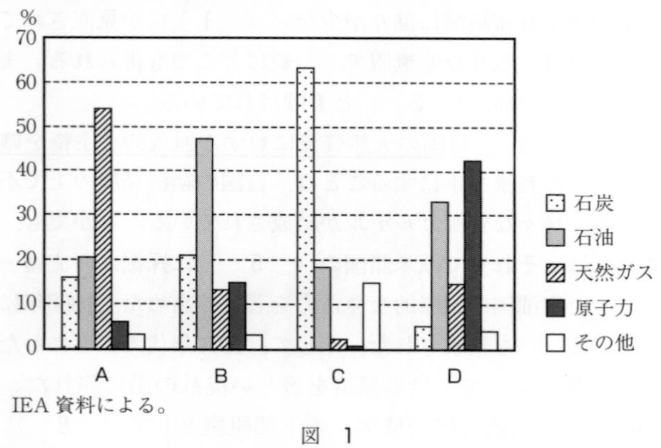

図　1

問8　下線部⑥に関して，次ページの表1は，ある鉱産資源の2015～2017年における産出量の上位国を示したものである。A～Fに該当する資源名を答え，それぞれの資源について代表的な産地名を下のX群から，説明文をY群から一つずつ選べ。

表 1

A	%	B	%	C	%
中国	31.9	フィリピン	17.0	オーストラリア	28.5
ミャンマー	18.8	ロシア	12.4	中国	22.7
インドネシア	18.1	カナダ	11.6	ギニア	15.0
ブラジル	8.7	オーストラリア	10.0	ブラジル	12.5
その他	22.5	その他	49.0	その他	21.3
世界計	29万 t	世界計	204万 t	世界計	3.1億 t
D	**%**	**E**	**%**	**F**	**%**
オーストラリア	36.5	チリ	30.2	中国	49.3
ブラジル	17.9	中国	9.0	オーストラリア	9.5
中国	14.9	ペルー	8.9	アメリカ合衆国	7.3
インド	8.3	アメリカ合衆国	7.2	ペルー	6.6
その他	22.4	その他	44.7	その他	27.3
世界計	15.0億 t	世界計	1910万 t	世界計	475万 t

U.S. Geological Survey, "Minerals Yearbook" により作成。

X群

a　ビンガム・チュキカマタ

b　ウェイパ・フリア

c　ピルバラ地区・カラジャス・アンシャン（鞍山）

d　ブリトン島・バンカ島・ポトシ

e　サドバリ・ノリリスク

f　ブロークンヒル・セロデパスコ

Y群

ア　展延性に富み，ハンダやブリキの原料として重要な資源である。

イ　伸張性・電気伝導性に優れ，電機工業の発達とともに需要が拡大した。

ウ　埋蔵量が多く，近代工業の発展に多大な貢献を果たした。

エ　軽くて耐食性があり，アルミニウムの原料として重要である。

オ　蓄電池としての利用のほか，無機薬品や電線の被覆に使われる。

カ　耐食，耐熱，耐酸性に優れ，特殊鋼や合金の原料となっている。

17　工業立地

解答➡ p.34

次の文章を読み，下の問に答えよ。

ウェーバーによると，工業立地の基礎は生産費で決定される。このうち最も重要なものは（　1　）費であり，（　2　）産地，動力産地，（　3　）を結ぶ範囲で最も

（　1　）費が安くなる地点に立地する。次に（　4　）費によって変位する。この理論では，鉄鋼業などのように製品が（　2　）よりも軽くなるものや（　1　）の途中で（　2　）が変質しやすいものは<u>（　2　）指向型</u>となり，製品と（　2　）の重量が変わらないものや（　3　）の動向・情報・流行に影響されやすいもの，製品が変質しやすいものは<u>（　3　）指向型</u>となる。また，繊維工業や機械などの組立工業は<u>（　4　）力指向型</u>となる。しかし，実際はすべての工場立地が上記の理論だけで成立しているのではなく，様々な自然条件や社会条件によって，また，時代の変化や社会・経済状況によっても変化する。

問1　文中の空欄（　1　）～（　4　）に適する語を答えよ。

問2　次のa～dの工業は，文中の下線部（　2　）～（　4　）のどの指向型に分類されるか。（　2　）～（　4　）の番号で答えよ。

a　ワイン　　b　縫製業　　c　陶磁器　　d　ビール

問3　次の図Aと図Bは，ある工業の工場の立地を示している。それぞれどの工場の立地を示しているか。下の①～⑤の中から一つずつ選べ。また，それぞれの図から読み取れる事柄として適当なものを下の**ア**～**オ**の中から一つずつ選べ。

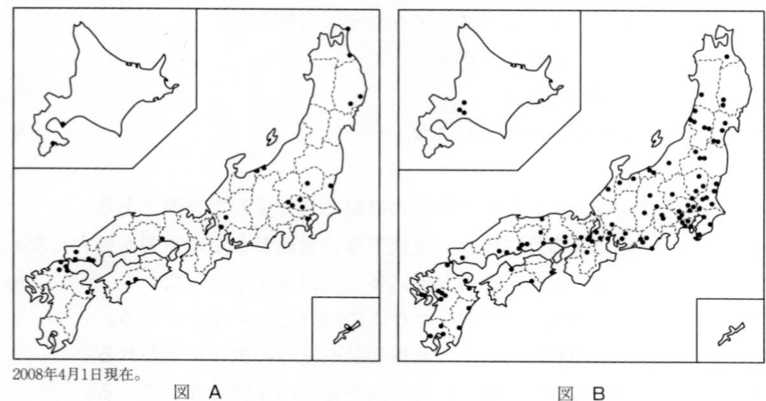

図 A　　　　図 B

①　半導体工場　　②　自動車工場　　③　製鉄所

④　石油化学コンビナート　　⑤　セメント工場

ア　Aは海外からの輸入原料を使うので，臨海部に多く立地している。

イ　Aは国内有数の原料産地に多く立地している。

ウ　Bは太平洋ベルト地帯を中心とする三大工業地帯に多く立地している。

エ　Bは大都市周辺よりも比較的賃金が安い地方に多く立地している。

オ　Bは製品の付加価値が高く，空港の近くや高速道路沿いに立地している。

問4　次のA～Dの文は，鉄鋼業立地の四つの類型を代表する都市について述べたものである。それぞれに該当する都市名を答えよ。また，それと同じ立地の類型に属する鉄鋼業都市を，下の①～④から一つずつ選べ。

A　今日，世界一の鉄鋼生産国である国の北東部に位置する。世界有数の鉄鉱石産地で，パオトウ（包頭）・ウーハン（武漢）とともに，国内の三大鉄鋼コンビナートの一つである。

B　国の北東部に位置するこの都市の最大の利点は，鉄鉱石・石炭といった製鉄には欠かせない原料産地のどちらにも近いことである。1907年に国内初の財閥系の製鉄所が建設され発展した。鉄鋼業のほか，機械・車両などの各種工業も盛んである。

C　この都市は良質のコークスを産出することでも有名である。鉄鋼・金属・機械・化学などの各種工業が発展し，西ヨーロッパ最大の工業地域を代表する都市である。近年は出炭量が減少しており，今日では，環境や医療などハイテク技術センターも立地している。

D　地中海に突き出した半島の南端に位置する港湾都市である。かつては軍港として重要であったが，第二次世界大戦後，南部開発の拠点として鉄鋼コンビナートが建設された。造船・化学・繊維工業も発展している。

① ピッツバーグ　② バーミンガム
③ ダンケルク　④ クリヴォイログ

18 先進国の工業

解答➡ p.36

次の文章を読み，下の問に答えよ。

A　産業革命は18世紀後半，①イギリスの（　1　）地方の（　2　）工業から始まった。初期は動力源を（　3　）に頼っていたが，すぐに（　4　）機関が導入され，それ以後イギリスでは（　5　）の産地に主要な工業地域が発達していった。産業革命は以後，ほかのヨーロッパ諸国やアメリカ合衆国にも波及し，工業化社会を成立させた。20世紀前半には（　6　）工業において，ベルトコンベアによる流れ作業を確立し，（　7　）が可能になった。その後，技術革新が進み，20世紀後半には手作業に代わる（　8　）が導入された。今日，日本における（　8　）の稼働台数は世界最多である。

B　鉄鋼業はかつて工業の中心で，欧米諸国では早くから鉄鉱石や（　5　）産地に鉄鋼業が発展していた。（　9　）と称された②イギリスのミッドランド地方，ミネット鉱で有名な③フランスの（　10　）地方，アメリカ合衆国の五大湖周辺から（　11　）山脈にかけての地域などである。これに対し，日本の鉄鋼業は初期の岩手県（　12　）を除くと，海外からの輸入原料に頼るため臨海地域に多い。しかし，これまで国内原料に依存してきた地域でも，資源の枯渇などから，古くからの鉄鋼業都市が衰退し，④新しい鉄鋼業都市が臨海地域に発達している。

問1　文中の空欄（　1　）～（　12　）に適する語を答えよ。

問2　下線部①～④の工業都市の例を，次の中から一つずつ選べ。

ア　グラスゴー　**イ**　バーミンガム　**ウ**　マンチェスター
エ　マルセイユ　**オ**　ナンシー　**カ**　リーズ　**キ**　ビルバオ

問3　次のグラフは，日本の工業における従業者数と製造品出荷額等の産業別構成の変化を示したものである。このグラフから読み取ることができる事柄として，**適当でないもの**を，下の①～④から一つ選べ。

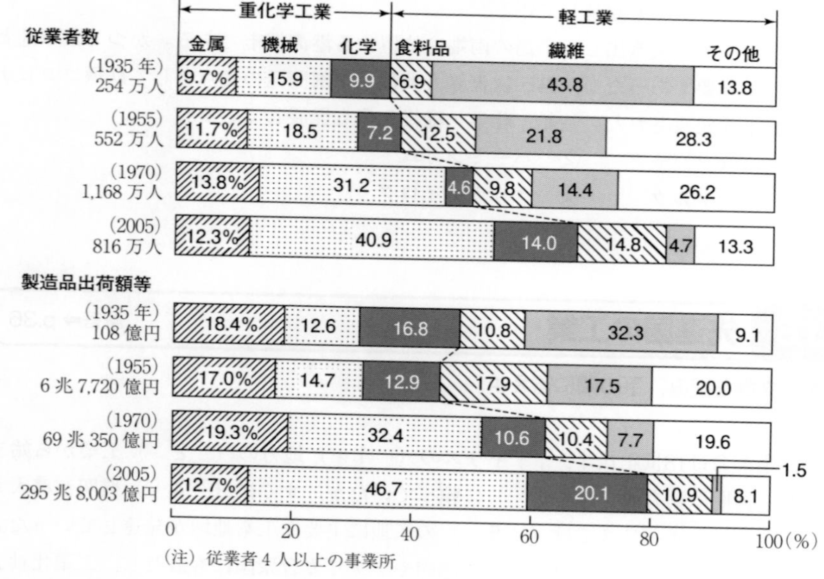

(注) 従業者4人以上の事業所

①　1935年以降，日本の製造品出荷額等は年々増加の一途をたどってきたが，従業員数は1970年に比べて2005年では350万人程度減少している。

②　1935年当時，全体の50%に満たなかった重化学工業の出荷額は2005年には約80%を占めるようになった。なかでも1970年以降は金属工業の出荷額の伸び率が大きい。

③ 第二次世界大戦後から今日まで，軽工業の代表である繊維工業の比率の低下が著しい。これは海外への進出や輸入製品が増加した結果である。

④ 食料品工業の比率は，その他の工業と比べて従業員数・出荷額ともに大きな変動は見られない。それは，生鮮加工品は今日でもなお国内生産が中心であることを物語っている。

問4 文中の二重下線部に関して，労働力の削減などによる生産性の向上以外にどのような利点があったか，30字以内で述べよ。

19 BRICS・新興国の工業

解答➡ p.38

BRICSと呼ばれる4カ国（南アフリカ共和国，2024年に加盟した国を除く）の工業に関する下の問に答えよ。

問1 表1は，BRICSと呼ばれる国々の基礎データである。A～Dに該当する国名を答えよ。

表 1

	人口密度（人/km²）(2016年)	1人当たり国民総所得（ドル）(2014年)	実質経済成長率（%）(2015年)	一次エネルギー自給率（%）(2013年)	工業付加価値額成長率（%）(2010～14年)
A	8	12,402	-3.7	183	2.6
B	144	7,592	6.9	86	8.3
C	25	11,208	-3.8	86	0.2
D	404	1,567	7.3	67	2.2

国連資料などによる。

問2 表2は，2014年におけるBRICSと呼ばれる国々の主要な輸出品を示している。A～Dに該当する国名を答えよ。

表 2

A		B		C		D	
石油製品	61,969	原油	153,888	鉄鉱石	25,819	機械類	968,780
ダイヤモンド	24,062	石油製品	116,669	大豆	23,277	衣類	186,614
機械類	23,655	天然ガス	55,240	機械類	17,326	繊維品	111,668
繊維品	18,266	鉄鋼	20,906	肉類	16,927	金属製品	85,887
衣類	17,650	機械類	14,161	原油	16,357	精密機械	75,805
総額	317,545	総額	497,834	総額	225,098	総額	2,342,343

単位は百万ドル
国連資料などによる。

問3　中国では，1990年代からアジア最長の河川の大規模な開発が行われている。(1)その河川名，(2)世界最大のダム名，(3)開発とともに1997年直轄市に指定された都市名をそれぞれ答えよ。

問4　ロシアは旧ソ連時代から大規模な国土開発を行ってきた。(1)1952年に完成し，モスクワがカスピ海を含む四つの海と結ばれることを可能にした運河名，(2)近年のシベリア開発に重要な役割を果たす，1984年に開通した鉄道をそれぞれ答えよ。

問5　次のⅠとⅡのグラフは，ある工業製品におけるBRICSと呼ばれる国々とその他の生産上位国の生産台数の推移を示したものである。それぞれの工業製品に該当するものを下の**ア**～**キ**の中から一つずつ選べ。

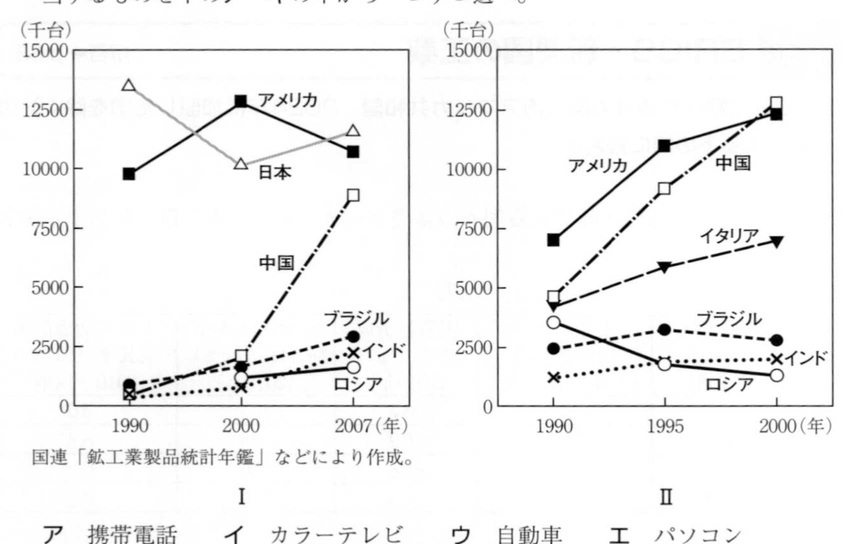

国連「鉱工業製品統計年鑑」などにより作成。

Ⅰ　　　Ⅱ

ア　携帯電話　**イ**　カラーテレビ　**ウ**　自動車　**エ**　パソコン
オ　DVD プレーヤー　**カ**　家庭用冷蔵庫　**キ**　デジタルカメラ

問6　インドではバンガロール（ベンガルール）などを中心にIT産業が発達している。その理由を150字以内で述べよ。

問7　BRICSと呼ばれる国々の共通点を150字以内で述べよ。

20　日本の製造業の海外進出

解答➡ p.41

問　日本企業の海外進出は製造業で著しいが，その理由は地域により異なる。欧米諸国への進出理由とアジアなど発展途上国への進出理由の違いを，100字以内で説明せよ。

5 現代世界の結合

国家

①国家の三要素…領域（領土・領海・領空）・国民・主権

⇒日本の**領海**は12海里

⇒**排他的経済水域**…海岸線から200海里までの範囲

②国家の分類

・君主国と共和国

・単一民族国家と多民族国家（純粋な単一民族国家は存在しない）

・単一国家と連邦国家（国家の連合または主権の一部を与えられた州の連合）

③国境

自然的国境：海洋・河川・山岳（とくに山脈）・湖沼が国境となる

人為的国境：経緯線を利用した**数理的国境**が代表的

④国境紛争

・**カシミール地方**：インド・パキスタンの紛争

・**尖閣諸島**：東シナ海の諸島を巡る日本と中国との領有問題

・**北方領土**：北方四島（択捉（えとろふ）・国後（くなしり）・歯舞（はぼまい）・色丹（しこたん））を巡る日本とロシアとの領有問題

⑤国家群

国際連合（UN）：加盟国193カ国（2013年末現在），本部ニューヨーク

国連関係機関：ILO（国際労働機関）・IMF（国際通貨基金）・FAO（国連食糧農業機関）・UNESCO（国連教育科学文化機関）・WTO（世界貿易機関）など

政治的・軍事的機構：NATO（北大西洋条約機構）など

地域的経済統合：EU（ヨーロッパ連合）・ASEAN（東南アジア諸国連合）・NAFTA（北米自由貿易協定）など

資源協力機構：OPEC（石油輸出国機構）・OAPEC（アラブ石油輸出国機構）など

民族問題

・**パレスチナ**：1947年，アラブ人居住地域にユダヤ人が国家を建設して以降，両者の対立が激化して1973年までに４度の戦争が起きた（中東戦争）。現在も対立・紛争が続く。

・**北アイルランド**：イギリス領北アイルランドにおける，アイルランド系カトリックとイギリス系プロテスタントの対立。2010年現在テロ行為は沈静化。

・**ベルギー**：北部のゲルマン系**フラマン人**と南部のラテン系**ワロン人**との対立。

・**バスク地方**：フランス～スペイン国境付近のバスク人による独立運動。

・**ケベック州**：フランス系住民の多いカナダ・ケベック州の独立運動。

・**スリランカ**：多数派の**シンハリ人**（仏教徒）と少数派の**タミル人**（ヒンドゥー教徒）との対立。

・**ナイジェリア**：三つの民族（ハウサ・ヨルバ・イボ）の対立。

21 国家群

解答➡ p.43

次の図を見て，下の問に答えよ。

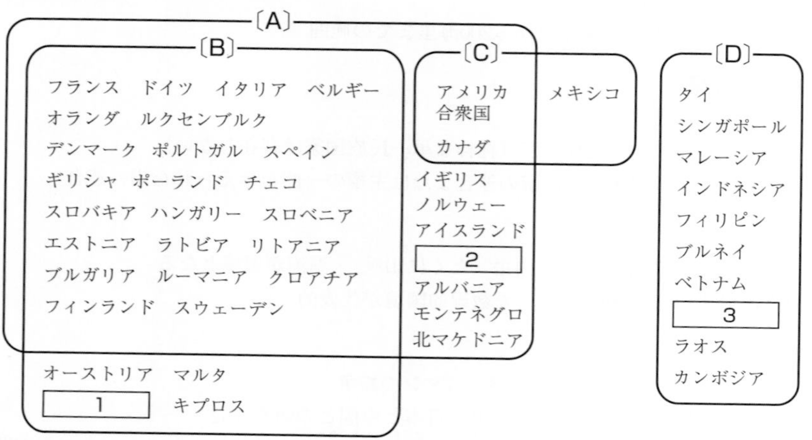

問1　図中の〔A〕～〔D〕に適する組織名を，それぞれアルファベットの略称で答えよ。

問2　図中の［ 1 ］～［ 3 ］に該当する国名を，次の中から一つずつ選べ。

ア　ウクライナ　**イ**　ロシア　**ウ**　アイルランド　**エ**　イラン
オ　イラク　**カ**　トルコ　**キ**　シリア　**ク**　韓国
ケ　バングラデシュ　**コ**　ミャンマー

問3　次の(1)～(4)の説明は，図中の〔A〕～〔D〕の組織について述べている。(1)～(4)に該当する組織を，図中の〔A〕～〔D〕からそれぞれ一つ選べ。また，文中の下線部①～④に誤りがある場合は正しい語に訂正し，正しい場合は正と答えよ。

(1)　前身であるEC（ヨーロッパ共同体）は，EEC（ヨーロッパ経済共同体）・ECSC（ヨーロッパ石炭鉄鋼共同体）・EURATOM（ヨーロッパ原子力共同体）が統合されたものであり，原加盟国は①7カ国であった。

(2)　旧ソ連・社会主義諸国に対抗する西ヨーロッパ諸国・北アメリカの軍事機構として設立された。加盟国への攻撃に対する集団的自衛権の行使と，共同の援助行動をとる。なお，②ドイツは1966年にこの軍事機構を脱退したが，2009年に復帰した。

(3)　主要な事業には，貿易に重点をおいた経済協力および経済開発，交通・通信における協力，観光の促進や文化の交流などがある。この組織の主要加盟国は順調な経済発展をしており，発展途上国の優等生ともいわれた。この組織の事務局は③バンコクに置かれている。

(4) 自由貿易圏の確立を目的として設立された。段階的な関税の撤廃や，金融・通信などサービス分野の自由化が図られ，将来的には世界最大の単一市場が誕生するとされる。この組織の正式名称は④自由貿易連合という。

問4 図中の〔D〕が結成されたときの目的に**該当しないもの**を，次の中から一つ選べ。

ア 天然資源の開発　**イ** 科学技術の相互援助　**ウ** 地域経済の発展

エ 社会主義体制の強化と発展

問5 図中の［ 2 ］に該当する国は，長い間，〔B〕組織への加盟を求めている。しかし，〔B〕組織を構成する国々と［ 2 ］の国では，文化的に大きな違いがあることも理由の一つで，加盟が実現していない。加盟の障壁となっている文化的な違いを次の中から一つ選べ。

ア 〔B〕組織の国々の国民のほとんどはコーカソイドであるのに対し，［ 2 ］国の国民はモンゴロイドであるから。

イ 〔B〕組織の国々のほとんどはキリスト教国であるのに対し，［ 2 ］国はイスラム教国であるから。

ウ 〔B〕組織の国々の言語のほとんどはラテン語派であるのに対し，［ 2 ］国の言語はスラブ語派であるから。

エ 〔B〕組織の国々は各国が単民族で構成されているのに対し，［ 2 ］国は多民族国家であるから。

22 国境と領土問題

解答➡ p.45

次の文章を読み，下の問に答えよ。

国家は，国民・（ 1 ）・（ 2 ）を有することが基本的条件である。国家の（ 2 ）が及ぶ範囲を（ 1 ）といい，国家相互の（ 1 ）が接する境界を国境という。国境は，山岳・河川・（ 3 ）・湖沼など自然物を境界として利用した(a)自然的国境と，経緯線による（ 4 ）的国境に代表される人為的国境とに分類される。こうした様々な国境のうち，(b)（ 3 ）国境が最も理想的な国境と考えられている。

問1 文中の空欄（ 1 ）～（ 4 ）に適する語を答えよ。

問2 下線部(a)に関して，自然的国境を利用して隣接している2カ国の組合せを，次の中からすべて選べ。また，国境に利用されている自然物の名称をそれぞれ答えよ。

ア　ドイツとポーランド　　イ　インドネシアとパプアニューギニア
ウ　エジプトとリビア　　エ　スペインとフランス

問3　下線部(b)に関して，この理由について，国境の機能という観点から40字以内で説明せよ。

問4　次の(1)〜(6)の各文の説明に該当する地域を，次ページの地図中①〜⑬の中からそれぞれ一つずつ選べ。

(1)　新しい紛争の発生地とされている地域で，国境線が複雑に交錯している。近年の海底油田の発見などにより周辺諸国・地域が領有を主張している。また，中国と（　A　）との間では大陸棚の領有を巡る対立も見られる。

(2)　1975年の国境協定を1980年に（　B　）が一方的に破棄，全面戦争に突入した。戦争は長期化し，都市部へのミサイル攻撃なども行われた。（　B　）は国連安全保障理事会の決議を受け入れ，1988年に停戦した。

(3)　1833年以来イギリスの属領とされてきたが，1816年にスペインから独立した（　C　）も領有を主張している。1982年に武力衝突が起こりイギリスが勝利した。

(4)　1947年の（　D　）と（　E　）の分離独立に際し，（　D　）領に統合されようとしたが，住民の多数を占めるイスラム教徒がヒンドゥー教徒による支配に反対し紛争となった。国連の介入で３分の２の領土が（　D　）に併合された。

(5)　1970年代半ばに（　F　）が領有権を放棄した後のこの地域の主権を巡り紛争が起きた。1988年には国連事務総長案を受け入れ，住民投票で独立か隣国への帰属かを決定することにしたが，その投票が先送りされている。

(6)　第二次世界大戦後，サンフランシスコ平和条約によって（　G　）が千島列島と南樺太の領有を放棄したことに対して，北方四島についての見解が（　H　）と異なり，領有問題は解決していない。

問5　**問4**の文中（　A　）〜（　H　）に該当する国を，次の中からそれぞれ選べ。

ア　ロシア　　イ　インド　　ウ　ベトナム　　エ　イラク　　オ　日本
カ　エリトリア　　キ　アルゼンチン　　ク　パキスタン
ケ　エチオピア　　コ　大韓民国　　サ　ペルー　　シ　スペイン
ス　エクアドル

23 ヨーロッパ連合の発展

解答➡p.47

次の表は，ヨーロッパ連合の現在に至る，主要な関連事項を示している。この表を見て，下の問に答えよ。

1948年	ベネルクス関税同盟が〔A〕3カ国で発足
1952年	(ア)ヨーロッパ石炭鉄鋼共同体発足
1958年	(イ)ヨーロッパ経済共同体が〔B〕6カ国で発足 (ウ)ヨーロッパ原子力共同体発足
1960年	(エ)ヨーロッパ自由貿易連合発足
1967年	(オ)ヨーロッパ共同体発足
1973年	ヨーロッパ共同体に〔C〕3カ国加盟，拡大ヨーロッパ共同体発足
1981年	ヨーロッパ共同体にギリシャ加盟
1986年	ヨーロッパ共同体に〔D〕2カ国加盟
1993年	（　X　）条約の発効により市場統合を達成 ヨーロッパ共同体は(カ)ヨーロッパ連合に改組
1995年	ヨーロッパ連合に〔E〕3カ国加盟，拡大ヨーロッパ連合発足
1997年	（　X　）条約を改正したアムステルダム条約調印
1999年	(キ)単一通貨の導入
2002年	紙幣と通貨の一般流通開始
2004年	ヨーロッパ連合に旧社会主義国を含む10カ国加盟
2007年	ヨーロッパ連合にブルガリア・ルーマニアの2カ国加盟
2013年	ヨーロッパ連合にクロアチアが加盟
2020年	イギリスがヨーロッパ連合より離脱

問1　表中の下線部〔A〕～〔E〕に該当する国はどこか。次の地図の該当国に，それぞれ記号〔A〕～〔E〕を記入せよ。なお，該当する国が複数ある場合は，同一記号を複数国に記入せよ。また，同一国に複数の記号を記入する場合もある。

問2　表中の下線部㋐～㋕の略称をそれぞれアルファベットで答えよ。

問3　表中の（X）に該当する都市名を答えよ。

問4　表中の下線部㋓の現在（2010年末）の加盟国名をすべて答えよ。

問5　表中の下線部㋖の単一通貨の名称をカタカナで答えよ。また，1995年当時のヨーロッパ連合加盟国のうち，通貨統合に参加していなかった国をすべて答えよ。

問6　ヨーロッパ連合のヨーロッパ議会（本会議場：○）・ヨーロッパ裁判所（●）・ヨーロッパ理事会（◎）の置かれている都市のおおよその位置を，上の地図にそれぞれの記号を用いて記入せよ。また，それぞれの都市名を答えよ。

24 世界の貿易

解答➡ p.49

次の表は世界の８カ国について，貿易に関する指標を示している。この表を見て，下の問に答えよ。

	金額による輸出品構成（%）					日本への輸出額(億円)	日本の輸入額第１位品目(%)
	食料・飲料・農産物原料	鉱物燃料・鉱物・非鉄金属製品	繊維製品	鉄鋼・金属製品	その他の製品		
A	19.2	57.5	0.2	0.7	22.4	42,100	石炭（30.7）
B	2.1	11.2	2.5	7.2	77.0	32,439	電気機器（21.6）
C	6.1	4.5	2.2	5.1	82.1	24,542	乗用車（21.6）
D	12.7	20.4	3.2	2.7	61.0	26,016	液化天然ガス（40.2）
E	12.1	5.2	2.8	4.3	75.6	11,471	医薬品（16.9）
F	9.2	5.3	7.2	7.5	70.8	9,112	一般機械（11.7）
G	13.7	35.0	1.1	8.4	41.8	5,983	白金（26.6）
H	7.2	8.5	1.9	3.2	79.2	5,751	電気機器（19.6）

統計年次は，金額による輸出品構成がＢのみ2014年，その他は2015年，日本への輸出額・輸入品目が2015年。財務省貿易統計などによる。

問１　表中のＡ～Ｈに該当する国を，次の中からそれぞれ一つずつ選べ。

ア　韓国　**イ**　マレーシア　**ウ**　オーストラリア

エ　南アフリカ共和国　**オ**　イタリア　**カ**　ドイツ

キ　フランス　**ク**　メキシコ

問２　2015年において，日本との貿易額（輸出額と輸入額の合計）がＢ国より多かった国は，世界に２カ国あった。それらの国名を答えよ。

問３　OECD，APEC の加盟国を，**問１**の選択肢の中からそれぞれすべて選べ。

問４　Ｂ・Ｄ・Ｇ・Ｈの国々は，経済成長と輸出増加を背景に，さらなる工業化が進んでいる。そのため近年，これらの国々と後発発展途上国と呼ばれる国々との間で格差が拡大する傾向にある。これに関して，次の各問に答えよ。

(1)　このような格差の拡大に伴う問題を何というか答えよ。

(2)　格差が拡大した要因を二つ挙げ，簡潔に答えよ。

(3)　Ｃ・Ｅ・Ｆなどの国々は，Ｂ・Ｄ・Ｇ・Ｈなどの国々の台頭に対して，工業の面でどのように対処しているか。一般的な対策を30字以内で説明せよ。

問5　日本のD・H国からの輸入は，近年，機械類を中心に急増している。両国から機械類の輸入が増加した共通の要因を，D・H国内の事情と日本国内の事情の両面から80字以内で説明せよ。

問6　世界の貿易形態を貿易相手国の経済発展段階によって類型化した場合，C・E・F国の間で行われる貿易は一般に何というか答えよ。

25　貿易を巡る諸問題

解答➡ p.51

問　国際分業体制の確立は，世界貿易の振興や各国の経済発展の上で，どのような問題点を生み出したか。次の語を必ず使用して，120字以内で述べよ。なお，使用した語には下線を引いて示すこと。

水平　　垂直　　交易条件　　貿易収支の不均衡

6 村落・都市／交通・通信／余暇

①村落の立地

扇状地：水の得られる扇頂・扇端
台地：水の得られる宙水の上，湧水帯のある台地の縁…武蔵野台地
沖積平野：洪水を避けることのできる自然堤防などの微高地…濃尾平野の輪中
海岸平野：高潮を避けることのできる浜堤などの微高地
山間部：日当たりのよい南向きの緩斜面，水の得られる河谷周辺

②村落の形態

村落──集村──塊村・列村・路村・街村・円村
　　　└散村⇒家屋が１戸ずつ孤立，散在する（砺波（となみ）平野・出雲平野・北海道の開拓地）

③日本の歴史的村落

時代	集落名	特色	代表的な地名・地域
古代	条里集落	条里制により成立	条・里・坪
中世	荘園集落	荘園制により成立	本荘・領家
	豪族屋敷村	豪族の屋敷を中心に発達	根古屋・寄居
	名田百姓村	開墾権を与えられた名主の屋敷を中心に発達	太郎丸・五郎丸
	隠田集落	戦に敗れた落武者や租税逃れの人々が開墾	五家荘・白川郷
近世	新田集落	新田開発により発達	新田・新開
近代	屯田兵村	北海道開拓のため士族を入植させて開発	兵村・号線

④日本の都市の発達

古代：平城京・平安京…条坊制による格子状の街路網。唐の都・長安に倣う。
中世：門前町・鳥居前町…寺社の周りに発達した都市
　寺内町…浄土真宗の信徒が寺を中心に形成した都市
近世：城下町…防御上有利な場所に立地，特徴ある道路，身分による居住地域の区別
　宿場町…主要街道沿いに形成

⑤現代の都市

都市人口の増加：**先進国**は工業の発達により都市の人口吸引力が拡大した。
　発展途上国は農村部の余剰労働力が職を求めて都市に流入した。
　⇒スラム・ホームレス・ストリートチルドレンの増加
巨大都市（メトロポリス）：政治・経済・文化の中心
コナーベーション（連接都市）：隣接した都市の市街地が連接し一つの都市域を形成。
メガロポリス：連続する大都市が交通網や通信網により結合。
衛星都市：中心都市の周辺に位置し，中心都市の一部機能を分担する
　⇒住宅衛星都市など

⑥巨大都市の地域の分化

都心：C.B.D.（中心業務地区）ともいい，企業の本社，行政の中枢管理機能が集中
　⇒ニューヨーク・マンハッタン，ロンドン・シティ，東京・丸の内など

副都心：都心の中枢管理機能を分担する地区⇒新宿・天王寺
周辺部：住宅地が多く，都心への通勤圏。日常品などの集まる商店街が形成される。

⑦都市の機能

生産都市：鉱工業都市・林業都市・水産都市など
交易都市：商業都市・交通都市など
消費都市：政治都市・宗教都市・軍事都市・学園都市・観光都市など
⇒大都市は複数の機能が備わった総合都市になる

⑧都市問題

インナーシティ問題：大都市の住民が郊外へ流出し，都心の空洞化が起きる。
⇒治安・衛生状況が悪化，スラムの形成，ホームレスの増加。
スプロール現象：住宅・都市施設が無秩序に郊外へ広がっていく現象。
ドーナツ化現象：都心部への業務機能集中や地価高騰により都心部の夜間人口が減少し，郊外の夜間人口が増加する現象。
その他，社会資本の不足による交通渋滞・公害，地価高騰

⑨都市計画

イギリス：田園都市…ハワードが提唱，工場地区と住宅地区を内包⇒レッチワースなど
大ロンドン計画…1944年に策定，郊外にグリーンベルトを設け，その外側にニュータウンを建設⇒郊外への無秩序な都市開発の防止。
職住近接…職場と住宅を近接させること⇒都心への人口・産業集中，交通渋滞などを解消。
日本：ニュータウンは居住機能に特化した職住分離型
フランス：パリのラ=デファンス地区に副都心，郊外にニュータウンを建設

▼ハワードの田園都市構想のモデル

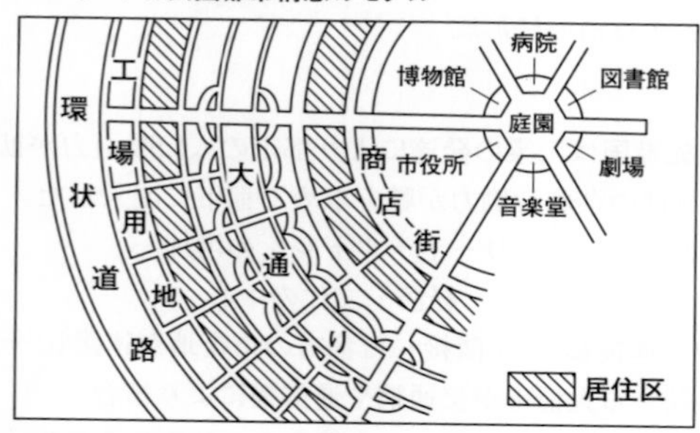

⑩ウォーターフロント再開発…ロンドンのテムズ川沿いのドックランズ再開発
東京湾臨海副都心
横浜みなとみらい21

26 村落の立地・形態，日本の歴史的村落

解答➡ p.53

次の文章を読み，下の問に答えよ。

A　村落の立地要因には，地形や水の便，交通などが考えられる。一般に氾濫原や三角州など低湿地では，水防上の理由から（　1　）などの①微高地に立地し，必要に応じて盛土などが行われる。村落の例としては，木曽三川の合流する（　2　）平野西部の堤防に囲まれた（　3　）集落が有名である。ここには（　4　）と呼ばれる，洪水時の避難小屋を兼ねた倉が見られる。扇状地では，水の得やすい（　5　）や（　6　）に集落が立地した。台地は地下水面が深いために開発が遅れたが，局地的な地下水である（　7　）の上には集落が見られた。

交通の面からは，山地と平野の接点に（　8　）集落が成立した。「青梅」や「池田」などが代表例である。また渡し場や峠の麓には（　9　）集落が成立した。（　10　）川を挟んだ「島田」と「金谷」がその例である。これは世界でも見られ，例えば（　11　）川を挟んだセントポールと（　12　）が有名である。これらは強く結びつき，（　13　）都市として発展している。

B　村落の形態は一般に集村と［　a　］に大別され，前者は自然発生的に成立した［　b　］を基本に，開拓地などで見られる［　c　］，交通が盛んになり，商業機能が加わった［　d　］などに分類される。なお，（　1　）に成立した集落も［　c　］に似た形態だが，［　b　］が変形したもので，［　e　］と呼ばれる。日本の古代に成立した格子状地割りを持つ②（　14　）集落には［　b　］が見られるが，近世の開拓村落である③（　15　）集落や，ドイツの森林を開拓した（　16　）は［　c　］である。北海道の開拓村落である（　17　）はアメリカ合衆国の（　18　）制を模したものだが，開拓当初は［　c　］でのちに［　a　］に変化している。この他，日本では見られないが，ドイツ東部やポーランドの教会を中心とした形状を持つ［　f　］などがある。日本の［　a　］の例としては富山県の（　19　）平野や島根県の（　20　）平野などが有名である。

問1　文中の空欄（　1　）～（　20　）に適する語を答えよ。

問2　文中の［　a　］～［　f　］に適する語を，次の中から一つずつ選べ。

ア　円村　**イ**　塊村　**ウ**　街村　**エ**　散村　**オ**　列村　**カ**　路村

問3　下線部①に関して，近年，このような地形以外にも宅地が広がっているが，河川に近く水はけも悪いため，大雨・洪水時に浸水被害が生じる例がある。自然堤防の背後に見られるこの地形名と，かつては何に利用されていたかを答えよ。

問4　下線部②・③に関して，日本各地には歴史的な村落に由来する地名が多く残っ

ているが，②と③に由来するものを，次の中からそれぞれすべて選べ。

ア 坪　イ 要害　ウ 新地　エ 領家　オ 条　カ 開

キ 反　ク 搦（からみ）　ケ 庄　コ 名

問5　「祖谷（いや）」・「椎葉」・「白川郷」などは同じ歴史的な要因で成立した集落であるが，これらは何と呼ばれている集落か答えよ。

問6　［　a　］の成立に欠かせない自然条件は何か，簡潔に答えよ。

27 都市圏の構造・機能別都市分類

解答➡ p.55

次のA～Dの文章を読み，下の問に答えよ。

A　産業革命以後の鉱工業都市の発達は世界各地で目覚ましく，都市の規模も以前とは比べものにならないほど大きくなった。都市周辺の農村では工場や住宅の建設が進んだが，無秩序な市街地化による（　1　）現象が生じた。一方で高密度化した都心部では生活環境の悪化が進み，居住者は郊外へ転出し，常住人口が周辺よりも減少する（　2　）現象も顕著である。

B　大都市の内部では，機能による地域分化が進む。都市の中心部は行政機関や企業の本社など中枢管理部門が集中し，（　3　）を形成する。高級品や専門品を扱う都心商店街も形成され，周囲には住・工・商の混在した旧市街地が残る。都心から少し離れた地域には，都心の管理中枢機能を補完する（　4　）が形成される。周辺の中小都市との交通の接点に位置し，東京では［　X　］，大阪では［　Y　］などがこれに当たる。鉄道などで結びつけられた周辺の中小都市は，中心都市のベッドタウンになることが多く，これを住宅（　5　）都市という。

C　都市が発達すると，都市域が拡大し，隣接する二つ以上の都市が連続した一つの市街地を形成するようになる。これを（　6　）と呼ぶ。

D　アメリカ合衆国の北東部は複数の大都市圏が高速交通機関や通信網によって結合され，世界の政治・経済・文化の発信地を形成しているが，この地域は（　7　）と呼ばれている。日本でも東京から京阪神に及ぶ地域をこれに例えて（　8　）という。

問1　文中の空欄（　1　）～（　8　）に適する語を答えよ。

問2　文中の［　X　］に入る地名として**適当でないもの**を次の中から選べ。

ア 池袋　イ 霞が関　ウ 渋谷　エ 新宿

問3　文中の［　Y　］に入る地名として**適当でないもの**を次の中から選べ。

ア　天王寺　　イ　梅田　　ウ　中之島　　エ　難波

問4　次の各都市は，(ア)宗教都市，(イ)軍事都市，(ウ)保養都市のうち，どれに分類されるか，それぞれ記号で答えよ。

1　ジブラルタル　　2　ヤルタ　　3　ウラジオストク　　4　ヴァラナシ
5　カンヌ　　6　サンディエゴ　　7　ラサ　　8　バーデンバーデン
9　メッカ　　10　バンドン

28　都市問題

解答➡ p.57

次のA・Bの文章を読み，下の問に答えよ。

A　産業革命以後，急速に鉱工業が発達し，都市が増加したイギリスでは，いち早く都市問題も深刻化した。これを受け，19世紀末にハワードは（　1　）都市を提唱し，ロンドンの郊外にレッチワースなどの都市の建設がなされた。その後，（　2　）計画において，市街地の郊外への無秩序な拡大を防ぐために，市街地の周囲に（　3　）を設置し，その外側に衛星都市ではない自立した都市としての（　4　）が建設された。ロンドン北部にあるウェリンガーデンシティはその例である。

B　先進国では産業革命以後，都市の過密化が進み，都市周辺では生活環境が悪化していった。そのため住民や各施設は郊外へ流出し，都市内部の空洞化が生じた。こうした現象は，アメリカ合衆国やイギリスの旧市街地で顕著であり，これを（　5　）問題と呼ぶ。この問題に対し，各種の再開発事業が取り組まれている。ロンドンではかつての港湾地区（　6　）の再生を図り，日本の（　7　）ではかつての工場用地を「みなとみらい21」として再開発を進めた。しかし，ニューヨークなどでは劣悪な住環境の不良住宅街である（　8　）を撤去しても，また別の場所に発生する悪循環が続いている。また，家を失い路上で生活するいわゆる（　9　）も多く，根底にある貧困を解決しなければ都心部の衰退は止められない。

発展途上国では，首都などの特定の大都市に極端な人口集中が生じている。このような都市を（　10　）という。しかし，発展途上国でも，劣悪な住宅街である（　8　）が発生しており，リオデジャネイロやサンパウロなどのブラジルの都市では（　11　）と呼ばれている。また路上での生活を余儀なくされる（　12　）と呼ばれる子ども達も増加している。

問1　文中の空欄（　1　）～（　12　）に適する語を答えよ。

問2　文中の空欄（　4　）について，イギリスと日本ではその性格が大きく異なる。その違いを25字以内で述べよ。

問3　アメリカ合衆国の大都市では中心部ほど財政難の傾向が見られる。なぜ財政難になるのか，25字以内で説明せよ。

29　観光・余暇・交通

解答➡ p.59

次の文章を読み，下の問に答えよ。

暁生：受験が終わったら，ヨーロッパ，なかでも①フランスや②イタリアへ旅行に行きたいな。

祖父：ヨーロッパだと飛行機でも10時間以上はかかるなあ。昔の③船で行くのに比べたら格段に速くなったが。

父　：船といえば，19世紀に完成したスエズ運河やパナマ運河で海上交通が便利になったね。でも，④パナマ運河は途中に門がいくつもあるから，難工事だったようだね。

暁生：そうやって運河ができたことでも，世界は縮まったんだね。

祖父：日本の場合だったら，私は⑤鉄道での旅行が一番だな。先日の新幹線は速く快適だったな。

父　：そういえば，新婚旅行は鉄道だった。

暁生：今は，国内旅行も自動車で移動する人が多いよね。

父　：こう考えると交通機関の利用方法は時代によって変化してきたんだな。

暁生：交通機関は，どんどん速く便利になっているよね。

父　：交通機関は便利だが，乗換えが不便な時があるね。

暁生：とくに飛行機は乗り継ぎが大変。⑥国際線と国際線，国際線と国内線の連絡が便利な拠点空港が必要だけれど，成田国際空港は十分でないしね。

問1　下線部①に関して，地中海に面するラングドック・ルシヨン地方は開発が遅れていたが，今では有数のリゾート地へと変化している。同地方のかつての景観と変化の背景について，60字以内で説明せよ。

問2　下線部②に関して，次の説明文に該当する都市名を答えよ。

　この都市は運河が縦横に走る「水の都」として知られる。運河を往来するゴンドラに乗ることができるなど，観光都市としても有名である。

問3　下線部③に関して，パナマ・リベリアなどのように，船舶にかかる税金が安いことなどから外国の船主が船籍を置くために船舶の保有登録数が多い国のことを何というか，答えよ。

問4　下線部④に関して，運河の途中に門が必要な理由を簡潔に答えよ。

問5　下線部⑤に関して，次の表は各国の鉄道の敷設量と輸送量を示したものである。表中の空欄（　A　）・（　B　）に該当する国名を，次の中からそれぞれ一つずつ選び，記号で答えよ。

ア　アメリカ合衆国　**イ**　カナダ　**ウ**　韓国　**エ**　中国　**オ**　ドイツ

	営業キロ（百km）	旅客輸送量（百万人キロ）	貨物輸送量（百万トンキロ）
インド	660	1,147,190	681,696
（　A　）	672	723,006	1,980,061
（　B　）	333	79,257	72,913
日本	278	413,970	21,029
イギリス	146	66,660	19,230

2011，2014，2015年　UIC 資料ほかによる。

問6　下線部⑥に関して，一般にこのような機能を有する空港を何というか，答えよ。

30　通信

解答➡ p.61

次の文章を読み，下の問に答えよ。

近年の情報技術の発達は目覚ましく，大陸間をつなぐ①海底通信ケーブルや通信衛星により通信網は世界中に拡大した。これにより②社会の情報化も進んだ。

先進国の企業などではコンピュータや通信機器を駆使した（　1　）が発達し，衛星通信などの施設を備えた（　2　）ビルが大都市に多く建設された。

日常生活でも，海外への連絡は国際電話や郵便だけでなく，ファクシミリや電子メールが活用されている。銀行や郵便局は（　3　）システムで結ばれ，コンビニエンスストアでは（　4　）システムと呼ばれる販売時点情報管理システムが普及している。また，③世界各国のコンピュータ通信網を相互に接続した通信ネットワークの利用が可能になり，新聞などの単方向的な情報の流れとは異なる（　A　）的なものへと変化している。

情報化の進展では，２地点間の移動と通信に必要な費用，つまり（　B　）距離をいかに節約できるかが課題である。また，情報化社会では，④デジタルデバイドの問題やプライバシーの保護などの課題も多い。

問1　文中の空欄（　1　）～（　4　）に適する語を，次の中からそれぞれ一つずつ選び，記号で答えよ。

ア　POS　**イ**　オンライン　**ウ**　通信販売　**エ**　宅配

オ　オフィスオートメーション　**カ**　インテリジェント

問2　文中の空欄（　A　）・（　B　）に適する語を答えよ。

問3　下線部①に関して，情報量の増大などを可能にし，近年広く用いられるようになった繊維の名称を答えよ。

問4　下線部②に関して，社会の情報化を促進した現在の情報伝達は，昔から用いられてきた落書きやビラなどと比較して，空間的にどのように異なる性質を持っているか，70字以内で述べよ。

問5　下線部③に関して，このネットワークのことを何というか，答えよ。

問6　下線部④に関して，この語の意味を簡潔に説明せよ。

7 人口／民族・言語・宗教

人口

①人口分布

エクメーネ：平常の状態での居住地域…陸地の90％

アネクメーネ：非居住地域…南極・高山・砂漠など

人口支持力：ある地域での人口扶養能力，生産力に比例…西ヨーロッパ・北米・東アジアなどの工業地域やアジアの米作地域で高い。

②人口増減

人口爆発：多産少死となり，人口が爆発的に増加する現象…産業革命後の19世紀初頭（ヨーロッパ・北米），第二次世界大戦後（発展途上国中心）。

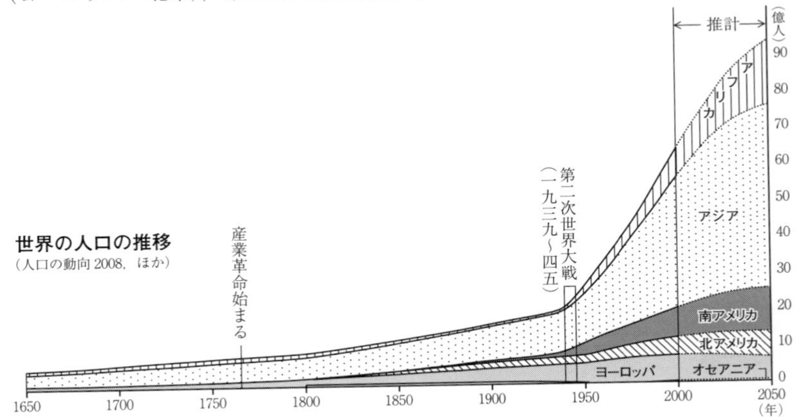

人口減少：少産少死で死亡率が出生率を上回り，人口が減少に向かう現象…ドイツ・イタリア・日本

③人口動態

自然増加数：出生数－死亡数　**自然増加率**：出生率－死亡率

社会増加数：他国や他地域からの移入数－他国や他地域への移出数

自然増加数＋社会増加数＝国や地域の一定期間の人口増加数

④人口の国際移動

経済的理由による移動

歴史的な移動：ヨーロッパからアメリカ大陸への移動，黒人の強制移住，中国人の移住（華僑），インド人の移住（印僑）

第二次世界大戦後の労働力移動：トルコ・旧ユーゴスラビア→ドイツ
東南アジア→日本，地中海沿岸諸国→北西ヨーロッパ

政治的・宗教的理由による移動：難民，亡命

⑤日本国内の移動

Uターン現象：故郷（地方）→大都市（進学など）→故郷（就職など）
Jターン現象：故郷（地方）→大都市→故郷近くの地方都市
Iターン現象：都市・地方から他の地方都市へ

⑥人口ピラミッドの分類

人口転換による型				人口移動による型	
発展途上国		先進国		都市型	過疎型
富士山型	**ピラミッド型**	**釣鐘型**	**つぼ型**	**星型**	**ひょうたん型**
人口漸増	人口爆発	人口停滞	人口減少		
年少人口が多い。		医療や社会保障制度などが発達し，老年人口率が高い。		生産年齢人口の転入が多い。	生産年齢人口の転出が多い。

⑦産業別人口構成

発展途上国：**第1次産業人口比率**（とくに農業）が高い
先進国：第3次産業人口比率が高い

人種・民族

①人種と民族

人種：皮膚の色・骨格など身体的特徴による区分
…モンゴロイド・ネグロイド・コーカソイドなど
⇒混血が進み，民族区分ほど明確ではない。
民族：言語・習慣・宗教など，文化的特色による区分

②宗教

三大宗教：キリスト教・イスラム教・仏教
キリスト教…カトリック（ラテン系に多い）・プロテスタント（ゲルマン系に多い）・東方正教（スラブ系に多い）など
イスラム教…スンナ（スンニ）派（多数派）・シーア派（少数派）など
仏教…大乗仏教（中国・日本）・上座部仏教（東南アジア）など

③言語

インド=ヨーロッパ語族：ゲルマン語派（英語など），ラテン語派（フランス語など），スラブ語派（ロシア語など），インド=イラン語派（ヒンディー語など）など
シナ=チベット語族：中国語，タイ語など
オーストロネシア語族：マレー語，インドネシア語など
アフロ=アジア語族：アラビア語など

31 人口動態・人口ピラミッド

解答➡ p.63

次の文章を読み，下の問に答えよ。

ある国・地域における一定期間の人口増加数は，「（　1　）数－（　2　）数」から求められる自然増加数と，「（　3　）数－（　4　）数」から求められる社会増加数の和によって算出することができる。

自然増加について見てみると，発展途上国では，かつては，（　1　）率，（　2　）率がともに高い〔　ア　〕型の人口漸増状態にあった。しかし第二次世界大戦後，多くの発展途上国では【　X　】を背景として（　1　）率は高いまま①(　2　)率が低下する〔　イ　〕型の人口爆発状態になり，世界の人口を急増させる原因となってきた。先進国では経済発展に伴う【　Y　】などを背景として②(　1　)率が低下し，〔　ウ　〕型の人口動態を示し，人口は停滞状態，さらには一部の先進国では（　2　）率が（　1　）率を上回り人口減少が起こっている国も見られる。

また，ある国・地域の人口総数に対する人口構成を男女年齢比によって図式化したものに人口ピラミッドがある。0～14歳の（　5　），15～64歳の（　6　），65歳以上の（　7　）に分類して人口動態を分析する。その形はその国・地域で過去に起こった社会現象や経済状態などを反映して現れる。一般的に，発展途上国では（　5　）が占めるすそ野部分の割合が多く，〔　ア　〕型の状態では［　A　］型を示す。先進国では（　1　）率・（　2　）率の低下による〔　ウ　〕型の状態で，（　7　）の割合が相対的に多くなる［　B　］型を示し，（　1　）率がさらに低下すると，すそ野部分がくびれた，［　C　］型を示す。

問1　文中の空欄（　1　）～（　7　）に適する語を答えよ。

問2　(1)　人口動態は文中の〔　ア　〕から〔　イ　〕の状態を経て，〔　ウ　〕へ至ると考えられている。文中の空欄〔　ア　〕～〔　ウ　〕に適する語を答えよ。

(2)　(1)のような人口動態の変化を何というか，答えよ。

問3　下線部①に関して，発展途上国において「（　2　）率が低下」する背景について【　X　】に該当する事項を3点，簡潔に述べよ。

問4　下線部②に関して，先進国において「（　1　）率が低下」する背景について【　Y　】に該当する事項を2点，簡潔に述べよ。

問5　ある期間（P年～Q年）における人口増加率（%）は，次の式によって求められる。

$$\frac{(\text{Q年の人口}) - (\text{P年の人口})}{(\text{P年の人口})} \times 100$$

次の表はある市における人口動態を示したものである。この地域における５年間の社会増加率（％：小数点第１位まで）を答えよ。

	人口（百人）	出生数（百人）	死亡数（百人）
基準年	6277		
基準年＋１年	6311	59	36
基準年＋２年	6358	59	38
基準年＋３年	6418	60	38
基準年＋４年	6367	60	42
基準年＋５年	6516	61	40

＊人口数は各年１月１日現在のものである。

＊＊出生数，死亡数は前年の１月２日から該当年１月１日までのものである。

問6　文中の空欄［　A　］～［　C　］に適する人口ピラミッドの型を答えよ。

問7　次の図あ～えは，エチオピア・日本・フランス・メキシコの人口ピラミッドを示している。各国に該当する図を次の中から選び，記号で答えよ。

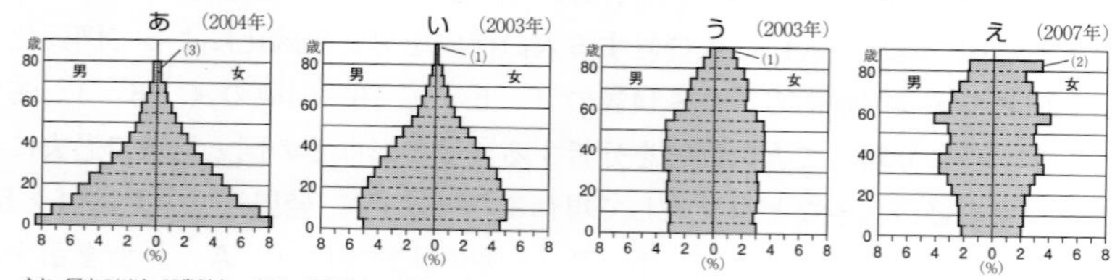

なお，図中の(1)は，85歳以上。(2)は，80歳以上。(3)は，75歳以上。
「データブック・オブ・ザ・ワールド」により作成。

32　人口移動

解答➡ p.65

次の文章を読み，下の問に答えよ。

人類は人口と生産活動の増大とともにa)エクメーネを拡大させてきた。（　1　）以降はb)ヨーロッパから世界各地への移住が活発になり，反対に南北アメリカ大陸は世界各地からc)様々な理由での人口移動を受け入れた。アメリカ合衆国へは現在も周辺地域からの流入が活発で，とくにd)スペイン語を日常語とする住民が増加している。

近代以降のe)中国南部から東南アジア地域への移動は出稼ぎ目的が主であったが，現在では移住者の子孫の多くは現地の国籍を取得し（　2　）と称している。インドからも，かつて（　3　）の植民地であった地域に多くの労働力が移住した。f)日本からもかつては移民が多く流出し，とくに戦後はラテンアメリカへの移住が盛んであった。

近年は出稼ぎを目的とした g)労働力の国際的な移動が活発化している。また，国内における農村から都市への移動は世界各国で見られる。日本では高度経済成長期に，h)太平洋ベルトへの人口移動が顕著となった。伝統的な季節的移動の例としては i)酒造職人である杜氏（とうじ）が挙げられる。

問1　下線部a)に関して，「エクメーネ」とはどのような地域をいうか，簡潔に答えよ。

問2　文中の空欄（　1　）に適する語を次の中から一つ選べ。

ア　産業革命　　**イ**　世界恐慌　　**ウ**　大航海時代　　**エ**　第二次世界大戦

問3　下線部b)に関して，次の各問に答えよ。

(1)　イギリスからメイフラワー号で北アメリカへ渡った「ピルグリム=ファーザーズ」が著名であるが，移住した主な理由を簡潔に答えよ。

(2)　イギリス人よりも早くアフリカ南部に移住し，その後アフリカーナと称した住民の出身国を答えよ。

問4　下線部c)に関して，現在のアメリカ合衆国に居住するアフリカ系アメリカ人の多くは19世紀以前に渡ったアフリカ人の子孫である。当時，どのような理由でアメリカ大陸に渡ったのか，簡潔に答えよ。

問5　下線部d)に関して，このような住民は何と呼ばれているか答えよ。

問6　下線部e)に関して，当時，東南アジアへの流出がとくに多かった地域を現在の省名で二つ答えよ。

問7　文中の空欄（　2　）に適当な語を答えよ。

問8　文中の空欄（　3　）に適当な国名を答えよ。

問9　下線部f)に関して，第二次世界大戦前において，日本からの移住が最も盛んであった地域を，次の中から一つ選べ。

ア　アングロアメリカ　　**イ**　オセアニア　　**ウ**　東南アジア　　**エ**　東アジア

問10　下線部g)に関して，1960年代に，当時の西ドイツが労働力不足を補うために地中海沿岸諸国から多くの外国人労働者を招いたが，最も多かったのはどこの国の労働者か，国名を答えよ。

問11　下線部h)に関して，高度経済成長期の後半以降は，太平洋ベルトから転出する動きも出始める。そのような現象のうち，都市部に転入していた地方出身者が，出身地ではなく出身地に近い地方都市に転出することを何というか答えよ。

問12　下線部i)に関して，冬季に伝統的な酒造地域である京阪神地域へ働きに来る杜氏について次の各問に答えよ。

(1)　杜氏はどこの地域から働きに来るのか，具体的な地域名を一つ答えよ。

(2)　その出身地域の特色を，自然環境を踏まえて簡潔に答えよ。

33 産業別人口構成と三角グラフ

解答➡ p.67

次の文章を読み，下の問に答えよ。

ある国・地域における人口のうち，就業者がどのような産業に従事しているかを表す指標に，産業別人口構成がある。産業別人口構成は（　1　）の高度化とともに変化していくため，その国の経済発展の段階を表すともいわれている。

（　2　）が未発達な段階では（　3　）が中心のため第1次産業人口比率が高く，（　2　）化が進展すると第2次産業へと，さらに「脱（　2　）化」や「サービス化」が進むと第3次産業へと就業人口の中心も変化していく。実際に（　4　）国では第1次産業人口比率が，（　5　）国では第3次産業人口比率が高くなっている。

問1　文中の空欄（　1　）～（　5　）に適当な語を答えよ。

問2　次の表は，6カ国の産業別人口構成である。表中A～Fに該当する国名を次の中から一つずつ選べ。また，A～Fの産業別人口構成を下の三角グラフに記入せよ。

アメリカ合衆国　シンガポール　タイ　日本　マダガスカル　メキシコ

	第1次産業（%）	第2次産業（%）	第3次産業（%）
A	82.0	3.1	14.9
B	41.7	20.4	37.7
C	13.5	25.4	60.4
D	4.2	27.4	67.2
E	1.4	19.8	78.8
F	・・・	23.8	76.2

統計年次はAが2005年，他が2007年。構成比の合計が100%にならない国もある。

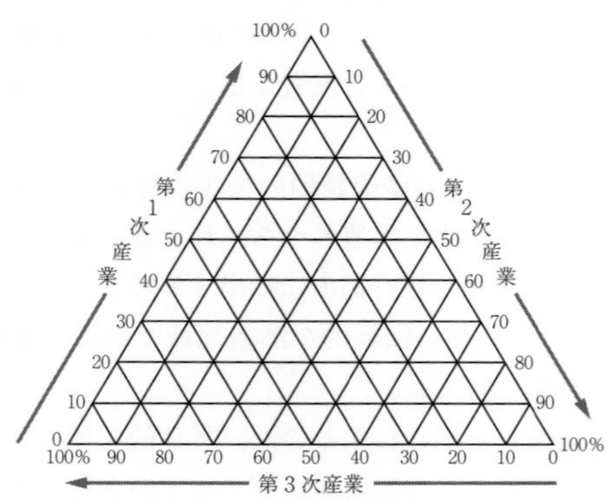

問3　次の三角グラフ上の点a～dに該当する国を次の中から一つずつ選べ。

カナダ　　マリ　　ブラジル　　ルーマニア

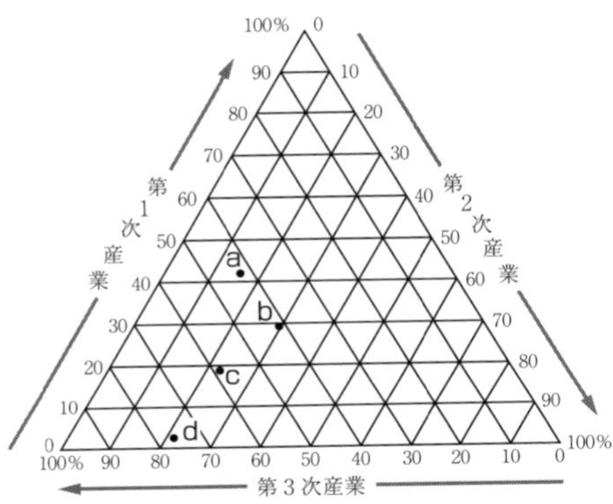

34　人種と民族

解答➡p.68

次の文の下線部に誤りがあれば正しい語を，なければ○を記せ。また，空欄［　A　］・［　B　］に適する語を答えよ。

(1) 複数の民族から成る国家を多民族国家もしくは複合民族国家，複族国と呼んでいる。

(2) ブラジルは多人種国家である。先住民のインディオに白人の移民や黒人奴隷が混血を重ねており，この国は人種のるつぼともいわれる。

(3) ラテンアメリカの先住民インディオと白人との混血をムラートという。

(4) ブルガリア・セルビアなどの国々は，キリル文字を用い，キリスト教カトリックが主流である。

(5) イギリスの一地方であるスコットランドでは，多数派を占めるプロテスタントと先住民のケルト系カトリックの対立が見られ，しばしばテロが起きた。

(6) マレーシアは，マレー系・中国系・インド系などの民族から成る多民族国家だが，マレー人を政治・経済・社会面で優遇するルックイースト政策を採ってきた。

(7) インドネシアのティモール島の東部はオランダの植民地を経て，インドネシアに併合されていたが，1999年の住民投票の結果を受けて独立が決まり，現在は東ティモール民主共和国となっている。

(8) 建国当初のアメリカ合衆国の政治・社会基盤は，WASP（ワスプ）と呼ばれる人々によってつくられた。しかし，1960年代の公民権運動の高まりとともにアフリカ系・アジア系・ヨーロッパ系それぞれの民族の文化を尊重すべきであるという考えが広がり，かつては「人種（民族）のるつぼ」と表現されたアメリカ移民社会も今では「人種（民族）の［　A　］」と表現されるようになっている。

(9) 中国は，［　B　］民族が人口の9割以上を占めるが，55の少数民族が中国各地に居住している。

(10) シンガポールは人口約450万（2008年）の小国だが，中国系住民が人口の4分の3を占める。

(11) インドネシアは，「多様性のなかの統一」をうたっているが，マルク（モルッカ）諸島を中心にイスラム教徒とキリスト教徒との間で激しい宗教抗争が見られる。

35 民族・言語・宗教

解答➡ p.70

次の文章を読み，下の問に答えよ。

国連では六つの言語が公用語として使用されている。このうち世界で最も幅広く使用されているものは英語と考えられる。英語を日常会話に使用している地域はイギリス・アメリカ合衆国・オーストラリアなどで決して多くはないが，国家間のビジネス上の共通語や，a)多民族国家の共通語として広く用いられている。英語は（　1　）語族に属し，ドイツ語などと同じ（　2　）語派に分類される。

近年，アメリカ合衆国で使用人口が急速に増えているのが（　3　）語である。この言語はb)ラテンアメリカ諸国で普及しているが，それはかつてこの地域の大部分が（　3　）の植民地であったためである。（　3　）語は英語と同じ（　1　）語族ではあるが，イタリア語や（　4　）語などと同じ（　5　）語派に分類される。（　4　）語はアフリカ大陸のいくつかの国や，c)カナダの一部の州で唯一の公用語となっているほか，（　4　）に隣接する（　6　）でも公用語の一つとされている。（　6　）ではドイツ語やイタリア語も公用語となっており，典型的な多言語国家といえる。

（　7　）語も（　1　）語族に属し，スラブ語派に分類される言語の中では話者が最も多い。（　7　）語は（　7　）とその周辺諸国だけでなく，かつて東欧諸国でも重要な言語であったが，d)1991年以降は急速に重要度が弱まってきている。キリル文字で表記するのも特色である。

（　8　）語を日常会話に使用する人口は約10億人である。しかし使用される場所はほとんどが（　8　）の国内に限定されており，公用語としているのは（　8　）からの移住者の子孫が多くを占める東南アジアの（　9　）くらいである。なお，（　9　）も多言語国家であり（　8　）語のほかに英語・マレー語・e)タミル語も公用語としている。（　8　）語と同じ語族には（　10　）語やミャンマー語が知られる。（　10　）は植民地支配の歴史がなく，文字も含めて伝統的な言語が現在でも維持されている。

英語・（　3　）語・（　4　）語・（　7　）語・（　8　）語と並んで，西アジアから北アフリカ地域で使用される（　11　）語も国連公用語の一つである。f)この言語は（　12　）教の普及とともに浸透したが，（　12　）教徒の多い国で必ずしも公用語となっているわけでない。例えば，ギリシャ・ブルガリアと国境を接する（　13　）やイランでは（　11　）語以外の言語を使用している。また人口の上で最大の（　12　）教徒を持つ（　14　）の公用語も（　11　）語ではない。

問1　文中の空欄（　1　）～（　14　）に適する語を答えよ。

問2　下線部a)に関して，英語を公用語としている国を，次の中から一つ選べ。

ア　アフガニスタン　**イ**　キプロス　**ウ**　ケニア　**エ**　ベルギー

問3　下線部b)に関して，ラテンアメリカ諸国でも（　3　）語が公用語ではない国の例として，ブラジルやジャマイカなどが挙げられる。ブラジルとジャマイカの公用語をそれぞれ答えよ。

問4　下線部c)に関して，カナダやオーストラリアが採っている多文化主義について，60字以内で説明せよ。

問5　下線部d)に関して，この年に起こったある出来事によって，東欧諸国で（　7　）語の重要度が弱まってきた。この出来事を答えよ。

問6　下線部e)に関して，（　9　）でタミル語を使用する人の多くが信仰する宗教を答えよ。

問7　下線部f)に関して，（　11　）語が（　12　）教の普及に伴って使用されるようになった理由を簡潔に述べよ。

問8　（　12　）教には複数の聖地が存在する。その聖地に**該当しないもの**を，次の中からすべて選べ。

ア　エルサレム　**イ**　ヴァラナシ　**ウ**　メッカ

エ　メディナ　**オ**　ラサ

8 地形図・読図

地図

①作成方法・用途による分類

作成方法	実測図	現地調査や空中写真測量により作成	2千5百分の1と5千分の1国土基本図・2万5千分の1地形図など
	編集図	実測図をもとに編集して作成	5万分の1地形図・20万分の1地勢図・50万分の1地方図など
用途	一般図	多目的に利用	地形図・地勢図・地方図など
	主題図	特定の目的に利用	道路地図・天気図・土地利用図など

②統計地図の表現方法

主な地図の種類	表現の仕方	利用例
ドットマップ	絶対的な数量や分布を点で示す	人口分布図
図形表現図	円・球・四角などにより量を示す	都市別人口図
等値線図	等しい数値の地点を線で結ぶ	等温線図・等降水量線図
階級区分図	統計数値を段階的に区分して示す	人口密度図
流線図	人・物資の移動の量や方向を示す	輸出入量を示す地図
カルトグラム	統計数値を表現するために地図を変形させて示す	世界のGDP図

図法

地図の4条件…**面積・角度・距離・方位**。4条件すべてを満たす地図は存在しない。

・正積図法…面積が正確な地図で，分布図などに適する。
　⇒**モルワイデ図法・サンソン図法・グード図法**・エケルト図法・ボンヌ図法など

・正角図法…ある地点における角度が正確な地図。
　⇒**メルカトル図法**など

・正距図法・正方位図法…図の中心とその他の地点との距離・方位がそれぞれ正しい地図。
　⇒**正距方位図法**など

▼モルワイデ図法

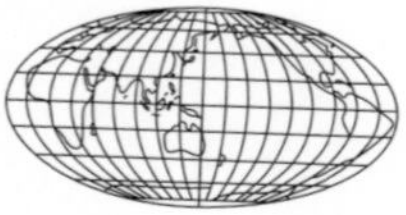

▼グード（ホモロサイン）図法

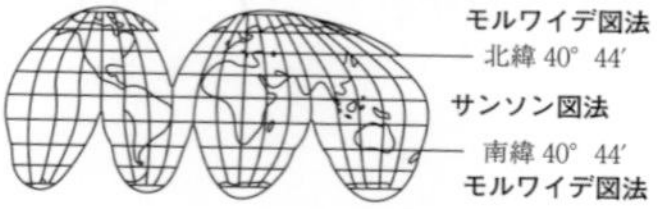

モルワイデ図法
北緯40° 44′
サンソン図法
南緯40° 44′
モルワイデ図法

▼東京中心の正距方位図法

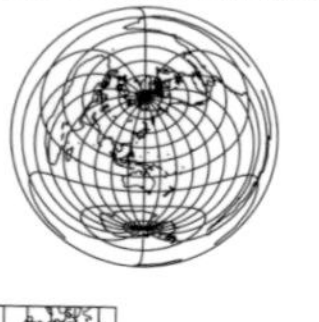

▼サンソン図法

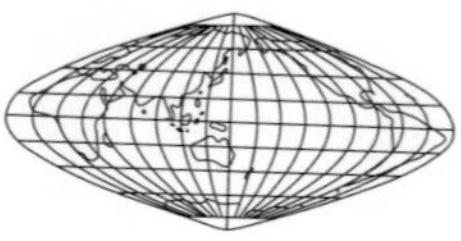

▼メルカトル図法

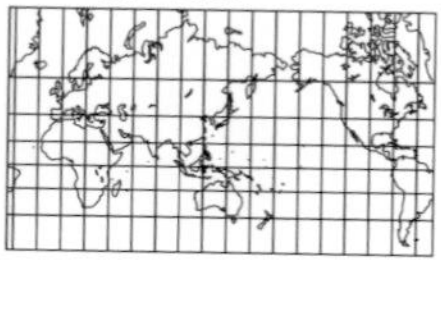

地形図

国土地理院により作成され，ＵＴＭ（ユニバーサル横メルカトル）図法が用いられている。

５万分の１地形図は経度間隔が15′，緯度間隔が10′の範囲を示し，２万５千分の１地形図は，経度間隔が7.5′，緯度間隔が５′を示す。

⇒２万５千分の１地形図４枚で５万分の１地形図の１枚分の範囲に相当する。

	５万分の１	２万５千分の１
実際の距離 1km	2cm	4cm
実際の面積 1km²	4cm²	16cm²
計曲線 ――――	100m 間隔	50m 間隔
主曲線 ――――	20m 間隔	10m 間隔
補助曲線 ― ― ― ―	10m	5m，*2.5m
補助曲線 - - - - - - - -	5m，*2.5m	

*必要に応じて用い，等高線数値を表示する。

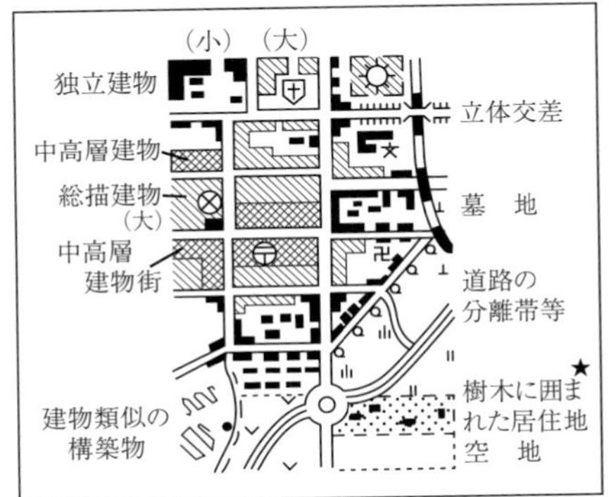

- 市　役　所（東京都の区役所）
- 町・村役場（政令指定都市の区役所）
- 裁　判　所
- 税　務　署
- 警　察　署
- 博　物　館
- 消　防　署
- 保　健　所
- 郵　便　局
- 小・中学校
- 高　等　学　校
- 病　　　院
- 図　書　館
- 工　　　場★
- 発　電　所　等
- 神　　　社
- 寺　　　院
- 城　　　跡
- 灯　　　台

田		果樹園		茶　畑		広葉樹林	
畑		桑　畑★		荒　地		針葉樹林	

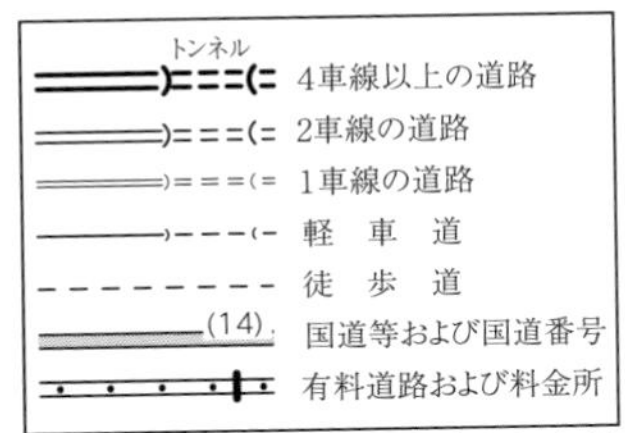

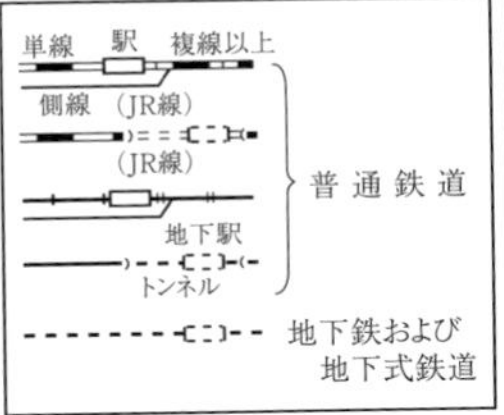

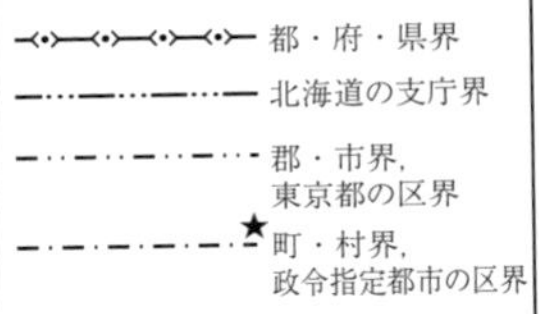

★は平成25年図式で廃止された地図記号。

36 地形図の基礎事項

解答➡ p.73

A　地図に関する次の文を読み，問に答えよ。

地図はその作成方法によって，実測図と編集図に大別される。国土地理院発行の地形図のなかで，（　1　）分の1地形図は実測図で，これをもとに編集図である（　2　）分の1地形図が作成されている。

地形図の読図を行う際には，縮尺・方位・等高線・地図記号などを正確に把握しておくことが必要である。例えば，地図は縮尺の違いによって大縮尺・中縮尺・小縮尺の三つに分類される。国土地理院発行の地図の中では，5千分の1や2千5百分の1の（　3　）図は（　4　）縮尺，20万分の1の（　5　）図は（　6　）縮尺に分類される。

また，国土地理院発行の（　1　）分の1地形図では，（　7　）m間隔に主曲線，（　8　）m間隔に計曲線が描かれ，主曲線や計曲線の間隔が広くなっている場所ではそれらの間に5mまたは2.5m間隔に（　9　）線が描かれることもある。

問1　文中の空欄（　1　）～（　9　）に適する語を答えよ。ただし（　4　）と（　6　）には，「大・中・小」から適するものを選んで答えること。

問2　文中の下線の場所は，どのような地形的特色を有しているか。簡潔に述べよ。

B　次ページの地形図（原寸，一部改変）に関する問に答えよ。

問3　地形図について，次の各問に答えよ。

(1)　この図の縮尺を答えよ。

(2)　また，そのように判断した根拠を簡潔に述べよ。

問4　図中の「瓶ヶ森」の南西に位置する「氷見二千石原」で見られる植生景観はどのようなものであるか，簡潔に述べよ。

問5　地形図を見て，次の各問に答えよ。

(1)　図中の「瓶ヶ森」に示された「⚠」は何と呼ばれる地図記号か，名称を答えよ。

(2)　また，この地図記号はどのような場所に設置されるか，簡潔に述べよ。

問6　図中の「瓶ヶ森」の山頂から4地点**ア**～**エ**の方向を眺めた時に，尾根の陰となって明らかに眺めることのできない地点を一つ選べ。

問7　図中の4地点**a**～**d**のうち，**P**地点の集水域に含まれない地点を一つ選べ。

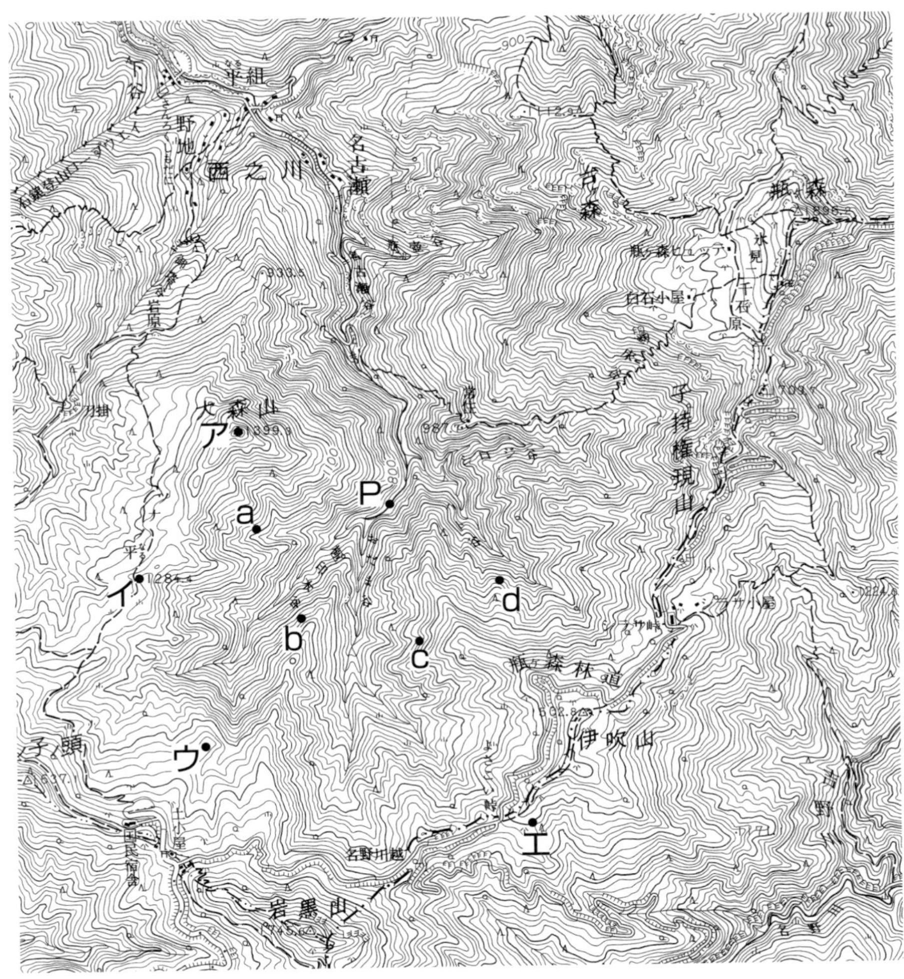
大森山
ア
1399.9
a
P
イ
1284.4
b
c
d
ウ
エ
西之川
名古瀬
台森
瓶ヶ森
瓶ヶ森林道
伊吹山
子持権現山
岩黒山
白石小屋
名野川越

8

地形図・読図

37 堆積平野の読図

解答➡p.76

A　地形図1（原寸，一部改変）に関する問に答えよ。

地形図　1　　　　　　Y川

問1　X川について述べた次の文を読み，下の各問に答えよ。

地形図1の南西端を流れるX川は，流域面積が日本最大であることで知られる（　1　）川で，（　2　）の方向に向かって流れている。

⑴　文中の空欄（　1　）に該当する河川名を答えよ。

⑵　文中の空欄（　2　）に該当する最も適当な語を次から一つ選べ。

ア　東　　イ　西　　ウ　南　　エ　北

問2　地形図1から，X川の支流であるY川が，過去に氾濫を繰り返して流路を頻繁に変化させてきたことが読み取れる。その理由を，地形図1中の地名や地形名を挙げながら40字以内で述べよ。

問3　Y川に架かる「高須橋」付近に見られる「6.6+」の地図記号は何を示しているか，簡潔に答えよ。

問4　地形図1中に最も広く見られる農業的土地利用を答えよ。また，その農業が広く行われている地形の名称も答えよ。

問5　地形図１の北西部の「桜が丘」と，北東部の「長沖新田町」の集落を比較すると，どのような共通点と相違点を見出すことができるか。立地している地形や成立した時期に注目して，共通点と相違点のそれぞれを簡潔に述べよ。

B　地形図２（原寸）に関する問に答えよ。

地形図　2

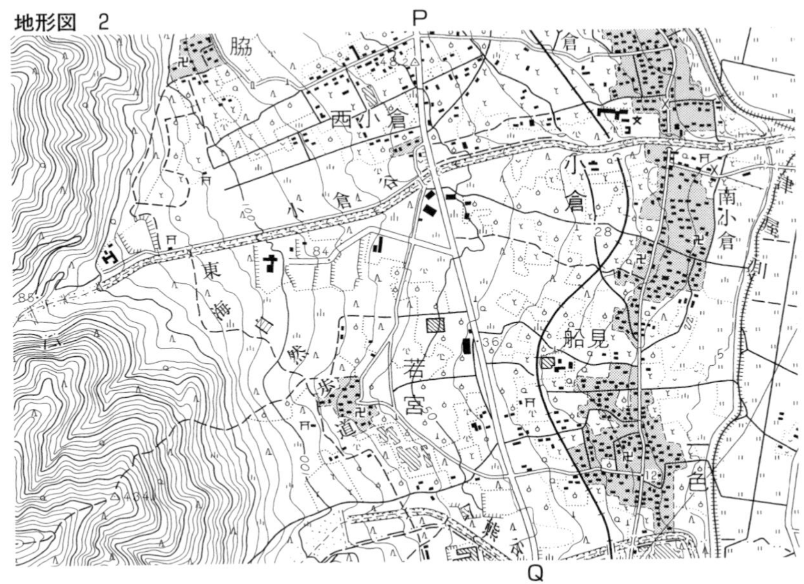

問6　地形図２に見られない地図記号を次から二つ選べ。

ア　桑畑　**イ**　果樹園　**ウ**　竹林　**エ**　水準点　**オ**　警察署　**カ**　神社

問7　地形図２の東部を南北に鉄道が走っているが，非直線的な形状で敷設されている。その理由を，地形図から読み取れることから40字以内で述べよ。

問8　鉄道線路の東西で，土地利用がどのように異なっているか。地形条件・水利条件との関係から，100字以内で述べよ。

問9　地形図２について述べた次の中から正しいものを一つ選べ。

ア　この地形図の縮尺は，５万分の１である。

イ　「小倉谷」は，天井川となっている。

ウ　南北に走る道路Ｐ－Ｑは，近世の街道を拡幅したものである。

エ　「若宮」集落一帯には，複数の工場が立地している。

オ　東部を南北に走る鉄道は，複線である。

38 海岸地形の読図

解答➡p.79

A　北緯24°・東経124°付近に位置する竹富島を示した地形図1（原寸）に関する問に答えよ。

地形図　1

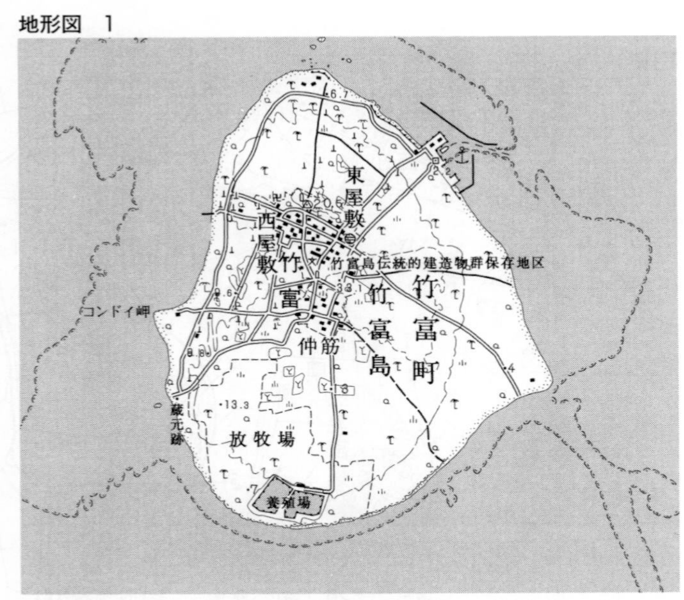

問1　島の周囲に見られる〰の地図記号で示される地形は何か，地形名称を答えよ。

問2　この島の植生のうち，最も広い面積を占めるものを，地図記号の名称で答えよ。

問3　地形図1について述べた次の各文の正誤を判断し，正しいものには○，誤っているものには×を記せ。

ア　島の地形を概観すると，海岸付近から中央に向かって高くなっている。

イ　島の北東部に位置する港湾は，天然の良港である。

ウ　島内では，採糖作物のテンサイ栽培が盛んに行われている。

エ　島内に義務教育を提供する教育施設は存在しない。

オ　島の最高地点に灯台が設置されている。

B　地形図２（原寸）に関する問に答えよ。

地形図　2

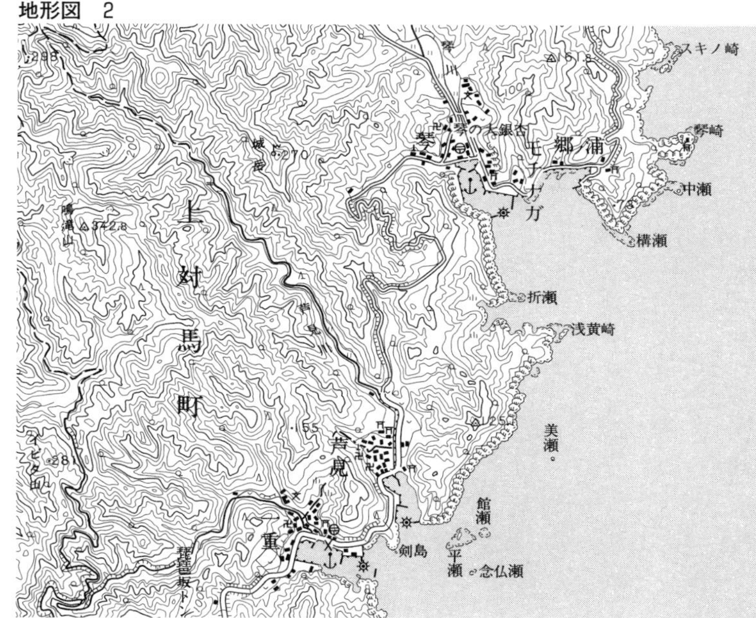

問４　この地域に見られる海岸線の特徴と，そのような海岸線が形成された過程を，次の語を必ず使用して，60字以内で述べよ。なお，使用した語には下線を引いて示すこと。

上昇　　岬

問５　この地域に分布する集落が被る自然的な災害として最も**適当でないもの**を次の中から一つ選べ。

ア　地すべり　　**イ**　地盤沈下　　**ウ**　高潮　　**エ**　津波

問６　地形図２について述べた次の各文の正誤を判断し，正しいものには○，誤っているものには×を記せ。

ア　「芦見川」の流路に沿って上流に向かうと，どんどん視界が開け，「琴」集落の港まで見渡すことができるようになる。

イ　「鳴滝山」の山頂に登ると，「琴の大銀杏」が見える。

ウ　「琴」集落の郵便局から「一重」集落の郵便局へ向かう道路は，途中屈曲しているものの，起伏はない。

エ　「浅黄崎」に立つと，遠くに「琴」集落の港を眺めることはできるが，「一重」集落の港は視界に入らない。

39 特殊な地形の読図

解答➡ p.81

A　地形図１（原寸，一部改変）に関する問に答えよ。

地形図　1

問１　地形図１に示された地域に卓越する特徴的な地形の名称を答えよ。

問２　**問１**で答えた地形が形成されるメカニズムを，50字以内で述べよ。

問３　地形図１に見られる凹地形は，その発達段階によって名称が異なる。次の(1)～(3)の名称を答えよ。

(1) 直径数m～数百mの漏斗状の凹地形。

(2) 複数の(1)が集合してできた凹地形。

(3) 溶食盆地とも呼ばれ，面積が数㎢～数百㎢に達する凹地形。

問4 図中のP－Q間の地形断面図として正しいものを，次の中から一つ選べ。

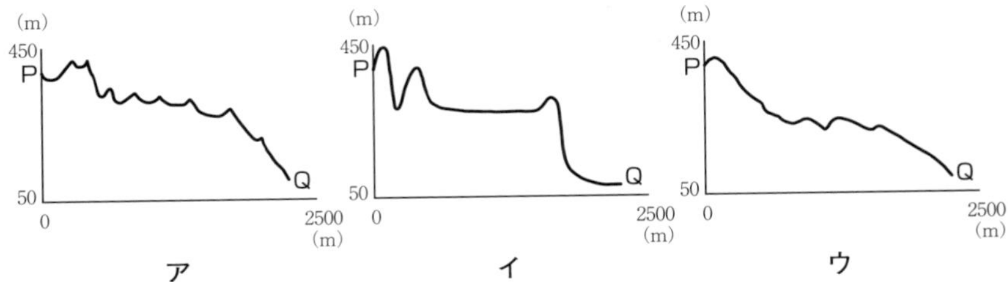

問5 地形図1について述べた次のア～エの文章の正誤を判断し，正しいものには○，誤っているものには×を記せ。

ア 「里」集落が立地するd付近は，稲川の氾濫による洪水被害を受けやすい。

イ 「厚東川」の左岸には崖が連続しているものの，右岸には崖がまったく見られない。

ウ 図中の最高地点と最低地点の高度差は，400mを超えている。

エ 図中に採石地は存在するが，採鉱地は存在しない。

B 次ページの地形図2（原寸）に関する問に答えよ。

地形図　2

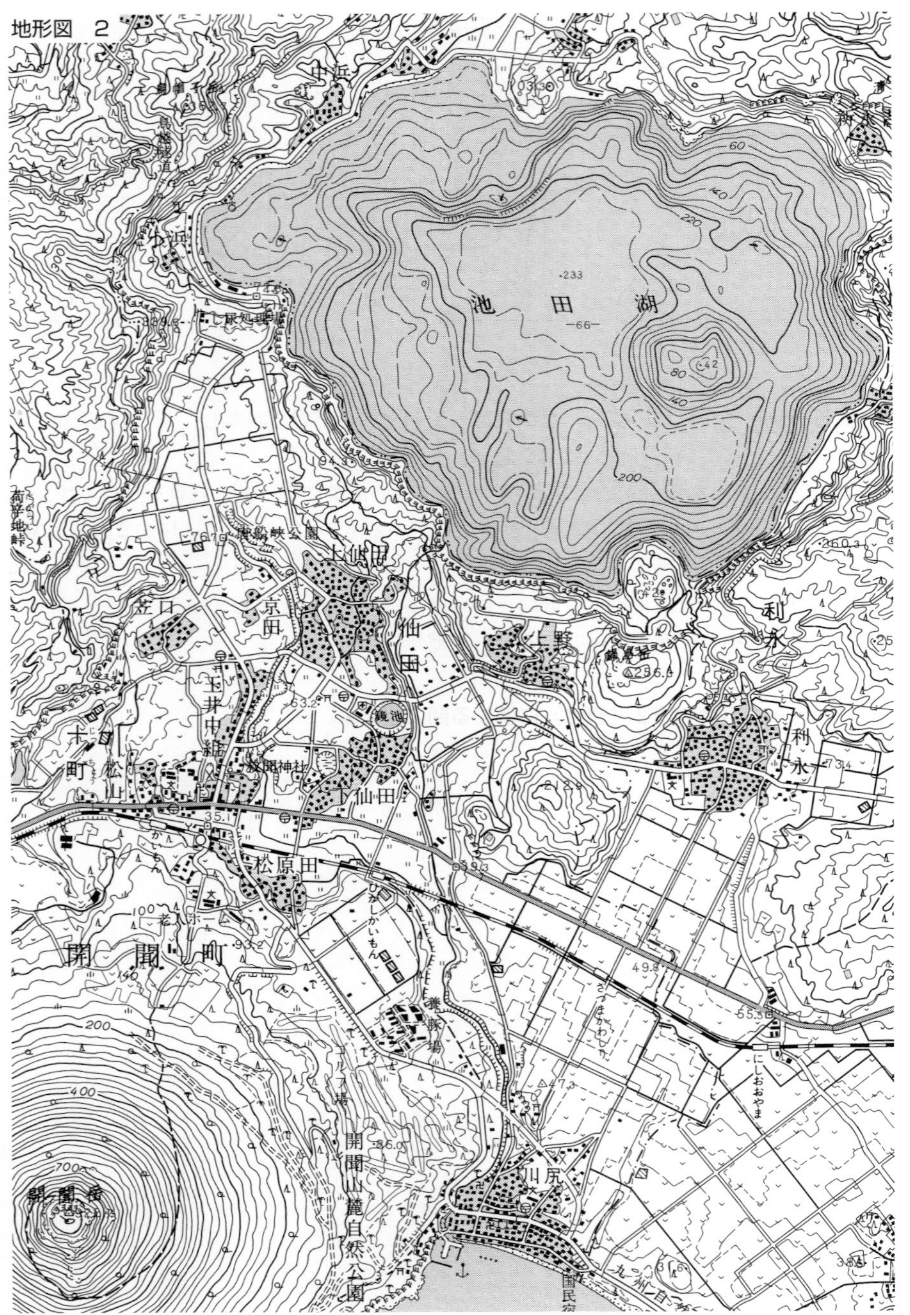

中浜
小浜
池田湖
唐船峡公園
上仙田
笠口
京田
仙田
上野
鏡池
玉井中組
十町
松山
枚聞神社
下仙田
利永
松原田
ひがしかいもん
開聞町
養豚場
にしおおやま
開聞山麓自然公園
川尻
開聞岳

鹿児島県に位置する池田湖は，周囲約15km，面積約（　P　）km²の九州最大の湖沼で，（　ア　）湖の一つとして知られている。池田湖の水面標高は（　Q　）m で，最大水深は（　R　）m であるが，湖底には起伏が存在し，東部には最深地点よりも水深が最大で（　S　）m も浅くなった小丘状の地形が存在している。

また，池田湖の南西には，その位置する場所と山体の形状から「薩摩富士」と称される開聞（かいもん）岳が存在している。開聞岳は，ほとんど侵食を受けていない火山で，その北側斜面の標高200m 地点から700m 地点の平均勾配は約（　イ　）である。

池田湖や開聞岳の周囲は，（　ウ　）と呼ばれる火山灰土が分布する乏水地となっている。このため，この地域の農業的土地利用は（　エ　）として利用されている面積が最も広く，（　オ　）は池田湖から流出する河川沿いなどにわずかに分布するのみである。

問6　文中の空欄（　P　）～（　S　）に該当する数値を，図から判断して答えよ。なお，Pには小数点第１位を四捨五入した整数を答えること。

問7　(1)文中の空欄（　ア　）に適する語を答えよ。(2)また，池田湖と同じ成因で形成された湖沼を次の中から一つ選べ。

①　猪苗代湖　　②　サロマ湖　　③　諏訪湖　　④　十和田湖　　⑤　琵琶湖

問8　文中の空欄（　イ　）に該当する数値を次の中から一つ選べ。

①　1/2　　②　1/3　　③　1/4　　④　1/5　　⑤　1/6

問9　文中の空欄（　ウ　）に適する語を答えよ。

問10　(1)文中の空欄（　エ　）・（　オ　）に該当する語を答えよ。(2)また，この地域で盛んに栽培され，鹿児島県が都道府県別生産量で日本第１位（2008年）となっている農作物を，具体的に一つ答えよ。

40　新旧地形図の読図

解答➡ p.84

次ページのAは昭和21年，次々ページのBは平成14年に国土地理院が発行した「宮崎」の地形図（80%縮小）である。これらの地形図を見て，問に答えよ。

問１　地形図A中，北東部の海岸に見られる集落が立地する地形と立地するための工夫を50字以内で述べよ。

問２　地形図Bから，新たに住宅地を建設するにあたり，この地形図の範囲でどのような地形の改変が行われたことが読み取れるか。90字以内で述べよ。

問３　地形図B中，①宮崎港立地の自然的要因を40字以内で述べよ。②宮崎空港立地の自然的要因と社会的要因を併せて100字以内で述べよ。

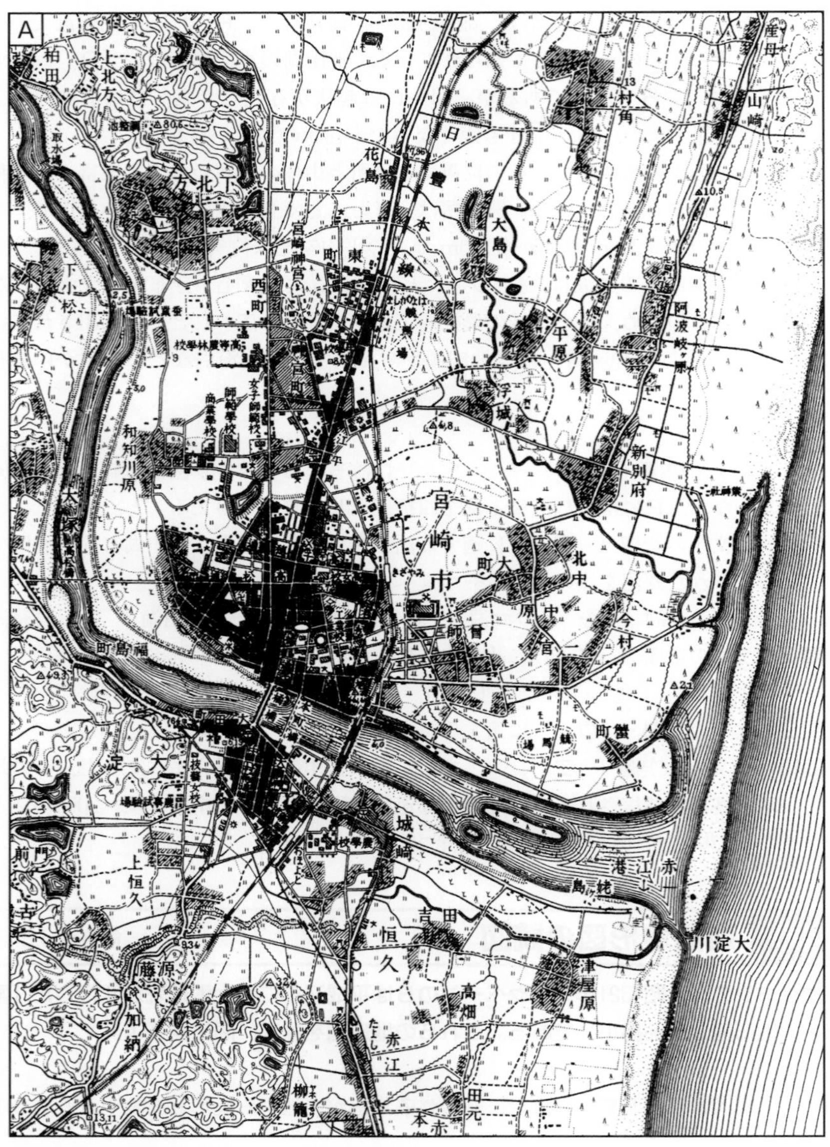
A

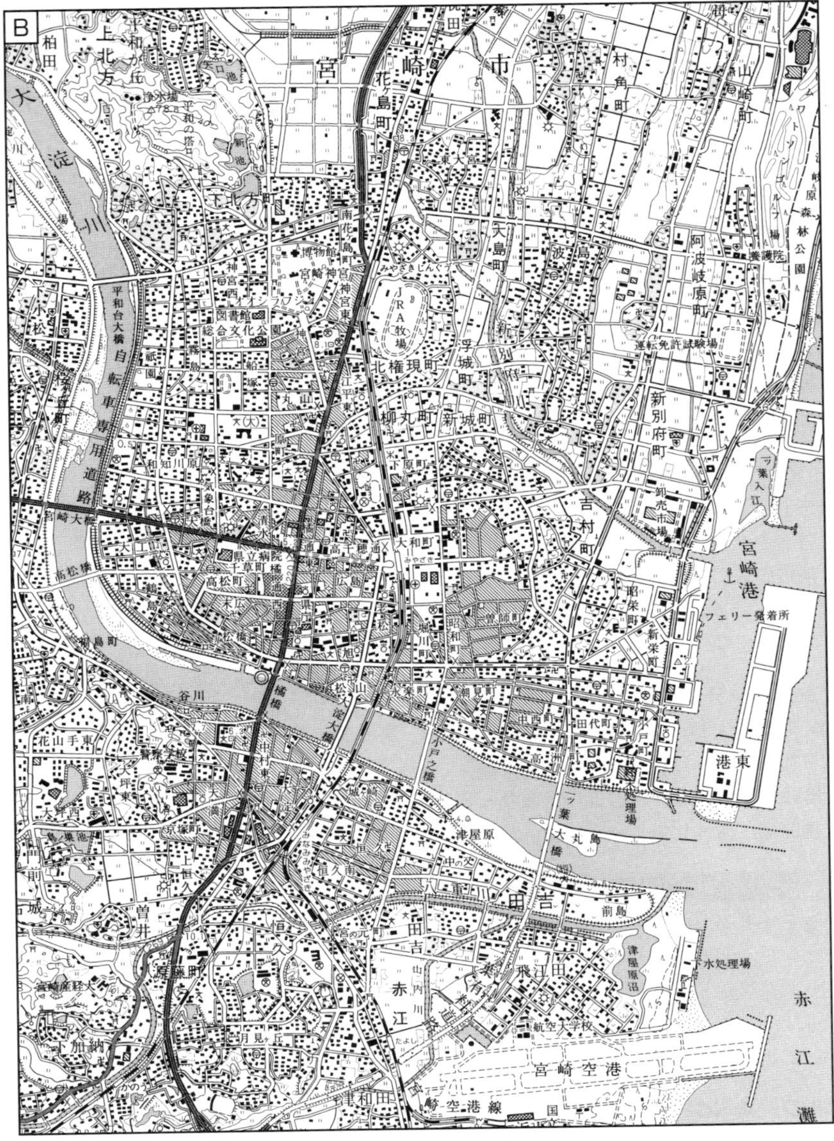
B
宮崎市
柏田
上北方
平和が丘
浄水場
平和の塔
新池
大淀川
下北方町
花ヶ島町
村角町
山崎町
南花ヶ島町
大島町
波島
阿波岐原町
養護院
阿波岐原森林公園
博物館
宮崎神宮
神宮西
神宮東
図書館
総合文化公園
JRA牧場
運転免許試験場
北権現町
浮城町
新別府町
柳丸町
新城町
下小松
平和台大橋
自転車専用道路
和知川原
宮崎大橋
下原町
吉村町
卸売市場
一ツ葉入江
宮崎港
フェリー発着所
県立病院
高千穂通
大和町
千草町
高松町
高松橋
末広
昭栄町
新栄町
曽師町
堀川町
昭和町
旭
松山
谷川
橘橋
淀大橋
小戸之橋
潮見町
田代町
港東
花山手東
中村東
大坪西
京塚町
一ツ葉大橋
大丸島
津屋原
恒久
南宮崎
吉田
前島
津屋原沼
水処理場
赤江
飛江田
航空大学校
宮崎空港
宮崎空港線
月見ヶ丘
下加納
曽井
城
赤江灘

9 現代社会の課題 I

人口問題

①少子高齢化が進む先進国

・ヨーロッパ・日本などの先進国では，年少者が減少する一方で，高齢者の比率が高まっている。

・ほとんどの先進国で，1人の女性が一生の間に産む子どもの数を示す合計特殊出生率が，人口維持が可能な2.08を下回っている。

・教育費は減少するが，老後の生活保障費は増大する。

②地域差が目立つ発展途上国

・先発発展途上国は，医療の発展などにより合計特殊出生率が低下し，多産少死型から少産少死型に移行しつつある。

・後発発展途上国は，死亡率は低下したが，出生率は高水準を保ち，多産少死型にとどまっている。

都市・居住問題

①スラム

・発展途上国の農村部の余剰人口が都市へ流入

・都市周辺に住環境の悪い住宅街（**スラム**）が形成される

・スラムでは，露天商・靴磨きなどの**インフォーマルセクター**に従事する人々や，親の保護を受けられない**ストリートチルドレン**も多い。

②インナーシティ問題

・先進国の大都市都心部の住環境が悪化し，**富裕層**が郊外へと流出した後，低所得層が都心に入り，環境悪化が進む。

・財政が圧迫され，都心部の**行政サービス**が低下する。

・再開発・活性化により**ジェントリフィケーション**が進んだ都市もある。

民族紛争

①カシミール紛争

・カシミール地方の帰属を巡るインド・パキスタンの国境紛争。1947年にインド・パキスタンがイギリスから分離独立する際，ヒンドゥー教を信仰するカシミールの藩王はインドへの帰属を求め，イスラム教徒が多い住民はパキスタンへの帰属を求めたことに起因する。

②ダルフール（ダールフール）問題

・スーダン西部のダルフール地域において，政府系（アラブ系民兵）と反政府系（黒人系農民）の紛争が続いている。アラブ系民兵による黒人系農民の虐殺が行われ，多くの住民が西隣のチャドや南隣のウガンダへ難民として逃れた。

・国連やアフリカ連合による停戦監視と仲介が行われているが，解決に至っていない。

41 人口問題

解答➡p.87

次の文章を読み，下の問に答えよ。

18世紀の経済学者（　1　）は，著書『人口論』において「人口は（　2　）級数的に増加するが，食糧は（　3　）級数的にしか増加しないため，人口増加に伴って食糧不足をはじめとする様々な社会問題が発生する」と警告した。

このような考えは，産業革命の進行を背景とする顕著な人口増加に対する危惧が蔓延（まんえん）するなかで生まれたものである。だが，当時はアメリカ大陸への移民の送出や，産業革命に伴う新たな雇用の創出によって増加した人口を吸収することができた。また，農業革命による国内の食料の増産や，アメリカ大陸や植民地からの食料供給も，増加した人口を扶養することに貢献した。このため，彼の考えに沿うような現象は見られなかった。第二次世界大戦後には発展途上国を中心として（　4　）と呼ばれる急激な人口の増加が見られたが，食料の生産も大幅に増加し，現在，世界平均では１人当たり食料生産は増えている。しかし，中南アフリカでは１人当たり食料生産は増えておらず，多数の栄養不足人口を抱えるなど，人口問題は現代社会が直面する深刻な問題の一つとなっている。

問１　文中の空欄（　1　）～（　4　）に適する語を答えよ。

問２　文中の下線部に関して，次の各問に答えよ。

(1) 今日，人口増加が後発発展途上国の経済発展を阻害している理由として**適当でないもの**を，次の中から一つ選べ。

ア　人口増加が食料難やそれに伴う紛争を誘発するから。

イ　教育の普及や社会資本の整備など経済発展の基盤作りを阻害するから。

ウ　人口増加により労働力が増えるから。

エ　余剰人口が都市に流入し，スラムを形成するから。

(2) サハラ砂漠南縁のサヘルで深刻な問題となっている砂漠化は，自然的要因と人為的要因が絡み合って引き起こされている。この自然的要因と人為的要因について，それぞれ具体的・簡潔に説明せよ。

(3) 1994年にカイロで開催された「国際人口開発会議」では，人口増加に伴う深刻な問題を解決するために，女性の地位向上が重要であると主張された。このとき主張された権利をカタカナで答えよ。

(4) ヨーロッパでも人口問題が発生しているが，発展途上国において生じているものとは質的に異なる。ヨーロッパで深刻になっている人口問題について，次の語を必ず使用して，70字以内で述べよ。なお，使用した語には下線を引いて示すこと。

社会保障　　出生率　　労働力

問3　次の図は，アメリカ合衆国，フィリピン，中国，イタリアの人口ピラミッドを示したものである。図中の①～④に該当する国名を答えるとともに，そのように判断した理由をそれぞれ簡潔に述べよ。

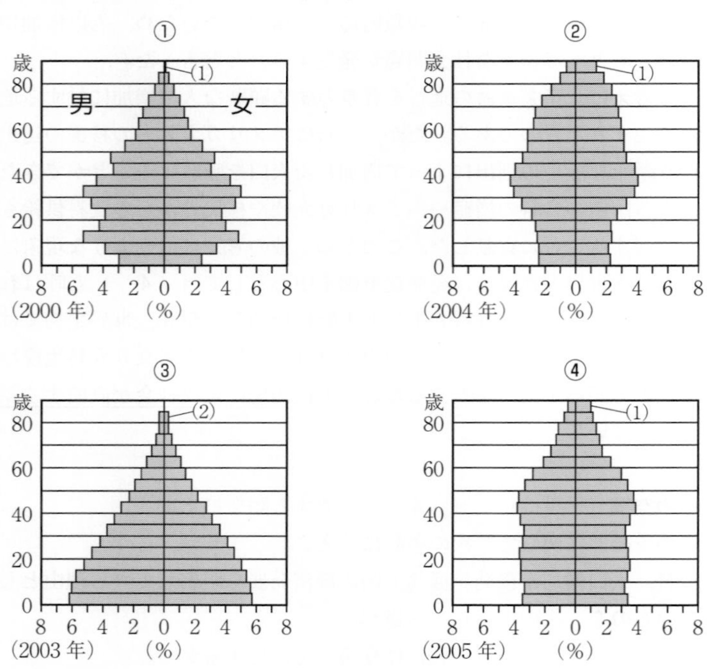

(1) 85 歳以上　(2) 80 歳以上

42 人口移動とそれに伴う諸問題

解答➡ p.89

次の文章を読み，下の問に答えよ。

人口の国際的な移動が発生する理由は，政治的理由・宗教的理由・経済的理由など多様である。政治的・宗教的理由による人口の国際的な移動の例として知られているものは，（　ア　）と呼ばれる国家建設運動の高揚を背景とするユダヤ人のパレスチナへの移住，イギリスから当時流刑地であった（　イ　）への囚人の移住，アフガニスタンやベトナムなど，内戦や紛争の生じた地域から他の地域への（　ウ　）の移動などがある。

一方，人口の国内移動の例として，古くはアメリカ合衆国の西部開拓，旧ソ連のシベリア開拓，(a)明治期の日本における北海道への開拓移民などが知られている。近年は，ブラジルにおけるアマゾン開発や(b)インドネシアにおけるジャワ島の人口過密緩和のための移住がある。

経済的な要因による人口の国内移動は，一般に所得水準の低い農村部から所得水準の高い都市部へ向かう。(c)先進国では，工業化の進展に伴って農村部の労働力を吸収した結果，都市人口率が上昇した。一方，(d)発展途上国では，人口増加によって農村部で生じた余剰労働力が就業機会を求めて都市へ流入することで，都市人口率が上昇している。

問1　文中の空欄（　ア　）～（　ウ　）に適する語を答えよ。

問2　下線部(a)に関して，明治期の日本における北海道への開拓移民を何と呼ぶか，答えよ。

問3　下線部(b)に関して，インドネシアではジャワ島の人口過密を緩和するためにカリマンタン（ボルネオ）島などへの移住を推進する政策が採用されてきた。この政策の名称を答えよ。

問4　下線部(c)に関して，以下の各問に答えよ。

(1)　日本では，高度経済成長期に農村部から太平洋ベルトを中心とする都市部への人口移動が起こった。この結果，この時期の日本では農村部・都市部の両者において様々な問題が発生した。どのような問題が発生したのか，農村部・都市部のそれぞれについて，その理由も合わせて具体的にそれぞれ50字以内で述べよ。

(2)　近年のアメリカ合衆国で見られる人口の国内移動について，70字以内で述べよ。

問5　下線部(d)に関して，大都市の都心部や周辺部に形成され，低所得者層が居住する劣悪な環境の住宅街を何と呼ぶか，答えよ。

問6　次ページの図は，日本に居住する外国人数と外国に居住する日本人数の推移を示したもので，図中の①～④はアメリカ合衆国，タイ，中国，ブラジルのいずれかである。①～④に該当する国名を，それぞれ答えよ。

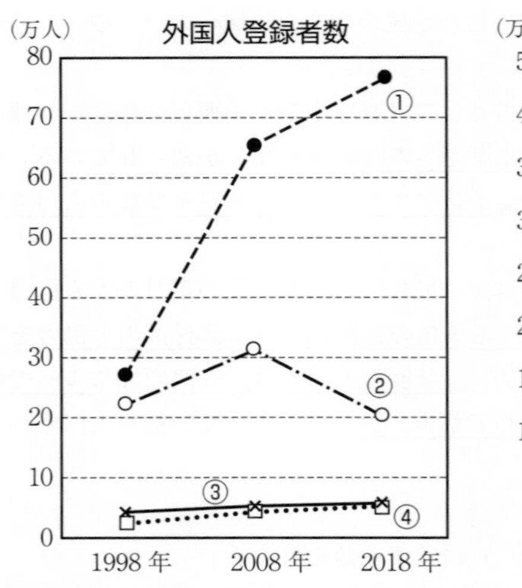

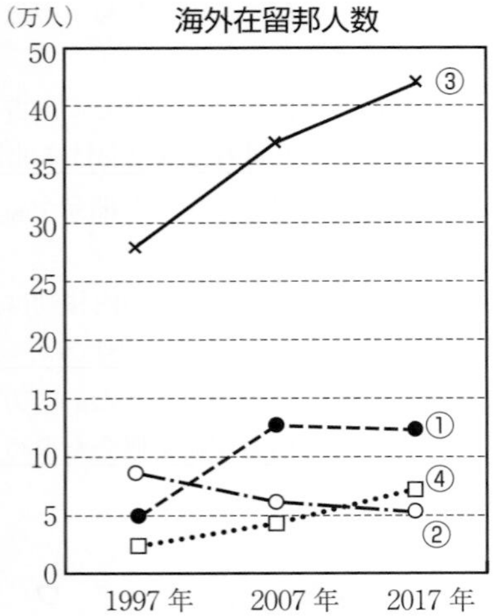

43 国家に関する諸問題

解答➡ p.92

次の問に答えよ。

問1　次の文に関する下の各問に答えよ。

国連海洋法条約では海岸線から沖合200海里，約（　ア　）kmまでの海域を，沿岸国の（　イ　）としている。また，かつては「200m または天然資源の開発可能な水深まで」と定義付けられた（　ウ　）であるが，近年は，大陸縁辺部が海岸線から沖合200海里を越えて延びている場合には，堆積岩の厚さなどの条件を満たせば，低潮線から最大350海里か，2,500m の等深線から100海里のいずれか遠い方を，（　ウ　）の限界として設定できるようになっている。

(1)　文中の空欄（　ア　）～（　ウ　）に適する数字・語を答えよ。また，数字は10の倍数で答えること。

(2)　なぜ，近年，文に述べられたような変化が生じているのか。考えられる理由を，60字以内で述べよ。

問2　南極大陸は，国際地球観測年（1957～58年）を契機に多くの資源の存在が確認された。この南極大陸の領有などに関する現在の状況について，次の語を必ず使用して，50字以内で述べよ。なお，使用した語には下線を引いて示すこと。

科学　　軍事　　自由　　条約

問3　現在，中国には「一国二制度」による統治がされている地域がある。なぜこのような状況になったのか。「一国二制度」の内容とともに120字以内で述べよ。

44 中東問題

解答➡p.93

次の文章を読んで，下の問に答えよ。

エルサレムから南に10kmほどの地点に位置するベスレヘム（ベツレヘム）は，ダヴィデ，そしてイエスが生まれたとされる聖地である。毎年多数の巡礼者が世界各地から来訪するこの地域一帯は，1967年の第３次（　**ア**　）戦争でイスラエルが占領した（　**イ**　）川西岸地区に属している。現在，（　**イ**　）川西岸地区と（　**ウ**　）地区にはパレスチナ人自治区が形成されているものの，その政情はきわめて不安定である。

問１　文中の空欄（　**ア**　）～（　**ウ**　）に適する語を答えよ。

問２　イスラエルとその周辺地域を示した次の図中の**A**～**D**から，エルサレムの位置を選べ。

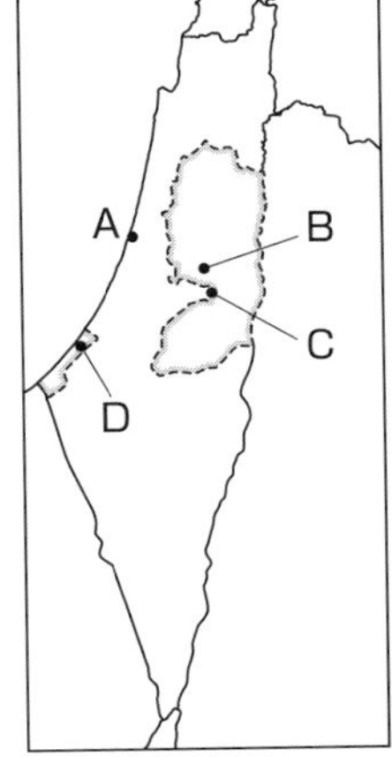

問３　イスラエル国民の多数を占める民族名を答えよ。

問４　(1)　パレスチナ人の間で広く信仰されている宗教を答えよ。

(2)　(1)の宗教の聖典を記すのに用いられている言語を答えよ。

45 人口問題と都市問題

解答➡ p.95

次の各文を読み，以下の問に答えよ。

Ⅰ　世界人口は，産業革命の起きた18世紀中頃から増加を開始した。とくに，第二次世界大戦後は発展途上地域において人口爆発と呼ばれる加速度的な人口増加が続いてきた。地球全体の視点からも，このような激しい人口増加を抑制することが必要であるといわれている。

問1　地球全体規模で考えた場合に人口抑制が必要といわれるのはなぜか，100字以内で述べよ。

Ⅱ　一般に発展途上地域における都市化は先進地域よりも遅れており，1970年の都市人口率は，発展途上地域が25.3%，先進地域が64.6%であった。しかし，発展途上地域のなかには，1970年の都市人口率が78.9%のアルゼンチンなどのように高い値を示している国も存在する。

問2　アルゼンチンの都市人口率が，1970年の時点ですでに高い値を示していた理由を，簡潔に述べよ。

Ⅲ　ニューヨークやシカゴをはじめとする欧米諸国の大都市では，インナーシティ問題が起きている。

問3　インナーシティ問題の具体例と発生する原因について，次の語を必ず使用して，150字以内で述べよ。なお，使用した語には下線を引いて示すこと。

経済的弱者　　郊外　　反都市化　　モータリゼーション

現代社会の課題Ⅱ

環境問題

①地球温暖化

・地球温暖化とは，化石燃料の燃焼により発生する**温室効果ガス**（二酸化炭素・メタンなど）の増加に伴い，大気圏外へ熱を放出しにくくなり，地表の温度が上昇していくことである。

・地球温暖化により，異常気象が引き起こされ，植生・生態系が変化するなどの影響がある。また，極地方の氷床・氷河の融解などにより，海面が上昇し，低地の水没が危惧されている。

②熱帯林の減少

・東南アジアの熱帯林減少の要因：商業伐採…1960年代から日本に輸出。熱帯林を保護するため，インドネシアでは原木輸出を禁止。

・南アメリカの熱帯林減少の要因：地域開発…アマゾン横断道路（トランスアマゾンハイウェイ）の建設，耕地・牧場開発，鉱山開発など

③砂漠化

・サヘル地方では，自然的要因（干ばつ）に人為的要因が重なる。人為的要因は，人口増加に伴う食料増産による**過耕作・過放牧**，薪炭材の**過伐採**など。

▼環境問題の相互関係

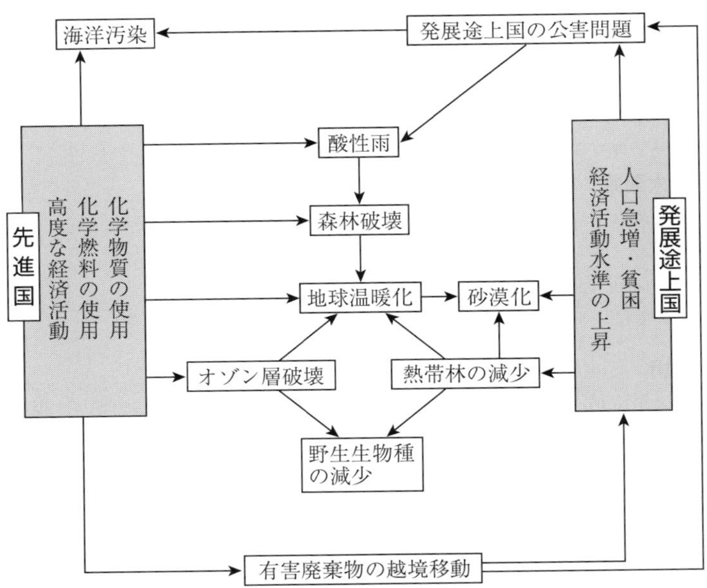

環境問題の対策

地球環境問題に対する国際会議・条約

・地球温暖化…気候変動枠組条約（1992年）⇒京都議定書（1997年），パリ協定（2015年）
・砂漠化…砂漠化防止会議（1977年）⇒砂漠化防止行動計画（1977年）
・オゾン層破壊…ウィーン条約（1985年）⇒モントリオール議定書（1987年）
・酸性雨…長距離越境大気汚染条約（1979年）⇒ヘルシンキ議定書（1985年，SOx削減）・ソフィア議定書（1988年，NOx削減）

日本の公害

・高度経済成長の一方で，1950年代後半から1960年代前半までに公害による被害が続出した。
・**四大公害訴訟**…水俣病・四日市ぜんそく・イタイイタイ病・新潟水俣病⇒公害対策基本法の制定。
・環境庁が設置（1971年）され，汚染者負担の原則（PPP），リサイクル法の実施など，国レベルでの環境保護の動きが起きる。2001年，環境省設置。

開発

①世界の開発

・アメリカ合衆国…不況政策の一環⇒ TVA（テネシー川流域開発公社）などの電源開発，コロンビア川（グランドクーリーダム），コロラド川（フーヴァーダム・グレンキャニオンダム）開発で灌漑，電源を開発し産業を発達させた。以後，TVAを手本とした開発が世界各地で多数行われた。
・インド…DVC（ダモダル川流域開発公社）により開発。
・ガーナ…アコソンボダム⇒アルミニウム精錬用の電源開発。

その他の大開発

・イタイプダム（ブラジル・パラグアイ）
・カリバダム（ザンビア・ジンバブエ）
・サンメンシャ（三門峡）ダム，サンシャ（三峡）ダム（中国）
・オランダでは，低湿な土地を干拓し，**ポルダー**を造成した。

②開発と環境

・アマゾン川流域…大規模な肉牛放牧場・道路建設や鉱山開発に伴い，森林が破壊されている。
・エジプト…アスワンダム・アスワンハイダムの建設。発電による工業化，農地拡大に貢献したが，塩害や生態系の変化などの被害が生じる。
・アラル海周辺…カラクーム運河による灌漑が行われ，アラル海への流入量が激減し，湖面の水位低下や塩害，砂漠化などの被害が生じている。

46 資源に関する諸問題

解答➡p.98

次の文章を読み，下の問に答えよ。

1990年代後半以降，世界の食料と鉱産資源を巡る情勢に大きな変化が生じている。その背景の一つとして，(a)発展途上にあった国・地域のなかに大きく経済成長を遂げて，食料や鉱産資源の消費量を増大させている国・地域があることが挙げられる。このような状況のなかで，(b)食料や鉱産資源の貿易は年々活発になっている。また，食料の生産・流通に利用される鉱産資源も増大しており，(c)食料価格と鉱産資源価格が連動して変化する事例も生じている。

問1　下線部(a)に関して，このような国・地域の一つとして，中国が挙げられる。中国が著しい経済成長を遂げる契機となった経済政策の名称を答えよ。

問2　下線部(b)に関して，次の各問に答えよ。

(1)　次の表は，いくつかの農産物の生産量と輸出量についてそれぞれの上位5カ国を示したものである。表中の空欄（　A　）～（　F　）に該当する国名を答えよ。なお，各表のA～Fは同じ国をさす。

米	
生産国	輸出国
A	B
B	D
C	ベトナム
バングラデシュ	パキスタン
ベトナム	E

生産量は2014年，輸出量は2013年。

小麦	
生産国	輸出国
A	E
B	カナダ
ロシア	フランス
E	オーストラリア
フランス	ロシア

生産量は2014年，輸出量は2013年。

トウモロコシ	
生産国	輸出国
E	F
A	E
F	アルゼンチン
アルゼンチン	ウクライナ
ウクライナ	フランス

生産量は2014年，輸出量は2013年。

大豆	
生産国	輸出国
E	F
F	E
アルゼンチン	アルゼンチン
A	パラグアイ
B	ウルグアイ

生産量は2014年，輸出量は2013年。

天然ゴム	
生産国	輸出国
D	D
C	C
ベトナム	マレーシア
B	ベトナム
A	コートジボワール

生産量・輸出量とも2013年。

(2) 世界の鉱産資源の生産と貿易について述べた次の文中の空欄（ ア ）～（ キ ）に該当する国名と，空欄（ X ）に該当する語を答えよ。

世界最大の天然ガス埋蔵量を誇る（ ア ）は，サウジアラビアとともに原油の産出量・輸出量も多い。一方，世界最大の原油輸入国は（ イ ）であり，原油消費量においても（ イ ）が世界最大の消費国となっている。（ イ ）に次いで原油の消費量が多い（ ウ ）は，1980～2005年までの間に原油消費量を300％以上増加させている。また，石炭では，（ エ ）が世界有数の輸出国であり，（ エ ）は（ オ ）とともに世界の2大鉄鉱石輸出国でもある。このように，世界の鉱産資源の需給は偏在している。地球上での存在量が少なく，純粋な金属として取り出すのが難しい金属である（ X ）もその典型で，クロム鉱・マンガン鉱・白金は（ カ ），コバルト鉱は（ キ ）といったアフリカ大陸諸国に偏在する。近年，（ ウ ）がアフリカ大陸諸国への接近を図っている背景の一つに，これら鉱産資源を確保する意図があるといわれる。

問3 下線部(c)に関して，原油価格が上昇すると新しい燃料の開発・利用が促される。近年，新しい燃料の開発・利用が行われるようになったことを一つの背景として穀物を中心とする食料価格が上昇した。このような事例について，穀物名・燃料名・具体的な国名をそれぞれ一つずつ挙げながら，50字以内で説明せよ。

47 食料問題

解答➡p.100

次の問に答えよ。

問1 今日，世界各地で様々な食料問題が生じている。次ページの図1は，アフリカ，日本，世界平均における1992～2004年の，食料生産，1人当たり食料生産，人口の変化を，1999～2001年を100とする指数で示したものである。アフリカ，日本，世界平均に該当するものを，図1中のA～Cから一つずつ選べ。

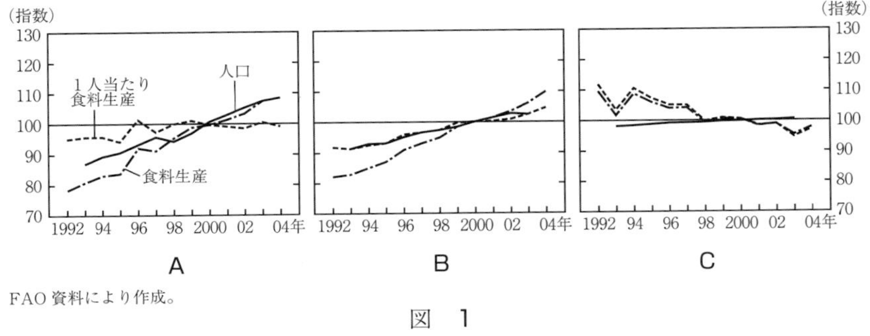

FAO 資料により作成。

図 1

問2 次の図2は，世界各国の1人1日当たり食料供給熱量を，高位，中位，低位に分類して示したものである。図2中の指標A～Cは，高位，中位，低位のいずれに相当するか答えよ。また，そのように判断した理由を簡潔に答えよ。

図 2

統計年次は，2005年。World Development Indicators により作成。

問3 地球温暖化に代表される環境問題の観点から考えると，基本的に食料は地産地消が理想とされる。このような考えに関する，次の各問に答えよ。

(1) 私達の食生活が地産地消に近いものであるかどうかを示す指標として，食料の「輸送重量×輸送距離」を用いて評価する概念がある。このような概念を何と呼ぶか，カタカナ8字で答えよ。

(2) 次ページの図3は，アメリカ合衆国，イギリス，韓国，ドイツ，日本，フランスの1人当たりの食料の「輸送重量×輸送距離」を，日本を1とする指数で示したものである。A～Dに該当する国名を答えよ。

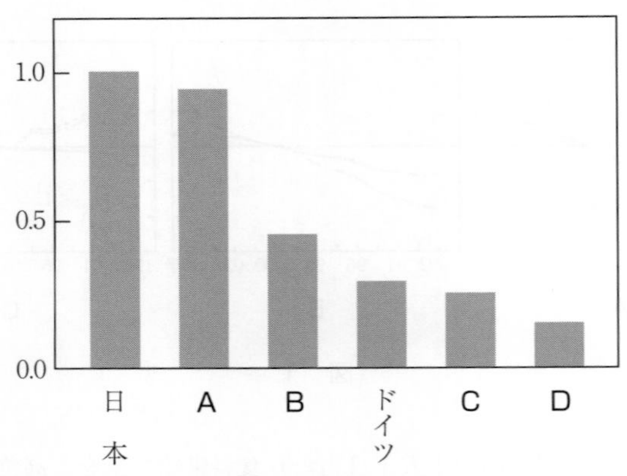

統計年次は2001年。農林水産省資料による。

図　3

問4　日本国内の食料問題について述べた次の文の下線部の正誤を判断し，正しいものは○を記し，誤っているものは正しい文になるように直せ。

(1)　食料自給率が低いため，国際的な需給関係の変動によって日本国内で食品価格が変動することが多い。

(2)　発展途上諸国で生産された農産物などを，適正価格で購入することを通して持続可能な発展の実現へ寄与することをめざすフェアトレードが，日本でも活発化している。

(3)　十分な時間を食事に費やすことで食生活をより豊かなものにしようとするスローフード運動が，日本にも浸透してきている。

48　地域開発

解答➡ p.101

世界と日本の地域開発について，次のＡ・Ｂの問に答えよ。

Ａ　地域開発が行われた世界の諸地域を示した次ページの図を見て，下の問に答えよ。

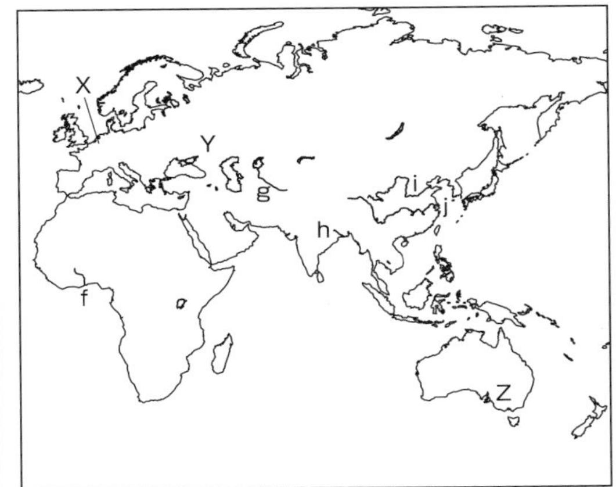

問1　次の①～⑧の文は，図に示されたａ～ｊの10地域のうち８地域における地域開発について述べたものである。①～⑧に該当する地域を図中の記号で答えよ。また，文中の空欄（　ア　）～（　ス　）に適する語を答えよ。

① 外来河川から導水する灌漑用水網を整備して，周囲を農業地帯にすることをめざした。しかし，灌漑による塩害の発生や，外来河川が流入する（　ア　）の縮小などの深刻な問題が起きている。

② （　イ　）と（　ウ　）の国境を流れるパラナ川に，世界最大級の出力を誇る水力発電用ダムとして知られるイタイプダムが建設された。電力需要の小さい（　イ　）は，（　ウ　）へ電力輸出を行っている。

③ コロンビア川にグランドクーリーダムが建設され，灌漑による小麦地帯が拡大し，豊富な電力を利用して（　エ　）を主原料とする（　オ　）工業や，それに関連する航空機産業の発展に貢献した。

④ この国で（　カ　）に次いで長い河川であるが，下流部は天井川となっており，頻繁に氾濫を繰り返してきた。このため，サンメンシャ（三門峡）ダムなどの大規模なダムが建設され，治水が行われてきた。

⑤ 世界恐慌を克服するための（　キ　）政策の一環として，1933年より（　ク　）川の流域に30以上の多目的ダムが建設された。この地域開発は，後年，世界各地の地域開発のモデルになった。

⑥ 国土の東部を流れる（　ケ　）川流域で，DVC による総合開発事業が行われた。（　ケ　）川流域とその周辺には，国内初の近代的製鉄所の所在地の一つとして知られる（　コ　）など，原料産地立地型の鉄鋼業地域が点在している。

⑦ カカオ豆のモノカルチャーからの脱却をめざして，国土を貫流する（　サ　）川にアコソンボダムが建設された。ダム建設とあわせて（　エ　）鉱山の開発も行われ，発電された電力を用いて（　オ　）工業が興った。

⑧ 国土の南西部を流れる（　シ　）川に，フーヴァーダムを初めとする多くのダムが建設された。この結果，下流のインピリアルヴァレーを灌漑して農地化し，国土南西部で最大の人口を擁する都市である（　ス　）への送水・送電が行われるようになった。

問2 図中Xで示された地域で行われてきた干拓事業について，次の各問に答えよ。

(1) 干拓地は何と呼ばれているか。その呼称を，カタカナで答えよ。

(2) 干拓事業によって，現在，ここに湖ができている。この湖が位置している場所は，干拓事業が行われる前はどのような地形であったか。20字以内で述べよ。

問3 図中Yで示された地域に建設された運河によって，「モスクワは四つの海の港」へ変化した。この運河について，次の各問に答えよ。

(1) この運河の名称を答えよ。

(2)「モスクワは四つの海の港」という表現が意味する内容を，具体的に35字以内で述べよ。

問4 図中Zで示された地域における地域開発の名称を答えよ。また，その開発の内容を次の語を必ず使用して，70字以内で述べよ。なお，使用した語には下線を引いて示すこと。

小麦　　マリーダーリング盆地　　地下トンネル

B 次の表は，日本の総合開発計画の特色を整理したものである。表に関する下の問に答えよ。

名称	策定時期	開発方式やその特色	結果
全国総合開発計画	1962	（　a　）	（　e　）
新全国総合開発計画	1969	（　b　）	（　f　）
第三次全国総合開発計画	1977	（　c　）	（　g　）
第四次全国総合開発計画	1987	（　d　）	（　h　）

問5 (1) 表中の空欄（　a　）～（　d　）に該当するものを，次のア～エから一つずつ選べ。

ア　拠点開発方式　　イ　大規模プロジェクト構想

ウ　交流ネットワーク構想　　エ　定住圏構想

(2) 表中の空欄（ e ）～（ h ）に該当するものを，次の**カ**～**ケ**から一つずつ選べ。

カ 太平洋ベルトのみが発展を遂げた上，各地で公害が深刻化した。

キ バブル経済崩壊の影響を被って，計画が見直された。

ク 諸機能の東京一極集中が加速し，地域間格差が拡大した。

ケ 石油危機の影響や地域住民の反対によって，計画が頓挫した。

49 環境破壊と環境保全

解答➡ p.105

次の文章を読み，下の問に答えよ。

日本における公害は，近代工業の発展にあわせて発生した。明治中期には，栃木県の（ ア ）銅山の操業に伴って，利根川の支流である（ イ ）川流域で鉱毒被害が発生した。その後，1960年代の高度経済成長期には(a)典型的な７種類の公害が各地で発生し，(b)公害病の訴訟を通して企業などの責任が問われてきた。このような状況を受けて，政府は1967年に（ ウ ）法を制定し，1971年には環境庁を発足させるなどした。また，1999年には(c)環境アセスメント法（環境影響評価法）が施行された。

世界的にも公害を含む環境問題が深刻になっている。このため，1972年にストックホルムで（ エ ）が開催され，人間環境宣言が採択された。また，1992年にリオデジャネイロで（ オ ）とも呼ばれる，環境と開発に関する国連会議が開催され，(d)開発と環境に関するリオ宣言が採択されたり，(e)気候変動枠組条約が調印されるなどした。1997年には，気候変動枠組条約の実効性を高めるために，日本の（ カ ）で締結国会議が開催され，(f)議定書が採択された。

このように，近年は，国際的な協力体制を構築して，地球環境の保護をめざす動きが活発になっている。こうした状況を背景として，水鳥の生息地として重要な湿地を守るための（ キ ）条約や，世界的に貴重な文化遺産や自然遺産などを保護するための(g)世界遺産条約など，様々な環境保全のための国際条約が締結されている。

問１ 文中の空欄（ ア ）～（ キ ）に適する語を答えよ。

問２ 下線部(a)に関して，典型的な７種類の公害とされるものの名称のうち二つを，具体的に答えよ。

問３ 下線部(b)に関して，次ページの表は四大公害訴訟についてまとめたものである。

(1) 表中の空欄（ P ）～（ R ）に該当する語を答えよ。

(2) 表中の空欄（ W ）～（ Z ）に該当する地域を次ページの図に示した

①～⑧から一つずつ選び，その記号を答えよ。

名称	原因	場所
水俣病	（ Q ）	（ W ）
新潟水俣病	（ Q ）	（ X ）
（ P ）	亜硫酸ガス	（ Y ）
イタイイタイ病	（ R ）	（ Z ）

問4　下線部(c)に関して，この法律の内容と目的を60字以内で述べよ。

問5　下線部(d)に関して，この宣言の中核となっている，地球規模で環境と開発の調整をめざす理念を何と呼ぶか答えよ。

問6　下線部(e)に関して，気候変動枠組条約の目的を，次の語を必ず使用して，50字以内で述べよ。なお，使用した語には下線を引いて示すこと。

温室効果ガス　　二酸化炭素　　防止

問7　下線部(f)に関して，2010年末現在，サミット（主要国首脳会議）参加国のなかでこの議定書を批准していない国を答えよ。

問8　下線部(g)に関して，この条約は1972年にパリで開催された国連の専門機関の総会で採択された。この国連の専門機関の名称を答えよ。

50 開発と環境破壊

解答➡ p.107

問 ナイル川にアスワンハイダムが建設されたことによって種々の恩恵がもたらされた一方で，様々な悪影響も生じた。どのような恩恵や悪影響がもたらされたのか。具体的かつ多面的に，200字以内で述べよ。

11 東アジア

東アジアの国々

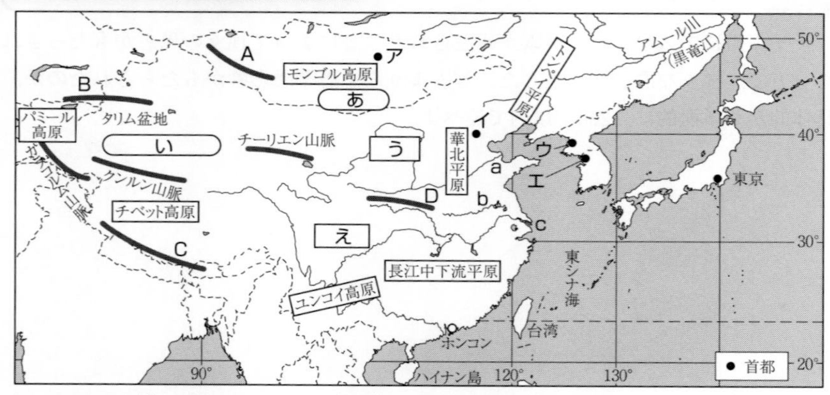

A　アルタイ山脈　　B　テンシャン（天山）山脈　　C　ヒマラヤ山脈
D　チンリン（秦嶺）山脈
a　黄河　　b　ホワイ川（淮河）　　c　長江
ア　ウランバートル　　イ　ペキン（北京）　　ウ　ピョンヤン（平壌）　　エ　ソウル
あ　ゴビ砂漠　　い　タクラマカン砂漠　　う　ホワンツー（黄土）高原
え　スーチョワン（四川）盆地

この地域の地形は，西の標高が高く，東の標高が低い**西高東低**の地形である。

気候は，大部分が温帯に属し，気温の年較差の大きい**東岸気候**である。夏季には**南よりのモンスーン**（湿潤）が，冬季には**北よりのモンスーン**（乾燥）が吹く。

中国

中国は，大人口国で，世界人口の約５分の１に相当する13億人の人口を抱える。漢民族が９割を占めるが，55の少数民族がいる多民族国家である。

1970年代後半に，改革開放路線へと転じ，沿岸部に**経済特区**・経済技術開発区を定め，外国企業を受け入れ，**工業発展・経済発展**が著しい。

農業は，年降水量800～1000㎜以上の南部は稲作，以下の北部は畑作地帯となる。年降水量800～1000㎜の線は，チンリン山脈とホワイ川を結んだ線とほぼ一致する。

朝鮮半島

北緯**38°**線を挟み，朝鮮民主主義人民共和国（北朝鮮）と大韓民国（韓国）が存在する。民族固有の文字（ハングル）を使用する。

1970年代の韓国の経済発展は，「**ハンガン（漢江）の奇跡**」と呼ばれた。農村開発として，**セマウル運動**が行われたが，都市との格差が残り，人口はソウルへ一極集中。

モンゴル

内陸国。遊牧民の国であったが，近年，定住化が進んでいる。

51 中国

解答➡ p.109

次の地図を見て，下の問に答えよ。

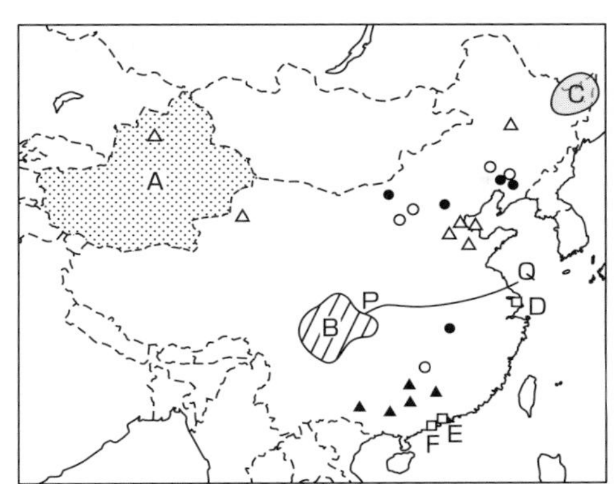

問1　図中の地域Aについて，次の各問に答えよ。

(1)　Aは少数民族に自治権を与えている自治区の一つである。この自治区に該当するものを，次の中から一つ選べ。

ア　チベット（西蔵）自治区　　**イ**　シンチヤンウイグル（新疆維吾爾）自治区

ウ　ニンシヤ（寧夏）回(ホイ)族自治区　　**エ**　内モンゴル（内蒙古）自治区

(2)　Aの中央部をほぼ東西に走る大山脈と，この山脈の南側に位置する盆地をそれぞれ答えよ。

(3)　Aにおいて最も信者の多い宗教を答えよ。

問2　図中の盆地Bについて，次の各問に答えよ。

(1)　Bの盆地を答えよ。

(2)　Bの東部に位置し，1997年に中国4番目の直轄市になった都市を答えよ。

(3)　Bに集まった河水が大河となり，Bと沿岸部の平原の間の峡谷を流れ，東シナ海に注いでいる。この河川名および中流の峡谷にある世界最大級のダムの名をそれぞれ答えよ。

問3　図中のP－Qは年降水量の等降水量線を示している。これに関して，次の各問に答えよ。

(1)　この付近の年降水量を，次の中から一つ選べ。

ア　300～500mm　　**イ**　800～1000mm

ウ　1300～1500mm　　**エ**　1800～2000mm

(2)　この線は中国の農業地域の境界になっている。この境界に該当する指標を，次の中から一つ選べ。

ア　農耕地域と遊牧地域　　　イ　水田地域と畑作地域
ウ　二毛作地域と一毛作地域　エ　冬小麦地域と春小麦地域

(3)　第二次世界大戦中に，図中の地域Cで稲作が行われるようになった要因を農業技術面から簡潔に述べよ。

問4　図中の●・○・▲・△は石炭，原油，タングステン鉱，鉄鉱石のいずれかの主な産出地を示したものである。●に該当するものを，次の中から一つ選べ。

ア　石炭　イ　原油　ウ　タングステン鉱　エ　鉄鉱石

問5　図中の都市Dは，世界最大の人口を有する中国において最も人口が多い都市である。このことに関連して，次の各問に答えよ。

(1)　Dの都市名を答えよ。

(2)　中国で，1970年代末から採られていた人口抑制政策の通称を答えよ。

(3)　次の図は，日本，エチオピア，中国，スウェーデンのいずれかの人口ピラミッドである。中国に該当するものを，次のア～エの中から一つ選べ。

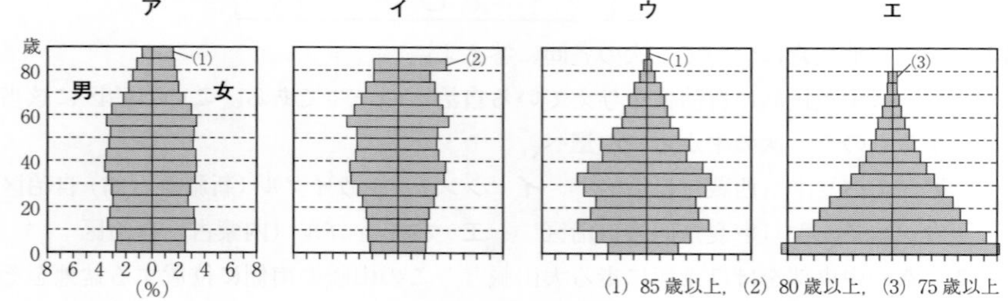

(1) 85歳以上，(2) 80歳以上，(3) 75歳以上
統計年次はアが2005年，イが2008年，ウが2000年，エが2004年。

問6　図中の地区Eは1997年，Fは1999年にそれぞれ統治権が中国に返還された。このことに関して，次の各問に答えよ。

(1)　Fの地区名およびこれを統治してきた国をそれぞれ答えよ。

(2)　中国は，E・Fともに返還後50年間は資本主義体制や一定の自治権を認めている。この制度を何というか。

問7　中国で，改革開放を掲げて工業化が進行したことに関して，次の各問に答えよ。

(1)　中国では，政治は社会主義体制を採りながら，資本主義国の資本を導入して経済発展を推進している。このような経済体制を何と呼んでいるか。

(2)　工業化の拠点として，華南の沿岸部5カ所に設定され，経済的優遇措置により外国資本を導入した地区を何と呼んでいるか。

(3)　(2)の地区に該当しないものを，次の中から記号で選べ。

ア　ハイナン（海南）島　イ　シェンチェン（深圳）
ウ　チューハイ（珠海）　エ　シェンヤン（瀋陽）

(4)　中国の農村地域で，地方行政単位や個人が経営する企業を何というか。

52 環日本海地域・アジアNIEs

解答➡p.111

次の地図を見て，下の問に答えよ。

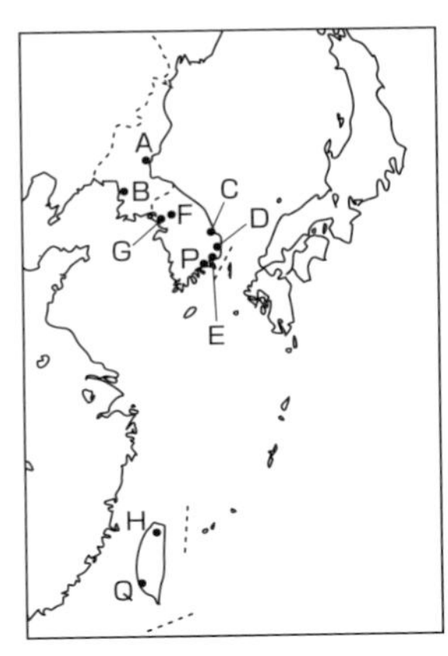

問1 次の各文は，地図中A～Hの都市について述べたものである。各文に該当する都市の記号を選び，さらに都市名を答えよ。

(1) 地域における政治・経済・文化の中心都市であり，首都と同様の機能を担っている。

(2) テドン川（大同江）に臨む同国の首都で，炭田・鉄山に近く，水力発電を利用した重工業地域を形成している。

(3) 同国第二の人口集中都市で，国際フェリー航路の発着港を持つ。

(4) 首都の外港で，同国最大の国際空港を持つ。

(5) 外国資本の導入により大規模な工業団地が造成され，造船・石油化学・自動車工業などが発達している。

(6) 日本海に面し，世界的な製鉄所が立地している。

問2 地図中P・Qの都市について，次の各問に答えよ。

(1) 両都市では，輸出指向型の工業化をはかるために貿易面などで優遇措置を採る地区が設置され，積極的に外国企業を誘致している。この地区の一般的呼称を答えよ。

(2) (1)の両地区ではどのような優遇措置が採られているか。30字以内で説明せよ。

問3 次ページの表は，アジアNIEsに当たる国々の主要輸出品目，最大輸出先，輸出依存度を示している。

(1) 表中のa～dに該当する品目を，次の中からそれぞれ一つ選べ。

ア 衣類　イ 石油製品　ウ 自動車　エ 電気機器・部品

(2) 表中のeに該当する国を，次の中から一つ選べ。

ア アメリカ合衆国　イ 日本　ウ 中国　エ マレーシア

(3) 表中のf～hに該当する数値を，次の中からそれぞれ一つ選べ。

ア 35.2　イ 54.9　ウ 114.4

	韓国		台湾		ホンコン		シンガポール	
主要輸出品目（単位：%）	機械類	43.3	c	43.0	機械類	66.5	機械類	44.5
	a	10.0	原子炉・ボイラー	12.1	金（非貨幣用）	6.7	b	13.0
	b	7.8	卑金属・同製品	9.4	精密機械	4.5	精密機械	4.3
	プラスチック	5.1	プラスチック・ゴム	7.5	ダイヤモンド	2.8	有機化合物	3.8
	鉄鋼	4.6	化学工業品	6.6	d	2.4	プラスチック	3.6
	計　604,807百万ドル		計　335,909百万ドル		計　569,106百万ドル		計　411,743百万ドル	

	韓国	台湾	ホンコン	シンガポール
最大輸出先	e	e	e	e
輸出依存度（%）	f	g	156.9	h

統計年次は2018年。IMF“Direction of Trade Statistics”による。

問4 次の各文は北朝鮮，韓国，両国のいずれかについて述べたものである。北朝鮮の説明文にはN，韓国の説明文にはS，両国に共通する説明文にはBの記号で答えよ。

(1) 農業は畑作が盛んで，水田は比較的少ない。

(2) チュチェ（主体）思想を浸透させ，チョンリマ（千里馬）運動が展開されてきた。

(3) セマウル運動と呼ばれる農村近代化運動を推進してきた。

(4) 女性の民族衣装としてチマ・チョゴリを受け継いできた。

(5) 民族固有文字のハングルを使用している。

(6) アムノック川（鴨緑江・ヤールー川）が隣国との国境になっている。

問5 日本周辺に位置する島嶼について，次の各問に答えよ。

(1) 日本と近隣諸国との間で領有を巡る問題が生じている島嶼のうち，日本海と東シナ海に位置するものをそれぞれ答えよ。

(2) 日本の最北端と最西端の島をそれぞれ答えよ。

53 日本の産業と貿易

解答➡p.114

次の文章を読み，下の問に答えよ。

問1 日本の農業について述べた次の文章を読み，文中の空欄（　1　）～（　10　）に適する語を答えよ。

戦後の農地改革により寄生（　1　）制が廃止されたことは，農民の生産意欲を高めて，農業生産力を上昇させ，日本経済の再建に貢献したが，農業経営の規模は零細なままであった。そこで，こうした小規模な経営を脱し，（　2　）中心の農業から果樹・（　3　）栽培を中心とする園芸農業や，牛乳・乳製品を生産する（　4　）への転換を促し，自立した事業としての農業の育成を目標に，1961年に（　5　）法が制定された。米については，政府が価格を支持する（　6　）制度のもとで生産が増加したが，（　7　）の洋風化によって需要が減少したため，1970年からは（　8　）政策と呼ばれた米の生産調整が進められた。1995年には（　6　）法に代わって（　9　）法が施行され，米の流通は市場の調整に委ねられるようになった。さらに，1999年には（　5　）法に代わって，食料の安定供給，農業の持続的発展，農業の多面的な機能の発揮，農村の振興などを目的として（　10　）法が制定された。

問2 次の表は，カナダ，ロシア，日本の国土面積に対する森林面積率と木材伐採高を示している。これによれば，日本はカナダ，ロシアより森林面積率が高いが，木材伐採高はきわめて少ない。その理由について，日本特有の自然条件と社会条件をそれぞれ20字程度で答えよ。

	カナダ	ロシア	日　本
森林面積率（%）	31.1	47.3	65.8
木材伐採高（千㎥）	195,907	207,000	17,751

統計年次は，2007年。FAO林産統計年鑑による。

問3 次の表は，茨城県，愛知県，島根県，愛媛県の漁業種類別漁獲量を示している。表中のA～Dに該当する県名を答えよ。

	海面漁業	海面養殖業	内水面漁業	内水面養殖業
A	280,364	8	3,589	17
B	109,089	556	6,979	27
C	91,625	75,479	365	99
D	68,600	20,675	21	7,986

単位はt。統計年次は2006年。農林水産省「ポケット水産統計」による。

問4　次の図は，主な工業地帯（地域）の産業別出荷額割合を示している。図中のH～Nに該当する工業地域を，下の**ア**～**キ**の中から一つずつ選べ。

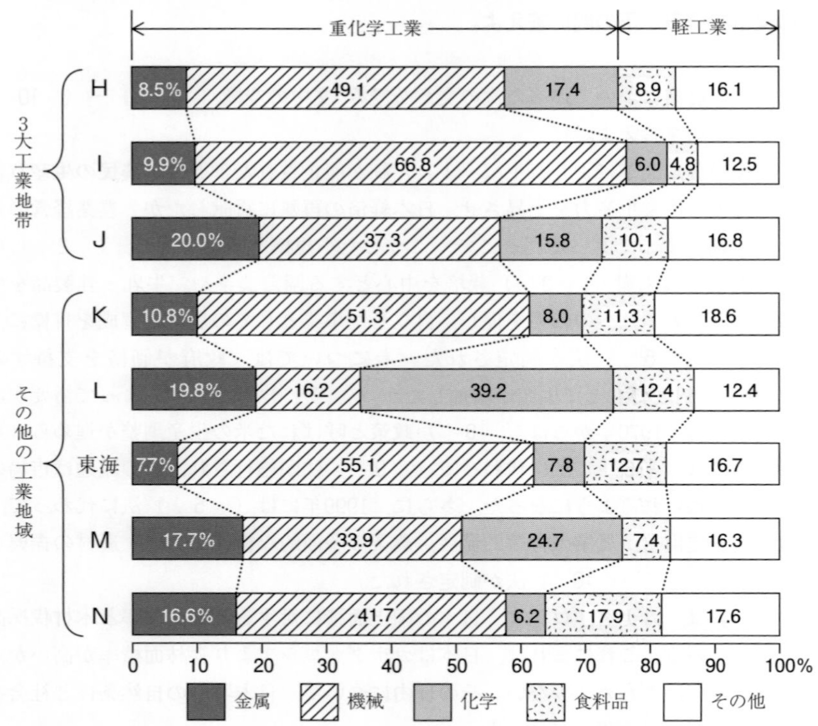

単位は%。統計年次は2005年。全工場が対象。便宜的に各都道府県の数値を合算したもので，必ずしも正確に各工業地帯（地域）を表すものではない。
経済産業省「2005年工業統計表」より作成。

ア　京浜（東京都・神奈川県の全域）
イ　関東内陸（栃木・群馬・埼玉県の全域）
ウ　京葉（千葉県の全域）　　**エ**　中京（愛知・三重県の全域）
オ　阪神（大阪府・兵庫県の全域）
カ　瀬戸内（岡山・広島・山口・香川・愛媛県の全域）
キ　北九州（福岡県の全域）

問5　次ページの表は，日本の港別の主要貿易品目と貿易額を示している。表中のV～Zに該当する港を，下の**ア**～**オ**の中から一つずつ選び，記号で答えよ。

V			
輸出（%）		輸入（%）	
科学光学機器	6.6	通信機	13.7
金（非貨幣用）	5.8	医薬品	13.0
集積回路	5.0	集積回路	9.5
電気回路用品	3.5	コンピュータ	7.1
半導体製造装置	3.2	科学光学機器	6.3
輸出額計	89,104	輸入額計	126,119

W			
輸出（%）		輸入（%）	
自動車	27.0	液化ガス	10.4
自動車部品	15.1	石油	8.9
内燃機関	4.4	衣類	7.0
金属加工機械	4.2	アルミニウム	4.9
電気計測機器	3.4	絶縁電線・ケーブル	4.0
輸出額計	114,717	輸入額計	53,988

X			
輸出（%）		輸入（%）	
コンピュータ部品	5.7	衣類	8.2
自動車部品	5.1	コンピュータ	5.3
プラスチック	5.0	魚介類	4.5
科学光学機器	4.6	肉類	3.9
電気回路用品	4.2	音響・映像機器	3.5
輸出額計	62,456	輸入額計	113,662

Y			
輸出（%）		輸入（%）	
プラスチック	6.3	衣類	6.6
建設・鉱山用機械	4.8	たばこ	4.5
織物類	3.6	有機化合物	4.0
科学光学機器	3.6	無機化合物	3.5
有機化合物	3.4	プラスチック	3.0
輸出額計	55,508	輸入額計	32,662

Z			
輸出（%）		輸入（%）	
石油製品	29.6	石油	50.1
有機化合物	18.3	液化ガス	23.6
鉄鋼	17.2	自動車	7.5
自動車	8.2	鉄鋼	3.0
プラスチック	6.6	有機化合物	2.6
輸出額計	9,941	輸入額計	35,611

輸出額単位は億円。統計年次は2015年。財務省貿易統計による。

ア　東京　　イ　千葉　　ウ　成田国際空港　　エ　名古屋　　オ　神戸

54 東アジアの内陸地域

解答➡p.117

次の地図を見て，下の問に答えよ。

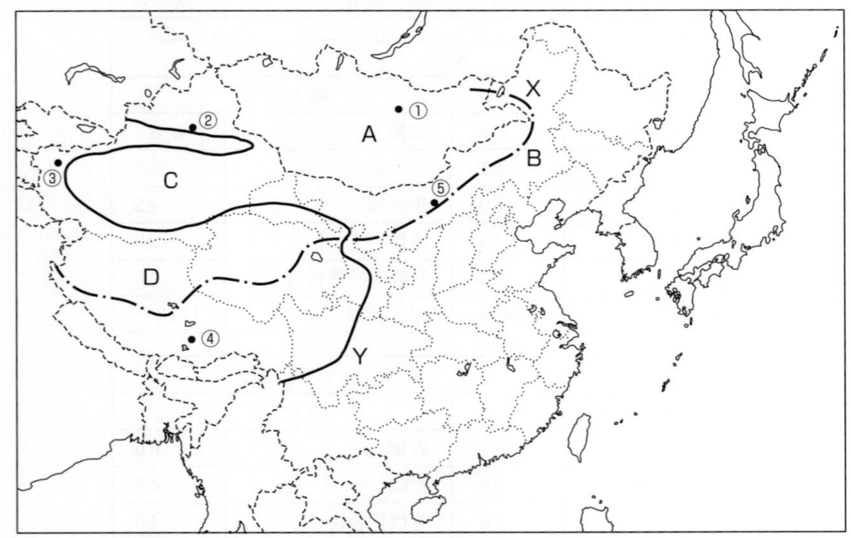

問1　次ページの表は，図中の①，②，③，④のいずれかの都市の気温と降水量を示している。表中のa～dに該当する都市の番号をそれぞれ答えよ。

	平均気温（℃）			年降水量（mm）
	最寒月	最暖月	年平均	
a	−5.1	25.6	11.9	61.8
b	−12.4	24.2	7.2	269.8
c	−22.3	16.9	−1.3	281.8
d	−1.8	15.9	7.9	409.1

理科年表による。

問2　図中のA国に関して，次の各問に答えよ。

(1)　正式な国名と首都①の都市名を答えよ。

(2)　A国で最も信者の多い宗教を答えよ。

(3)　A国ではかつては遊牧が生業であったが，近年はその様式に変化が見られる。どのように変化しているのか簡潔に説明せよ。

問3　図中のB（中国の自治区）に関して，次の各問に答えよ。

(1)　自治区の名称を答えよ。

(2)　最大民族を答えよ。

(3)　図中の⑤は鉄鋼コンビナートが立地する都市である。都市名を答えよ。

問4　図中のC（中国の自治区）に関して，次の各問に答えよ。

(1)　自治区の名称を答えよ。

(2)　図中の②は区都（中心都市）である。都市名を答えよ。

問5　図中のD（中国の自治区）に関して，次の各問に答えよ。

(1)　自治区の名称を答えよ。

(2)　最も信者の多い宗教を答えよ。

(3)　図中の④は区都（中心都市）である。都市名を答えよ。

(4)　2005年に開通した，都市④とチンハイ（青海）省のシーニン（西寧）を結ぶ鉄道の名称を答えよ。

問6　図中のX・Yの等値線に該当するものを，次の中からそれぞれ一つ選べ。

ア　1月の平均気温−6℃　　**イ**　1月の平均気温10℃

ウ　年降水量300〜500mm　　**エ**　年降水量800〜1000mm　　**オ**　海抜3000m

問7　図中に分布する地形に関して，次の各問に答えよ。

(1)　A国とB自治区の国境地帯に広がる砂漠を答えよ。また，この砂漠の形成要因を簡潔に説明せよ。

(2)　A国とC自治区の国境地帯に連なる山脈を答えよ。

(3)　C自治区の西端に位置する「世界の屋根」と呼ばれる高原を答えよ。

(4)　C自治区とD自治区の境界一帯に連なる山脈を答えよ。

(5)　D自治区の南側の国境地帯に連なる山脈を答えよ。

55　中国の経済発展と地域格差

解答➡ p.119

次の問に答えよ。

問1　中国において，沿海部と内陸部との経済格差が拡大した理由を，120字以内で説明せよ。

問2　内陸部の農村から沿海部の大都市への出稼ぎ労働者の移動のことを，一般に何と呼ぶか。

12 東南・南アジア

東南・南アジアの国々

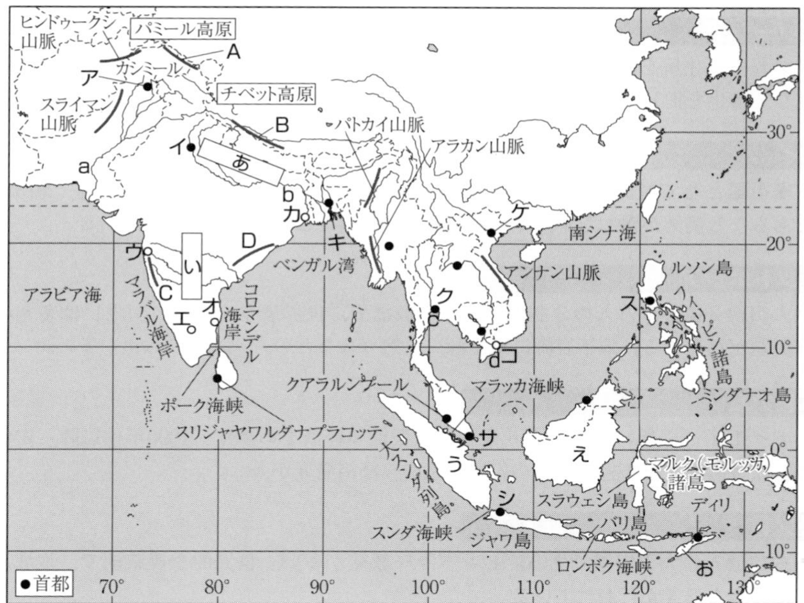

A	カラコルム山脈	B	ヒマラヤ山脈	C	西ガーツ山脈	D	東ガーツ山脈		
a	インダス川	b	ガンジス川	c	チャオプラヤ川	d	メコン川		
ア	イスラマバード	イ	デリー	ウ	ムンバイ	エ	バンガロール（ベンガルール）		
オ	チェンナイ	カ	コルカタ	キ	ダッカ	ク	バンコク	ケ	ハノイ
コ	ホーチミン	サ	シンガポール	シ	ジャカルタ	ス	マニラ	あ	ヒンドスタン平原
い	デカン高原	う	スマトラ島	え	カリマンタン（ボルネオ）島	お	ティモール島		

東南アジア・南アジアは，モンスーン（**季節風**）の影響を受ける地域が多い。南西モンスーン（季節風）の影響下にある夏季は**雨季**に当たり，インド北東部の**アッサム地方**は世界的な多雨地域である。反対に西側は，大インド（タール）砂漠が広がるなど，乾燥地域である。

ASEAN 諸国

1967年，タイ・シンガポール・マレーシア・インドネシア・フィリピンの５カ国により結成された。その後，ブルネイ=ダルサラーム（84年），ベトナム（95），ミャンマー（97），ラオス（97），カンボジア（99）が加盟した。東南アジアの経済・社会・政治・安全保障・文化での地域協力組織である。

シンガポール

都市国家で，人口の約４分の３が中国系住民である。**中継貿易**により発展し，東南アジアで最も早く工業化が進んだ。アジアにおける貿易や金融の拠点をめざす。

マレーシア

マレー系住民を優遇する**ブミプトラ政策**が行われる。**ルックイースト政策**により急速な工業化を推し進め，電機・電子産業が急成長している。

タイ

緩衝国として植民地化を免れ，独立を保った。米の輸出量が世界第2位（2013年）であるなど農業が盛んだが，工業化が進み自動車などの工場が集積している。

インドネシア

人口約2億6千万人の**9割がイスラム教徒**で，世界最多である。国内には多くの民族問題が存在する。地下資源に恵まれ，天然ガスなどの一次産品の輸出が多い。

ベトナム

ドイモイ（刷新）**政策**により社会主義型市場経済をめざす。1990年代以降，安価で豊富な労働力を求め外国資本の投資が急増，経済発展が著しい。

インド

約14億人の大人口国である。ヒンドゥー教徒が多い。世界的な農業国で，地域によって多様な農業が行われている。

・**米**…ヒンドスタン平原・インド半島海岸部で栽培。世界第2位の生産量（2014年）。
・**ジュート**…ガンジス川デルタで栽培。世界第1位（6割程度）の生産量（2013年）。
・**小麦**…ガンジス川上流で栽培。世界第2位の生産量（2014年）。
・**綿花**…レグールが分布するデカン高原で栽培。世界第2位の生産量（2013年）。
・**茶**…多雨地域のアッサム地方で栽培。世界第2位の生産量（2013年）。

工業化が著しい。従来からの**綿工業・ジュート工業・鉄鋼業**に加え，安価で大量の労働力を求めて外国の企業が多数進出している。とくに，南部のバンガロールには，ITやソフトウェア産業が集結する。

パキスタン

インダス川流域の国で，**イスラム教国**（**国教**）である。インドとの間に**カシミール問題**を抱える。パンジャブ地方で，灌漑による小麦・綿花・米の栽培が行われる。

バングラデシュ

国土がガンジス川デルタに広がり，サイクロンにより大きな被害を頻繁に受ける。ジュート栽培・工業が盛ん。イスラム教徒が多い。

スリランカ

南部に多い仏教徒の**シンハリ人**が8割，北部に多いヒンドゥー教徒の**タミル人**が1割を占める。両者の対立が激しかったが，近年，共存に向けた動きが進んでいる。

56 東南アジアの自然と民族

解答➡ p.121

次の文章を読み，下の問に答えよ。

A　東南アジアは，環太平洋造山帯とアルプス=ヒマラヤ造山帯の接合部に当たり，半島部と島嶼部から成る。半島部には，西から順に（　1　）・（　2　）・（　3　）・（　4　）の大河川がほぼ南流して，河口にはデルタを形成し，それぞれ，ヤンゴン・バンコク・ホーチミン・ハノイの大都市が立地している。島嶼部はほとんどが（　5　）列島であり，火山が多く地震が多発する。その沖合はプレートの（　6　）境界となっており，（　7　）が連続している。

B　インドシナ半島は（　8　）の影響で（　9　）気候区が卓越し，おおよそ11～4月が（　10　）季になる。島嶼部の大半は（　11　）気候区である。

C　半島部の宗教は主として（　12　）であるが，ベトナムには（　13　）が伝わった。島嶼部には（　14　）徒が多い。フィリピンと東ティモールでは（　15　）が中心であるが，フィリピン南部の（　16　）島には（　14　）徒も多く居住している。インドネシアの（　17　）島ではヒンドゥー教を信仰する住民が多い。言語を見ると，半島部で使用されているミャンマー語やタイ語は（　18　）語族に，島嶼部のインドネシア語やマレー語，フィリピンの公用語である（　19　）語などは（　20　）語族に含まれる。フィリピンは（　21　）語も公用語である。また，東南アジアの住民に関して特筆すべき点は，2,000万人以上の（　22　）がこの地に居住し，金融・流通などの経済分野に大きな影響力を持っていることである。これに対してマレーシアでは，マレー系住民を優遇する（　23　）政策を採っている。

D　第二次世界大戦前までは，インドシナ半島の西部を植民地にしていた【　ア　】と東部を植民地にしていた【　イ　】に対して（　24　）国の役割を果たしていたタイを除けば，すべて欧米諸国の植民地であった。インドネシアは【　ウ　】領，フィリピンは【　エ　】領を経て【　オ　】領であった。

E　ASEANは，1967年に東南アジアの5カ国で結成された地域協力組織で，本部事務局は［　a　］にある。84年に［　b　］，95年に［　c　］，97年に［　d　］・［　e　］の2カ国，99年に［　f　］が加盟して10カ国となった。

問1　文中の空欄（　1　）～（　24　）に適する語を答えよ。

問2　文中の空欄【　ア　】～【　オ　】に該当する国名をそれぞれ答えよ。

問3　文中の空欄［　a　］～［　f　］に該当する国を，次ページの地図中の①～⑪からそれぞれ一つずつ選べ。

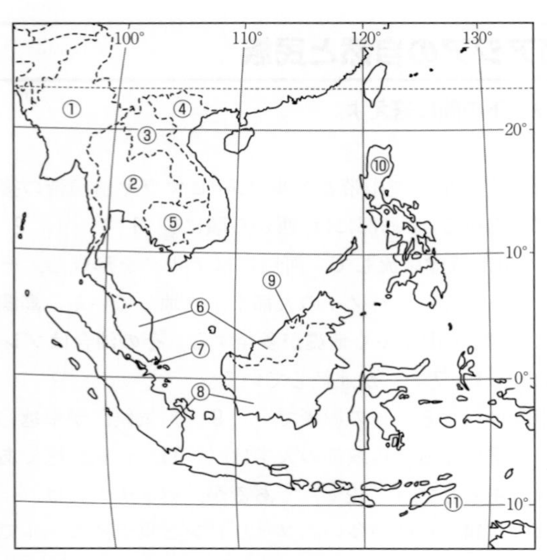

57 東南アジアの産業と貿易

解答➡ p.123

次の文章を読み，下の問に答えよ。

Ⅰ　アジアの伝統的農業は稲作であり，①米の生産量の多い国の順序は，アジアで（　1　）の多い国の順序とほぼ重なっている。東南アジアの米の生産で特筆すべきことは，②【　ア　】での生産が急増し，輸出量でも世界の上位に上がった点である。東南アジアでは，輸出用のプランテーション作物も多く栽培されている。【　イ　】を例にとると，かつて天然ゴムがこの国の経済を支えるという典型的な（　2　）経済の国であったが，近年はより収益の高い（　3　）の栽培へ転換を進めるなど農業の（　4　）化に努めている。【　イ　】では，日本への輸出品で，これまでは（　5　）が第1位であったが，2020年では機械類が第1位となっているように，工業化の進展も著しい。これは，③同国が日本など先進国の企業が進出しやすい環境を整えたことが大きな要因である。

Ⅱ　日本は外国から多くの（　6　）産品を輸入している。食生活が豊かになるにつれ，輸入される食料品は種類・量ともに増え続け，とくに（　7　）類の伸びは著しい。 また，【　ウ　】，【　エ　】，イギリスに次ぐ世界第4位の木材（製材）輸入国でもある。次の表は，それらを例示するため，【　ア　】と，ASEAN 原加盟国のA・B・Cについて，2020年における日本への主要輸出品と対日輸出総額に占める割合を示したものである。この表からも上述の状況を読み取ることができよう。

（　7　）類の中でも，日本が近年急速に東南アジアからの輸入を増加させている品目は（　8　）である。これは食品加工業や外食産業も含めて需要が急増していることによる。1961年の輸入自由化以来，日本の企業が東南アジアに進出して天然ものを乱獲し続けた。現在では，激減した天然ものの不足を補うため養殖が行われているが，④これが現地の環境破壊につながっているという指摘もある。

東南アジアでは，日本への輸出目的の森林の乱伐も環境破壊を引き起こした。表を見ると，⑤A～Cのいずれかの国について，⑥環境破壊を防ぐための対策を対日主要輸出品目構成から読み取ることができる。

【　ア　】		A		B		C	
機械類	32.3	機械類	38.5	機械類	14.4	機械類	45.0
衣類	18.6	肉類	8.2	石炭	13.7	果実	10.1
はきもの	5.0	自動車	4.1	(5)	5.9	銅鉱	2.6
(7) 類	4.6	科学光学機器	3.6	衣類	5.8	科学光学機器	2.1
家具	4.3	(7) 類	3.6	(7) 類	3.9	プラスチック製品	2.0
プラスチック製品	3.1	プラスチック	3.4	銅鉱	3.8	家具	1.5
金属製品	2.5	自動車部品	3.2	天然ゴム	3.6	(7) 類	1.3
ウッドチップ	2.4	金属製品	3.1	合板	3.1		
				はきもの	2.4		
その他	27.2	その他	32.3	その他	43.4	その他	35.4

単位：%　統計年次は2020年。財務省貿易統計による。

問1　文中の空欄（　1　）～（　8　）に適する語を答えよ。

問2　文中の空欄【　ア　】～【　エ　】に該当する国名をそれぞれ答えよ。【　ウ　】と【　エ　】の順序は問わない。

問3　表中のA～Cに該当する国名をそれぞれ答えよ。

問4　下線部①に関して，その理由を20字以内で説明せよ。

問5　下線部②に関して，その最大の要因を20字以内で説明せよ。

問6　下線部③に関して，その具体例を挙げて30字以内で説明せよ。

問7　下線部④に関して，その理由を60字以内で説明せよ。

問8　下線部⑤に関して，いずれかの国とはどの国か，A～Cの中から一つ選べ。

問9　下線部⑥に関して，どのような対策か，30字以内で説明せよ。

58 東南・南アジアの生活と産業

解答➡ p.125

次のⅠ・Ⅱの問に答えよ。

Ⅰ　次の表は，東南・南アジアの７カ国について，１人当たり国民総所得（GNI）と産業別人口比率を示している。

	１人当たり国民総所得（ドル）	産業別人口比率（%）	
		第１次産業	第３次産業
シンガポール	54,224	…	70.6
マレーシア	10,551	12.2	60.2
タイ	5,648	33.4	42.9
インド	1,567	47.1	28.1
パキスタン	1,431	43.5	34.0
ベトナム	1,916	46.7	31.9
バングラデシュ	1,160	47.5	35.3

統計年次は，１人当たり国民総所得が2014年。産業別人口比率は，バングラデシュが2010年，インドが2012年，他は2014年。
ILO資料による。

問１　１人当たり国民総所得（**A**）と第１次産業人口比率（**B**）・第３次産業人口比率（**C**）の傾向について，表中の東南アジアの国々から読み取れることがらを20字以内で説明せよ。解答の際は，**A**，**B**，**C**の記号を用いよ。

問２　第１次産業人口比率が比較的高い，タイ・インド・パキスタン・バングラデシュについて述べた次の文章について，下の各問に答えよ。

インド・パキスタン・バングラデシュの３国はかつて同じ（　**ア**　）領であったが，独立の際に，宗教の違いからインドとパキスタンの２国に分離した。当時のパキスタンはインドを挟んで東西に領土を持つ飛地国であったが，（　**イ**　）は1971年にバングラデシュとして分離独立した。

一方のタイは，（　**ウ**　）の役割を果たし，独立を維持した。タイの主な輸出品目の中には，一次産品の（　**エ**　）と（　**オ**　）が含まれ，いずれも輸出量で世界一を誇る。（　**オ**　）は，生産量でも世界一である。

(1)　文中の空欄（　**ア**　）～（　**オ**　）に適する語を答えよ。

(2)　インドとパキスタンが分離独立することになったのは，両地域の宗教の違いがある。インド・パキスタンの両国で最も信者の多い宗教をそれぞれ答えよ。

Ⅱ　次の文章を読み，下の問に答えよ。

A　インドは，国土の約半分が耕地であるが，地域ごとに特徴的な農業地域が形成されている。ガンジス川中下流域とインド半島東・西岸の平野部で㋐稲，北東部のアッサム地方で㋑茶，ガンジス川デルタではジュートが多く栽培されている。中央部のデカン高原を中心に㋒綿花，ガンジス川上流からインダス川上流にかけての地域で㋓小麦の生産が多い。

問3　下線部㋐～㋓の農作物のインドにおける栽培地域の特徴を，気温・降水・土壌・農業技術などに注意して，それぞれ15字程度で説明せよ。

B　インドは 近年，工業化も著しい。インドの工業は，植民地時代の19世紀中頃から，ムンバイで（　1　），（　2　）でジュート工業が発達し，20世紀初頭には，民族資本によりジャムシェドプルに（　3　）業が興った。しかし，本格的な工業化は，独立を待たねばならなかった。1990年代に入ると，貿易の自由化や海外投資の受け入れを進め，南部のバンガロール（ベンガルール）には（　4　）産業の集中が目立っている。

問4　文中の空欄（　1　）～（　4　）に適する語を答えよ。

問5　インドにおける（　3　）業と（　4　）産業の立地条件の相違点について，あわせて40字以内で説明せよ。解答の際には，3・4の番号を用いよ。

59　インドの気候と民族

解答➡ p.128

次ページの地図を見て，下の問に答えよ。

問1　南アジア一帯の降水について，次の各問に答えよ。

(1)　この一帯に雨季をもたらす風を，風向を付して答えよ。

(2)　主に図中のXの矢印の経路で襲来する熱帯低気圧の呼称を答えよ。

(3)　次の表のa～dは，4地点の最多・最少雨月降水量と年降水量を示したものである。このうち，dに該当するものを，図中のア～エの中から一つ選べ。

	a	b	c	d
最多雨月降水量（mm）	354.7 （10月）	719.1 （7月）	379.1 （11月）	242.8 （8月）
最少雨月降水量（mm）	61.5 （1月）	0.0 （3月）	3.7 （2月）	3.6 （11月）
年降水量（mm）	2312.9	2164.8	1399.7	779.1

理科年表による。

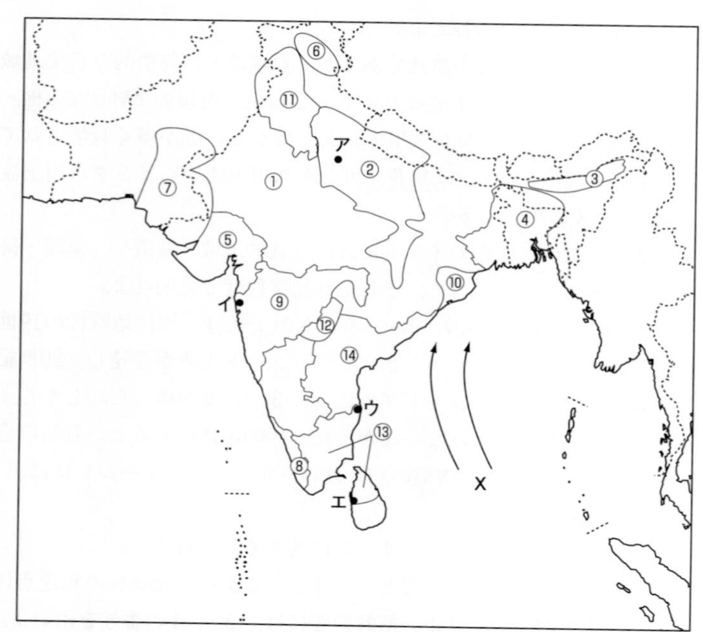

問2　インドの紙幣には英語を含め，14の主要言語が印刷されている。これらのうち，国の公用語として定められている言語は何語か答えよ。また，その言語が主に話されている地域を上の図①～⑭の中から一つ選べ。

問3　インドには主に，ⓐインド=ヨーロッパ系の言語を使用する人々と，ⓑドラビダ系の言語を使用する人々が存在する。インド南部に数多く住んでいるのはどちらの人々か，ⓐ・ⓑいずれかの記号で答えよ。

問4　タミル語を話すタミル人は，スリランカにも島の北部を中心に居住している。しかし，スリランカ人口の８割を占める多数派民族との間で対立があり，激しい戦闘やテロが頻繁に起きてきた。スリランカ人口の８割を占める多数派民族の民族名とその民族が信仰している宗教を答えよ。

問5　インドの宗教について述べた次の文中の空欄［　A　］～［　C　］に適する語を答えよ。また，下線部に誤りがあればその番号と正しい語を答えよ。

インドでは，［　A　］教徒が国民の80％以上を占める。［　A　］教には，［　B　］（ヴァルナ=ジャーティ）と呼ばれる身分制度が今日でも社会の隅々に根を張り，彼らの職業も細分化されている。また，この宗教では，①羊は神聖な動物とされ，この肉を食べることはない。人々は②右手だけを使って食事をする。［　A　］教徒の人々は，各地の聖地を訪れ，寺院境内の池や近くの川・海岸で沐浴をし，身を清めて寺院に参拝する。インド最大の聖地ヴァラナシは聖なる川

③インダス川の中流域に位置する。

インドにもおよそ1億人以上の［　C　］教徒がいる。ニューデリー駅構内にも小さなモスクがあり，乗客の荷物を運ぶ仕事をしているポーターたちが昼休みに熱心に聖地④メッカに向かって祈りを捧げている。

問6　インド－パキスタン間で領土争いをしている地方はどこか。地方名を答えよ。

60 ASEAN 諸国の工業化

解答➡ p.129

問　東南アジアのシンガポール・マレーシア・タイなど，ASEAN 諸国における工業化の経緯について，次の語を必ず使用して，250字以内で述べよ。なお，使用した語には下線を引いて示すこと。

輸入代替型工業　　輸出指向型工業　　ASEAN　　労働力　　外国資本

13 西アジア・アフリカ

西アジアの国々

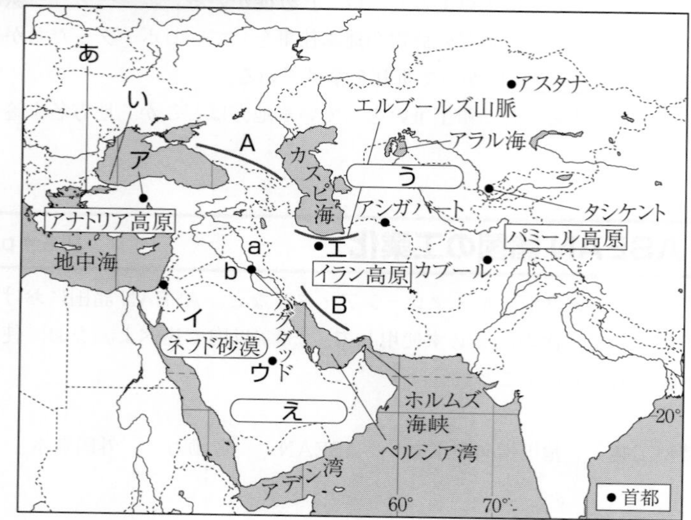

A　カフカス山脈　B　ザグロス山脈　a　ティグリス川　b　ユーフラテス川
ア　アンカラ　イ　エルサレム　ウ　リヤド　エ　テヘラン
あ　ダーダネルス海峡　い　ボスポラス海峡　う　カラクーム砂漠
え　ルブアルハリ砂漠

アラビア半島は安定陸塊，それ以外の地域は主に新期造山帯に属する。西アジアは，乾燥した地域が多く，**オアシス農業**や遊牧が行われてきた。また，西アジアは**原油**や**天然ガス**などの資源に恵まれている。

アラビア半島からイラク・シリアにかけてはアラブ人が多く言語は**アラビア語**を使用している。イランはペルシア人が約半数を占め**ペルシア語**が公用語に，トルコではトルコ人が大部分を占め**トルコ語**が公用語になっている。

イスラム教

西アジアでは広く**イスラム教**が信仰されている。イスラム教は，90％近くを占める**スンナ**（スンニ）**派**と，イランやイラクに多い**シーア派**が2大宗派である。サウジアラビアにあるイスラム教の聖地**メッカ**には多くの巡礼者が訪れる。

中東問題

パレスチナにユダヤ人国家であるイスラエルが誕生したことに端を発する問題で，パレスチナを追われた**パレスチナ人**（アラブ人）と**ユダヤ人**が対立，イスラエルとアラブ諸国の間には4回に及ぶ**中東戦争**も起きている。イスラム教とユダヤ教という宗教的対立も絡んでいる。

アフリカの国々

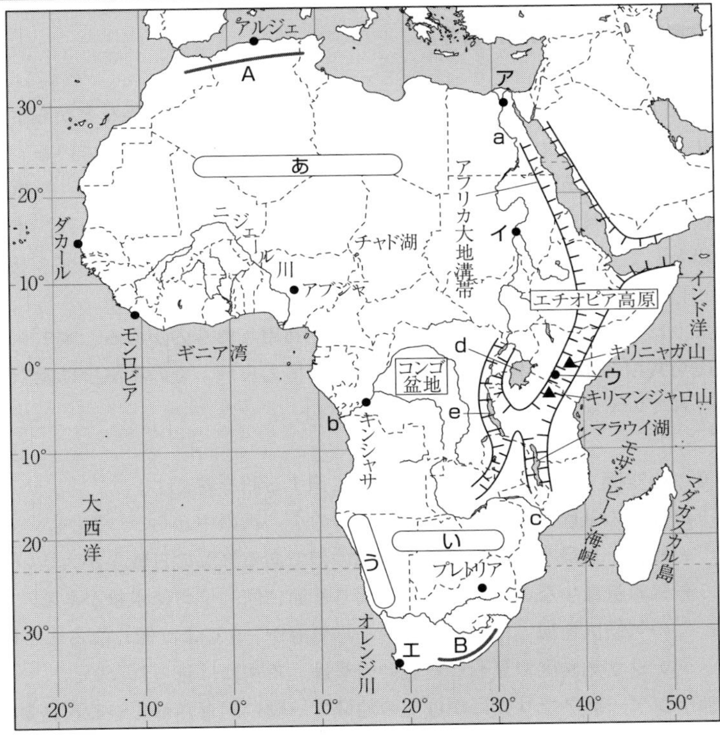

A　アトラス山脈　　B　ドラケンスバーグ山脈
a　ナイル川　　b　コンゴ川　　c　ザンベジ川
d　ヴィクトリア湖　　e　タンガニーカ湖
ア　カイロ　　イ　ハルツーム　　ウ　ナイロビ　　エ　ケープタウン
あ　サハラ砂漠　　い　カラハリ砂漠　　う　ナミブ砂漠

アフリカ大陸は，ほとんどが**安定陸塊**に属するが，北部の**アトラス山脈**は新期造山帯，南部のドラケンスバーグ山脈は**古期造山帯**である。ザンベジ川河口から，タンガニーカ湖・紅海にかけて，**アフリカ大地溝帯**が走っている。

アフリカの国々は，大きく北アフリカと中南アフリカに分けられる。イスラム教が広く普及した北アフリカは主にアラブ人が居住し，中南アフリカは黒色人種が多く居住する。

アフリカ諸国のほとんどは，かつてはヨーロッパ諸国の**植民地**であった。多くの国が独立した1960年は，「**アフリカの年**」といわれている。

61 西アジア・北アフリカの気候と生活

解答➡ p.131

次の文章を読み，下の問に答えよ。

西アジア・北アフリカにかけての地域は，大気の大循環の関係などから1年の大半が（ 1 ）に支配されるため，①乾燥または半乾燥の気候になっている。このような乾燥気候は，降水が少なく一般に農耕には適さず，古くから（ 2 ）生活が営まれ，水の得られるオアシスで小規模な農耕生活が見られる程度であった。オアシスは，交易の場として，またキャラバンの中継地として重要な役割を果たしてきた。オアシスには，自然に湧き出る泉のほかに，②山麓から引いた地下用水路，さらにナイル川などのように砂漠を貫流する（ 3 ）の水を利用したものがある。オアシスの畑では，果実を食用とする樹木作物の（ 4 ）が植えられ，その木陰では麦や野菜などが栽培されている。

問1 文中の空欄（ 1 ）～（ 4 ）に適する語を答えよ。

問2 下線部①の気候の特色として適当なものを，次の中から一つ選べ。

ア 一般に，日最高気温と日最低気温の差である気温の日較差が大きい。

イ 年降水量は少ないが，毎年ほぼ同じ季節に同じ位の降水量がある。

ウ この気候区地域では，最寒月の平均気温が－3℃より低くなることはない。

エ ステップ気候区で見られる短い雨季は，冬季には見られない。

問3 西アジア・北アフリカにかけての地域で一般に飼育されている家畜として**適当でないもの**を，次の中から一つ選べ。

ア 羊　イ ラクダ　ウ リャマ　エ ヤギ

問4 下線部②に関して，イランおよび北アフリカ地域の地下用水路の呼称をそれぞれ答えよ。

問5 北アフリカに広がるサハラ砂漠について述べた文として，**適当でないもの**を，次の中から一つ選べ。

ア サハラ砂漠の地形は，海抜高度が低く単調で，全体の約4分の3が高度500m以下の台地や平野で占められている。

イ 砂漠は地表の状態から砂砂漠・岩石砂漠・礫砂漠に分けられるが，サハラ砂漠の約70%は砂砂漠である。

ウ 塩湖や一時的な淡水湖が砂漠中に見られ，干上がった湖底の岩塩はこの地域の貴重な交易品になっている。

エ 夏季の一日の最高気温は40～50℃になることもあるが，冬季には最低気温が氷点下にまで下がることもある。

62 西アジア・北アフリカの宗教と民族

解答➡p.133

次の文章を読み，下の問に答えよ。

西アジアから北アフリカにかけての地域には，［　A　］教を信仰する（　1　）人が多く居住している。［　A　］教は（　2　）を聖典とし，①人々はこれを規範として日常生活を送っている。1日に5回聖地（　3　）の方角に向かって礼拝すること，豚肉を食することや飲酒が禁じられていることなどはこの例である。このような（　1　）人が多い地域にあって，イスラエルは［　B　］教を信仰する［　B　］人が多数を占める。現在のイスラエルを中心とした地域は（　4　）と呼ばれ，約2000年前に国家が滅亡し［　B　］人が世界各地に離散したあとは，ここは（　4　）人の生活の場となった。しかし，19世紀末から（　5　）と呼ばれる［　B　］人の国家建設運動が本格的に行われるようになり，世界各地の［　B　］人が（　4　）へ移住し，第二次世界大戦後に（　4　）の地にイスラエルが建国された。その後，それまでこの地に生活していた（　4　）人や周辺の（　1　）諸国と対立し，数度にわたって（　6　）戦争が起こっている。イスラエルと②パレスチナ解放機構が交渉を続け，1993年にオスロでパレスチナ暫定自治合意（オスロ合意）が成立し，イスラエルは（　7　）川西岸と（　8　）地区で（　4　）人の暫定自治を認めた。しかし，現在も両者の対立は続き，テロ行為やその報復活動などが続いている。

問1　文中の空欄［　A　］・［　B　］に適する語を答えよ。

問2　文中の空欄（　1　）～（　8　）に適する語を答えよ。

問3　下線部①に関して，イスラム暦の9月には，どのようなことが行われるか。30字以内で述べよ。

問4　［　A　］教では，日常生活の中で五つの行為（五行）を義務づけている。文中の「礼拝」やその際の「信仰告白」，**問3**の解答内容も五行に含まれる。五行のうち残りの二つである「喜捨」・「巡礼」の内容について合わせて45字以内で述べよ。

問5　［　A　］教について述べた次の文中の空欄［X］～［Z］に該当する語を答えよ。

［　A　］教は，大きく［X］派と［Y］派とに分けられるが，［　A　］教徒の大部分は［X］派である。しかし，イランでは［Y］派が多数を占め，サウジアラビアでは［X］派の中でも戒律の厳しい［Z］派が多数を占めている。

問6　下線部②の略称を，アルファベット（大文字3字）で答えよ。

63 西アジア・北アフリカの国々

解答➡p.135

次の地図とA～Eの文章を読み，下の問に答えよ。

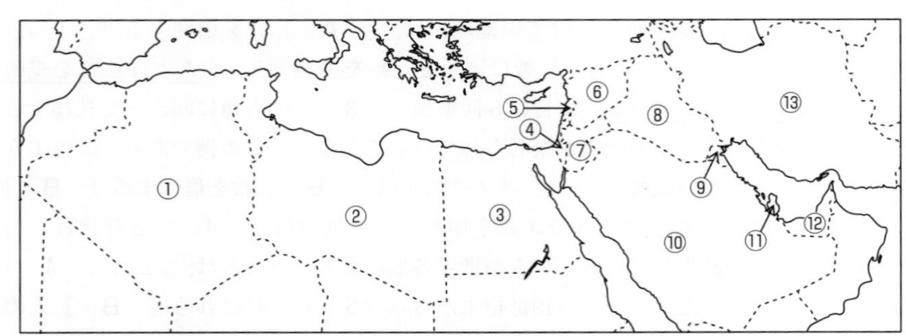

A　原油の確認埋蔵量は世界第1位である。メジャー（国際石油資本）に対抗して1960年に設立された（　1　）の中心国として原油の安定供給に努めている。耕地は国土の2％に満たず，砂漠地域では家畜とともに移動する遊牧民が生活してきた。

B　イスラム教を信仰する人々が多いこの地域にあって，国民の約8割は他の宗教を信仰している。東部のヨルダンとの国境付近には，湖面が海面下400m，塩分濃度が25％前後と非常に高い内陸湖の（　2　）がある。

C　国民の大半がイスラム教を信仰している。1979年の革命のあと1980年から8年にわたり，隣国との戦争が続いた。世界有数の産油国であり，南西部の（　3　）湾岸は大規模な油田地帯となっている。

D　イタリアの植民地であったが，1951年に独立した。アラブ人と，ベルベル人とも呼ばれる（　4　）人の多い国で，国土の大部分は乾燥気候である。原油の産出が豊富で，（　1　）の加盟国でもある。

E　豊富な原油収入により1人当たりの国民所得は世界トップクラスであるが，外国人労働者が多く，国内の貧富の差も大きい。1990年に隣国の（　5　）から攻め込まれ全土を制圧されたが，多国籍軍が反撃し（　5　）の制圧から解放された。

問1　文中の空欄（　1　）～（　5　）に適する語を答えよ。

問2　A～Eの各文に該当する国名を答えよ。また，その位置を地図中の①～⑬から選び，番号を答えよ。

問3　下線部に関して，アラビア語で「砂漠に住む人」を意味し，羊やラクダの遊牧を行ってきた民族名を答えよ。

64 アフリカの国々

解答➡p.137

次のA～Dの文章を読み，下の問に答えよ。

A　アフリカには多くの国が分布しているが，一つの国の中に熱帯雨林気候区（Af）と砂漠気候区（BW）が見られるのはこの国だけである。また，この国の熱帯雨林気候区の分布地域は，アフリカに分布する熱帯雨林気候区地域の中では最も高緯度に広がっている。

B　この国の北部には新期造山帯に属する（　1　）山脈があり，その内陸側では山地の水を集落まで導く際に生じる蒸発を防ぐために作られた（　2　）と呼ばれる地下用水路が見られる。また，この国の海岸地域では，内陸から（　3　）と呼ばれる乾燥した熱風が吹くことがある。

C　この国には高原が広く分布するが，北部には海面よりも低い窪地も見られる。中央部は，高原地帯のために年中温和な気候であるが，東部や北部は乾燥が厳しい地域になっている。また，ナイル川の支流である（　4　）川は，この国のタナ湖から流れ出している。

D　この国の海岸地域は熱帯雨林気候区であるが，北部の地域は降水量が少ないことや降水量の年による変動が大きいこともあって，食料が大量に不足する地域になっている。北東部の国境地域には内陸湖の（　5　）湖がある。

問1　A～Dに該当する国名を答えよ。また，その位置を右の図中**ア**～**ケ**から選び，記号を答えよ。

問2　文中の空欄（　1　）～（　5　）に適する語を答えよ。

問3　(1)　下線部に関連して，ナイル川中流域に建設され1970年頃に完成したダムと，それによって出現したダム湖の名前をそれぞれ答えよ。

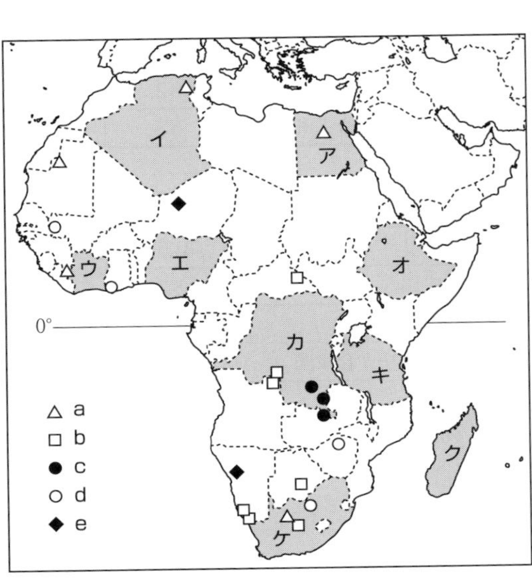

(2) アフリカに建設されたダムとして適当なものを，以下から二つ選べ。

a　アコソンボダム　　b　フーヴァーダム　　c　イタイプダム

d　カリバダム　　e　グランドクーリーダム

問4　A～Dの各国で栽培されている主な作物を次の中からそれぞれ一つずつ選べ。

ア　落花生　**イ**　稲　**ウ**　コーヒー豆　**エ**　オリーブ

問5　地図中のa～eはダイヤモンド・ウラン鉱・鉄鉱石・金鉱・銅鉱の分布を示し，次の表の**イ**～**ホ**はそれらの鉱産資源の主な産出国と生産量の割合を示している。a～eに該当する鉱産資源名を答えよ。また，それぞれの鉱産資源の産出国を示した表として適当なものを**イ**～**ホ**の中から一つずつ選び，記号を答えよ。

イ	
ロシア	29.0%
ボツワナ	17.7
コンゴ民主共和国	12.0
オーストラリア	9.0
カナダ	8.1

2013年

ロ	
カザフスタン	37.0%
カナダ	14.8
オーストラリア	11.0
ナミビア	9.3
ニジェール	7.0

2013年

ハ	
中国	15.4%
オーストラリア	9.5
アメリカ合衆国	8.2
ロシア	8.2
南アフリカ共和国	5.7

2013年

ニ	
中国	29.4%
オーストラリア	25.5
ブラジル	16.6
インド	6.5
ロシア	4.1

2013年

ホ	
チリ	31.6%
中国	8.7
ペルー	7.5
アメリカ合衆国	6.8
オーストラリア	5.4

2013年

USGS Minerals Yearbook などにより作成。

65 西アジア・アフリカ地誌

解答➡ p.139

次の地図を見て，下の問に答えよ。

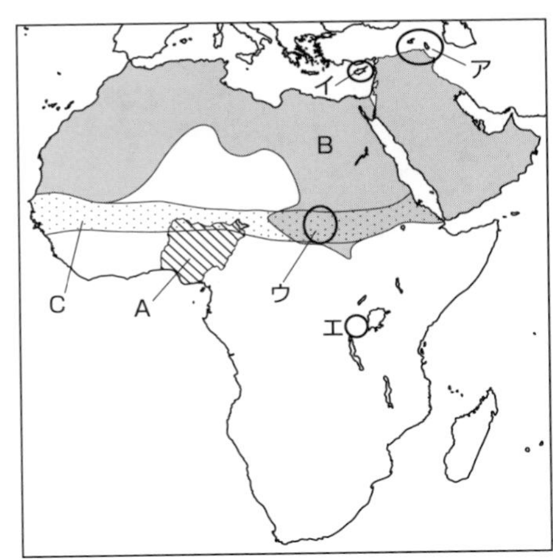

問1　地図中のア～エの地域で生じた紛争について述べた次の文章を読み，空欄（　1　）～（　8　）に適する語を答えよ。

ア　（　1　）・イラン・（　2　）などにまたがる地域に居住している（　3　）人は3千万人ほどいると推定され，国を持たない民族としては世界最大の民族である。とくに（　1　）では，フセイン政権による弾圧が激しく，多くの（　3　）人が（　2　）などに避難した。

イ　キプロスでは，北部の（　2　）系住民と南部の（　4　）系住民との対立が生じている。1983年に北部は独立宣言をしたが，世界各国は承認していない。

ウ　スーダンの（　5　）地方では，（　6　）系民兵によるアフリカ系住民への襲撃が頻発し，2007年には国連安保理がPKOの派遣を決めた。

エ　ルワンダでは，多数派の（　7　）族が，かつての支配民族であった少数派の（　8　）族を大量に虐殺し，多くの難民が隣国へ流出した。

問2　地図中のA国で，3大民族と呼ばれる民族名を三つ答えよ。またこの国の民族問題について150字以内で述べよ。

問3　地図中のBの地域で使用されている言語を答えよ。

問4　乾燥の厳しい西アジアから北アフリカにかけての地域における住居と服装に見られる特色を，90字以内で述べよ。

問5　地図中のCの地域で砂漠化が進行している要因を，150字以内で述べよ。

14 ヨーロッパ

ヨーロッパの自然

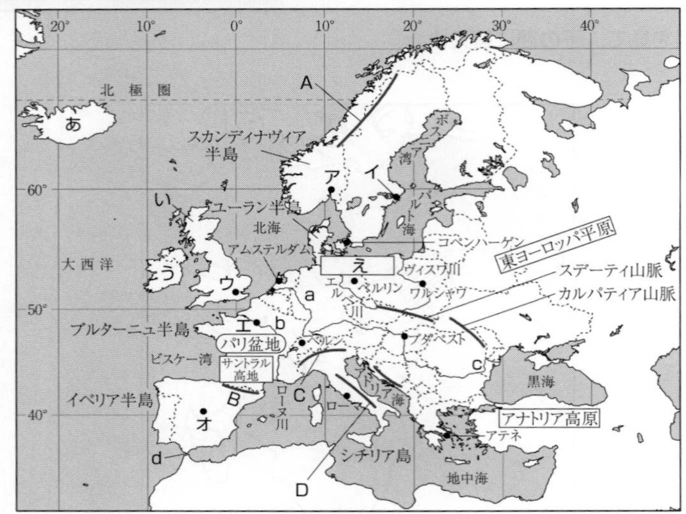

A　スカンディナヴィア山脈　B　ピレネー山脈　C　アルプス山脈　D　アペニン山脈
a　ライン川　b　セーヌ川　c　ドナウ川　d　ジブラルタル海峡
ア　オスロ　イ　ストックホルム　ウ　ロンドン　エ　パリ　オ　マドリード
あ　アイスランド島　い　グレートブリテン島　う　アイルランド島　え　北ドイツ平原

ヨーロッパでは**安定陸塊・古期造山帯**が広く見られ，全体としてはなだらかな地形であるが，**アルプス山脈・ピレネー山脈**は**新期造山帯**に属し，高く険しい山々が連なっている。

大西洋側を北上する**暖流**の**北大西洋海流**と**偏西風**の影響で，高緯度に位置する割には，温暖な**西岸海洋性気候区**（Cfb）が広がる。地中海沿岸には，**地中海性気候区**（Cs）が広がる。

西ヨーロッパの国々

産業革命発祥の地のイギリス，ヨーロッパ一の工業国のドイツ，農業国かつ工業も発達しているフランスなど，政治・経済・文化の先進地域である。

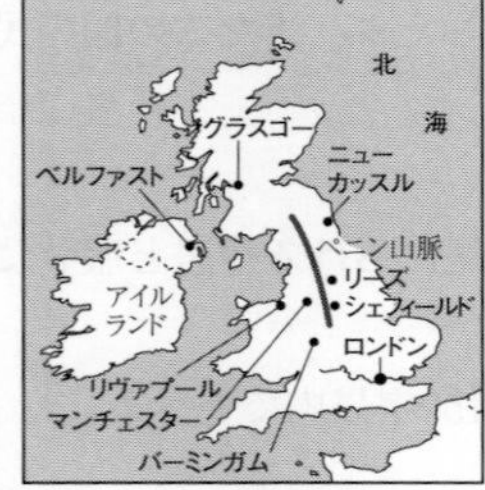

北ヨーロッパの国々

氷河湖・フィヨルドなど氷河地形が多く残る。森林資源・水資源が豊富である。福祉の先進地域として有名。

スウェーデンのキルナ・イェリヴァレ鉄山，ノルウェーの**北海油田**など，鉱産資源も豊かである。

エストニア・ラトビア・リトアニアのバルト３国は，旧ソ連から独立。

南ヨーロッパの国々

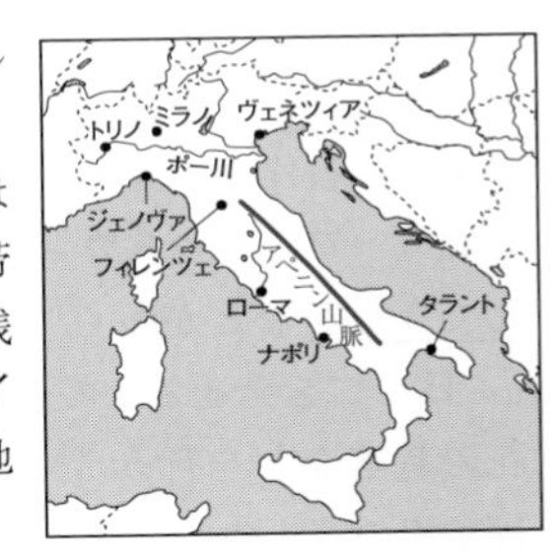

地中海式農業が盛んで，オリーブ・ブドウ・コルクガシなどの栽培が行われている。

イタリアは，新期造山帯のアペニン山脈が走り，国土は山がちである。トリノ・ミラノ・ジェノバを結ぶ三角地帯を中心に重化学工業が発達する北部と，大土地所有制が残存する南部との間の経済格差が大きい。近年は，**第三のイタリア**と呼ばれる，伝統的な技術が継承される北中部の地域が注目されている。

スペインは工業化が遅れていたが，近年**バルセロナ**を中心に機械・繊維・化学などの工業が発展している。先進国のメーカーが進出し，自動車の生産も伸びている。

ギリシャは農牧業が中心で，工業は遅れている。観光業や海運業が盛んである。

ＥＵ

ヨーロッパの国家統合体で，経済だけでなく，社会・外交の分野も統合している。単一通貨として**ユーロ**を導入し，通貨統合も進んでいる。

ヨーロッパ議会・ヨーロッパ委員会・ヨーロッパ裁判所などが中心的な組織である。

共通農業政策により，農業を保護しているが，特定の農産物の過剰生産が生じた。また，EU予算の約半分を農業政策による経費が占め，財政を圧迫している。

新しく加盟した東ヨーロッパ諸国は所得水準が低く，域内の経済格差が問題となっている。また，賃金の高い国への労働力の流入も懸念されている。

年	事　項
1952	ECSC 結成
1958	EEC・EURATOM 発足
1967	ECSC・EEC・EURATOM の３機関を統合，６カ国により **EC** 発足・結成
1973	イギリス・アイルランド・デンマーク加盟
1992	マーストリヒト条約（ヨーロッパ連合条約）調印
1993	**EU** 発足・結成
1995	オーストリア・フィンランド・スウェーデン加盟 シェンゲン協定発効
1999	単一通貨（**ユーロ**）導入
2004	東欧などの 10 カ国加盟
2007	ブルガリア・ルーマニア加盟
2013	クロアチア加盟
2020	イギリス離脱

66 西ヨーロッパの自然と農業

解答➡ p.142

次の文章を読み，下の問に答えよ。

ユーラシア大陸の西部に位置するヨーロッパは，①北大西洋を北上する暖流と偏西風によってもたらされる暖気や降水の影響を受けるため，高緯度にもかかわらず比較的温暖である。

西ヨーロッパ中部では，家畜飼育と食用作物の栽培を組み合わせる［　A　］が行われ，畑では，小麦，砂糖の原料になる（　ア　），アンデス地方原産の（　イ　），野菜，飼料作物の大麦・トウモロコシなどが作られている。

北ヨーロッパのスカンディナヴィア半島の国々やデンマークなどでは，②氷河が運んできた石などが多く，土地がやせている。そのため土壌を改良する努力を重ね，［　B　］を発達させてきた。オランダでは，［　B　］に加えて③干拓地を中心に，花の栽培などを行う［　C　］が盛んである。④地中海沿岸では，油脂原料になる硬葉樹の（　ウ　）やオレンジ・ブドウ・コルクガシ・小麦などを栽培する［　D　］が行われている。

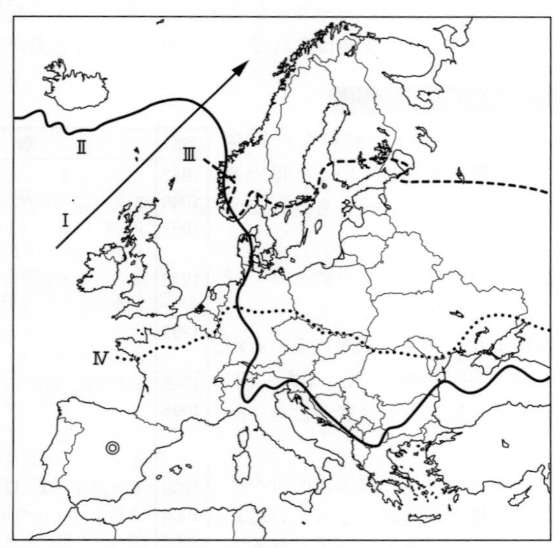

問1　文中の空欄［　A　］～［　D　］に適する農業形態を答えよ。

問2　文中の空欄（　ア　）～（　ウ　）に適する農作物名を答えよ。

問3　下線部①に関して，次の各問に答えよ。

(1) 地図中Ⅰに該当する暖流名を答えよ。

(2) 地図中Ⅱは1月の平均気温の等温線を示している。該当する気温を次の中から一つ選べ。

ア −10℃　**イ** −5℃　**ウ** 0℃　**エ** 5℃

(3) 地図中の◎印はマドリードである。この付近の緯度を10の倍数で答えよ。また，この緯度の最も近くに位置する日本の都市を次の中から一つ選べ。

ア 旭川市　**イ** 秋田市　**ウ** 金沢市　**エ** 福岡市　**オ** 鹿児島市

問4 下線部②に関して，氷河が運んだ堆積物から成る土手のような丘の地形名称を次の中から一つ選べ。

ア カール　**イ** シロッコ　**ウ** フェーン

エ モレーン　**オ** フィヨルド

問5 下線部③に関して，この干拓地を何というか。カタカナで答えよ。

問6 下線部④に関して，地中海沿岸地域の気候の特徴を35字程度で述べよ。

問7 地図中Ⅲ・Ⅳは，いずれも農作物の北限を示している。それぞれに該当する農作物を次の中から一つずつ選べ。

ア 稲　**イ** 小麦　**ウ** ブドウ　**エ** オリーブ

問8 次の表は，小麦・トウモロコシの主要輸出国と輸出量，世界の全輸出量に対する割合を示したものである。表中（　X　）に該当する国名を答えよ。

小麦		
輸出国	輸出量（千ｔ）	輸出量割合（%）
アメリカ合衆国	33,198	20.4
カナダ	19,808	12.2
（　X　）	19,639	12.1
オーストラリア	18,002	11.1

トウモロコシ		
輸出国	輸出量（千ｔ）	輸出量割合（%）
ブラジル	26,625	21.4
アメリカ合衆国	24,178	19.5
アルゼンチン	20,069	16.2
ウクライナ	16,729	13.5
（　X　）	6,278	5.1

2013年。FAOSTATにより作成。

67 西ヨーロッパの工業

解答➡ p.144

次の地図と文章を読み，下の問に答えよ。

西ヨーロッパの主な工業地域は，産業革命以後，①石炭や鉄鉱石の産地の近くに発達してきた。近代的な工業地域として，イギリス中南部のミッドランド地方，フランス北部の②ロレーヌ地方，ベルギー南部，ドイツの③ルール地方などが挙げられるが，現在では，石油や天然ガスなどの工業原料・燃料が入手しやすい，④交通の便のよいところや大都市の周辺に，工業地域が形成されている。

工業が発展する一方で，⑤酸性雨による森林の被害も問題になった。工業の発達や自動車の増加によって増えた亜硫酸ガスがその一因と考えられている。

問1　下線部①に関して，次の資料は西ヨーロッパにおける原油・石炭・鉄鉱石の産出国と産出量，世界の産出量に占める割合を示している。A～Dに該当する国を次の語群からそれぞれ選べ。

〔語群〕 ノルウェー　オランダ　スウェーデン
ドイツ　フランス　イギリス

原油		
産出国	産出量（万 kl）	割合（%）
A	9.309	2.1
B	5.188	1.1
デンマーク	905	0.2

2015年。オイル・アンド・ガスジャーナル誌による。

石炭		
産出国	産出量（百万 t）	割合（%）
B	12.9	0.2
C	8.3	0.1
スペイン	2.5	0.04

2013年。U N "Energy Statistics Database" による。

鉄鉱石		
産出国	産出量（百万 t）	割合（%）
D	17	1.1
ノルウェー	2	0.2
オーストリア	0.6	0.05

2013年。U S "Minerals Yearbook" による。

問2　地図中▒▒▒で示した部分は，大陸棚の広がる海域で，水産資源のほか，海底油田が分布する。この海域の名称を答えよ。

問3　下線部②に関して，次の各問に答えよ。

(1)　ロレーヌ地方に位置する都市を地図中の**ア～ク**の中から一つ選べ。

(2)　ロレーヌ地方の主要工業都市を次の中から一つ選べ。

ストラスブール　　リール　　ナンシー　　ルアーヴル　　ボルドー

問4　下線部③に関して，次の各問に答えよ。

(1)　ルール地方に位置する都市を地図中の**ア～ク**の中から一つ選べ。

(2)　この地域の主要工業都市に**該当しないもの**を次の中から一つ選べ。

エッセン　　ドルトムント　　デュースブルク　　ブレーメン

問5　下線部④に関して，次の都市は，いずれも臨海地域や大都市周辺に立地する工業都市である。これらの工業都市の位置を地図中の**ア～ク**の中から一つずつ選べ。

1　リヨン　　2　トリノ　　3　ミドルズブラ　　4　ミュンヘン

5　フォス　　6　ロッテルダム

問6　ヨーロッパの玄関口といわれるユーロポートは，どの都市に位置しているか。**問5**の選択肢1～6のうちから一つ選び，番号を答えよ。

問7　下線部⑤に関連して，森林の立ち枯れが問題となっている，地図中Xで示したドイツ南西部の森林を何と呼ぶか。カタカナで答えよ。

68 イギリス地誌

解答➡ p.146

次の文章を読み，下の問に答えよ。

イギリスは正式名を「（　1　）および北部アイルランド連合王国」と称し，（　1　）島とアイルランド島の北部から成る島嶼国である。（　1　）島は北部の（　2　），主要部を占めるイングランド，南西部のウェールズに分けられる。イングランドを南北に走る（　3　）山脈は，気候の地域的な差異を生み出している。例えば山脈の東側に位置する（　4　）地方は偏西風の風下にあたり，西側に比べて少雨となる。

現在の（　1　）島の住民の多くは（　X　）系のアングロサクソン人であるが，先住していたのは（　Y　）系に属する人々で，今日でも（　2　）やウェールズ，そしてアイルランドにその子孫が居住する。

（　1　）島の東に位置する北海は（　5　）バンクやグレートフィッシャーバンクなどの浅い海底が発達し好漁場となっている。このような好条件から，イギリスにはⓐいくつもの漁港が発達している。

ところで，イギリスを代表する料理の一つにローストビーフがあるように，ⓑ畜産も盛んである。飼料となるⓒ牧草の生育に適した（　6　）気候区がイギリス全体に卓越している。

問1　文中の空欄（　1　）～（　6　）に適する語を答えよ。ただし，（　6　）はケッペンの気候区名を日本語で答えよ。

問2　文中の空欄（　X　）と（　Y　）に該当する語の組合せとして正しいものを，次の中から一つ選べ。

ア　X－ケルト　　Y－ゲルマン　　イ　X－ケルト　　Y－ラテン
ウ　X－ゲルマン　Y－ケルト　　　エ　X－ゲルマン　Y－ラテン
オ　X－ラテン　　Y－ケルト　　　カ　X－ラテン　　Y－ゲルマン

問3　下線部ⓐに関して，イギリス有数の漁港であるアバディーンの位置を，次の図中a～fの中から選べ。

問4　下線部ⓑに関して，次の表はイギリス・イタリア・ドイツ・フランスの4カ国の牛・羊・豚の飼育頭数を示したものである。このうち，イギリスに該当するものを一つ選べ。

	牛	羊	豚
ア	1855	704	1333
イ	1195	157	2645
ウ	592	718	849
エ	989	3378	506

単位は万頭。2018年。FAOSTATにより作成。

問5　下線部ⓒに関して，次の表はオランダ・イギリス・オーストリア・デンマークの4カ国の耕地・牧場・牧草地・森林の国土面積に対する割合を示したものである。このうち，イギリスに該当するものを一つ選べ。

	耕地	牧場・牧草地	森林
ア	16.9	15.3	46.9
イ	31.9	21.2	11.2
ウ	25.3	46.9	13.0
エ	59.9	5.9	15.3

単位は%。2017年。FAOSTATにより作成。

69 北ヨーロッパ・バルト3国地誌

解答➡p.148

次の地図を見て，下の問に答えよ。

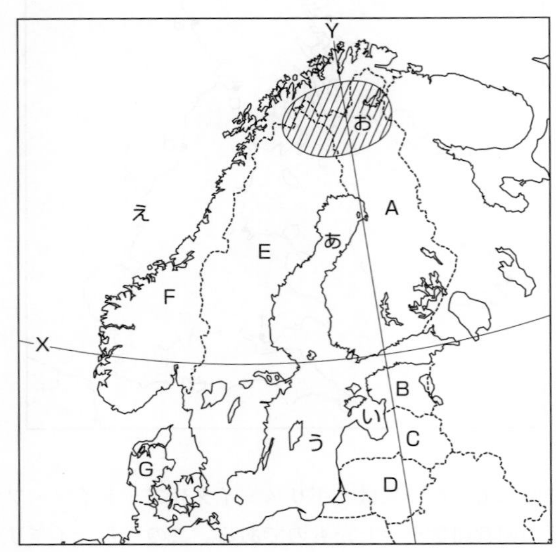

問1　次の都市のうち，図中の緯線**X**から最も離れている都市を一つ選べ。

ア　オスロ　**イ**　コペンハーゲン　**ウ**　ストックホルム　**エ**　ヘルシンキ

問2　緯線**X**の緯度，経線**Y**の経度をそれぞれ5の倍数で答えよ。

問3　図中の**あ**・**い**に該当する湾の名称をそれぞれ答えよ。

問4　図中の**う**・**え**に該当する海域名をそれぞれ答えよ。

問5　図中の**お**の範囲に居住している遊牧民の名称と，主に飼育している家畜をそれぞれ答えよ。

問6　図中の**A**～**D**国のうち，住民の多くがカトリックである国を一つ選べ。

問7　図中の**A**～**G**国のうち，2010年末現在，EUに加盟していない国を一つ選べ。

問8　図中の**A**・**E**・**F**・**G**国のうち，政治形態が共和制となっている国を一つ選べ。

問9　次の表は，図中の**A**・**E**・**F**・**G**国と，この図中に描かれていないある北ヨーロッパの国**H**の輸出品上位3品目である。それぞれどの国に該当するか，記号と国名を答えよ。

	ア	イ	ウ	エ	オ
1位	アルミニウム	機械類	機械類	天然ガス	機械類
2位	魚介類	自動車	医薬品	原油	紙・板紙
3位	魚粉	医薬品	肉類	機械類	石油製品

2015年。国連貿易統計などによる。

問10 次の**ア**～**エ**の文は，図中の**A**・**B**・**F**・**G**国についてそれぞれ説明したものである。正しいものを一つ選べ。

ア **A**国は湖の国という意味の「スオミ」という別称を持ち，湖沼面積が国土面積の１割程度を占める。近年は，数カ国で共同出資された大型旅客機の最終組立工場が進出した。

イ **B**国はかつてソ連を構成する共和国の一つであったが，ソ連解体後に設立された独立国家共同体には参加していない。住民の多くが用いる言語はインド=ヨーロッパ語族に属する。

ウ **F**国では水産業が盛んであり，捕鯨も行われている。1970年代にはタラ漁を巡ってイギリスと対立し，「タラ戦争」と呼ばれる外交問題に発展した。

エ **G**国は，国土の大半が氷食地で穀作に向かず，近代以前は農業生産が振るわなかった。しかし，現在は国土面積の５割以上を耕地が占め，畜産品の生産も盛んになっている。

70 EUの拡大と問題点

解答➡ p.150

EU（ヨーロッパ連合）に関する下の問に答えよ。

問１ EC（ヨーロッパ共同体）は1973年に３カ国が新加盟して以来，EUとなった後も加盟国は増加した。このうち，1980年代に加盟した，スペイン以外の２カ国を答えよ。

問２ 近年，スペインの輸出額は農産物・工業製品ともに大きく伸びている。その理由を，EU（当時はEC）加盟との関連を踏まえ，120字以内で説明せよ。

問３ 21世紀に入ってからEUには13カ国が新加盟している。21世紀に入ってからの新加盟13カ国の経済的な特色を，すでに加盟していた国との違いを踏まえて80字以内で述べよ。

15 ロシアとその周辺の国々

ロシアの自然

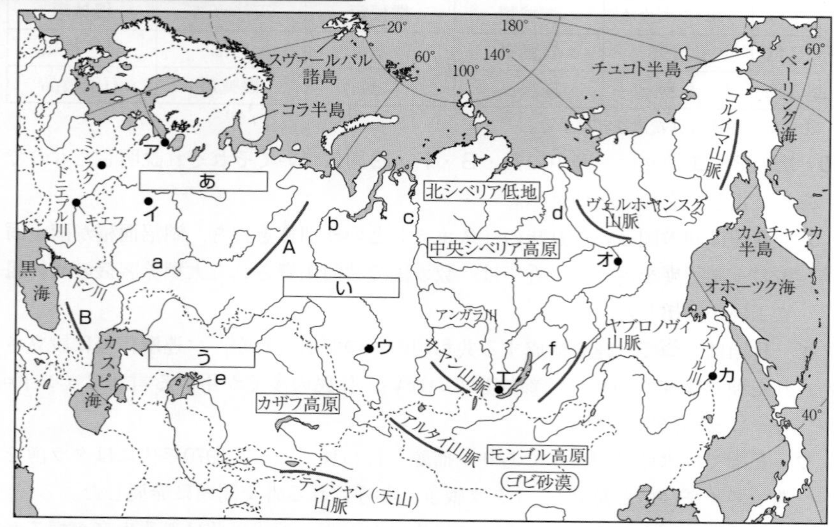

A　ウラル山脈　　B　カフカス山脈

a　ヴォルガ川　　b　オビ川　　c　エニセイ川　　d　レナ川　　e　アラル海

f　バイカル湖

ア　サンクトペテルブルク　　イ　モスクワ　　ウ　ノヴォシビルスク

エ　イルクーツク　　オ　ヤクーツク　　カ　ハバロフスク

あ　東ヨーロッパ平原　　い　西シベリア低地　　う　カザフステップ

東経60°付近にウラル山脈が南北に走り，その東西に平原が広がっている。国土の大部分は冷帯気候であり，シベリア東部のオイミャコンは北半球の寒極である。

東ヨーロッパの国々

旧ソ連の影響下で社会主義体制をとっていた国々だが，近年EUに加盟した。

国名	首都	面積（千㎢）	人口（万人）	主な民族・宗教
ポーランド	ワルシャワ	313	3802	スラブ系　カトリック90%
チェコ	プラハ	79	1018	スラブ系　カトリック27%・無宗教59%
スロバキア	ブラチスラバ	49	539	スラブ系　カトリック69%
ハンガリー	ブダペスト	93	1000	アジア系のハンガリー人（マジャール人） カトリック55%・プロテスタント36%
ルーマニア	ブカレスト	238	2134	ラテン系のルーマニア人 ルーマニア正教87%
ブルガリア	ソフィア	111	758	スラブ系　ブルガリア正教83%

バルカン半島の国々

ユーゴスラビアを構成していた国々で，宗教の分布が複雑である。

国名	首都	面積（千km²）	人口（万人）	主な宗教
スロベニア	リュブリャナ	20	200	カトリック58%
クロアチア	ザグレブ	57	455	カトリック88%
ボスニア=ヘルツェゴビナ	サラエボ	51	394	イスラム教43%・セルビア正教30%・カトリック18%
セルビア	ベオグラード	77	803	セルビア正教85%
コソヴォ	プリシュティナ	11	213	イスラム教が大半
モンテネグロ	ポドゴリツァ	14	597	正教（セルビア正教が中心）74%
北マケドニア	スコピエ	26	204	マケドニア正教32%・イスラム教17%

カフカス地方の国々

民族が複雑に入り組み，紛争が絶えない。

国名	首都	面積（千km²）	人口（万人）	主な紛争
ジョージア（グルジア）	トビリシ	70	436	南オセチア自治州がロシアへの帰属を求める。アブハジア自治共和国とアジャール自治共和国はグルジアからの分離独立を要求。
アゼルバイジャン	バクー	87	853	本土内のナゴルノ=カラバフ自治州はアルメニア人居住地で独立を要求。
アルメニア	エレバン	30	300	1990年代にアゼルバイジャンとナゴルノ=カラバフ問題で交戦。

中央アジアの国々

乾燥地域・山岳地域に位置し，灌漑農業と牧畜が盛んである。

国名	首都	面積（千km²）	人口（万人）	主な産業
カザフスタン	ヌルスルタン	2725	1553	カザフステップで牧羊，小麦生産量は中央アジアで最大。 カラガンダ炭田→工業地域。
トルクメニスタン	アシガバート	488	503	鉱業（原油・天然ガスを輸出） カラクーム運河の灌漑による綿花栽培。
ウズベキスタン	タシケント	447	2777	綿花栽培が盛ん，鉱産資源が豊富。
タジキスタン	ドゥシャンベ	143	684	農業主体だが山がち（パミール高原）で，耕地は国土の8%。
キルギス	ビシュケク	200	538	牧畜が盛ん。

71 東ヨーロッパの自然と産業

解答➡ p.152

次の東ヨーロッパの国々に関するA～Eの文章を読み，下の問に答えよ。

A　首都のあるボヘミア地方，（　1　）川に注ぐモラヴァ川流域のモラヴァ地方，東部の（　2　）地方の3地方からなる内陸国であったが，1993年にそれまでの連邦を解体し，東部の（　2　）と分離し，新しい独立国家として誕生した。国土の大半は［　a　］気候区であり，夏季にも気温はあまり上昇しない。国民はスラブ系が多い。

B　バルト海に面した北西部は［　a　］気候区であるが，東部や南部の山岳地帯は大陸性を帯びた［　b　］気候区である。国土の大半は平原で，中央部をヴィスワ川，西部は（　3　）との国境をオーデル川・ナイセ川が北流しバルト海に注いでいる。国民はスラブ系で，キリスト教の中でも（　4　）が9割を占める。

C　北部から中央部にかけて（　5　）山脈が，中央部には東西方向にトランシルヴァニア山脈が走っている。南部はセルビアや（　6　）との国境にもなっている（　1　）川の下流域で，平原が広がっている。この国の北部を除く国土の大半は，［　c　］気候区である。周辺諸国はスラブ系住民が多いが，この国では（　7　）系が大半を占める

D　ヨーロッパ中央部に位置する低平な内陸国で，周囲を7カ国に囲まれている。国土の大部分が盆地状の地形で（　1　）川などの流域は（　8　）平原と呼ばれ，東部には（　9　）と呼ばれる温帯草原が広がっている。内陸国であり海洋の影響の小さい大陸性気候である。国民のほとんどは（　10　）系のマジャール人である。

E　（　11　）半島北東部に位置し，東は黒海に面し，北部には（　1　）川が西から東の方向に流れている。南部に進むにつれて［　d　］気候区の影響が強まり，冬季の降水が多くなる。この国はバラの栽培が盛んで，その多くが香水の原料となるバラ油として輸出されている。国民の多くは（　12　）を信仰する。

問1　文中の空欄（　1　）～（　12　）に適する語を答えよ。

問2　文中の空欄［　a　］～［　d　］に適するケッペンの気候区記号を，次の中からそれぞれ一つ選べ。

ア　BW　　**イ**　BS　　**ウ**　Cs　　**エ**　Cw　　**オ**　Cfa
カ　Cfb　　**キ**　Dw　　**ク**　Df　　**ケ**　ET

問3　A～Eの国名を答えよ。

問4　次の地図は，東ヨーロッパ諸国の農牧業地域の一部を示している。**K**～**M**の地域で栽培されている主な農作物を，下の**ア**～**オ**の中からそれぞれ一つずつ選べ。

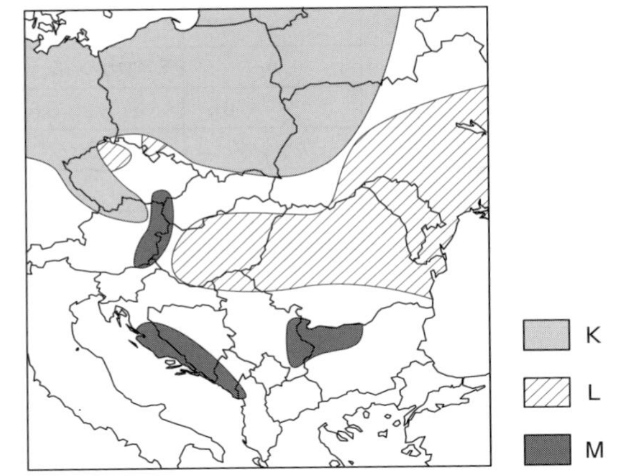

ア　ライ麦・ジャガイモ　**イ**　ブドウ　**ウ**　小麦・トウモロコシ
エ　テンサイ・米　**オ**　オリーブ

問5　次の地図は，東ヨーロッパの鉱産資源の分布を示している。地図中の**P**～**S**に該当する鉱産資源を，下の**ア**～**エ**の中からそれぞれ一つずつ選べ。

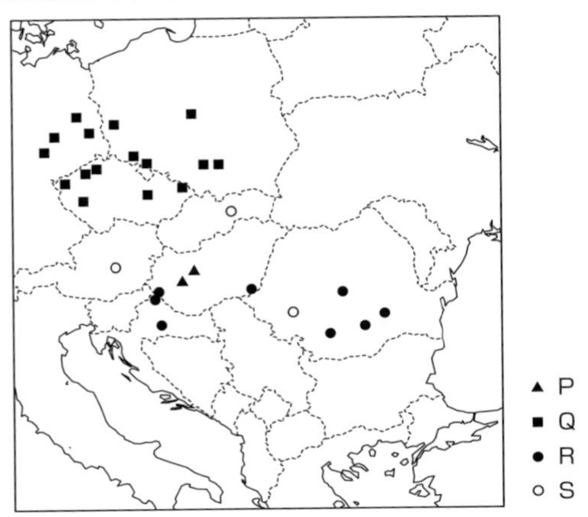

ア　鉄鉱石　**イ**　ボーキサイト　**ウ**　石炭　**エ**　原油

問6　次ページの表は，東ヨーロッパの5カ国の主な輸出相手国とその割合（2015年）を示している。表中の**A**～**E**国は問題文中の**A**～**E**国と同一である。5カ国に共通する輸出相手国**X**の国名を答えよ。

	輸出相手国 割合（%）				
A	X 32.5	スロバキア 9.0	B 5.8	イギリス 5.3	フランス 5.0
B	X 26.9	イギリス 6.8	A 6.5	フランス 5.6	イタリア 4.8
C	X 19.8	イタリア 12.4	フランス 6.8	D 5.4	イギリス 4.4
D	X 27.3	C 5.2	スロバキア 5.0	オーストリア 4.8	イタリア 4.7
E	X 12.4	イタリア 9.2	トルコ 8.6	C 8.1	ギリシャ 6.5

2015年。国連貿易統計による。

72 ロシア

解答➡ p.154

次の文章を読み，下の問に答えよ。

世界最大の面積を有するロシアの国土は，南北の広がりはほぼ北緯45°から75°に位置し，東西の広がりは飛地を含めればほぼ東経20°から西経170°まで至る。そのため（　1　）の標準時が設けられている。

地形は全般的には平坦で，東経60°付近に（　2　）山脈が南北方向に走っている。気候は，北極海沿岸にツンドラ気候区（ET）が，カスピ海に注ぐ（　3　）川下流域にはステップ気候区（BS）が見られるが，国土の大部分が冷帯気候で（　4　）と呼ばれる針葉樹林が広がっている。

この国の農牧業は，ソ連時代には（　5　）と呼ばれる集団農場と（　6　）と呼ばれる国営農場で行われていたが，ソ連の解体による市場経済への移行に伴い，個人農場へと変化している。ⓐ農牧業地域は厳しい自然条件を反映し，緯度ごとに東西方向へ広がっている。

ロシアは豊富なエネルギー資源や鉱産資源を背景にして，ブラジル・インド・中国などとともに（　7　）と呼ばれる新興国の一員に数えられるほど経済発展を遂げている。ⓑ工業地域は，ソ連時代からコンビナートを中心に形成されてきた。従来は西部の工業地域が中心であったが，近年，原油や天然ガスなどに恵まれるシベリアや極東地域の開発も積極的に行われている。

黒海に面するウクライナは，ソ連時代から農牧業や重工業が発展し，ステップ地域には，肥沃な黒色土である（　8　）が分布し，（　9　）栽培を中心とした穀倉地帯になっている。

問1　文中の空欄（　1　）～（　9　）に適する語・数字を答えよ。

問2　下線部ⓐに関して，下の地図は，ロシアとその周辺諸国の農牧業地域を示している。地図中の①～⑥に該当するものを次の中からそれぞれ一つずつ選べ。

ア　遊牧地域　　**イ**　混合農業地域　　**ウ**　酪農地域
エ　穀物栽培地域　　**オ**　灌漑農業地域　　**カ**　放牧地域

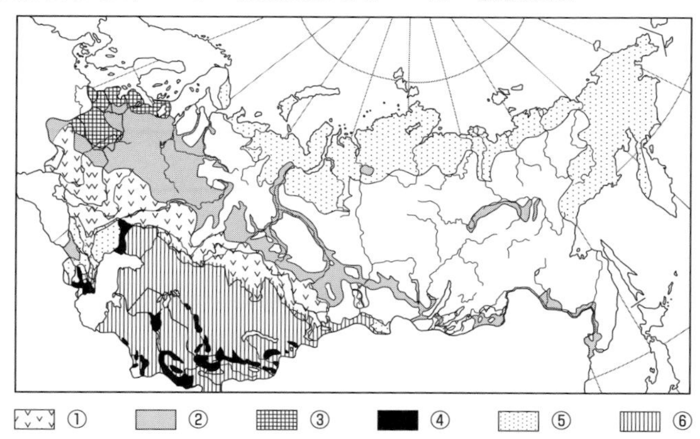

① ② ③ ④ ⑤ ⑥

問3　下線部ⓑに関して，次ページの地図中のa～hの工業地域の名称と主な都市を次の中からそれぞれ一つずつ選べ。

ア　モスクワ工業地域　　**イ**　ヴォルガ工業地域　　**ウ**　バクー工業地域
エ　ドニエプル工業地域　　**オ**　ウラル工業地域　　**カ**　クズネツク工業地域
キ　極東工業地域　　**ク**　アンガラ=バイカル工業地域

1　モスクワ　　2　イルクーツク　　3　エカテリンブルク
4　トビリシ　　5　ハバロフスク　　6　クリヴォイログ
7　サマーラ　　8　ノヴォシビルスク

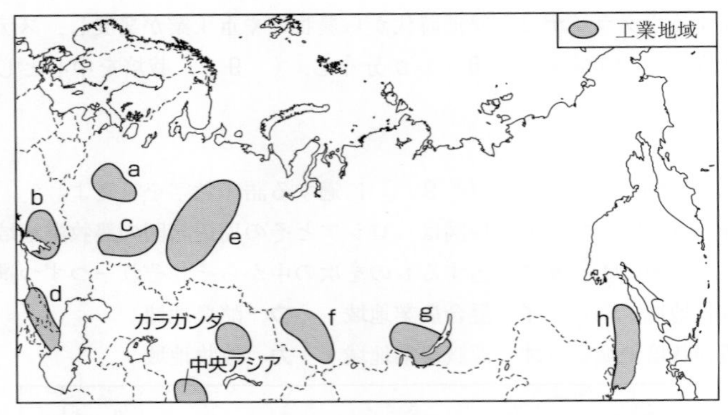

73 カフカス地方

解答➡ p.156

次の文章を読み，下の問に答えよ。

カフカス地方は西を（　1　）海，東をカスピ海に仕切られており，カフカス山脈を主とする山岳地域が大部分を占める。北カフカス地方は（　2　）の領域であるが，連邦内に民族を単位とした共和国を構成している。具体的には西からアドゥイゲ・カラチャイ=チェルケス・カバルダ=バルカル・北オセチア=アラニヤ・イングシェチア・（　3　）・ダゲスタンの各共和国が存在するが政情は安定していない。中でも（　3　）共和国では（　2　）からの独立を巡って内戦が激化し，（　2　）との武力紛争も続いている。

南カフカス地方には三つの国家があるものの，いずれも民族構成が複雑で，国内の少数民族による分離独立や隣国への編入を求める動きも見られる。南オセチア自治州の帰属を巡って（　2　）と対立する（　4　）は，2008年に（　2　）と交戦に至った。カスピ海に面した（　5　）は，対立する隣国の（　6　）を挟んで飛地であるナヒチェヴァン自治共和国を持つ一方，国内に（　6　）人の居住するナゴルノ=カラバフ自治州を抱えている。

近年，南カフカス地方ではカスピ海の油田からのパイプラインを巡って国際的な利害関係が生じている。（　5　）の首都（　7　）から（　4　）の首都（　8　）を経てトルコのジェイハンに至るBTCパイプラインは，（　2　）を通らないため，（　2　）を経由するパイプラインと競合している。このパイプラインの通る3カ国はいずれも（　2　）と距離を置く政策を採っている。

問1　文中の空欄（　1　）〜（　8　）に適する語を答えよ。

問2　次の表は，文中の国（　4　）・（　5　）・（　6　）・トルコの宗教の状況を示している。表中X・Yの宗教を答えよ。

4		5		6		トルコ	
X	89%	Y	84%	X	84%	Y	97%
Y	10%	X	4%	Y	3%	X	1%

4が2002年，その他は2000年。

74 中央アジア地誌

解答➡p.157

次のA〜Eの各文は中央アジア５カ国のいずれかの国について述べたものである。これらの文章を読み，下の問に答えよ。

A　国土の大部分を［　a　］砂漠が占めているが，隣国から流れてくるアムダリア川を灌漑用水源として利用し，世界有数の綿花生産国かつ輸出国となっている。金鉱やウラン鉱などの鉱産資源にも恵まれている。サマルカンドは中央アジアの古都の一つである。

B　世界第9位の国土面積を持つ大国である。A国との国境には近年湖面縮小が著しい内陸湖のアラル海がある。北部は［　b　］の分布する大規模な穀倉地帯である。輸出額の約6割は原油が占めている。

C　国土全体が山岳地域で，［　c　］山脈を挟んで中国と接している。国土の東部には内陸湖のイシク湖があり，観光・保養地となっている。

D　国土の大部分が「世界の屋根」と呼ばれる［　d　］高原とそれに連なる山岳地域である。アフガニスタンと接しており，武器や麻薬の流入が問題となっている。ソ連を構成していた国のうちで最貧国といわれている。

E　ソ連時代に，アムダリア川から取水して［　e　］砂漠を横断する運河が建設され，その流域が灌漑されている。この国は永世中立国を宣言し，1995年に国連総会で承認されたため，CISには準加盟国となっている。

問1　文中の空欄［　a　］〜［　e　］に適する語を，次の中から一つずつ選べ。

ア　アナトリア　**イ**　アルタイ　**ウ**　カブール　**エ**　カラクーム
オ　カラコルム　**カ**　キジルクーム　**キ**　タクラマカン
ク　チェルノーゼム　**ケ**　チベット　**コ**　テンシャン（天山）
サ　テラローシャ　**シ**　パミール　**ス**　ヒンドゥークシ　**セ**　レス

問2　A～Eの国名を答えよ。

問3　A～Eの国の首都を，次の中から一つずつ選べ。

ア　アシガバート　イ　ヌルスルタン　ウ　アルマティ
エ　カラガンダ　オ　キジルアルバート　カ　コーカンド
キ　タシケント　ク　ドゥシャンベ　ケ　ビシュケク
コ　トルクメンバシ

問4　A～Eの国で主に信仰されている宗教を答えよ。

75　バルカン半島地誌

解答➡ p.159

次の文章を読み，下の問に答えよ。

バルカン半島は，西は（　a　），南はイオニア海と（　b　），東は（　c　）に面し，おおよそドナウ川とその支流であるサヴァ川よりも南の範囲をさす。小アジアとはボスポラス海峡と（　1　）海峡で接し，その二つの海峡の間が（　d　）である。住民の多くは（　2　）系民族だが，歴史的経緯からいくつもの民族に分かれているほか，(1)南部には非（　2　）系の住民も少なくはない。(2)キリスト教徒が大半だが，宗派が民族によって異なる上にボスニア=ヘルツェゴビナやアルバニアなどでは（　e　）教徒も存在している。これらの事情から，紛争が絶えず，19世紀から20世紀初頭にかけては「ヨーロッパの（　f　）」と呼ばれていた。第二次世界大戦後は社会主義国家が成立し，中でも(3)南（　2　）民族を意味する（　g　）は6共和国からなる連邦国家として1980年代までは，まとまりを持っていた。しかし，1990年代以降は民族対立の激化で連邦が崩壊し，かつての構成国は(4)内戦を経て独立に至った。バルカン半島諸国の多くは，このような事情から(5)産業や経済の発展が遅れている。

問1　文中の空欄（　a　）～（　d　）に適する海域名を答えよ。

問2　文中の空欄（　1　）に適する海峡名を答えよ。

問3　文中の空欄（　2　）に適する語を答えよ。

問4　下線部(1)に関して，（　2　）系の住民に該当するものを，次の中から一つ選べ。

ア　アルバニア人　イ　ギリシャ人
ウ　クロアチア人　エ　ルーマニア人

問5　下線部(2)に関して，次の各国と，その国民の多くが信仰する宗派との正しい組合せを一つ選べ。

ア　スロベニア－プロテスタント　　イ　セルビア－カトリック

ウ　ブルガリア－東方正教　　　　　エ　モンテネグロ－カトリック

問6　文中の空欄（　e　）～（　g　）に適する語を答えよ。

問7　下線部(2)に関して，バルカン半島に（　e　）教徒が少なからず存在する歴史的な理由を簡潔に答えよ。

問8　下線部(3)に関して，かつてこの国家は「六つの共和国，五つの民族，四つの言語，三つの宗教，二つの文字」を持つ一つの連邦国家と呼ばれていた。二つの文字のうち一つはラテン文字であるが，もう一つの文字を答えよ。

問9　下線部(4)に関して，2008年に日本・アメリカ合衆国・イギリス・ドイツ・フランスなどはコソヴォ共和国を国家として承認している。しかし，スペインやロシアなどは承認していない。承認しない主な理由を50字程度で説明せよ。

問10　下線部(5)に関して，次の表は，バルカン半島に位置する４カ国の輸出額と輸出上位品目およびその割合を示したものである。A～Dに該当する国名を下の語群から選べ。

	A	B	C	D
1位	機械類　23.0	石油製品　28.3	機械類　16.5	履き物　17.4
2位	自動車　13.8	機械類　8.4	自動車　11.7	衣類　16.8
3位	医薬品　9.9	野菜と果実　7.2	野菜と果実　5.7	鉄鋼　5.9
4位	金属製品　4.8	アルミニウム　5.1	穀物　4.8	原油　4.8
総輸出額	266億ドル	287億ドル	134億ドル	19億ドル

単位は％。2015年。国連貿易統計による。

ア　アルバニア　　イ　ギリシャ　　ウ　スロベニア　　エ　セルビア

16 北アメリカ

アメリカ合衆国とカナダの地形

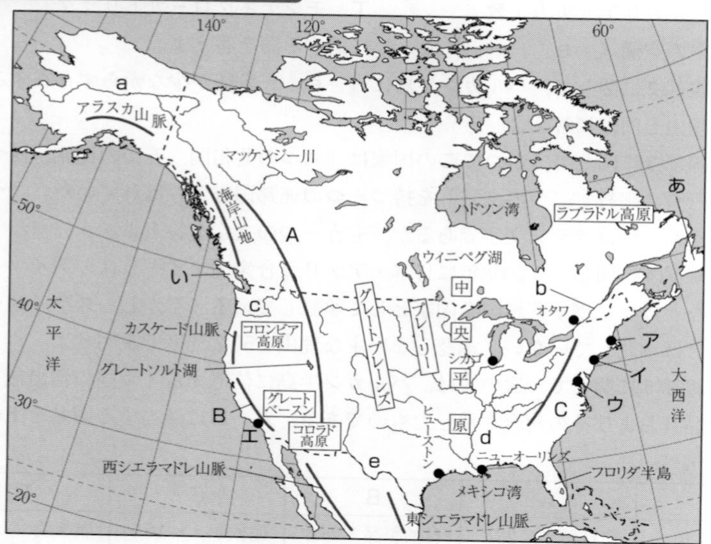

A　ロッキー山脈　　B　シエラネヴァダ山脈　　C　アパラチア山脈
a　ユーコン川　　b　セントローレンス川　　c　コロンビア川　　d　ミシシッピ川
e　リオグランデ川
ア　ボストン　　イ　ニューヨーク　　ウ　ワシントン D.C.　　エ　ロサンゼルス
あ　ニューファンドランド島　　い　ヴァンクーヴァー島

大陸西部には，**新期造山帯のロッキー山脈**が南北に走る。中央部は**低地**となっており，**グレートプレーンズ**，**プレーリー**が広がる。東部には**古期造山帯**の**アパラチア山脈**が走っている。

アメリカ合衆国は，世界一の経済大国であり，政治・経済，農業・工業，いずれにおいても世界に影響を与える大国である。

▼アメリカ合衆国の農業地域

アメリカ合衆国の州

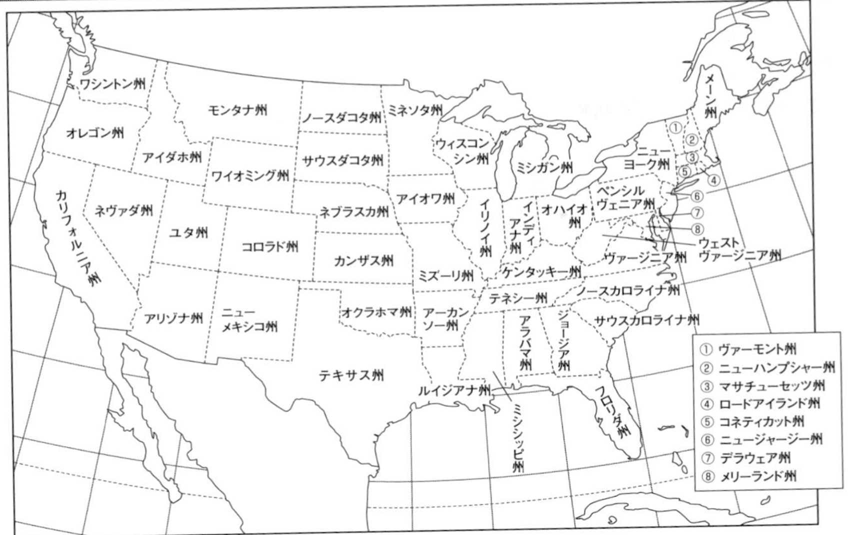

アメリカ合衆国の各州の位置と名前，特色を確認しておこう。

	1位	2位	3位
農業生産額	カリフォルニア州	イリノイ州	アイオワ州
小麦生産量	ノースダコタ州	カンザス州	モンタナ州
トウモロコシ生産量	アイオワ州	イリノイ州	ネブラスカ州
牛の飼育頭数	テキサス州	ネブラスカ州	カンザス州
製造品出荷額	テキサス州	カリフォルニア州	オハイオ州
原油産出量	テキサス州	ノースダコタ州	カリフォルニア州
石炭産出量	ワイオミング州	ウェストヴァーニジア州	ケンタッキー州

石炭は2014年，製造品出荷額は2016年，その他は2015年。

カナダ

面積は約998.5万㎢で，ロシアに次いで世界第２位である。人口は約3800万人で，その大部分はアメリカ合衆国との国境付近に偏在している。国土の大部分は**冷帯湿潤気候区**（Df）だが，北極海沿岸はツンドラ気候区（ET）に属する。

住民はイギリス系が最も多いが，ケベック州では**フランス系**が大部分を占める。

ウランや**ニッケル**などの鉱産資源が豊富であるほか，世界的な小麦や木材の生産地となっている。

76 北アメリカの主要都市

解答➡ p.162

アメリカ合衆国への旅行を企画している吉田さんは，旅行パンフレットにあった次の2コースのどちらかのコースを選択するつもりでいる。旅程は以下の通りである。これを見て，下の問に答えよ。

コースⅠ「ラスヴェガスと私の好きな街9日間」

東京→ポートランド→ラスヴェガス→ロサンゼルス→サンフランシスコ→東京

コースⅡ「ナイアガラ・ボストンとニューヨーク10日間」

東京→デトロイト→トロント→デトロイト→ボストン→ニューヨーク→東京

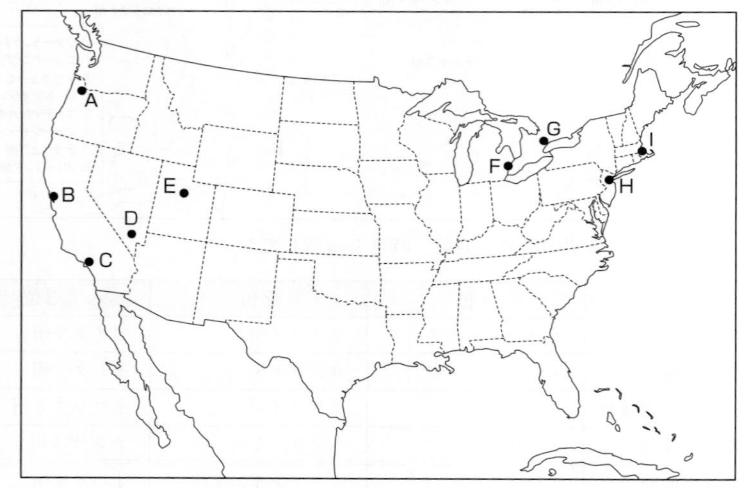

問1　コースⅠを選択した場合について，下の各問に答えよ。

(1)　旅程を地図中の記号で示すとどのようになるか。次の中から一つ選べ。

①　東京→A→D→B→C→東京　　②　東京→C→E→A→B→東京

③　東京→A→D→C→B→東京　　④　東京→C→E→B→A→東京

(2)　次の文は，どの都市に関する情報か。地図中の記号と都市名を答えよ。

ディズニーランド・ユニバーサルスタジオ・ハリウッド観光。アメリカ西海岸で最大，全米でも第2位の人口を有する都市である。

(3)　ラスヴェガスから国立公園を訪れる場合，最も近い距離にある国立公園を次の中から一つ選べ。

①　イエローストーン　　②　ヨセミテ

③　セコイア　　④　グランドキャニオン

(4) 次の①～③は地図中A・B・Dの各都市の説明である。各文の下線部にはそれぞれ１箇所誤りがある。その箇所を抜き出し，正しい語を答えよ。

① A市の東にはシエラネヴァダ山脈が南北に走り，これを横切ってコロンビア川が太平洋に向かって流れている。この川の上流部にはアメリカ合衆国でも最大級の水力発電設備を有するグランドクーリーダムがある。

② B市から南のサンノゼにかけては半導体・コンピュータ・情報処理技術などの企業や研究所が集中した先端技術産業の集積地域であり，シリコンプレーンと呼ばれる。B市とその周辺は地中海性気候区（Cs）である。

③ D市は，砂漠気候区（BW）で西にはデスヴァレー（死の谷）が広がる。東にはテネシー川が深い峡谷をつくって流れ，フーヴァーダムがつくる巨大な人造湖（ミード湖）がある。

問2 コースⅡを選択した場合について，下の各問に答えよ。

(1) 旅程を地図中の記号で示すとどのようになるか。次の中から一つ選べ。

① 東京→F→G→F→I→H→東京

② 東京→G→F→G→I→H→東京

③ 東京→F→G→F→H→I→東京

④ 東京→G→F→G→H→I→東京

(2) 次の①～③の各文は，どの都市に関する情報か。地図中の記号と都市名をそれぞれ答えよ。

① ここからバスでナイアガラの滝へ。この都市は，自動車・農業機械・パルプ工業が盛ん。小麦の集散地でもある。

② ビーコンヒルを散歩。赤レンガ造りの建物が並ぶ街並みはロンドンの街並みに類似している。ハーヴァード大学の見学後，クインシーマーケットで買い物をする。この都市はニューイングランド地方の中心都市である。

③ タイムズスクエアとエンパイアステートビルを見学後，国連本部ビルへ。その後，リバティー島へ向かい，念願の自由の女神像を見学する。

(3) 都市HとIの区間は，飛行機ではなく鉄道で移動する。移動に要する時間は約５時間である。この区間と**関連の薄い語**を次の中から一つ選べ。

① メガロポリス　② ルート128　③ サンベルト

④ フロストベルト　⑤ コッド岬

(4) 都市Hの南に続く次の３大都市を北から順に正しく並べかえよ。

フィラデルフィア　ワシントンD.C.　ボルティモア

(5) フィラデルフィアの位置に最も近い地点を次の中から一つ選べ。

① 北緯40°，西経75°　② 北緯40°，西経85°

③ 北緯45°，西経75°　④ 北緯45°，西経85°

77 アメリカ合衆国の農牧業

解答➡p.164

下のⅠ・Ⅱの問に答えよ。

Ⅰ　次の文章を読み，下線部に関する下の各問に答えよ。

アメリカ合衆国では，広大な土地を利用して，(a)自然環境に最も適した農作物を大規模に栽培する適地適作型の農牧業地域が形成されてきた。しかし，近年は，単一耕作から脱して多角経営化と栽培地域の移動が起きている。例えば，コーンベルトで大豆の栽培地域が拡大したり，肉牛の肥育場であるフィードロットの増加が西部で目立ったりしている。また，(b)プランテーション地域の西部への移動も進行している。他方，同国ではコンピュータや情報機器の発達により高度情報化社会が確立した。情報は経済力のある所に集中するため，他の国々との情報格差が経済格差を助長し，(c)アメリカ合衆国の企業が農作物の国際流通を支配している。

問1　下線部(a)に関して，アメリカ合衆国における気候環境と各農牧業地域の分布の関係を，大きく2地域に分けて50字以内で説明せよ。

問2　下線部(b)に関して，この主な理由を従来のプランテーション地域で生じている自然面での問題から二つ答えよ。

問3　下線部(c)に関して，穀物の流通を支配する多国籍企業のことを何というか，答えよ。

Ⅱ　次の地図を見て，下の問に答えよ。

(1) この州は，温暖な気候を利用して，果樹・野菜の栽培を中心とした園芸農業が盛んである。避寒地として有名な（　①　）付近ではグレープフルーツやオレンジの栽培が行われている。

(2) この州は，冬小麦生産の中心的な州で2007年の小麦の生産量が全米第２位であった。収穫された小麦は，集散地の（　②　）に運ばれる。

(3) この州は，農業生産額が全米第１位である。夏季に乾燥する気候のため，大規模な灌漑により，ブドウ・柑橘類や米の栽培が，（　③　）を中心に，盛んに行われている。

(4) この州は，トウモロコシと大豆の生産量が全米第１位であり，隣接する（　④　）州は全米第２位である。また，豚の飼育頭数も全米で最も多い。

(5) この州は，かつて氷食を受け，土壌がポドゾル化しているため，農耕には適さない。そのため，夏季の冷涼な気候を利用して，牧草を栽培し，主に乳牛を飼育している。ビール醸造で世界的に有名な（　⑤　）はこの州にある。

(6) この州は，春小麦が大規模な機械化農法によって栽培されている。この地域で生産された小麦は，東隣の州にある双子都市の一つ（　⑥　）に集められる。

(7) この州は，農家戸数と農地面積が全米第１位であるだけでなく，牛の飼育頭数と畜産物生産量も全米第１位である。また，（　⑦　）に位置しているため，ここで栽培される農作物も国内最大の生産量を挙げている。

問4　文中の空欄（　①　）〜（　⑦　）に適する用語・地名を次の中から選び，記号を答えよ。

ア　カンザスシティ　　**イ**　ミルウォーキー　　**ウ**　イリノイ
エ　セントラルヴァレー　**オ**　ミネアポリス　　**カ**　マイアミ
キ　コットンベルト

問5　(1)〜(7)の文が示す州名を答え，その位置を地図中のA〜Gから選べ。

78　北アメリカの民族と都市問題

解答➡ p.166

次の文章を読み，下の問に答えよ。

多民族国家のアメリカ合衆国とカナダでは，民族間の関係をいかに調整するかが大きな課題である。例えばカナダの場合，トロントが位置する人口最大の（　1　）州などイギリス系住民が多数派の州が多い中で，総人口の約４分の１を占めるフランス系住民の大多数が居住する（　2　）州では，独立運動が展開されてきた。他方，

1999年には，北部に居住する（　3　）に対して（　4　）州を設置した。

北アメリカでは，17世紀にヨーロッパ人の植民が東海岸から始まったが，人口の増加に伴い開拓は西へ進み，その過程で先住民である（　5　）は土地を奪われていった。19世紀末には（　6　）は消滅したが，その後も白人は新たな土地を求め太平洋の島々に進出していった。その一つであるハワイには（　7　）系民族が住んでいたが，アメリカ合衆国に併合された。こうした歴史的背景に加え，現代におけるアメリカ合衆国の人種・民族問題は，都市問題とも関係が深い。第二次世界大戦前に始まった自動車の普及，すなわち（　8　）の進行などに伴い，(ア)WASPと呼ばれる人々を含む高所得者層や産業が大都市内部から郊外へ流出し，郊外の都市化が進行した。代わって，かつては南部の（　9　）ベルトに居住していた黒人や，アメリカ合衆国へ近年移り住んだ移民などの低所得者層が市内に流入し，（　10　）と呼ばれる不良住宅街も形成された。住民は，混住ではなく，人種・民族や所得水準ごとに住み分ける場合が多い。この結果，都市財政が悪化して，都市内部が荒廃する（　11　）問題も発生している。

1970年代からは，北の北緯（　12　）°線から南の（　13　）川に至る(イ)サンベルトの工業発展が著しく，これまでのような黒人の移住に加えて，新たな移民もこの地域を中心に増えている。中でも（　14　）と呼ばれるスペイン語系の住民が急増しているが，英語をあまり話さない彼らの増加を懸念する声も聞かれる。しかし，近年は，(ウ)北部からの高所得者層の移住も目立っている。また，アメリカ合衆国は，カナダ・メキシコと1994年に（　15　）を結成したが，メキシコとの協定に対しては，(エ)強い反対意見があった。

問1　文中の空欄（　1　）～（　15　）に適する語または数字を答えよ。

問2　下線部(ア)に関して，この意味と，このように呼ばれる人々のアメリカ社会における地位について，合わせて60字以内で説明せよ。

問3　下線部(イ)に関して，この要因を三つ挙げよ。

問4　下線部(ウ)に関して，この理由を40字以内で説明せよ。

問5　下線部(エ)に関して，この理由を60字以内で説明せよ。

79 カナダ

解答➡ p.168

カナダについて，下の問に答えよ。

問1 次の各文は，地図中Ａ～Ｇの都市に関する記述である。各文が述べている都市の位置を下の地図中から，都市名を下の語群から一つずつ選べ。

(1) この都市は航空機産業が盛んである。ボーイング社のエヴァレット工場を見学する観光客は多い。

(2) ここはフランス系住民が多数を占め，街中で見かける道路標識や店のショーウィンドウの文字は，フランス語のようだ。

(3) アルバータ州最大の都市で，バンフ国立公園への基地となっている。カナディアンロッキーの美しい自然を求めて訪れる人が多い。

(4) カナダで春小麦生産の多い３州のうち，最も東のマニトバ州に位置する都市で，小麦の主要集散地となっている。

(5) 世界で最大級のニッケルと銅の鉱山があり，煙突の高さも世界最大級だ。可能ならぜひ見学したい。

(6) カナダ太平洋岸の玄関口で，大陸横断鉄道はここから始まる。ブリティッシュコロンビア大学を見学してからスタンレーパークを訪れ，アメリカ先住民のトーテムポールを見てみようと思う。

〔語群〕

① オタワ　② サンダーベイ　③ シアトル　④ ヴァンクーヴァー
⑤ サドバリ　⑥ カルガリー　⑦ ウィニペグ　⑧ モントリオール

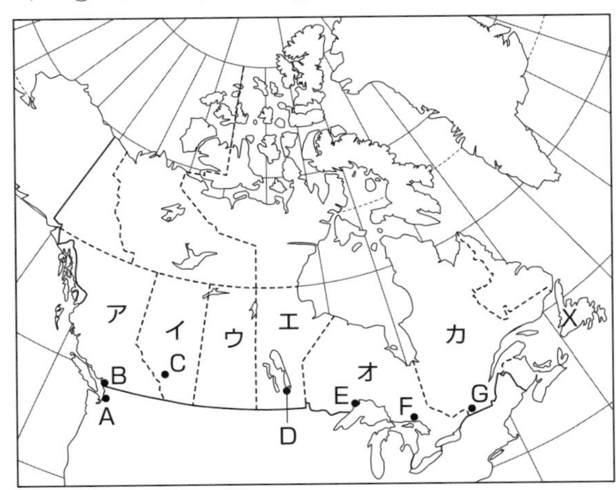

問2　大陸横断鉄道がロッキー山脈を横断するのは地図中A～Gのどの区間か。「○と○の区間」というように答えよ。

問3　地図中の都市Dについて，下の各問に答えよ。

(1)　この都市付近を通過する緯線の緯度を10の倍数で答えよ。

(2)　この都市の気候区をケッペンの気候区記号で答えよ。

問4　地図中の都市A及びBは同じ気候区に属する。この2都市の気候区をケッペンの気候区記号で答えよ。

問5　地図中の都市Aは，西経120°を標準時子午線として利用している。日本が2月8日午後2時のときの都市Aの日時を求めよ。

問6　アメリカ合衆国アラスカ州とカナダの国境線として利用されている経線の経度を答えよ。

問7　次に示す資料は，2007年と2018年における日本・アメリカ合衆国・カナダ・メキシコの主な輸出品と総額に対する割合を表したものである。これを見て次の各問に答えよ。

(1)　カナダの輸出品を表している表はどれか。Ⅰ～Ⅳの中から選べ。

(2)　表中の空欄（　あ　）～（　う　）と品目との正しい組合せを下の①～⑥の中から一つ選べ。

Ⅰ			
2007年輸出		2018年輸出	
機械類	38.4%	機械類	35.4%
(あ)	22.2	(あ)	20.6
鉄鋼	4.8	精密機械	5.2
精密機械	4.2	鉄鋼	4.2
計（億ドル）	7143	計（億ドル）	7382

Ⅱ			
2007年輸出		2018年輸出	
機械類	35.4%	機械類	35.0%
(あ)	15.2	(あ)	25.6
(い)	14.0	(い)	5.9
精密機械	3.0	精密機械	3.8
計（億ドル）	2718	計（億ドル）	4505

Ⅲ			
2007年輸出		2018年輸出	
機械類	30.3%	機械類	23.9%
(あ)	8.8	(あ)	7.6
(う)	6.5	石油製品	6.2
精密機械	4.6	精密機械	4.3
計（億ドル）	11625	計（億ドル）	16653

Ⅳ			
2007年輸出		2018年輸出	
(あ)	15.0%	(い)	14.9%
機械類	12.6	(あ)	13.1
(い)	9.3	機械類	10.7
天然ガス	6.3	石油製品	3.1
計（億ドル）	4202	計（億ドル）	4503

	(あ)	(い)	(う)
①	原油	航空機	自動車
②	原油	自動車	航空機
③	航空機	原油	自動車
④	航空機	自動車	原油
⑤	自動車	原油	航空機
⑥	自動車	航空機	原油

問8　小麦生産が盛んな平原３州とは地図中**ア**～**カ**のどの州か。三つ答えよ。

問9　フランス系住民が大多数を占める州は，地図中**ア**～**カ**のどの州か。記号と州名を答えよ。

問10　地図中の**X**島について次の各問に答えよ。

(1)　この島の名称を答えよ。

(2)　この島の沖合は世界的な好漁場である。その一因となっているバンク名を答えよ。

(3)　この島の沖合を流れる寒流名を答えよ。

80 アメリカ合衆国における農業発展の弊害 解答➡p.170

アメリカ合衆国の農業について，下の問に答えよ。

第二次世界大戦後，アメリカ合衆国の農業は発展を続け，小麦・トウモロコシ・大豆といった主要作物は世界市場で大きな割合を占めるようになった。したがって，その作柄の良し悪しが世界市場に及ぼす影響は計り知れないものがある。アメリカ合衆国の農業発展の成功の背景には徹底した効率主義と機械化による労働生産性の向上が挙げられる。しかし，こうした効率主義と機械化が，近年，真剣な見直しを迫られている。

徹底した効率化（効率経営）や機械化がもたらした様々な弊害を，次の語を必ず使用して，200字以内で述べよ。なお，使用した語については下線を引いて示すこと。

等高線耕作　　防風林　　センターピボット方式　　農薬や化学肥料

遺伝子組み換え作物　　家族農場

17 中・南アメリカ

中・南アメリカの国々

A　西シエラマドレ山脈　　B　東シエラマドレ山脈　　C　アンデス山脈
a　マラカイボ湖　　b　アマゾン川
ア　メキシコシティ　　イ　ブラジリア　　ウ　リマ　　エ　サンパウロ
オ　ブエノスアイレス　　カ　サンティアゴ
あ　パナマ地峡　　い　ガラパゴス諸島　　う　ブラジル高原　　え　アタカマ砂漠
お　フォークランド（マルビナス）諸島

大陸西岸には，**新期造山帯**の**アンデス山脈**が南北に走り，大陸東側には**安定陸塊**の**ブラジル高原**が広がる。**世界最大の流域面積**を誇る**アマゾン川**がアマゾン盆地を東流し，大西洋に注ぐ。太平洋側の**ガラパゴス諸島**とアマゾン川の河口を結んだ線が，**赤道**になる。

ブラジル

面積・人口ともに世界第5位の大国である。国民の過半数は白人から成る。ラテンアメリカ諸国ではスペイン語が公用語となっている地域が多いが，ブラジルはポルトガルの植民地であったため，**ポルトガル語**が公用語である。

かつてはコーヒーのモノカルチャー経済であったが，現在は大豆・トウモロコシ・サトウキビなどの栽培が盛んである。また**鉄鉱石**を初めとする鉱産資源に恵まれ，鉄鋼や自動車を輸出するなど，ラテンアメリカ最大の工業国ともなっている。BRICSの一員に数えられ，近年，経済発展が著しい。

アルゼンチン

国民の大部分は白人で，スペイン語が公用語となっている。

中部の温帯草原パンパでは，小麦・大豆・トウモロコシの栽培が盛んで，牧畜・牧羊も行われている。南部の**パタゴニア**は乾燥しており，人口は希薄である。

南アメリカの植生

名称	植生	分布地域
リャノ	熱帯草原（サバナ）	ベネズエラ・コロンビアのオリノコ川流域
セルバ	熱帯雨林	アマゾン盆地
カンポ	熱帯草原（疎林）	ブラジル高原
グランチャコ	熱帯草原	パラグアイ・アルゼンチン北部
パンパ	温帯草原	アルゼンチンのラプラタ川流域

人種・民族

中・南アメリカの住民は主に，先住民のインディオ，植民地化の過程で入植した白人，奴隷として連れてこられた黒人とそれらの混血から成り，**人種のるつぼ**と呼ばれる。

インディオの比率の高い国…ボリビア・ペルー
白人の比率の高い国…アルゼンチン・ウルグアイ
黒人の比率の高い国…ジャマイカ・ハイチ

▼南アメリカの人種

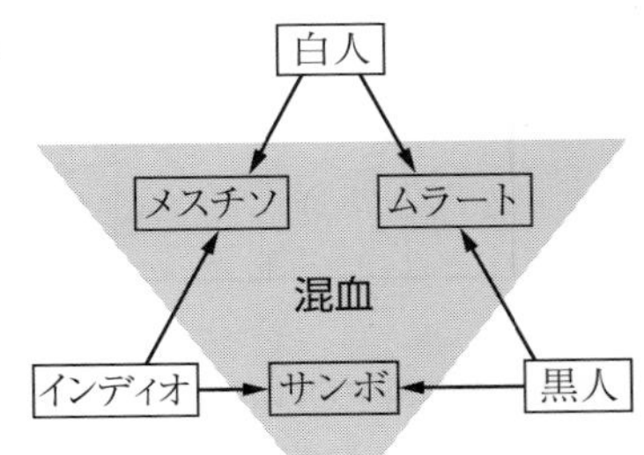

鉱産資源

資源	主な産出国	主な鉱山
鉄鉱石	ブラジル	カラジャス・イタビラ
原油	ベネズエラ	マラカイボ湖
銅鉱	チリ・ペルー	チュキカマタ（チリ）・アンタミナ（ペルー）
ボーキサイト	ジャマイカ・スリナム	ウォーターヴァレー（ジャマイカ）・ パラナム（スリナム）
銀鉱	ペルー・ボリビア	セロデパスコ（ペルー）・ポトシ（ボリビア）
スズ鉱	ペルー・ボリビア	オルロ（ボリビア）
鉛鉱	ペルー	セロデパスコ

中・南アメリカでは，鉱産資源のモノカルチャー経済となっている国が数多くある。

17 中・南アメリカ

81 中央アメリカ・カリブ海諸国

解答➡ p.172

次の地図を見て，下の問に答えよ。

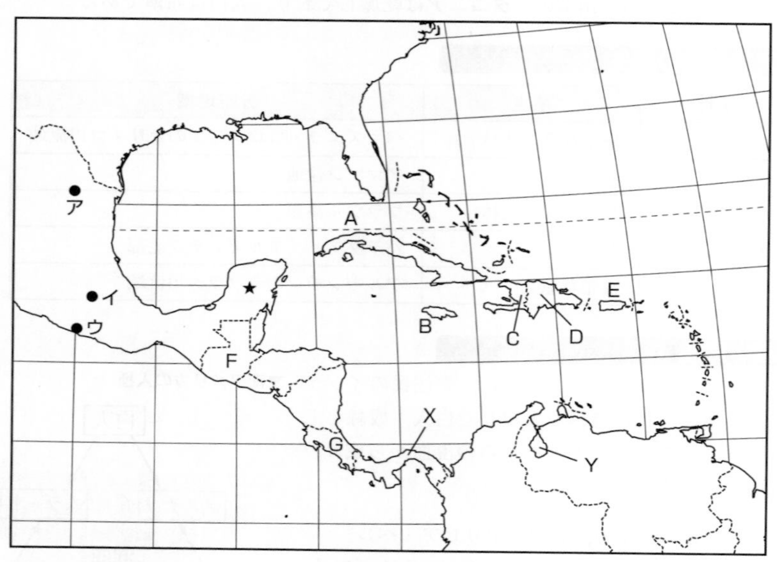

問1 地図中のXの地峡に造られた運河の名称を答えよ。また，この運河について述べた文として**適当でないもの**を次の中から一つ選べ。

a この運河地帯は，アメリカ合衆国が管理・運営してきたが，現在はこの運河の所在する国に返還されている。

b この運河は，閘門(こうもん)式の運河である。

c どの国の船舶も自由航行できる国際運河となっている。

d この運河は，カリブ海と大西洋を結んでいる。

問2 地図中のYの湖周辺に豊富に分布する鉱産資源を答えよ。

問3 地図中**ア～ウ**は，アカプルコ，メキシコシティ，モンテレーのいずれかの都市を示している。

⑴ メキシコの首都メキシコシティを，**ア～ウ**の中から選べ。

⑵ メキシコシティを中心に栄えたインディオの文明を次の中から一つ選べ。

a インカ文明　b アステカ文明　c マヤ文明

問4 地図中★の半島について，次の各問に答えよ。

⑴ この半島の名を答えよ。

(2) この半島地域と関連性の薄い語を次の中から一つ選べ。

① チクル（チューインガムの原料） ② サイザル麻

③ 石灰岩台地 ④ ゴム

問5 メキシコとアメリカ合衆国との国境沿いでは，1970年代後半から，メキシコ政府が保税輸出加工区を設け，電気機械などの労働集約的な工業の立地が急増した。現在は廃止されたこの加工区の名称を答えよ。

問6 次の表に示した①～④は，地図中**A～D**いずれかの国の特徴である。この表を見て次の各問に答えよ。

国名	通　貨	主な言語	主な輸出品	主な民族
①	ペソ	スペイン語	ニッケル鉱・砂糖	白人　65%
②	グールド	フランス語・クレオール語	軽工業品・コーヒー豆	黒人　95%
③	ドル	英語	アルミナ・石油製品	黒人　91%
④	ペソ	スペイン語・英語	ニッケル鋼・石油製品	ムラート 73%

(1) ①・③の国名とその位置を図中の**A～D**から選び，答えよ。

(2) ④国の主な民族であるムラートとはどのような民族か。簡潔に答えよ。

問7 地図中の**E**は，アメリカ合衆国の自由連合州となっている。この自由連合州の名前を答えよ。

問8 次の表は，地図中の**F**（グアテマラ）・**G**（コスタリカ）の輸出品上位3品目である。これを見て，次の各問に答えよ。（2015年　単位%）

Fの主要輸出品	衣類	12.7	砂糖	8.5	**い**	7.7	**あ**	6.1
Gの主要輸出品	精密機械	17.9	機械類	9.1	**い**	8.7	パイナップル	8.6

(1) **あ・い**はいずれも一次産品であり，世界での生産量上位3品目は，次の通りである。**あ・い**に該当する一次産品をそれぞれ答えよ。

あ	
ブラジル	33.2%
ベトナム	16.4
インドネシア	7.8

い	
インド	25.8%
中国	11.3
フィリピン	8.1

2013年 FAOSTAT による。

(2) **F・G**両国のように特定の一次産品の輸出に偏った経済構造を何と呼ぶか，答えよ。

17 中・南アメリカ

82 南アメリカの自然と生活

解答➡ p.174

次の地図を見て，下の問に答えよ。

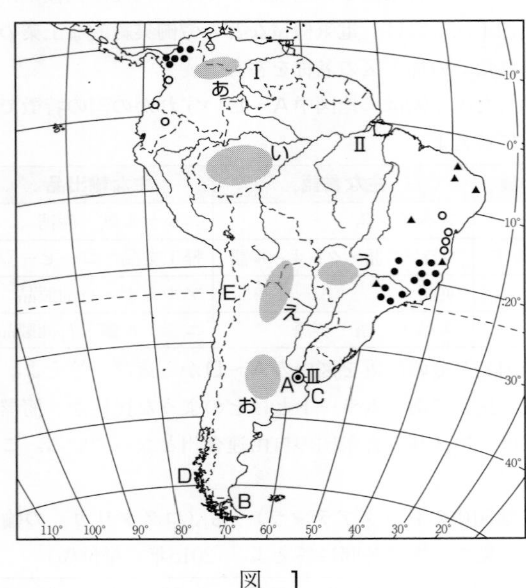

図 1

問1 Aの都市の雨温図に該当するものを次の中から一つ選べ。

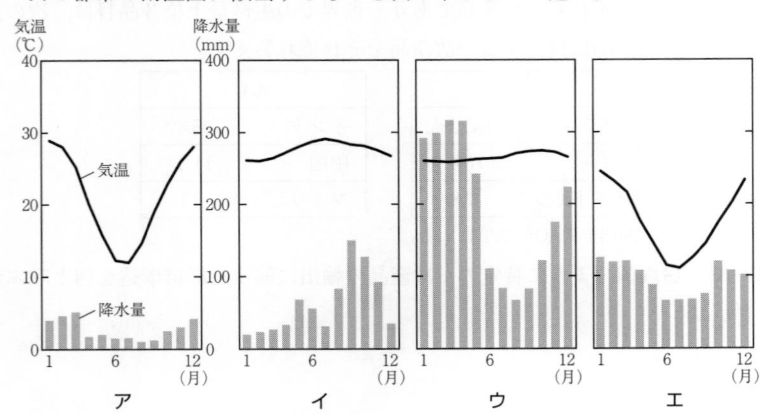

問2　あ～おの植生の地域的呼称をそれぞれ答えよ。

問3　B付近で卓越する風を答えよ。

問4　C付近・D付近で発達する海岸地形をそれぞれ答えよ。

問5　E付近の沿岸を流れる海流が周辺地域にもたらす影響について，Eの砂漠名と海流名を挙げて，100字以内で述べよ。

問6　次の図2は，南緯20°付近の地形断面図である。Xの山脈名・Yの高原名とそれぞれの大地形上の分類を答えよ。

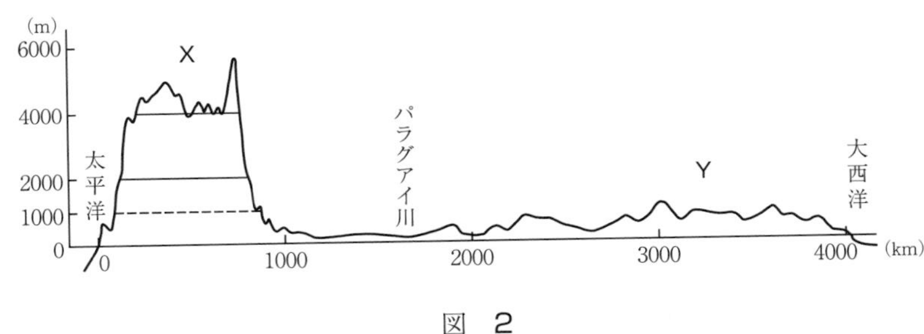

図　2

問7　次の図3は，中央アンデス地域で見られる土地利用の高度別分布を示したものである。a～eの場所で栽培されている農作物を下から一つずつ選べ。また，Pの高度帯で飼育されている代表的な家畜を二つ答えよ。

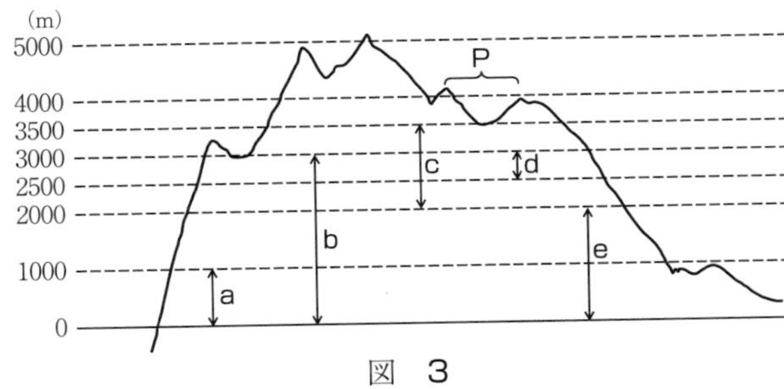

図　3

ア　トウモロコシ　　**イ**　サトウキビ　　**ウ**　カカオ豆

エ　ジャガイモ　　**オ**　小麦

問8　図1の●・▲・○地域では，サトウキビ，カカオ豆，コーヒー豆のいずれかが栽培されている。●・▲・○で栽培されている農作物をそれぞれ答えよ。

問9　Ⅰ～Ⅲの河川の名前を答え，それぞれに該当する説明文を次の中から一つずつ選べ。

ア　アンデス山脈に源を発し，流域面積が世界最大の大河である。流域の大部分は熱帯雨林気候区（Af）やサバナ気候区（Aw）となる。未開発の地域が多く，横断道路の建設によって開発が進められているが，近年は熱帯雨林の破壊が問題となっている。

イ　下流部は自然的国境となっており，上流部はパラナ川とウルグアイ川に分かれる。パラナ川の上流部では電源開発が進められ，支流には世界三大瀑布の一つ，イグアスの滝がある。

ウ　ギアナ高地に源を発し，沖積平野を東に流れ，大西洋へと注ぐ。中流部は熱帯草原で牧畜業が盛んである。河口はデルタ地帯となっている。

問10　次の図４は，海面水温の上昇が最盛期にあった1997年11月における太平洋の海面水温を，平年（1971〜2000年の平均）からの偏差で示したものである。図４を参考にして，次の各問に答えよ。

(1)　このような海面水温が現れる現象を何というか，答えよ。

(2)　この現象が世界の自然と産業に及ぼす影響について90字以内で述べよ。

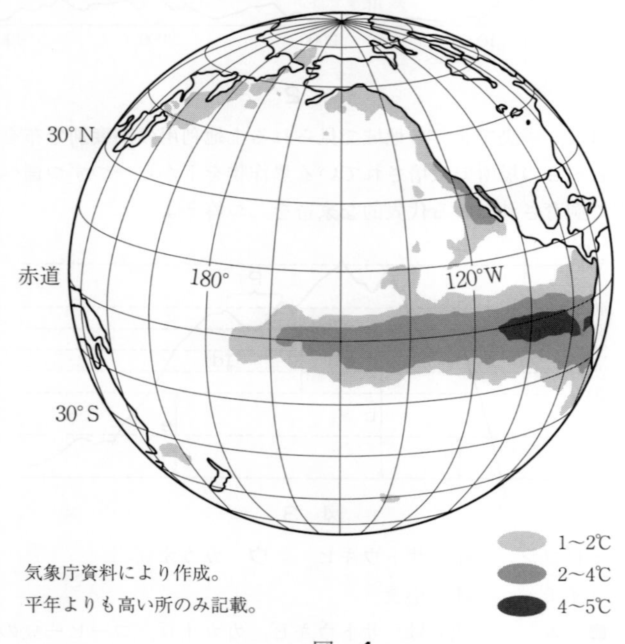

図　４

83 南アメリカ大陸の国々

解答➡ p.177

次の地図を見て，下の問に答えよ。

問1 地図中のXの諸島名と，その諸島についての説明文をそれぞれ次の中から一つずつ選べ。

〔**諸島名**〕① シェトランド諸島　② マルビナス諸島
③ カナリア諸島　④ ガラパゴス諸島

〔**説明**〕

ア イグアナ・ペンギン・オオトカゲなどの野生生物が生息。19世紀にダーウィンがこの地を訪れている。

イ およそ100の島々から成るが，人々の居住している島はわずかで，漁業や牧畜で生計を立てている。

ウ スペイン領。ラスパルマスはこの諸島の中心となる都市。遠洋漁業の基地が置かれ，観光業も盛んである。

エ　フォークランド諸島とも呼ぶ。アルゼンチンとイギリスが1980年代に領有を巡って衝突し，戦争に発展した。現在，イギリスが占有している。

問2　地図中のYは，南アメリカ大陸を最も長く縦断する経線である。この経線の経度を，10の倍数で答えよ。

問3　地図中A～Gはいずれも各国の首都である。下の問に答えよ。

(1)　標高2000mを超える高所に位置する高山都市をすべて選べ。

(2)　都市C・E・Fの気候区をケッペンの気候区記号で答えよ。

(3)　次の各文はA～Gが位置する7カ国のいずれかの国について述べた文である。それぞれどの国について述べたものか。国名と首都の位置をA～Gの記号で答えよ。また，文中の空欄（　Ⅰ　）・（　Ⅱ　）に該当する語をカタカナで答えよ。

ア　この国には，クスコやマチュピチュにインカ帝国の遺跡があり，ユネスコの世界遺産にも指定されている。APEC（アジア太平洋経済協力会議）の構成国でもある。

イ　この国のバナナ生産量は，世界でも上位にあり，輸出量は世界第1位である。人口の80％近くを白人とインディオの混血である（　Ⅰ　）が占める。

ウ　この国は，銅（地金）輸出において世界第1位であり，北部のチュキカマタ鉱山などで採鉱されている。

エ　国土面積の2割を占める温帯草原の（　Ⅱ　）で農牧業が盛ん。小麦・トウモロコシの主要輸出国である。最大貿易相手国はブラジル。人口の97％を白人が占める。

問4　ラテンアメリカ原産の作物として**適当でないもの**を次の中から一つ選べ。

①　カボチャ　　②　トマト　　③　トウモロコシ　　④　ジャガイモ
⑤　天然ゴム　　⑥　小麦

84　ブラジル地誌

解答➡ p.179

次の文章を読み，下の問に答えよ。

ブラジルは，面積・人口ともに，ラテンアメリカ最大の国である。国土の北部には，世界最大の流域面積を持った（　Ⅰ　）川が流れ，流域は（　Ⅱ　）と呼ばれる熱帯雨林で覆われている。ブラジルは鉱産資源に恵まれており，とくに（　Ⅰ　）川下流のパラ州では①<u>鉄鉱石</u>・銅鉱・マンガン鉱・ニッケル鉱など，膨大な鉱産資源の存在が確認されている。また，自然条件に恵まれて②<u>コーヒー豆</u>を初めとして様々な農作物が多く生産されている。しかし，土地改革・農地改革が不徹底だったこともあり，現在も土地を持たない小作農や③大農園で働く農業労働者が多く，大土地所有制が広く残存する。

明治時代の末期からブラジルを初め，ラテンアメリカ諸国に移住した日本人の子孫である日系人には，農業を営む者が多い。一方で，④1990年代に入って日本へ“出稼ぎ”にやって来る日系ブラジル人が急増している。静岡県浜松市や群馬県大泉町・太田市などでは，街のいたるところにブラジルの公用語である（　Ⅲ　）語の文字を見かける。

問1　文中の空欄（　Ⅰ　）～（　Ⅲ　）に適する語を答えよ。

問2　下線部①に関して，パラ州にある鉄鉱石の鉱山を次から一つ選べ。

a　イタビラ　　b　セロボリバル　　c　カラジャス　　d　ポトシ

e　クリヴォイログ

問3　下線部②に関して，下の各問に答えよ。

(1)　コーヒー栽培が最も盛んな地域にあって，コーヒー豆の集散地となっている都市を次のa～eから一つ選び，さらにその位置を地図中のア～オから選べ。

a　マナオス　　b　レシフェ　　c　サンパウロ

d　ブラジリア　　e　クリチーバ

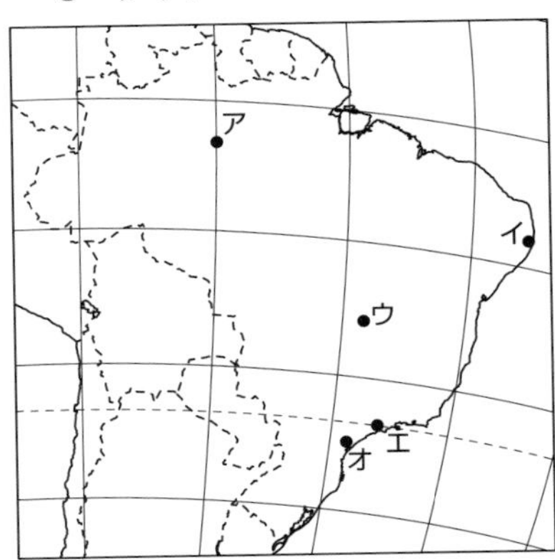

(2)　コーヒー栽培の発達した地域の土壌は，玄武岩が風化してできた赤紫色の肥沃な土壌である。この土壌の呼称を答えよ。

問4　下線部③に関して，下の問に答えよ。

(1)　ブラジルでは，この大農園を何と呼ぶか。

(2)　ブラジルの大農園で働く農民や労働者を何と呼ぶか。

問5　下線部④に関して，次に示す資料は，日本における国籍別外国人登録者の割合である。Aにはラテンアメリカの国が入る。①～⑤から正しい組合せを一つ選べ。

① キューバ
② ブラジル
③ ペルー
④ ボリビア
⑤ アルゼンチン

中国	27.7%
韓国	15.2
ベトナム	14.0
フィリピン	9.6
A	7.2
ネパール	3.3

2019年末。「在留外国人統計」による。

問6 ブラジルで最も人気の高いスポーツを次の中から一つ選べ。

① 野球　② クリケット　③ サッカー
④ ホッケー　⑤ ラグビー

85 南アメリカの地域経済統合

解答➡ p.181

MERCOSUR・アンデス共同体・南米諸国連合について，下の問に答えよ。

問1 次の各国について，MERCOSUR（南米南部共同市場）の正式加盟国は「A」と，アンデス共同体の正式加盟国は「B」と答えよ。

ア ペルー　**イ** ベネズエラ=ボリバル　**ウ** コロンビア
エ ボリビア　**オ** ウルグアイ　**カ** エクアドル
キ パラグアイ　**ク** ブラジル　**ケ** アルゼンチン

問2 MERCOSURがめざしている地域統合の型を，次の中から一つ選べ。

ア CIS（独立国家共同体）型のゆるやかな結びつきの共同体をめざす。
イ EU（ヨーロッパ連合）型の域内の関税を撤廃した自由貿易市場をめざす。
ウ ASEAN（東南アジア諸国連合）型の経済発展，貿易拡大をめざす。
エ NATO（北大西洋条約機構）型の相互防衛と域内安全保障をめざす。
オ OPEC（石油輸出国機構）型の資源の生産調整や価格協定をめざす。

問3 次の表1は，2018年におけるASEAN，NAFTA，EU，MERCOSURの状況を示している。MERCOSURに該当するものをA～Dから一つ選べ。

表　1

	面　積 （千km²）	人　口 （百万人）	GDP （億ドル）	輸出額 （億ドル）	輸入額 （億ドル）
A	4,374	512	187,758	59,939	57,471
B	21,783	490	235,162	25,626	35,203
C	4,486	654	29,715	14,330	14,197
D	13,921	304	27,356	3,643	3,024

国連資料，世界銀行資料による。

問4　次は，MERCOSURの加盟国について述べた文である。A～Cの国名を，さらに文中の空欄（　1　）～（　4　）に適する語を答えよ。

A　国土の北部は熱帯草原で，南部は乾燥した大地となるため，農牧業の中心は中央部の広大な草原地帯である。（　1　）と呼ばれる大土地所有制による大農場もあり，ガウチョが雇われている。小麦・大豆・トウモロコシのほか，家畜飼料用の（　2　）が栽培されている。

B　政府は，1975年に「国家アルコール計画」を発表した。（　3　）を原料とするバイオエタノールの増産が進み，2017年の生産量は約2,800万klを上回り，輸出量は約140万klにのぼる。

C　国土の北西部にある（　4　）湖周辺には大量の原油が埋蔵されており，この国の最大の輸出品になっている。沖合にあるオランダ領のアルバ島とキュラソー島には，石油精製工場や石油積出港がある。北部を東流する河川の流域は草原地帯となっており，牧畜業が営まれている。

問5　次の表2は，アンデス共同体加盟国の2018年の主要な輸出品目を示している。A～Dの国名を答えよ。

表　2

A		B		C		D	
天然ガス	32.8%	原油	32.8%	銅鉱	27.2%	原油	36.3%
亜鉛鉱	16.7	石炭	17.8	金（非貨幣用）	14.7	魚介類	22.2
金（非貨幣用）	12.9	石油製品	7.2	野菜・果実	9.1	野菜・果実	17.5
植物性油かす	6.0	コーヒー豆	5.6	石油製品	6.3	石油製品	4.4
銀鉱	5.7	装飾用切花	3.5	銅	4.7	装飾用切花	4.0

UN"Commodity Trade Statistics Database"

問6　2004年に打ち出された南米共同体は，MERCOSURやアンデス共同体を吸収して，2007年4月に「南米諸国連合」となった。このように，今日，多くの地域で地域経済統合を進める動きが見られる。地域経済統合のメリットについて，150字以内で述べよ。

17
中・南アメリカ

18 オセアニア・極地方

オーストラリア

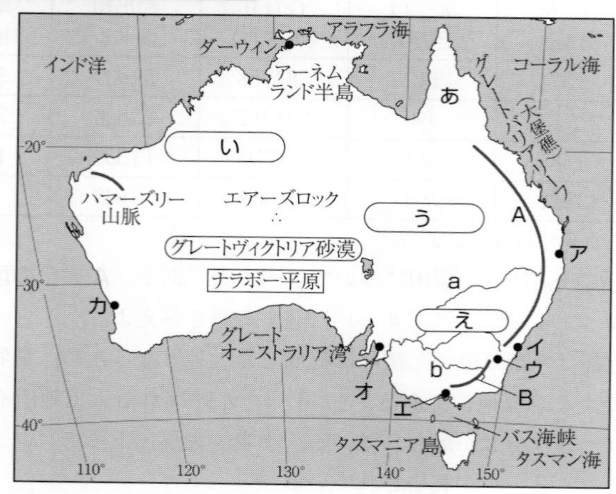

A グレートディヴァイディング山脈　B オーストラリアアルプス山脈
a ダーリング川　b マリー川
ア ブリズベン　イ シドニー　ウ キャンベラ　エ メルボルン　オ アデレード
カ パース
あ ケープヨーク半島　い グレートサンディー砂漠　う グレートアーテジアン盆地
え マリーダーリング盆地

オーストラリア大陸は，大部分が**安定陸塊**に属し，大陸中央部を中心に**乾燥気候**が広がる。大陸北部には熱帯気候が分布し，大陸東岸は温暖湿潤気候区（Cfa），タスマニア島とその対面の大陸は西岸海洋性気候区（Cfb）が分布する。大陸西岸とグレートオーストラリア湾の東側は，地中海性気候区（Cs）となる。

鉱産資源が豊富で，熱帯気候下のゴヴやウェイパでは**ボーキサイト**，大陸北西部のピルバラ地区では**鉄鉱石**，大陸東部のグレートディヴァイディング山脈では**石炭**を産出する。

ニュージーランド

ニュージーランドは，全体が新期造山帯の**環太平洋造山帯**に属する。気候は，西岸海洋性気候区である。偏西風の**風上**斜面に当たる西部は**雨が多く**，**酪農**地帯や森林となり，風下斜面に当たる**東部**は雨が少なく**牧羊**が行われている。

太平洋の島嶼国

太平洋の島々は，おおよそ赤道以北・180° 以西の**ミクロネシア**，赤道以南・180° 以西の**メラネシア**，180° 以東の**ポリネシア**に区分される。

86 オーストラリアとニュージーランド

解答➡ p.183

次の文を読み，下の問に答えよ。

オーストラリアは日本の約20倍の面積を有しているが，人口は約2500万人に過ぎず，人口密度は約（　ア　）人/㎢となっている。先住民族は，総人口の約2.2％を占める（　イ　）と呼ばれる人々である。(a)国土の約３分の２が砂漠気候区（BW）やステップ気候区（BS）で占められているものの，これら乾燥気候以外の気候が出現する地域も存在する。(b)この国の農牧業はこのような気候の特色を反映しており，地域によってその特色に大きな違いがある。

オーストラリアは地下資源にも恵まれている。とくに，（　ウ　）は1960年代後半に北西部の（　エ　）地区で採掘が始められて以降，その産出量が大きく増加してきた。また，北部で豊富に産出される（　オ　）は，ブラジル・中国・ギニア・ジャマイカなどとともにこの国が世界屈指の産出国となっている。さらに，クインズランド州で日本企業との共同開発が行われていることでも知られる（　カ　）も，重要な輸出品の一つとなっている。

一方，ニュージーランドは，二つの大きな島を中心とする島嶼国である。先住民族は（　キ　）系の（　ク　）と呼ばれる人々である。(c)南島の海岸の一部には，氷河地形の一つとして知られる（　ケ　）も発達している。オーストラリアのように地下資源に恵まれているわけではないが，自然エネルギーは豊富で，(d)水力発電など様々な自然エネルギーを利用する発電が行われている。

(e)オーストラリアとニュージーランドの貿易の特色には，近年アジア諸国との関係を強めている点など，共通点が多い。実際，1989年にはオーストラリアの提唱で，ニュージーランドや日本を初めとする環太平洋諸国・地域によって自由貿易体制の維持・強化を目的とする（　コ　）が結成されている。また，1980年にオーストラリアと日本の間で，1985年にはニュージーランドと日本の間で，両国の若者が相手国の生活や文化を体験することを主目的とする限定的な労働許可付きの（　サ　）と呼ばれる休暇旅行制度に関する取り決めも結ばれている。

問1　文中の空欄（　ア　）～（　サ　）に適する語を答えよ。ただし，（　ア　）は１～９の整数から選べ。

問2　下線部(a)に関して，次ページの雨温図①～④は，図１に示されたＡ～Ｄのいずれかの地点を示したものである。①～④に該当する地点を，それぞれ答えよ。

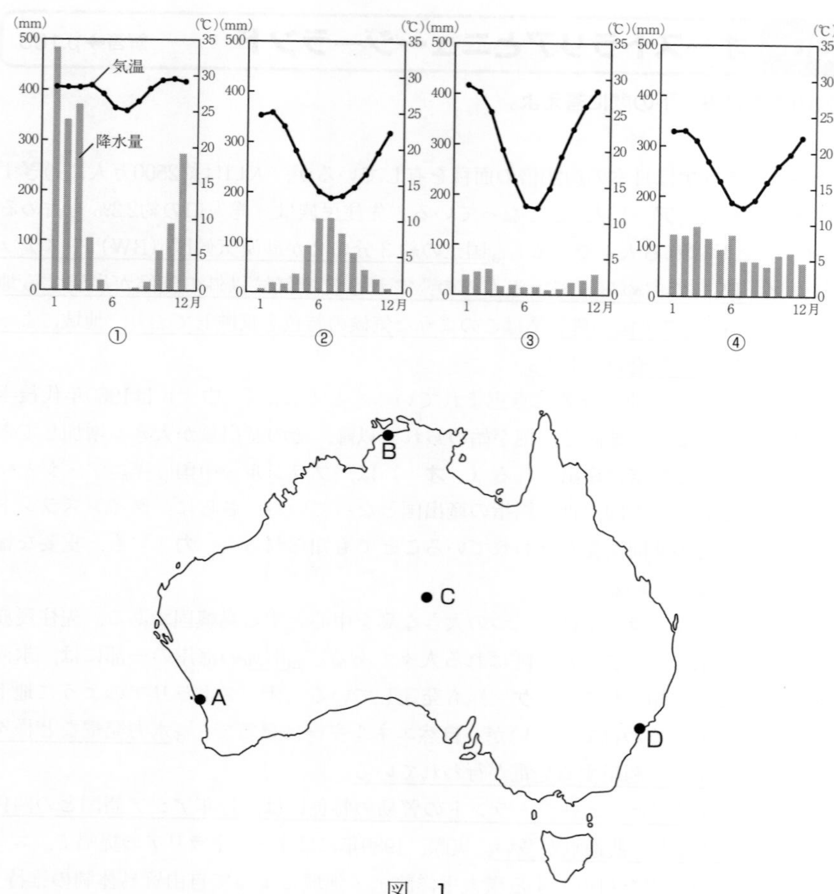

図 1

問3 下線部(b)に関して，次ページの図2は，オーストラリアの農牧業の特色を示したものである。図2について，下の各問に答えよ。

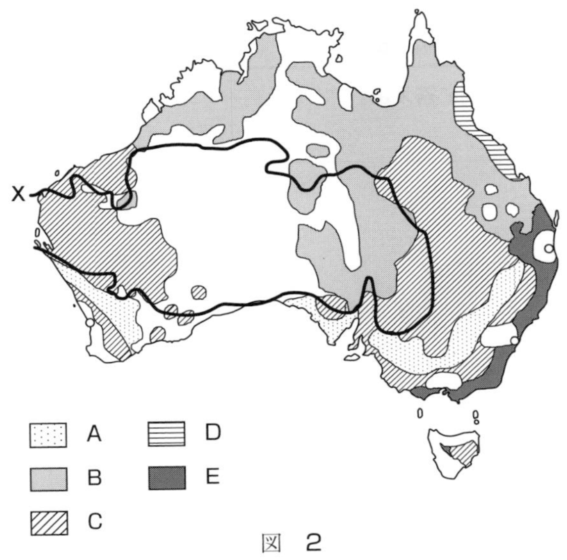

図 2

(1) 図2に示された等年間降水量線Xに該当する値を，次の①〜⑤から一つ選べ。

① 100mm　② 250mm　③ 500mm

④ 750mm　⑤ 1,000mm

(2) 図2中のA〜Eで示された地域において栽培・飼育が盛んな作物・家畜を，次の①〜⑤から一つずつ選べ。

① 小麦　② サトウキビ　③ 肉牛　④ 乳牛　⑤ 羊

問4 下線部(c)に関して，南島では，島の東西で気候や植生が異なる。どのように異なるのか，またその理由を併せて60字以内で述べよ。

問5 下線部(d)に関して，下の各問に答えよ。

(1) ニュージーランドで行われている自然エネルギーを活用する発電のうち，水力発電に次いで総発電量が多いものを答えよ。

(2) (1)で答えた発電がニュージーランドで盛んに行われている理由を，簡潔に述べよ。

問6 下線部(e)に関して，オーストラリア・ニュージーランド両国において，19世紀後半から20世紀前半に輸出に占める肉類や酪農品の割合が上昇した理由を，50字以内で述べよ。

87 オセアニアの島嶼

解答➡ p.185

次の図を見て，下の問に答えよ。

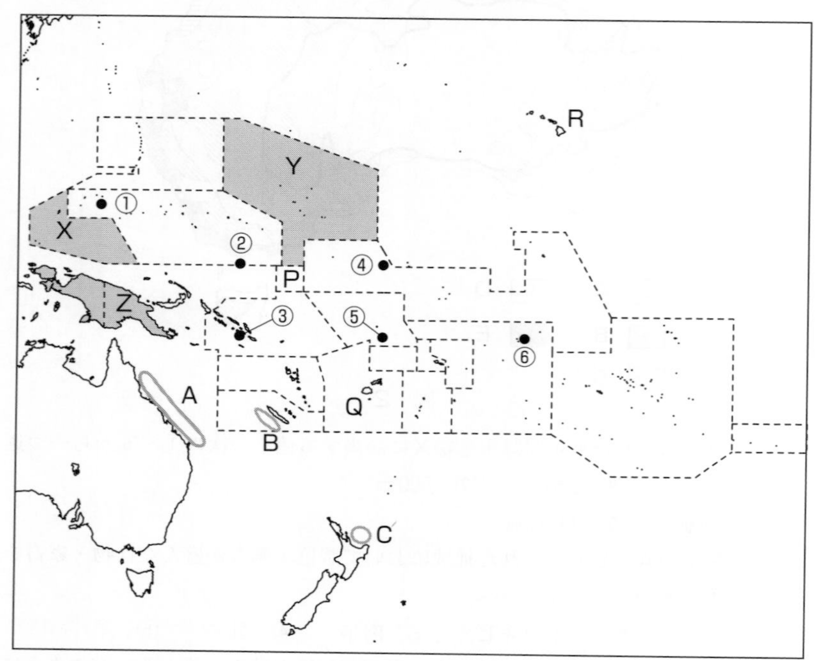

問1　図中の①～⑥のうちから，赤道と経度180°線の交点として適当なものを一つ選べ。

問2　図中のA～Cのうちから，サンゴ礁地形の発達する場所として**適当でないもの**を一つ選べ。

問3　図中のX～Zのいずれかの地域で生じている問題に関する次の**ア**・**イ**の文を読み，下の各問に答えよ。

ア　外国資本による銅や金の鉱山，油田などの資源開発の進行に伴って，熱帯林の破壊が起きている。

イ　旧宗主国が核実験場として利用した影響で，今日も住民の間に放射能による深刻な健康被害が見られる。

(1)　**ア**・**イ**の問題が生じている地点を，それぞれ図中のX～Zから一つずつ選べ。

(2) オセアニアの島々では，高潮の被害を受けている地域も多い。高潮と津波の違いについて，その発生メカニズムの観点から，90字以内で述べよ。

(3) アの文中にある「熱帯林の破壊」がなぜ問題になっているのか，簡潔に述べよ。

(4) イの文中にある「旧宗主国」の国名を答えよ。

問4 図中のP～Rの国や地域について述べた次の文を読み，下の各問に答えよ。

P国は（ ア ）に位置する周囲約19kmの島によって国土が構成されており，（ イ ）・モナコに次いで面積の小さい国家として知られている。海鳥の糞が堆積して作られた（ ウ ）の採掘によってオセアニア島嶼国中トップクラスの経済水準を誇ってきた。しかし，20世紀末に（ ウ ）が枯渇した影響で，今日，深刻な経済危機に見舞われている。

Q国は（ エ ）に位置する島嶼国で，(あ)国民の約4割は植民地時代に移住した（ オ ）系住民である。先住民族の（ エ ）系住民と（ オ ）系住民との間に，対立が生じている。

R諸島は（ カ ）に位置しているが，（ キ ）の一州を構成しており，（ ク ）島の（ ケ ）が州都となっている。(い)面積が増加し続けているR諸島の主産業は，軍事産業，観光，農業である。(う)下に示された成田国際空港と（ ケ ）を結ぶ直行便の航空ダイヤを見ると，成田と（ ケ ）の間に（ コ ）時間の時差が存在することがわかる。

S便	成田国際空港22:00出発 →（ ケ ）10:00到着	所要時間 7時間
T便	（ ケ ）13:30出発 → 成田国際空港 17:05到着	所要時間 8時間35分

(注)（ ケ ）ではサマータイム（夏時間）は採用されていない。

(1) P～Rに該当する国名・諸島名を答えよ。

(2) 文中の空欄（ ア ）～（ コ ）に適する語を答えよ。なお，空欄（ ア ）・（ エ ）・（ カ ）には，ポリネシア，ミクロネシア，メラネシアから，該当するものを選んで答えること。

(3) 下線部(あ)に関して，Q国に（ オ ）系住民が移住した背景を，旧宗主国の名称を具体的に示しながら，70字以内で述べよ。

(4) 下線部(い)に関して，R諸島の面積が増加し続けている理由を，次の語を必ず使用して簡潔に述べよ。なお，使用した語には下線を引いて示すこと。

キラウエア　　流動性

(5) 下線部(う)に関して，成田国際空港と（ ケ ）を結ぶ直行便の航空ダイヤを見ると，成田国際空港から（ ケ ）までの所要時間と，（ ケ ）から成田国際空港までの所用時間が，大きく異なっている。これは，自然現象の影響だが，この自然現象について，具体的に述べよ。

88 環太平洋地域

解答➡ p.188

環太平洋地域を示した次の図を見て，下の問に答えよ。

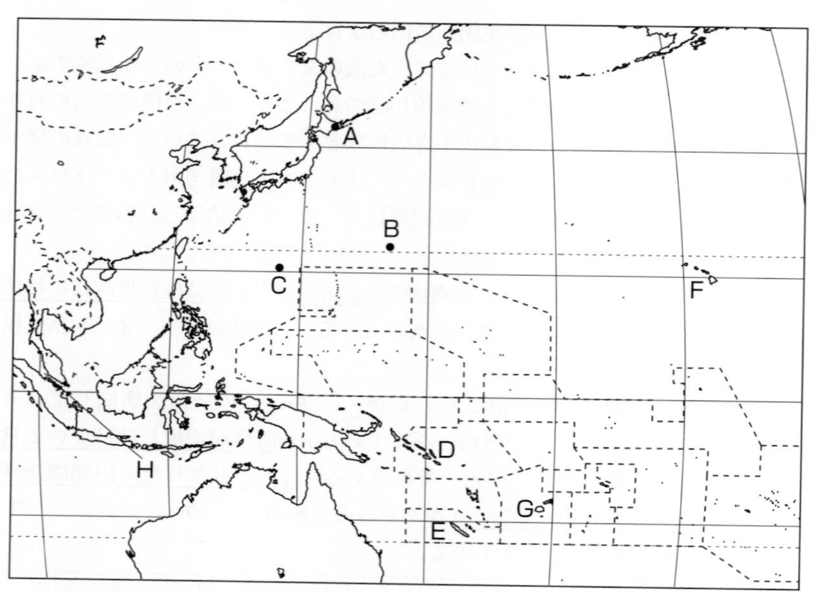

問1 図中のAのあたりは，今日も稲作に適さない。この地域が，稲作に適さない理由を，次の語を必ず使用して，50字以内で述べよ。なお，使用した語には下線を引いて示すこと。

海霧　　低温

問2 日本の国土の東端となっているB島の西方に位置する南北に伸びた海溝の名称を二つ答えよ。また，その海溝が形成される理由を40字以内で述べよ。

問3 日本の国土の南端となっているC島の名称を答えよ。また，この島が日本にとって経済的にきわめて重要な存在とされている理由を簡潔に述べよ。

問4 太平洋上に点在する島嶼の形成要因を，二つ答えよ。

問5 太平洋上に点在する島嶼のなかで，ニッケル鉱の埋蔵量・産出量が多いことで知られている島を，D～Gから一つ選べ。また，その島嶼の名称を答えよ。

問6 インド洋と太平洋を結ぶH海峡は，経済的に重要な海峡となっている。この海峡の名称を答えよ。また，この海峡が経済的に重要な理由を，30字以内で述べよ。

89 極地方

解答➡ p.189

次の図1と図2を見て，下の問に答えよ。

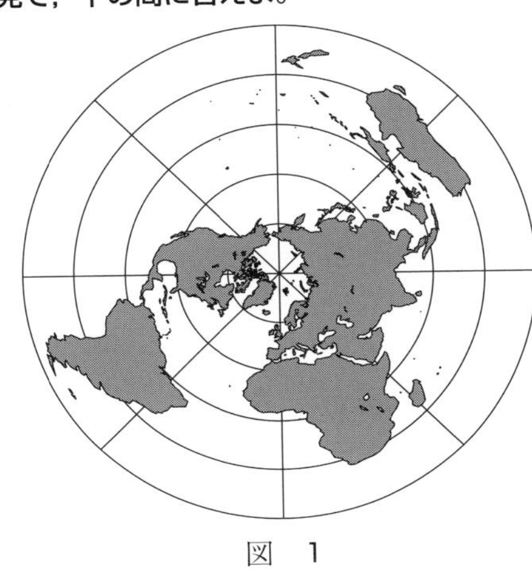

図 1

問1 図1について述べた，次の文中の空欄（ ア ）・（ イ ）に適する語を答えよ。

図1は，（ ア ）を中心とした（ イ ）図法による地図が描かれている。

問2 日本からブラジルへ行くには，アメリカ合衆国かヨーロッパを経由する必要がある。図1中に東京～サンパウロ間をニューヨーク経由で飛行する場合の経路の概略を実線で記入せよ。

問3 図2に示したように，アンカレジ空港では，乗りかえ旅客数が1990年ごろに急減した。なぜかつては，人口の希薄な地域に位置するアンカレジ空港の乗りかえ旅客数が多かったのか。その理由を，次の語を必ず使用して，150字以内で説明せよ。なお，使用した語には下線を引いて示すこと。

ヨーロッパ　　旧ソ連　　航続距離

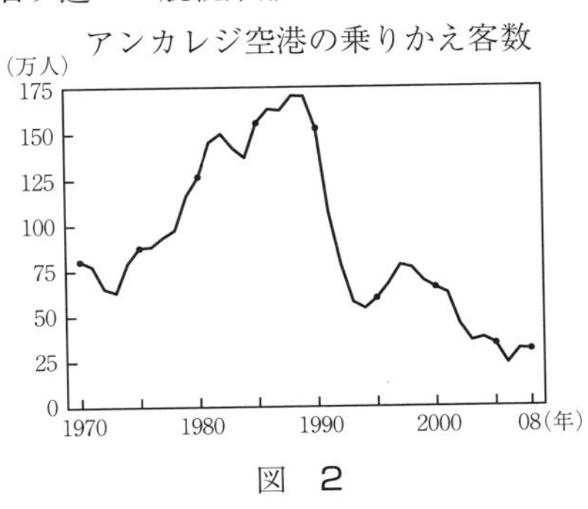

図 2

90 オセアニアの自然と人間生活

解答➡ p.192

次の問に答えよ。

問1　オーストラリアの地図を見て，下の各問に答えよ。

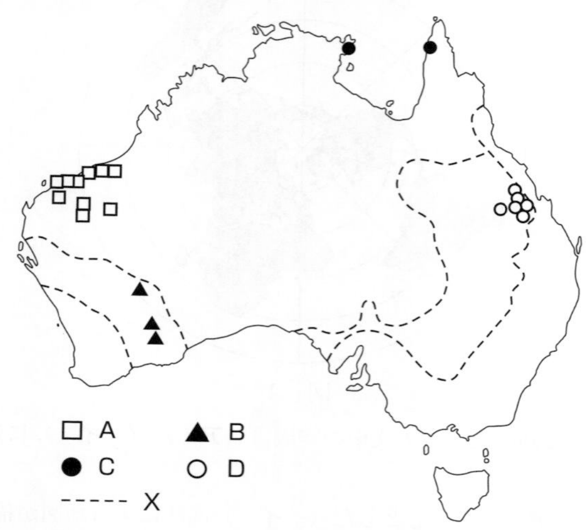

⑴　図中のA～Dは，鉱山都市を示しており，金鉱，石炭，鉄鉱石，ボーキサイトのいずれかの産地である。A～Dが何の産出地かを答えよ。

⑵　図中の境界線Xは，気候や土壌により農牧業が異なることを示している。境界線Xに挟まれた地域では，そこでの農牧業が深刻な環境問題を引き起こしている。この地域で生じている環境問題とその原因を，農牧業と気候・土壌とを関連づけて120字以内で述べよ。

問2　オーストラリアの貿易の特色とその背景について，次の語を必ず使用して，200字以内で説明せよ。なお，使用した語には下線を引いて示すこと。

一次産品　　工業製品　　市場　　発展途上国

問3　ニュージーランドと日本の自然環境について，大地形における共通点，気候における相違点を，それぞれ40字以内で述べよ。

問4　ニュージーランドにおける気候と農牧業の地域性について，130字以内で説明せよ。

19 総合問題

91 世界の気候・地形（立教大）

解答➡ p.195

次の地図に関する下記の設問 A ～ E に答えよ。

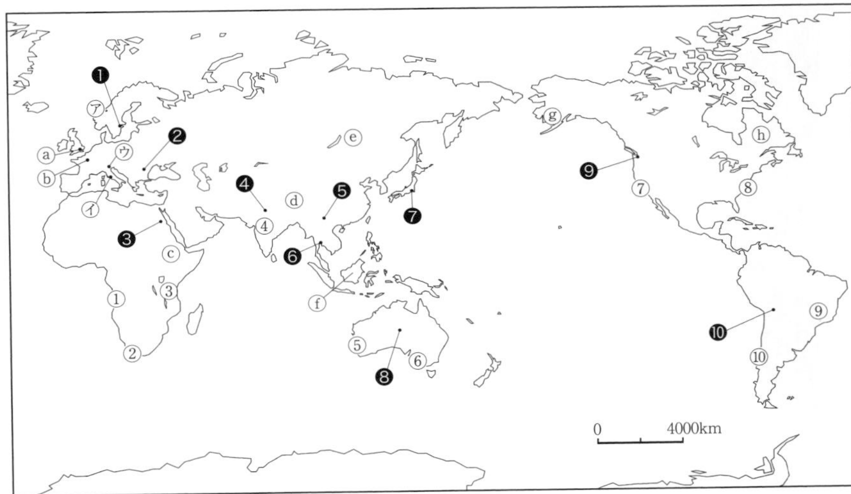

A．次の表は，世界の四つの都市の気温と降水量のデータである。表中の 1 ～ 4 それぞれに当てはまる都市を，地図中の都市❶～❿から一つずつ選べ。

都市	区分	1月	2月	3月	4月	5月	6月	7月	8月	9月	10月	11月	12月	年
1	気温	28.9	28.0	25.2	20.0	15.7	12.2	11.9	14.6	19.0	22.8	25.9	28.0	—
	降水量	39.3	45.5	50.7	16.9	19.7	14.8	15.3	9.9	12.0	24.8	29.6	41.3	319.6
2	気温	8.1	10.0	13.3	16.7	19.1	20.0	19.9	19.5	17.9	15.6	11.7	8.3	—
	降水量	14.5	17.0	19.9	25.1	93.9	185.4	204.4	205.4	121.5	75.9	43.5	10.7	1,017.2
3	気温	5.8	6.1	8.9	14.4	18.7	21.8	25.4	27.1	23.5	18.2	13.0	8.4	—
	降水量	48.6	60.2	114.5	130.3	128.0	164.9	161.5	155.1	208.5	163.1	92.5	39.6	1,466.7
4	気温	14.2	16.9	22.3	28.6	32.7	33.4	30.9	29.9	29.4	26.1	20.6	15.5	—
	降水量	20.8	20.9	14.1	10.5	22.7	79.4	219.2	242.8	119.1	17.6	3.6	8.4	779.1

データは，1971年から2000年の30年間の平均値，気温は℃，降水量は㎜で示してある。
国立天文台編『理科年表2005』により作成。

B．次の２枚の写真は，地図中の㋐の海上から撮影したものである。これらの写真を参照し，下記の問１・２に答えよ。

1．この地形の名称を記せ。

2．この地形の成因と特徴を２行で記せ。（１行は25字程度）

C．地図中の㋑の地点は，地中海性気候区に含まれる。この気候区と同じ地中海性気候区の地域を，地図中の地域①～⑩から五つ選び，その番号を記せ。

D．次の文は，ある地形を説明したものである。この地形の見られる場所を，地図中のⓐ～ⓗから二つ選べ。順序は問わない。

「緩傾斜した硬岩層と軟岩層の互層が，侵食されてできた非対称の断面形を持つ丘陵列をさす地形用語である。」

（二宮書店『地形学辞典』1996年版を一部改変）

E．次の２枚の写真は，地図中のㇷ゚（イタリア北部のドロミテ地方）のある村落（標高，約1,400m）で，夏と冬に撮影したものである。このあたりには大規模なスキー場があり，冬季にはヨーロッパ中から多くのスキーヤーが訪れる。この写真を見ると，手前の斜面Tには集落があり，その周囲の多くは草地になっている。また反対側の斜面Oのほとんどは針葉樹林になっている。

これらの写真を参照し，下記の問１・２に答えよ。

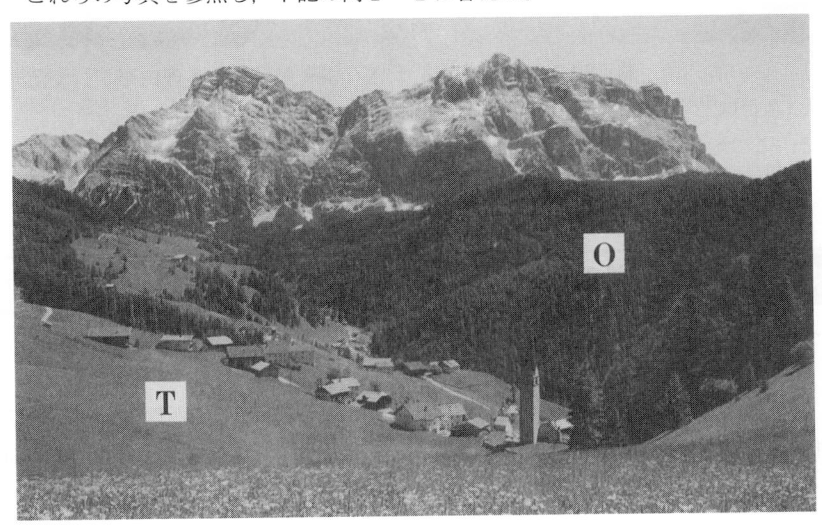

1．このように，斜面により土地利用に大きな相異が見られる理由を1行で記せ。（1行は25字程度）

2．この地域の主な生業を1行で記せ。（1行は25字程度）

92 インド洋の地形・気候（早稲田大）

解答➡ p.197

インド洋に関する以下の文章を読み，あとの問に答えよ。

インド洋の範囲は，南は南極大陸沿岸まで，北はインド亜大陸西側のアラビア海と，東側の（　①　）を含む。東西方向では，アフリカ東岸（世界標準時との時差2時間）からオーストラリア西岸（日本標準時との時差1時間）まで，（　②　）時間の時差がある。

地体構造に注目すると，周囲の陸地は卓状地や楯状地から成るものが多いが，インド洋中央海嶺と，アルプス=ヒマラヤ造山帯の連続である（　③　）諸島などは，㋐プレートの境界部と考えられている。

赤道の南側では年間を通じて（　④　）が卓越するのに対し，北側では冬の（　⑤　）と夏の（　⑥　）が顕著である。また，沿岸の気候帯は熱帯気候と乾燥・半乾燥気候が大半を占めるが，アフリカ大陸東岸に（　⑦　）気候，オーストラリア大陸西岸南端部に（　⑧　）気候の分布が見られる。

インド洋には太平洋と比べると島嶼が少ないが，比較的面積の大きな島嶼国が三つある。これらの3カ国を比較してみよう。

3カ国のうち，A国とB国はマレー系の言語が公用語となっている。また，3カ国とも稲作が盛んであるが，このほかプランテーション農業が行われており，A国ではフランスへの輸出品，C国ではアメリカやイギリスへの輸出品の栽培が盛んである。

問1　空欄①，②に当てはまる地名および数字を答えよ。

問2　空欄③に当てはまる地名を下の語群から選べ。

a．アンダマン　b．コモロ　c．セイシェル

d．モーリシャス　e．モルディブ

問3　空欄④～⑥に当てはまる語のうち正しいものを下記の語群からそれぞれ選べ。

a．偏西風　b．北西季節風　c．北東季節風

d．南西季節風　e．南東季節風　f．北西貿易風

g．北東貿易風　h．南西貿易風　i．南東貿易風

問4　空欄⑦および⑧に当てはまるものをそれぞれ下から選べ。

a．BS　b．BW　c．Cfb　d．Cs　e．Cw

問5　次の表はA～Cの三つの国の宗教別人口比を示したものである。⑨，⑩，⑪はそれぞれ三つの国のうちのどれに当てはまるか，A～Cの記号で答えよ。

	キリスト教	イスラム教	その他
⑨	7	9	84
⑩	41	7	52
⑪	9	86	5

（%）

問6　下線部㋐についての説明で正しいものを一つ選べ。

a．インド洋中央海嶺付近では地震が多発するが，（　③　）諸島付近ではほとんどない。

b．インド洋中央海嶺付近では地震がほとんどないが，（　③　）諸島付近では多発する。

c．インド洋中央海嶺付近ではプレートが収束し，（　③　）諸島付近ではプレートが生産される。

d．インド洋中央海嶺付近ではプレートが生産され，（　③　）諸島付近ではプレートが収束する。

e．インド洋中央海嶺付近では孤状列島が発達し，（　③　）諸島付近には海溝が発達する。

93　人口５千万人～１億人の国（青山学院大） 解答➡p.199

人口が５千万人から１億人までの国々に関する次の文を読み，以下の問に答えよ。

次ページの表は，2006年の人口が５千万人以上，１億人以下の国々を示している。参考のため，各国の面積（2005年），国民総所得（GNI，2006年），国民１人当たりGNI（2006年）も示した。表中にある12カ国のうち，５カ国はアジア地域に，４カ国はヨーロッパ地域に，３カ国はアフリカ地域に属する。なおアジアとヨーロッパの境界は，一般的なものを用いた。すなわち，ユーラシア大陸西部を南北に走る（　ア　）山脈から，その南西にある世界最大の湖である（　イ　），そしてマルマラ海と（　ウ　）海に挟まれたボスポラス海峡を結ぶ線をアジアとヨーロッパの境とした。表中のトルコは，この境界に従うと国土の一部がヨーロッパに属するが，ここではアジアの国として数えた。

アジア地域に属するのは，上述のトルコのほかに，フィリピン，ベトナム，Ｄ国，Ｅ国である。このうちフィリピン，ベトナム，Ｅ国は$_{1}$<u>東南アジア諸国の経済を開発し域内の平和・安定をめざす組織</u>の加盟国である。ベトナムとＥ国は，両国の間に別の国々が存在するものの距離的には比較的近い。Ｄ国はアジア地域西部に位置し，石油収入に依存した経済という点が特徴である。フィリピンは典型的な島嶼国家である。

ヨーロッパ地域に属するのは，Ａ国，Ｇ国，Ｈ国，Ｉ国である。このうちＡ国とＧ国は，陸上で国境を共有し隣国関係にある。Ｇ国とＩ国も同様である。Ａ国とＩ国の間には，別の国々が存在する。表に挙げたヨーロッパ４カ国の中で石油生産量が一番多いのはＨ国である。

アフリカ地域に属するのは，Ｂ国，Ｃ国，Ｆ国である。この３カ国のうち，国土全体が北半球にあり，$_{2}$<u>回帰線</u>が通るのはＣ国のみである。Ｂ国には，青ナイル川の源流をなすタナ湖がある。Ｆ国はコバルト鉱の産出国として有名で，2006年の産出量は世界全体の41.5％を占めるほどである。

国	人口（千人）	面積（千km²）	国民総所得（GNI，百万ドル）	国民１人当たり GNI（ドル）
フィリピン	86,973	300	120,190	1,390
ベトナム	84,156	332	58,506	700
A 国	82,370	357	3,032,617	36,810
B 国	75,067	1,104	12,874	170
C 国	73,672	1,002	100,912	1,360
トルコ	72,974	784	393,903	5,400
D 国	70,603	1,648	205,040	2,930
E 国	65,306	513	193,734	3,050
F 国	62,636	2,345	7,742	130
G 国	61,353	552	2,306,714	36,560
H 国	60,587	243	2,455,691	40,560
I 国	58,880	301	1,882,544	31,990

面積は2005年の値。他は2006年の値。なおＦ国の人口は2007年の値。

出所：『世界国勢図会2008/2009』

問１　Ａ～Ｉ国の国名を答えよ。国名は通称でよいが，通称では特定できない場合には正式名称を記すこと。

問２　文中の空欄ア～ウに入れるべき語を記せ。

問３　下線部１の組織名の略称をアルファベットの大文字で答えよ。

問４　「自転軸」という語を用いて，下線部２の語を簡潔に説明せよ。

94　民族問題（慶應義塾大）

解答➡ p.201

次の文章を読み，あとの設問に答えなさい。

現代の国際社会がかかえる課題の一つに民族問題がある。［(1)(2)］共和国の南部に位置するコソヴォ自治州を巡る紛争や，［(3)(4)］のツチ族とフツ族の対立などは，近年注目を集めている例であろう。近代の西ヨーロッパでは，(ア)一つの民族が一つの国家をつくることを理想とする考え方が発展した。しかし，現実にはいずれの国も複数の民族で構成されている。例えば，ベルギーはオランダ系の［(5)(6)］人とフランス系の［(7)(8)］人を主要民族とする国であり，スペインには北東部の地中海沿岸地域に居住する［(9)(10)］人など複数の民族が存在する。

その背景は，領土拡張，移民，人為的な国境線画定など様々である。アメリカ合衆国の場合は，北西ヨーロッパからの移民だけではなく，[(11) (12)]農業の労働力を担ったアフリカ系住民，[(13) (14)]語圏出身の(イ)ヒスパニックなど多様な民族の流入があった。さらに，開拓による西方への拡張は，先住民の居住地をも包摂するようになった。戦争を契機に[(15) (16)]からカリフォルニア，スペインからカリブ海の[(17) (18)]を獲得したことも挙げられる。インドネシアは，[(19) (20)]領東インドがもとになった国家である。この植民地はもともと多民族であった上，(ウ)中国系住民の流入も多かった。

民族問題が深刻になるのは，民族間に様々な格差や差別が存在する場合である。旧ユーゴスラビア分裂の背景には，南北の経済格差があったことが指摘されている。オーストリアと国境を接し，2004年には（　あ　）への加盟も果たしている[(21) (22)]共和国は，連邦時代から工業化が進み，ギリシャと国境を接する[(23) (24)]共和国との間には大きな経済格差があった。2005年には，前者の１人当たりの総国民所得は後者の約６倍となっている。アメリカ合衆国では，奴隷制廃止後も雇用，教育，選挙などの面でアフリカ系住民への差別が存続し，1950年代からは差別撤廃を求める（　い　）運動が展開された。

民族間対立が激化すると，多数の難民が発生する。その保護や人道的支援は，国連難民高等弁務官事務所や(エ)非政府組織などが行っている。さらに，国際的な協力や(オ)国際司法裁判所の役割も重要である。

国際的な協力体制だけではなく，国内での努力も欠かせない。その一つが，経済などの格差是正を目的として，不利な状態にある民族を雇用や教育面で積極的に優遇する方策であり，これはアメリカや(カ)マレーシアなどで採用されてきた。しかし，この方法は，それまで優位にあった民族の不満を生みやすい。とくに教育面での優遇策は，アメリカでは訴訟の対象になり，マレーシアでは中国系住民の流出を招いた。

カナダでも，フランス語系住民が多数派である[(25) (26)]州では，フランス系企業の優遇策やフランス語を唯一の公用語とする政策が採用されたため，英語系の住民や企業の州外への転出が生じた。これらの優遇政策の背景には，政府機関などでは英語が実質的な使用言語であり，経済的にはアメリカ合衆国と密接な関係があるために，英語系住民が有利であったという事情がある。州別に見ても，最も工業化が進んでいるのは，英語系住民が多く，合衆国の五大湖沿岸の工業地帯に近い[(27) (28)]州である。[(25) (26)]州の政策に対して連邦政府は，英語とフランス語の双方を公用語とする融和政策を打ち出した。しかし，二言語政策にはアジアとの関係が深い太平洋岸の[(29) (30)]州や，その東に隣接し，化石燃料などの資源開発によって経済成長がめざましい[(31) (32)]州など，非英仏系住民が多い西部諸州の意見は十分には反映されていない。また，先住民に対する配慮も必要不可欠であり，多様性を重視する意味からも，連邦政府はさらなる(キ)共存政策を採用するに至った。

問1　文中の空欄[(1) (2)]～[(31) (32)]に当てはまる最も適当な語句をそれぞれ下の語群から選べ。

《語群》

11　アルバータ　12　アンゴラ　13　アンダルシア　14　イギリス
15　イタリア　16　エスタンシア　17　オランダ　18　オンタリオ
19　カタルーニャ　20　カルガリー　21　グアテマラ　22　ケベック
23　コスタリカ　24　サスカチュワン　25　ジャマイカ　26　スペイン
27　スロバキア　28　スロベニア　29　セルビア　30　ソマリア
31　トロント　32　ヌナブト　33　ハイチ　34　バスク
35　ヴァンクーヴァー　36　ビニールハウス　37　プエルトリコ
38　フラマン　39　フランス　40　プランテーション
41　ブリティッシュコロンビア　42　ブルトン　43　ボスニア
44　マケドニア　45　マニトバ　46　メキシコ　47　モンテネグロ
48　ルワンダ　49　レトロマン　50　ワロン

問2　文中の空欄（あ）および（い）に当てはまる最も適当な語句を答えよ。

問3　文中の下線部(ア)のような考え方に依拠した国家のことを何というか，答えよ。

問4　文中の下線部(イ)に関連して，キューバ系住民が最も多く居住している州の名前を答えよ。

問5　文中の下線部(ウ)に関連して，以下の表は，2004年の東南アジア5カ国（インドネシア，シンガポール，タイ，ブルネイ，マレーシア）における中国系住民の推定人口と，その各国の全人口における割合を示したものである。このうち，インドネシアに相当する組合せとして最も適当なものを選べ。

番号	中国系住民の人口	中国系住民の割合
1	725.4万人	11.2%
2	611.5万人	26.0%
3	746.3万人	3.1%
4	4.0万人	11.2%
5	265.0万人	76.0%

出所：僑務統計年報（2004年版）など

問6　文中の下線部(エ)のアルファベットの略語を答えよ。

問7　文中の下線部(オ)の本部が所在する都市の名前を答えよ。

問8　文中の下線部(カ)に関して，この国のマレー人優先政策を一般に何というか，答えよ。

問9　文中の下線部(キ)の共存政策のことを何というか，答えよ。

95 人口と水および食料（立命館大）

解答➡ p.205

人口と水および食料に関する次の文をよく読んで，〔1〕～〔9〕の問に答えよ。

旧大陸から新大陸への移民などの国際的な人口［ A ］は，世界の人口分布に大きな影響を与えてきた。17世紀以降には，(a)中国の沿海部から東南アジアへ移民が始まった。また，20世紀後半には，医療の普及と高い出生率により，発展途上国で人口［ B ］と呼ばれる急激な人口増加があった。そのため，人口抑制がこれらの国々の課題となり，例えば中国では，子どもの出生数を制限する［ C ］政策が採用された。

第二次世界大戦後，多くの西欧諸国は社会保障制度を充実させ，［ D ］国家の建設をめざした。社会が豊かになると，１人の女性が一生の間に出産する子どもの数の平均を示す［ E ］出生率は，次第に低下した。(b)先進国では高齢化が進み，さらに，(c)労働力不足などの問題も起こった。このように，世界には人口増減の型が，多産多死から少産少死へと変化する人口［ F ］が起こった国もある。他方では，依然として(d)人口増加率が高い国もあり，(e)近年の人口動向は国によって異なる。

人間の生活には食料と水が必要であり，(f)人間の常住地は，食料生産の限界地を克服することで拡大してきた。例えばオーストラリアなどでは，不透水層の間にある透水層中の［ G ］地下水を利用することで，農業地域が拡大した。このように，人間は(g)水資源の確保に努力してきた。

産業革命以降，工業が発達して都市に人口が集中すると，農産物の販売を主な目的とする［ H ］的農業が拡大した。このような農業は，西欧諸国で発達した。その後，第二次世界大戦が終わると，世界の食料および農産物の増産と分配の改善などを目的として，［ I ］が国連の専門機関として設立された。単一の商品作物に依存する発展途上国では，主食等の増産による農業の［ J ］化が政策課題となっている。(h)食料の自給は，発展途上国ばかりでなく，先進国でも課題となっている。

〔1〕 文中の［ A ］～［ J ］に当てはまる最も適切な語句を答えよ。

〔2〕 下線部(a)に関して，中国のほかにインドからも東南アジアやインド洋周辺地域へ多くの移民が進出した。そのような人々は何と呼ばれるか，答えよ。

〔3〕 下線部(b)に関して，高齢社会とは，全人口に占める老年人口の割合が何％以上の社会をさすか，最も適切な数値を答えよ。

〔4〕 下線部(c)に関して，15歳以上65歳未満の人口を何というか，答えよ。なお，発展途上国では，15歳以上60歳未満をさすことが多い。

〔5〕 下線部(d)に関して，次の表は2000年現在の年平均人口増加率などを示している。表中の（イ）と（ロ）に当てはまる最も適切な国名を，下から一つずつ選べ。

国名	人口増加率（%）	年少人口比率（%）	老年人口比率（%）
（イ）	0.3	14.6	17.3
スウェーデン	0.4	18.4	17.3
フランス	0.4	18.6	16.3
インド	1.9	34.1	4.9
バングラデシュ	2.2	37.5	3.4
（ロ）	3.0	45.5	2.8

㋐　エチオピア　㋑　オランダ　㋒　カナダ　㋓　韓国　㋔　トルコ

㋕　日本　㋖　フィリピン　㋗　ベトナム

〔6〕　下線部(e)に関して，次の表はいくつかの国の人口の推移を示している。表中の（ハ）と（ニ）に当てはまる最も適切な国名を下から一つずつ選べ。

国名	1996年（100万人）	2005年（100万人）
（ハ）	269.4	296.4
（ニ）	148.2	143.4
メキシコ	95.1	103.3
イタリア	56.9	58.6

㋐　アメリカ合衆国　㋑　インドネシア　㋒　エジプト　㋓　日本

㋔　パキスタン　㋕　ブラジル　㋖　ロシア

〔7〕　下線部(f)に関して，人間が常住し，生活を営んでいる地域は何と呼ばれるか，最も適切な語句をカタカナで答えよ。

〔8〕　下線部(g)に関して，水資源の確保は年間降水量と密接に関連している。年間降水量が最も少ない都市を次の中から一つ選べ。

㋐　ローマ　㋑　テヘラン　㋒　ジャカルタ　㋓　ペキン（北京）

〔9〕　下線部(h)に関して，次の表はいくつかの国における米・小麦・肉類3品目の自給率を示している。表中の（ホ）と（ヘ）に当てはまる最も適切な国名を，下の中から一つずつ選べ。

2003年。%

国名	米	小麦	肉類
（ホ）	198.4	0.1	131.5
インドネシア	97.9	0.0	98.7
ギリシャ	93.5	70.2	51.9
イラン	66.2	86.2	98.3
イギリス	0.0	102.2	65.9
（ヘ）	0.0	108.5	408.5

㋐　オランダ　㋑　スペイン　㋒　タイ　㋓　デンマーク　㋔　トルコ

㋕　フィリピン　㋖　フランス　㋗　マレーシア

96 地形図・立体図・断面図（北海道大） 解答➡ p.208

国土地理院発行の地形図（一部改変）および統計資料のグラフなどに関する設問に答えよ。　（地形図は，本誌での掲載に当たって，原寸の90％に縮小しています：編集部）

問1　立体図1〜3は，地形図A〜Cの鳥瞰図である。各立体図は，地形図のいずれの地点から見たものか，**立体図1**については**地形図A**の地点a〜cから，**立体図2**については**地形図B**の地点d〜fから，**立体図3**については**地形図C**の地点g〜iから，それぞれ一つ選び，記号で答えよ。ただし，各地点の矢印は眺める方向を示しており，立体図は標高3,000m程度から見た景観である。

問2　地形図A〜Cに関する下記の文章を読み，空欄［ 1 ］〜［ 3 ］に適する語を答えよ。

地形図Aの御鉢平と**地形図C**の穂高岳を比較すると，いずれも山頂付近に大きな凹地がみられる。しかし，両者の成因には大きな違いがある。御鉢平の凹地は，火山地形の一種であり，箱根山や阿蘇山と同じく，爆発や陥没などにより形成された［ 1 ］である。**地形図C**の穂高岳の凹地は，木曽山脈や日高山脈などでも見られるように，山地谷頭部や山陵直下において氷河の侵食によって形成された［ 2 ］である。このような氷河地形の一種として，山頂が周囲を氷河によって削り取られることにより，ピラミッド状に孤立した岩峰を形成することがある。アルプス山脈などで見られるこの地形は［ 3 ］と呼ばれる。

立体図 1

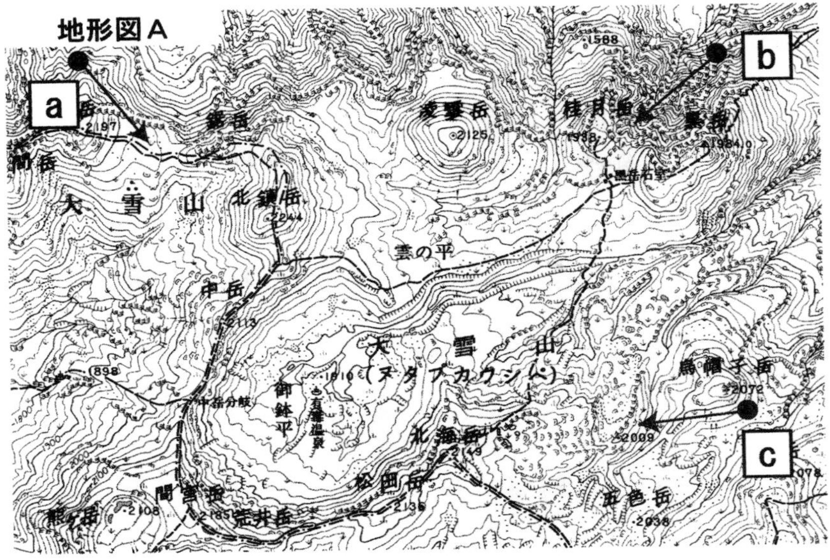
地形図Ａ
a
b
c
大雪山
北鎮岳
愛別岳
雲の平
中岳
御鉢平
北海岳
間宮岳
松田岳
荒井岳
熊ヶ岳
烏帽子岳
赤岳
白雲岳
中岳分岐

立体図２

20
論述問題

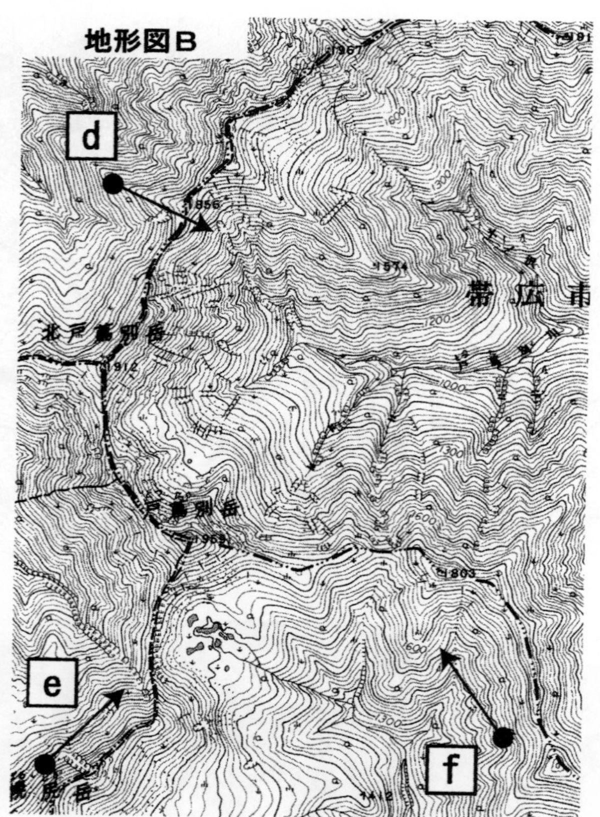
地形図B
d
1967
1856
1574
帯広市
北戸蔦別岳
1912
戸蔦別岳
1959
1803
e
f
1412

立体図３

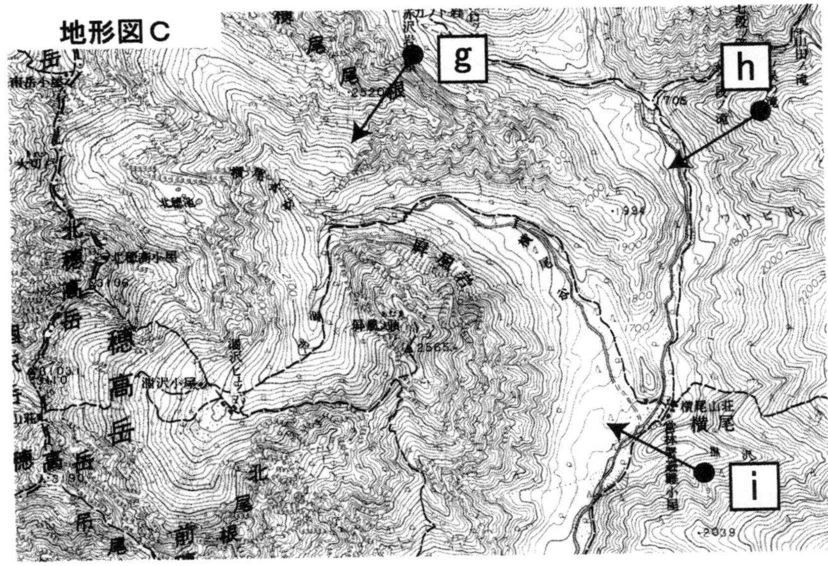

地形図Ｃ

問3　地形図Dの地点X（すがたみ駅）から地点Y（あさひだけ駅）にかけてのロープウェイに沿った地形の断面図として正しいものをグラフ1～4から一つ選択せよ。

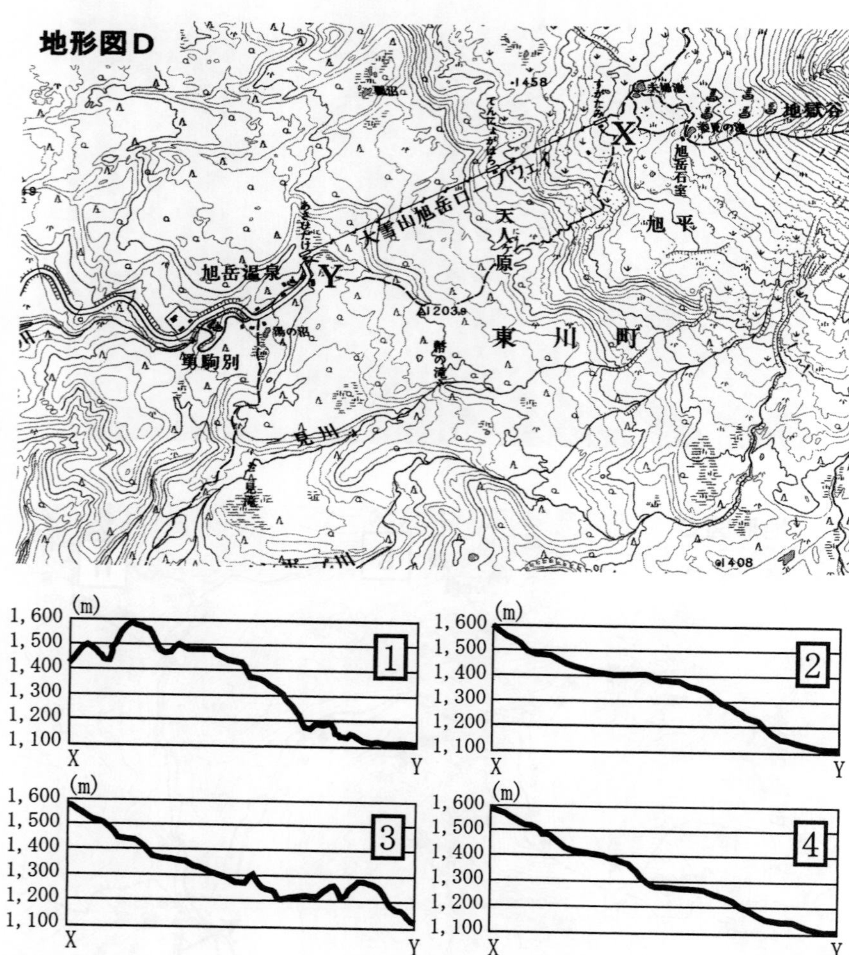

問4　地形図Eに見られる水域は，海か湖か答えよ。また，そのように判断した理由を述べよ。(60字程度)

問5　地形図F（85%縮小）に見られる集落が立地している場所の特徴を，地形との関係から説明せよ。(90字程度)

問6　地形図Fにおける農地と地形との関係を説明せよ。(90字程度)

地形図E

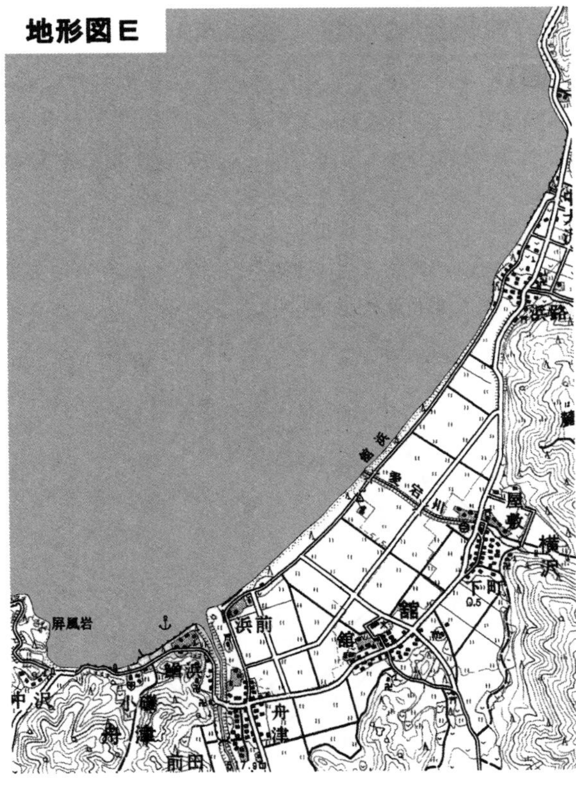
屏風岩
浜路
屋敷
横沢
下町
館
浜前
舟津
中沢
前田

地形図F

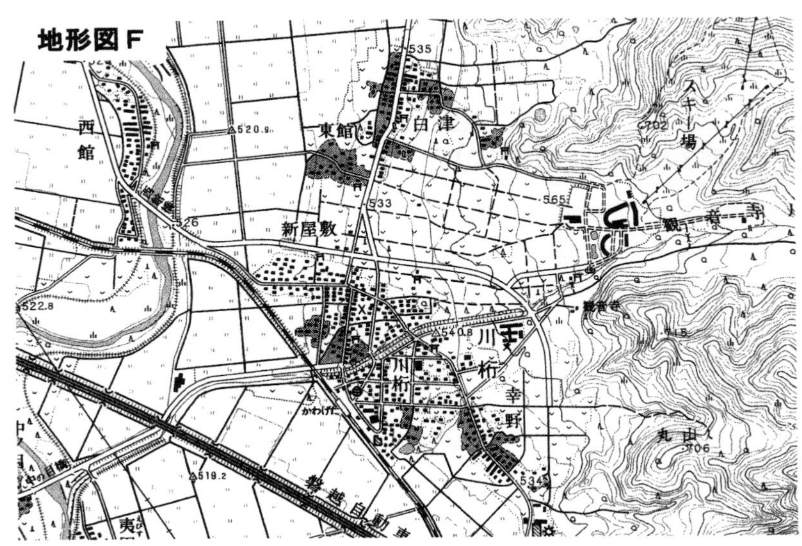
535
西館
△520.9
東館
白津
スキー場
702
533
565
新屋敷
観音寺
526
522.8
△540.8
川桁
かわげた
幸野
丸山
706
△519.2
534

97 大気の大循環と陸地（筑波大） 解答➡ p.214

次の問に答えよ。

次の図は大気大循環の模式図で，赤道上空から見た地球と，その外側には対流の鉛直断面を示している。地球上にもし陸地がなく，地球がすべて海で覆われている水惑星であったとすると，大気大循環の特徴は図のようになるが，実際には大陸が存在するので，これとは大きく異なってくる。海陸分布の影響を受けて実際の大気大循環はどのように異なるか，具体例を挙げて400字以内で述べよ。

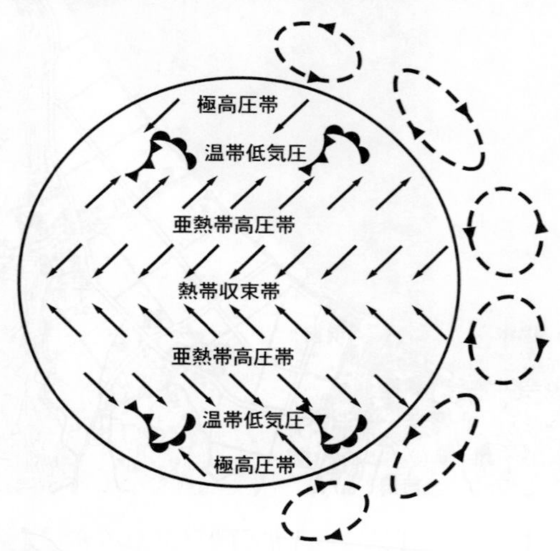

98 水資源量（京都大） 解答➡ p.216

次の文章を読み，下の問に答えよ。

次ページの地図は，各国１人当たりの水資源賦存量（ふぞんりょう）（国内の降水量から蒸発散量を差し引いた値）を，1,000m³未満，1,000m³以上～3,000m³未満，3,000m³以上～10,000m³未満，10,000m³以上の四つに区分して示したものである。また，表は，地図中に実線で囲んだ６カ国の統計を示したものであり，e～gは生活・農業・工業のいずれかの用途に該当する。これらの地図と表を見て，次の問(1)～(6)に答えよ。字数制限のある問については，句読点も字数に含めよ。

問

(1) 地図中の**あ**～**え**のうち，①1,000m³未満と，②3,000m³以上～10,000m³未満に該当するものを，それぞれ選べ。

(2) 表中の**B**と**D**に該当する国名をそれぞれ答えよ。また，**f**に該当する用途を，生活・農業・工業のなかから選べ。

(3) 日本では20世紀後半より，いくつかの現象が原因となって地下水の利用が制約される事態が生じた。その現象を二つ挙げよ。

(4) 「改善された水源」(公共の水道ないし安全な地下水・湧水(ゆうすい)・雨水貯留)の乏しい地域では，水の運搬に労力を要するばかりでなく，大きな問題が生じやすい。それはどのような問題か，30字以内で答えよ。

(5) 表中の**A**国や**C**国では，灌漑(かんがい)された農地がある現象によって荒廃する景観が見られる。その現象とは何か，答えよ。また，灌漑の進展に伴い，**C**国と隣国の国境に位置する湖にどのような問題が生じ，そしてその結果，湖の周囲の産業にはどのような影響が生じたか，40字以内で答えよ。

(6) 水を多量に使用する工業にビール醸造業がある。日本の場合，ビール醸造業はどのような立地条件を最も強く指向しているか，下の**ア**～**オ**の選択肢から一つ選んで記号で答えよ。また，その立地条件が指向される理由は何か，30字以内で答えよ。

ア 原料指向　　**イ** 労働力指向　　**ウ** 市場指向

エ 臨海指向　　**オ** 臨空港指向

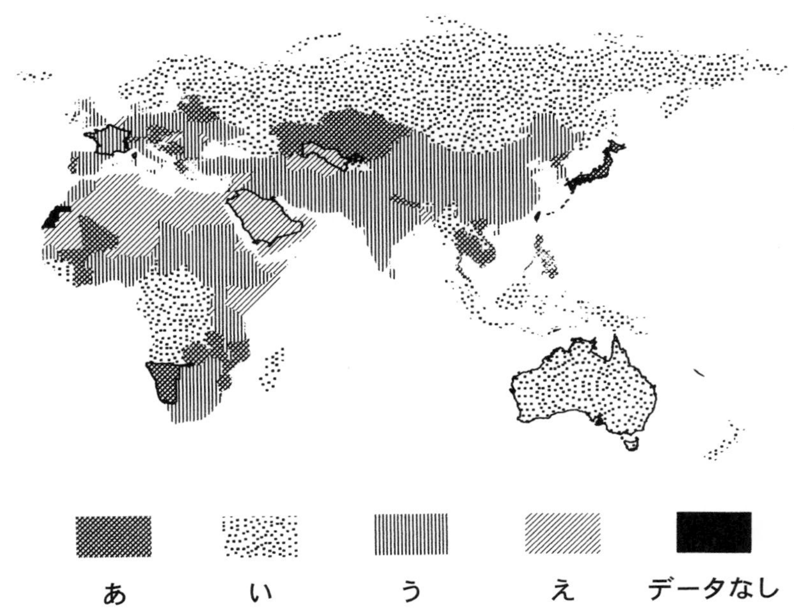

	日本	フランス	A国	B国	C国	D国
改善された水源を利用している人口の割合（%）	—	—	100	95	85	77
1年間の1人当たり地下水取水量（m^3）	101	104	143	899	334	—
塩水・廃水の淡水化能力（千m^3/日）（1996年）	638	29	82	5,006	31	1
1年間の1人当たり水使用量（m^3）						
e	124	502	125	10	48	7
f	435	66	941	758	2,185	96
g	137	106	184	83	111	50
農地の総面積に占める灌漑面積の割合（%）	65	10	5	42	88	1

注）「改善された水源」とは，公共の水道ないし安全な地下水・湧水・雨水貯留を意味する。―は統計が作成されていない項目である。

資料：地図・表ともに『水の世界地図』。数値は特に注記のあるものを除き，いずれも2000年。

99 日本の産業と人口（東京大）

解答➡p.219

日本の産業と人口の変化に関する以下の設問A～Cに答えなさい。

設問A

次ページの表1は，日本の産業部門から七つを取り上げ，それぞれの産業の従業者数の変化と上位3都道府県を示したものである。

(1) 表1中の（　a　）～（　e　）は，医療業，宿泊業，情報サービス業，食料品製造業，輸送用機械器具製造業のいずれかである。（　a　）～（　e　）に該当する産業名を，それぞれa－○のように答えなさい。

(2) 表1で，2001年～2006年の従業者数の変化を見ると，社会保険・社会福祉・介護事業では大幅な増加が見られたのに対し，総合工事業では大幅な減少が見られた。こうした対照的な変化が生じた理由について，2行以内で述べなさい。（1行は30字）

表1

産業名	2006年の全国の従業者数（千人）	2001年～2006年の従業者増減数(千人)	2006年		
			第1位	第2位	第3位
（a）	3,266	264	東京 (10.4)	大阪 (7.9)	神奈川 (5.8)
社会保険・社会福祉・介護事業	2,222	800	東京 (10.4)	大阪 (7.0)	神奈川 (6.1)
総合工事業	2,014	−504	東京 (8.9)	北海道 (6.0)	大阪 (5.5)
（b）	1,248	−80	北海道 (7.3)	東京 (5.9)	愛知 (5.6)
（c）	1,074	47	愛知 (24.8)	静岡 (10.8)	神奈川 (8.0)
（d）	962	124	東京 (49.9)	大阪 (9.3)	神奈川 (8.7)
（e）	755	−70	東京 (8.9)	北海道 (6.5)	静岡 (5.0)

総合工事業は，各種の建築・土木工事業をさす。都道府県名の後の括弧内の数字は，各都道府県の対全国比（%）を示す。『事業所・企業統計調査』による。

設問B

下の表2は，三大都市圏内のA県と地方圏のB県を取り上げ，2000年と2005年の2時点における市と町村の数を人口規模別に示したものである。2000年から2005年にかけて，A県ではほとんど変化が見られなかったのに対し，B県では町村の数が減少し，市の数が増加している。こうした違いが生じた理由として考えられることを，下記の語句をすべて用い，3行以内で述べなさい。語句は繰り返し用いてもよいが，使用した箇所には下線を引くこと。（1行は30字）

公共サービス　　財政　　年齢構成

表2

人口規模（千人）	三大都市圏内のA県				地方圏のB県			
	2000年		2005年		2000年		2005年	
	市	町・村	市	町・村	市	町・村	市	町・村
100以上	14		15		1		1	
50～99	4		2		1		4	
30～49	1	6	2	5	4	1	5	
10～29		10		11	1	16	2	8
5～9		1		1		15		5
5未満		1		1		25		11
合計	19	18	19	18	7	57	12	24

『国勢調査』による。

20 論述問題

設問C

下の図1は，日本のある大都市圏の，都心，郊外，両者の中間に位置する三つの市区を取り上げ，1980年～2005年の生産年齢人口（15～64歳）の推移を示したものである。同じく図2は，老年人口（65歳以上）の推移を示したものである。これらの図を見て，以下の小問に答えなさい。

(1) 図中の**ア**～**ウ**は，都心，郊外，中間のいずれに当たるか。それぞれ**ア**－○のように答えなさい。

(2) 都心と郊外の市区における，生産年齢人口および老年人口の推移の特徴を，住宅供給の経緯と関連づけて4行以内で説明しなさい。（1行は30字）

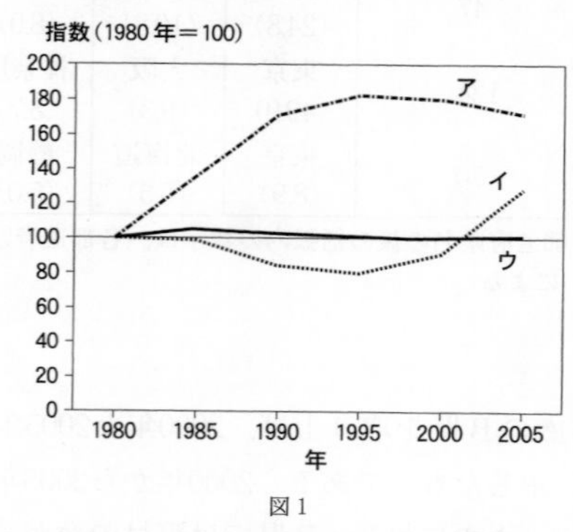

図1

縦軸は生産年齢人口（1980年を100とする指数）。

『国勢調査』による。

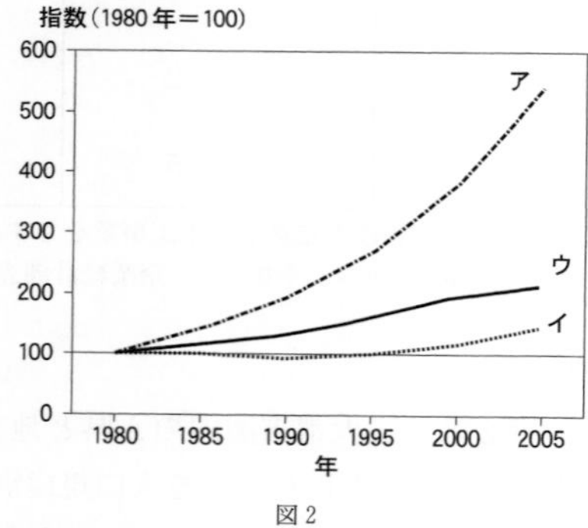

図2

縦軸は老年人口（1980年を100とする指数）。

『国勢調査』による。

100 工業立地（一橋大）

解答➡ p.222

工業立地について，次の問に答えなさい。

ドイツの経済地理学者，アルフレート・ウェーバーにならい，次の前提によって工場の立地を考えてみよう：

1．工場で生産される製品は1種類だけ。

2．原料は，産出が空間的に均等か1点に集中しているかによって普遍原料と局地原料に分類され，また，局地原料は，生産過程において重量が変化するかどうかによって，純粋原料・重量減損原料に分類される。市場は1点の市場地にある。

3．局地原料産地と市場地それぞれの位置は，平面上に点として固定。局地原料産地と市場地の分布以外について，空間は均質。
4．原料ならびに製品の輸送費が基本的な立地因子（立地を決定する要因）であり，輸送費は原料・製品の重量と輸送距離との両者に正比例。
5．他の条件が等しいとすれば，輸送費最小の地点が工場の最適立地点。

最適立地点を決定するに当たっては，原料と製品それぞれについての輸送費が同じ点を結んだ「等輸送費線」という手法を用いることが多い。**図**は，一つの重量減損原料と，一つの純粋原料を１トンずつ使用して１個当たり1.5トンの製品を作る工場の立地について，この手法を示したものである。重量減損原料産地，純粋原料産地と市場地はそれぞれ**図**に示す１点である。このとき，製品１個当たりに必要な原料の等輸送費線は，**図**の平面上に，重量減損原料産地および純粋原料産地それぞれを中心とする細い線で描いた２組の同心円として示される。できあがった製品１個当たりの等輸送費線は，市場地を中心とする細い線で描いた１組の同心円として示される。同心円上の数字は，輸送費を金額で示すものである。太い線は，平面上の各位置における三つの等輸送費線の輸送費を合計し，その値が等しい点を結んだ「等総輸送費線」である。等総輸送費線が最小の地点を求めることにより，輸送費が最小となる最適立地点が決定される。**図**の場合，P 市が400円で最小総輸送費地点である。

問１　輸送費のみを立地因子として考慮するとき，生産過程が次の①～⑤の性質を持つ場合，工場はどこに立地するか。以下の選択肢ア～オから，可能な地点をすべて選んで，それぞれの場合につき該当する記号を記しなさい。解答は，丸付き数字と記号とを⑥＝カのように並べて記すこと。

①　一つの普遍原料のみ使用する場合。
②　一つの純粋原料のみ使用する場合。
③　一つの重量減損原料のみ使用する場合。
④　一つの純粋原料と一つの普遍原料を使用する場合。
⑤　産出地点が異なる二つの純粋原料を使用する場合。

ア　純粋原料産地。
イ　重量減損原料産地。
ウ　市場地。
エ　純粋原料産地と市場地をつなぐ直線上の地点。
オ　重量減損原料産地と市場地をつなぐ直線上の地点。

問2 図において，いま，A市，B市，C市それぞれが，自市への立地を促進するため，企業への補助金を支給する政策をたてた。各市はそれぞれ，製品1トン当たりいくらの補助金を企業に支給すれば，P市と同等の条件にたてるか。各市別に，数字で答えなさい。輸送費と補助金額以外の条件は，すべて等しいものとする。解答は，市名と補助金をD市＝100円のように記すこと。

問3 甲社は，従来使用してきた重量減損原料の代わりに，普遍原料を使って同じ製品を生産できる新技術開発に成功した。純粋原料のほうは，従来のまま使用する。1個当たりの製品の重さは変わらない。甲社は，図上で，A市，B市，C市をこの新技術を採用した新工場の候補地として検討している。この3市のうちどれを立地点とするのが最適か。記号で解答し，そのように解答した理由を説明しなさい。この場合，各市とも補助金は提供せず，他の条件はすべて等しいものとする。(200字以内)

図

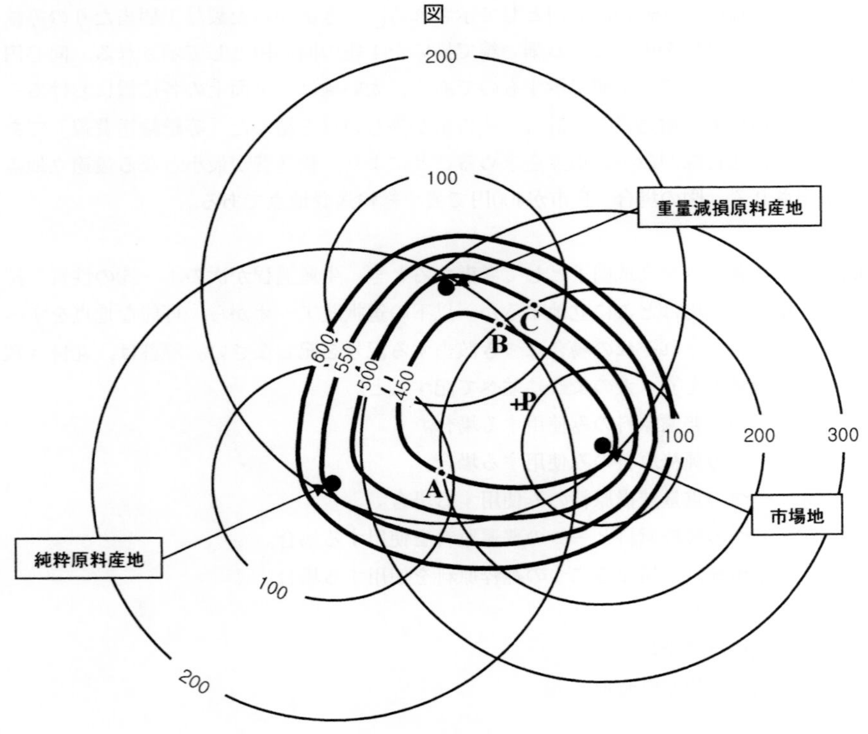

Z-KAI
実力をつける
地理
100題
解答編
改訂第3版
Z会出版編集部編
GEOGRAPHY

Z-KAI

Z会出版編集部編

目　次

解答編

1　地形／海洋・陸水

1　大地形

解答

問1　3：7　問2　(1)　ウ　(2)　エ
問3　(1)　エ　(2)　残丘（モナドノック）　(3)　メサ，ビュート
(4)　ケスタ　問4　スカンディナヴィア山脈
問5　環太平洋造山帯，アルプス=ヒマラヤ造山帯
問6　(1)　セントラルヴァレー（カリフォルニア盆地）　(2)　カリブ海
(3)　タリム盆地　問7　(1)　ア　(2)　エ　(3)　ウ
問8　大陸棚　問9　c－エ　d－オ

ここでは… 地球表面を巨視的に捉えたときの山地や平地，海底地形などについて把握する。

解説

問1　陸地と海洋の面積比は3：7で，陸地が約1.5億km²，海洋が約3.6億km²である。

問2　陸地の約3分の2は**北半球**に分布し，南極大陸を除き，大陸の形は北を上にすると逆三角形である。10°ごとの緯度帯で見ると，北緯40°～70°，南極大陸のある南緯70°～90°で陸地の方が割合が高い。半球別の陸地と海洋の面積比は，北半球が約2：3，南半球が約1：4である。

問3　(1)　メキシコ高原は新期造山帯に属する。

(2)　先カンブリア時代に造山運動を受け，その後は緩やかな隆起や沈降のみで，侵食され続けてきた最古の陸地が**安定陸塊**である。安定陸塊は，ブラジル高原・ギアナ高地・デカン高原・オーストラリア大陸やアフリカ大陸の大部分などを総称した**ゴンドワナ大陸**や，ラブラドル高原のあるカナダ楯状地，北ヨーロッパのバルト楯状地に分布している。**安定陸塊の中心部**にあって，先カンブリア時代の岩石が地表に現れているところが**楯状地**で，侵食が進み**準平原**となっているところが多い。準平原上にあり，侵食から取り残された先カンブリア時代の岩石から成る部分を**残丘**と呼ぶ。なお，別解のモナドノックは，残丘

▼安定陸塊の地形

のモデルとなったアメリカ合衆国の山の名でもある。

(3)・(4) 先カンブリア時代の地層の上に古生代・中生代の地層がほぼ水平に堆積し，台地や平原となっているところが**卓状地**であり，侵食平野の一つである構造平野となっているところが多い。世界の大平野である**東ヨーロッパ平原**や北アメリカの**中央平原**などが代表例。構造平野で，侵食に取り残され平坦な頂面を持つ地形は**メサ**(メサより小規模なものは**ビュート**)という急斜面の高台になっている。また，構造平野がやや傾いた硬軟の互層から成っている地域には，侵食の差から，硬層が緩やかな傾斜，軟層が急な傾斜となった**ケスタ**という丘陵が分布している。ケスタ地形は，パリ盆地やロンドン盆地が代表例である。

問４　**スカンディナヴィア山脈**の他，ペニン山脈（イギリス）・アパラチア山脈(アメリカ合衆国)・グレートディヴァイディング山脈（オーストラリア）なども古期造山帯の山脈である。

問５　**環太平洋造山帯**と**アルプス=ヒマラヤ造山帯**はインドネシア付近で最も接近している。

問６　新期造山帯は複数列の山脈から成り，山脈の間には高原・盆地・湖などが位置している。

問７　楯状地に多い**鉄鉱石**は約20億年前の植物が光合成で出した酸素と海水中の鉄が化合して沈殿したもの，古期造山帯に多い**石炭**は古生代の大森林が炭化したもの，**石油**は古生物が分解され，液体となり**褶曲した地層**に溜まったものである。

問８　大陸棚は，陸地から続く緩やかな傾斜の海底で，水産資源や鉱物資源に富む。

問９　フィリピン海プレートの周縁となる九州→南西諸島→台湾→フィリピン諸島に沿っても南西諸島海溝やフィリピン海溝などが分布する。

整理しよう！

□安定陸塊は，中心部分の楯状地，古生代・中生代の地層がほぼ水平に堆積した卓状地から成る。

□新期造山帯の環太平洋造山帯，アルプス=ヒマラヤ造山帯は，複数列の山脈から成り，山脈間には高原・盆地・湖などが分布している。

□地表の高い部分（新期造山帯）に近接して，最も深い部分（海溝）が分布している。

2 小地形

解答

問1 a－V b－U 問2 モレーン 問3 ア

問4 (1) スロベニア (2) ウ 問5 (1) 水無川 (2) 天井川

(3) 扇端，扇頂 (4) 灌漑用水路の建設や客土

問6 (1) 蛇行（曲流） (2) 三日月湖（河跡湖）

(3) **微高地** 自然堤防 **低湿地** 後背湿地

(4) **微高地** 集落，畑，道路など **低湿地** 水田

問7 (1) 鳥趾状三角州 (2) イ 問8 (1) ア 根釧台地

イ 三本木原台地 ウ 武蔵野台地 エ 下総台地

オ 牧ノ原台地 (2) i **平坦面** 段丘面 **急斜面** 段丘崖

ii 伊那盆地，天竜川 問9 輪中集落

ここでは… 地表における河川・氷河・風などの侵食や，堆積作用によって形成された小規模な地形について知識を得る。

解説

小地形には，以下のようなものがある。

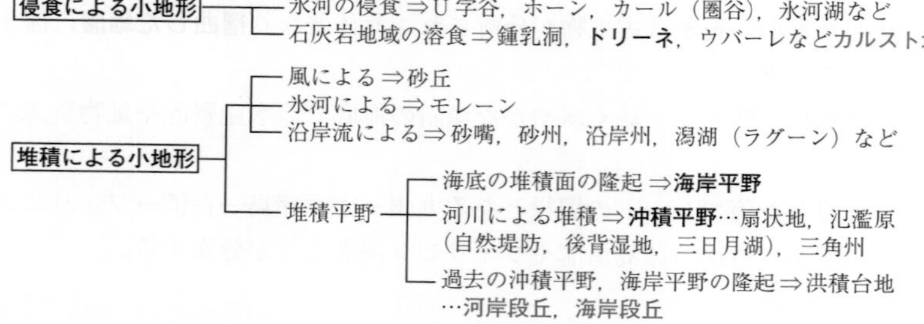

問1 河川の侵食による谷の断面形が**V字形**になるのに対し，侵食力の大きい氷河の谷の断面形は**U字形**になる。

問2 氷河の侵食による砂礫が堆積した地形または堆積物を**モレーン**（堆石）という。氷河による侵食とモレーンの堆積で**氷河湖**が形成される。かつて，大陸氷河に覆われた北アメリカや北西ヨーロッパでは，モレーンの丘陵が分布するやせた土壌の平原が広がっている。

問3 バイカル湖は地溝にできた**断層湖**である。

問4 (1) カルストは石灰岩地形が発達するアドリア海の奥，スロベニアの地方名である。

(2) いずれも中国の観光地であるが，**バーターリン**（八達嶺）は万里長城，**ラサ**（拉薩）はチベットのラマ教の総本山，**サンシャ**（三峡）は長江の峡谷で，巨大ダムで有名になった。正解の**コイリン**（桂林）は南部のコワンシー（広西）壮（チョワン）族自治区に位置する。

問5 (1) 扇状地では堆積している砂礫の粒径がやや粗いので，河川水は洪水時以外，伏流して地下を流れることが多い。これを**水無川**という。

(2) 土砂が堤防内に堆積し，周囲の平野面よりも河床が高くなった河川のことを，**天井川**と呼ぶ。

(3) 河川水が地表を流れる**扇頂**や伏流水が湧き出す**扇端**で水が得やすい。

(4) **灌漑用水路の建設**，田の保水力をつけるために土を入れ替える**客土**などを行い，水田も徐々に見られるようになっている。

問6 (1) 河川が屈曲して流れることを**蛇行**，または**曲流**という。

(2) 平面形態から**三日月湖**，成因から**河跡湖**という。

(3)・(4) 下流部では河川勾配が小さく，洪水で運ばれた土砂は側方に堆積してわずかな高地をつくる。これが**自然堤防**である。洪水後，この高地の外側の河川水は本流に戻れずに**低湿地**となる。これが**後背湿地**である。日本では一般に，自然堤防はやや高燥で，**集落・畑・道路**など，後背湿地は**水田**に利用されている。

問7 (1) 三角州の平面形態は，運搬されてきた土砂の粘性・量や河口付近の沿岸流などの違いにより，**円弧状三角州**（ナイル川）・**鳥趾（ちょうし）状三角州**（ミシシッピ川）・**カスプ状**（尖状）**三角州**（テヴェレ川）などに分類される。

(2) すべての河口に三角州が卓越するわけではない。エルベ川のように河口が沈降しており，土砂の供給量も少ない場合は，河口がラッパ状に開いた**エスチュアリー**（三角江）が見られる。

問8 各台地の位置・広がりを地図帳で確かめておこう。

問9 木曽川・長良川・揖斐（いび）川が集中する濃尾平野の西部は，ほぼ北側が**氾濫原**，河口付近が**三角州**である。この氾濫原や三角州を開拓した人々は，自然堤防に家屋，後背湿地に水田をつくった。そして，集落全体を洪水から守るため，自然堤防をさらにかさ上げして集落全体を人工堤防で囲んだ。これが**輪中集落**である。

整理しよう！

□扇状地・氾濫原・三角州などの河川による堆積地形を**沖積平野**という。
□集落は扇状地では扇頂・扇端，氾濫原・三角州では自然堤防上に立地。

3 火山地形・海岸地形

解答

問1　a　マグマ　b　カルデラ　問2　ウ　問3　ア
問4　イ　問5　イ　問6　(1)　外輪山　(2)　イ
問7　シラス台地　問8　(1)　ア　(2)　有珠山
問9　(1)　ア　(2)　イ　(3)　ア
問10　(1)　①－エ　②－オ　③－キ
(2)　①　潟湖（ラグーン，海跡湖）　②　イ

ここでは… 火山や海岸地形の成因，形態などを，実例から把握する。

解説

問1　a　火山活動で噴出する，地殻内部の岩石が溶けた状態の物質を**マグマ**という。

b　火山の中心部に形成された大きなすり鉢状のくぼ地を**カルデラ**という。カルデラは爆発や陥没によってできる。

問2　世界で活動中の火山の多くは，**新期造山帯**の環太平洋造山帯，アルプス=ヒマラヤ造山帯に分布している。オーストラリア大陸の南東に位置するタスマニア島は**古期造山帯**に属しており，火山は存在しない。

問3　火山は，噴出物の粘性や種類，噴火の期間・回数・規模などから，下図のような種類がある。溶岩円頂丘（トロイデ）は粘性が高く，鐘状で，溶岩ドームとも呼ばれている。雲仙岳（普賢岳）は1990年からの噴火で，死者を出すなど大きな被害があった。雲仙岳の最高峰は，その後，**平成新山**と命名された。宮之浦岳は屋久島，大台ケ原山は紀伊山地，石鎚山は四国山地にあり，いずれも非火山である。

▼火山の類型

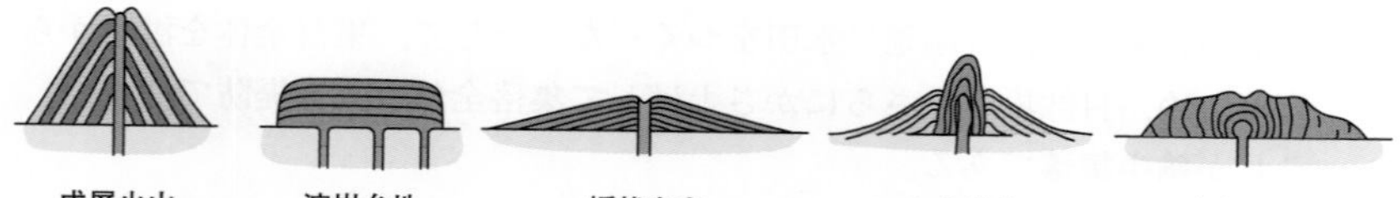

成層火山（コニーデ）　溶岩台地（ペジオニーテ）　楯状火山（アスピーテ）　火山岩尖（ベロニーテ）　溶岩円頂丘（トロイデ）

問4　典型的な楯状火山（アスピーテ）の**キラウエア山**は，同じハワイ島にある**マウナロア山**とともに活発な火山である。ヴェズヴィオ山はイタリアのナポリ，エトナ山はシチリア島，レーニア山はアメリカ合衆国のワシントン州に位置する火山である。

問５　火山活動による湖には，**火口湖**（蔵王山の御釜），**カルデラ湖**（芦ノ湖），**火口原湖**，噴出物による**堰止湖**（中禅寺湖）などがある。霞ケ浦や浜名湖は砂州などで閉め切られた**潟湖**（**海跡湖**），諏訪湖は**断層湖**である。

問６　(1)　カルデラを縁取るのは**外輪山**である。カルデラ内から新たな火山が形成された場合，これを**中央火口丘**，中央火口丘と外輪山の間を**火口原**，外輪山を含めた火山体全体を**複式火山**と呼ぶ。

(2)　カルデラ全体に水がたまった湖をカルデラ湖と呼び，屈斜路湖・支笏（しこつ）湖・洞爺湖・阿寒湖（以上北海道）・十和田湖（青森県・秋田県）・田沢湖（秋田県）・池田湖（鹿児島県）などがこの例。猪苗代湖は断層湖である。

問７　火山灰の堆積した鹿児島県の洪積台地を**シラス台地**という。保水力が弱く，崩れやすい。

問８　(1)　三宅島は火山活動が活発な伊豆諸島に属しており，噴火した山は雄山。奥尻島は1993年の北海道南西沖地震による津波で大きな被害を受けた島である。

(2)　有珠山の2000年の噴火は事前に予測され，気象庁から緊急火山情報が出された。

問９　(1)　**リアス海岸**は壮年期の山地が沈降し，尾根部分が岬や半島，谷部分が入江や湾になった出入りに富んだ海岸である。石狩湾の湾奥は海岸平野が発達する。また，三陸海岸北部は離水海岸である。

(2)　**フィヨルド**は**U字形**をした**氷食谷**に海水が侵入した地形。氷食作用は海面下まで及ぶため，陸地が沈降しなくても形成される。オーストラリア大陸で氷河に覆われた地域はない。南半球ではチリ南部海岸の他，ニュージーランド南島の南西海岸にフィヨルドが分布する。

(3)　大河川の河口部が沈降しラッパ状に開いた形の入江を**エスチュアリー**（三角江）という。ラプラタ川・エルベ川・セントローレンス川などのように，安定陸塊や古期造山帯を流れる運搬物質が比較的少ない河川に多く見られる。

問10　(1)　河川が運搬してきた土砂が沿岸流で運ばれ，波で海岸に打ち上げられたのち，風で内陸側に堆積したのが海岸砂丘である。海岸砂丘は外海に面し，北西モンスーンが強い日本海側に比較的多く分布する。

(2)　潟湖はラグーンともいう。海跡湖で，水面標高は０ｍである。なお，**イ**の屈斜路湖は**カルデラ湖**。サロマ湖（北海道）・小川原（おがわら）湖・十三湖（青森県）は潟湖（海跡湖）である。

整理しよう！

□現在活動中の世界の火山は，新期造山帯に多く分布している。
□火山の形態は，噴火の回数や噴出物の性質などで異なっている。
□沈水海岸には，リアス海岸・フィヨルド・エスチュアリーがある。

4 海洋・陸水

解答

問１ (1) i 赤道海流 ii 西風海流 (2) i ベンゲラ海流 ii カナリア海流 iii ペルー海流（フンボルト海流） (3) i 潮境（潮目） ii ア ラブラドル海流 イ 日本海流（黒潮）
問２ (1) 北極海 (2) 紅海 問３ (1) エ (2) 北海
問４ ア 問５ 被圧地下水 問６ (1) 生活排水や産業排水の流入 (2) i エ ii アラル海 **理由** 湖に流入する河川からの灌漑用水の過剰取水 問７ (1) 西岸海洋性気候で，年中平均した水量がある。侵食の進んだ平地で，河川の勾配が小さい。
(2) i 富士川 ii セントローレンス川

ここでは… 地球上の水（海洋と陸水）について，海流の名称・分布，陸水の利用や特徴などを理解する。

解説

	太平洋	大西洋	インド洋
⑤	千島海流	ラブラドル海流	–
⑤	リマン海流	東グリーンランド海流	–
④	カリフォルニア海流	カナリア海流	–
③	北太平洋海流	北大西洋海流	–
②	日本海流	メキシコ湾流	季節風海流
①	北赤道海流		
⑥	南赤道海流		
⑦	東オーストラリア海流	ブラジル海流	アガラス海流
⑧	西風海流		
⑨	ペルー海流	ベンゲラ海流	西オーストラリア海流

▼海流の流れ

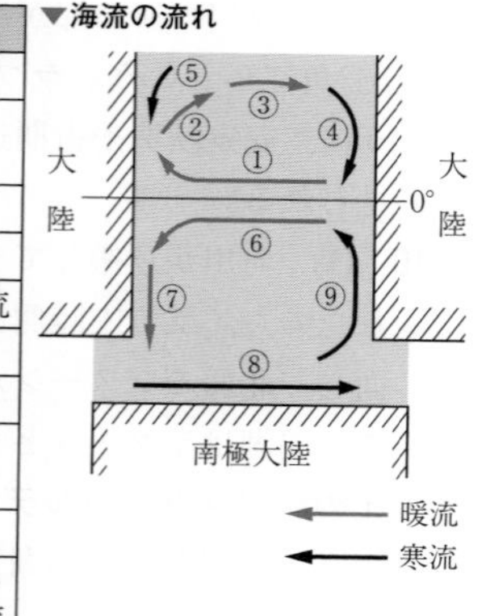

問１ (1) i は南北両半球とあるので，北赤道海流と南赤道海流の総称で答え

る。ⅱは南緯40～50°付近を東流している。

(2) ベンゲラ海流はナミブ砂漠，ペルー（フンボルト）海流はアタカマ砂漠という**海岸砂漠**を形成する原因の寒流である。

(3) ⅰ 暖流と寒流という異質な海流が会合する境界面を**潮境**，境界の海面付近を**潮目**という。

ⅱ 千島海流は**親潮**ともいう。

問２ 異なる大陸に囲まれた**地中海**には，ヨーロッパ地中海・北極海・バンダ海・ティモール海・アラフラ海・カリブ海・紅海などがある。

問３ 縁海には，問題のベーリング海・北海のほか，オホーツク海・日本海・東シナ海・南シナ海・アンダマン海・バルト海などがある。

問４ 地球表面の水量の約３％しかない陸水の約69％は氷雪で，この大半は南極大陸に分布している。なお，氷雪に次いで多いのは**地下水**で，陸水の約30％を占めている。この他，土壌水，湖沼水，河川水などは全部合わせても，陸水の２％にも満たない。

問５ 地表に最も近い不透水層の上の地下水である**自由地下水**に対し，不透水層と不透水層の間の地下水を**被圧地下水**という。この地下水を得るために不透水層を貫通した井戸を**掘り抜き井戸**という。地層が緩やかに傾斜した盆地の掘り抜き井戸は自噴することがあり，これを鑽井（さんせい）と呼ぶ。

問６ (1) リン・ナトリウムなどの栄養塩類によってプランクトンが多く，水産資源に恵まれた富栄養湖は，諏訪湖などを除くと，一般に低地に分布している。富栄養湖に沿岸から生活・産業排水などが流入すると，過度の富栄養化が進み，水中が酸素不足になり，生物資源に悪影響を与えることになる。また，湖面の干拓や埋立ても富栄養化の一因となることがある。

(2) ⅰ **内陸湖**とは海洋への流出河川を有しない湖で，乾燥地域に多く，塩分濃度が高いことが多い。設問の湖の他，死海（イスラエル・ヨルダン）・バルハシ湖（カザフスタン）・エーア湖（オーストラリア）などがこの例。バイカル湖からはエニセイ川の支流のアンガラ川が流出する。

ⅱ 内陸湖の**アラル海**にはアムダリア川・シルダリア川が注ぐが，両河川の流域で農地開拓が進み，綿花や米の栽培のため灌漑用水を過度に取水した結果，流入量が減少し湖面の縮小や塩分濃度の上昇，砂漠化が起きた。

問７ (1) ライン川が水運に適する自然条件としては，流域が西岸海洋性気候区に位置し，年中平均した降水があり，水量が安定していること，侵食が進んだ平野を流れるため，河川勾配が小さいことが挙げられる。

(2) ⅰ 現在，わが国で唯一操業している富士川下流部のアルミニウム精錬工場は，自家用の水力発電所を有している。

ii　セントローレンス川には，五大湖のオンタリオ湖と大西洋につながるセントローレンス湾との間に「セントローレンス海路」という運河が引かれている。

整理しよう！

□海流は，大気の大循環の影響を受け，北半球では時計回り，南半球では反時計回りに流れる。
□陸水で最も水量が多いのは，南極大陸の氷雪である。
□開発に伴い，環境問題が発生している湖がある。

5　大地形の形成要因

解答

問1　エ　　問2　狭まる境界，広がる境界，ずれる境界
問3　アイスランドは，広がる境界の大西洋中央海嶺上に位置し，プレート境界の割れ目からマグマが噴出して形成された火山島であるため，火山活動がきわめて活発で，多数の温泉が湧出し，また，地熱を発電に利用している。（100字）

採点ポイント　問3　【配点　10点】

□広がる境界…（３点）
□大西洋中央海嶺…（２点）
　△海嶺のみでは…（－１点）
□火山島…（２点）
□温泉…（１点）
□地熱発電…（２点）

ここでは… プレートテクトニクス理論の基本と，この理論による大地形の形成要因を理解する。

解説

問１　大陸移動説は20世紀前半，ウェゲナーが発表した。**ウェーバー**は工業立地論，**チューネン**は農業立地論，**ケッペン**は気候区分で有名である。

問２　**狭まる境界**には，環太平洋造山帯のように**大陸プレート**の下に**海洋プレート**がもぐり込み，境目に海溝と大山脈ができるものと，プレート同士が衝突してヒマラヤ山脈のようになるものとがある。**広がる境界**では，海嶺や大地溝帯ができる。**ずれる境界**の代表例に，アメリカ合衆国太平洋岸の**サンアンドレアス断層**がある。

問３ **論述の組立て**

「問2の解答を踏まえながら」と問題文に条件があるので，アイスランドがどのプレート境界に属するのかは，必ず盛り込む必要がある。その上で，形成要因と特色を述べるのであるから，**特徴説明型**の論述になる。

アイスランドの位置を以下のプレート分布図で確認しよう。すると，アイスランドがユーラシアプレートと北アメリカプレートの広がる境界である**大西洋中央海嶺上**に位置することがわかる。海嶺は，海底から湧出するマグマでできている。アイスランドは海嶺が海上に現れたものとされており，プレートの裂け目（ギャオ）を確認することができる。こうした場所にあるアイスランドの特色として，火山活動が盛んであるがゆえの温泉の豊富さや地熱の利用を盛り込むとよい。

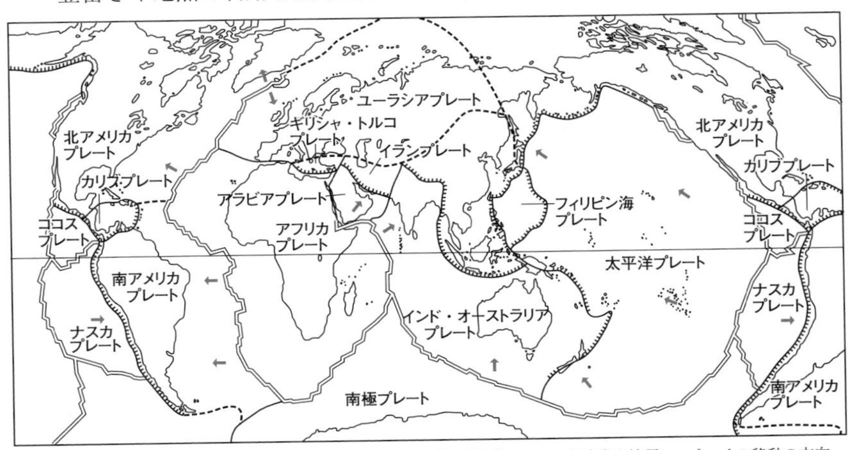

〔Alexander Gesamtausgabe 2004, ほか〕

整理しよう！

□大地形は，プレートテクトニクス理論により説明される。
□プレート境界には，狭まる境界，広がる境界，ずれる境界がある。

2 気候・植生・土壌

6 世界の気候区

解答

問1 (1) タイガ (2) 偏西風 (3) ワジ (4) サバナ

問2 ① Df ② Cfb ③ Cs ④ BW ⑤ Aw

問3 ポドゾル 問4 ウ 問5 イ 問6 イ

ここでは… ケッペンの気候区分の分布と，植生や土壌などを関連させて押さえよう。

解説

問1 (1) **タイガ**は，エゾマツ・トドマツ・カラマツ・モミ・ツガなどの針葉樹の純林からなる冷帯林である。

(2) **偏西風**は中緯度高圧帯から高緯度低圧帯へ一年を通して吹く西風で，中緯度から高緯度の大陸西岸地域は偏西風と暖流の影響で温和な気候になる。なお，中緯度高圧帯から赤道低圧帯に向かって吹く風を**貿易風**といい，地球の自転により北半球では北東風，南半球では南東風になる。極高圧部から吹く東寄りの風は極偏東風（極風，極東風）という。

▼世界の風系と気圧配置

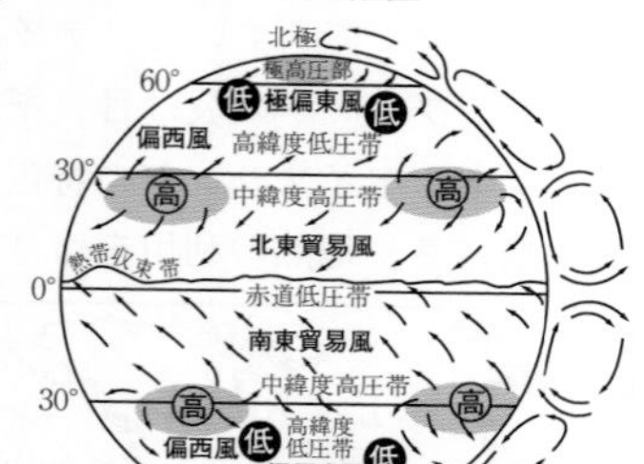

(3) **ワジ**は，涸れ谷・涸れ川とも呼ばれ，乾燥気候の砂漠に形成された間欠河川である。降雨時には河道内に水が流れるが，晴天時は乾いた河道になる。

(4) サバナとは，丈の長い熱帯草原のことで，アカシア・バオバブなどの疎林も見られる。乾季に草原は枯れるが，太陽高度が高くなる高日季に雨季を迎えるといっせいに新芽を出し，草食獣などの野生動物の食料となる。なお，このような熱帯草原は，南アメリカのオリノコ川流域では**リャノ**，ブラジル高原では**カンポ**と呼ぶ。

問2 ①はタイガの広がる冷帯湿潤気候区（Df），②は西岸海洋性気候区（Cfb），③は地中海性気候区（Cs），④は砂漠気候区（BW），⑤はサバナ気候区（Aw）。ケッペンは世界の気候を次のように区分していることも確認しておこう。

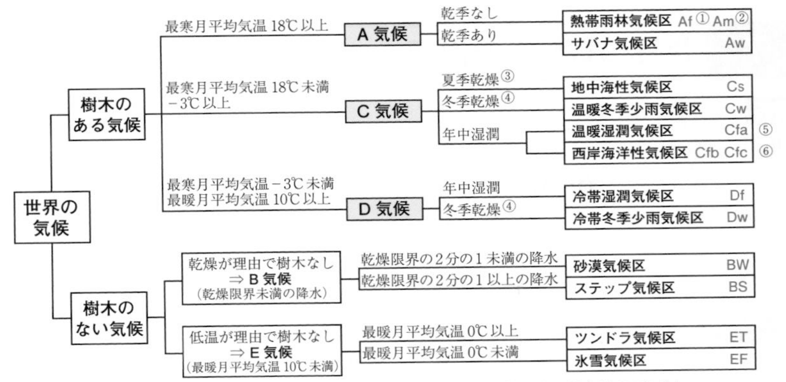

問３　①の気候区には，土壌中の化学作用により灰白色の層を持つ強酸性のポドゾルが広がっている。

問４　②の気候区は，偏西風と暖流の影響を受けて緯度の割には年中温暖である。サンフランシスコの気候は地中海性気候区である。その他の都市の気候は西岸海洋性気候区である。

問５　マレー半島南部は熱帯雨林気候区（Af），オーストラリア北東沿岸部やカリブ海沿岸部はサバナ気候区が広がっている。チリ中部に地中海性気候区が見られる。

問６　サバナ気候区は熱帯雨林気候区の高緯度側に広がり，太陽の回帰によって降水量が大きく変化する。夏季に当たる**高日季**には**雨季**となり，冬季に当たる**低日季**には**乾季**となる。降水量は多く，気温の年較差は小さい。植生は，**疎林と草原**から成る。**ア**はアマゾン盆地やスコールから，熱帯雨林気候区の特色であることがわかる。**ウ**はモンスーンが発達し，四季が明瞭とあるから温暖湿潤気候区（Cfa）となる。**エ**のラプラタ川河口周辺も大部分の地域は温暖湿潤気候区である。なお，熱帯の気候区は，年降水量と最少雨月の降水量によって，右図のように区分される。

▼**熱帯気候（A）の区分**

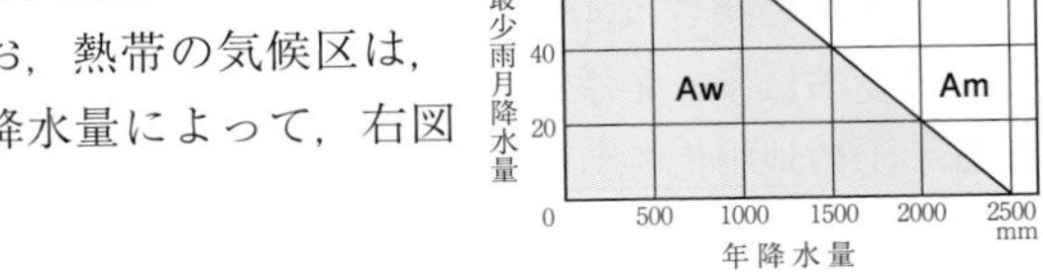

整理しよう！

□熱帯草原の分布と名称：熱帯草原を一般にサバナと呼ぶが，南米オリノコ川流域ではリャノ，ブラジルではカンポと呼ぶ。

□冷帯の植生－タイガ（針葉樹林），土壌－ポドゾル（灰白色・酸性土壌）

7 世界の気候と雨温図

解答

問1 ① サンフランシスコ ② ダラス ③ ウェリントン
④ モスクワ ⑤ イルクーツク 問2 ④→③→② 問3 ⑤
問4 ① Cs ② Cfa ③ Cfb ④ Df ⑤ Dw
問5 ①－オ ②－ウ

ここでは… 雨温図から各気候の特徴を読み取る。

解説

問1 各都市の位置を確認する。イルクーツクはロシアのシベリア南部，バイカル湖沿岸，ウェリントンはニュージーランドの首都で北島の南端，サンフランシスコはアメリカ合衆国西海岸，ダラスはアメリカ合衆国テキサス州北東部，モスクワはロシアの首都で東ヨーロッパ平原にある。

問2 一般に，高緯度の都市ほど年平均気温が低く，低緯度の都市ほど年平均気温が高いことより判断する。高緯度から，④（モスクワ，56° N），③（ウェリントン，41° S），②（ダラス，33° N）の順になる。

問3 海岸地域に比べ**内陸部**の方が年間の寒暖の差（気温の**年較差**）は大きくなるので，年較差の大きなグラフを選ぶ。

問4 ①は夏季乾燥・冬季降雨に着目し**地中海性気候区**（Cs），②は夏季高温で年中湿潤であることに着目し**温暖湿潤気候区**（Cfa）。③は12月や1月の気温が高く，7・8月の気温が低いことから，**南半球**の都市であることがわかる。降水が年間を通じてあり，②に比べて最高気温が低く，年較差も小さいことに着目し，**西岸海洋性気候区**（Cfb）となる。④は夏季の気温は高くなるが，最寒月平均気温が－3℃未満であることから**冷帯**であり，また降水量がほぼ一定しているので，**冷帯湿潤気候区**（Df）である。⑤の冬季の寒さは④よりも厳しいが，夏季にはかなり気温が上がり，降水量は夏季に多く冬季に少ないことから，**冷帯冬季少雨気候区**（Dw）となる。

問5 ①の地中海性気候区は，南半球では**チリ中部**，南アフリカ共和国の南西端，オーストラリア南部などに分布している。②の温暖湿潤気候区は，北海道を除く日本の大部分の地域，中国東部，アメリカ合衆国の東部から中央部にかけての地域やアルゼンチン，オーストラリア東岸などに分布している。

整理しよう！

□雨温図の判定のポイント

①最寒月と最暖月の平均気温に着目

②気温の年較差が大きいと大陸性気候，小さいと海洋性気候

③雨の降り方（年中湿潤か，雨季と乾季があるか，いつ少雨か）に注意

④7・8月の気温が12・1月の気温より低いと南半球に位置する都市

8 気候区と植生・土壌の分布

解答

問1 き4　問2 き2　問3 さ1　問4 え4
問5 お4　問6 け3　問7 え3　問8 き2

ここでは… 気候や特徴的な土壌・植生の分布を押さえる。

解説

▼アフリカの気候

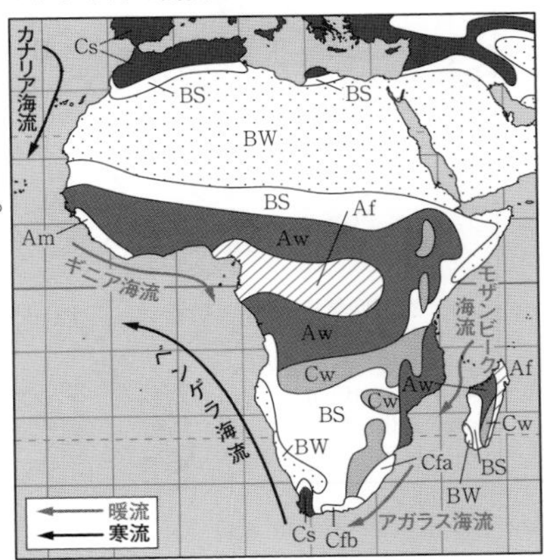

問1　問題にAf・Aw・Cw・BS・BWのすべての気候区が分布する地域とあり，熱帯（A）と乾燥帯（B）が含まれるため**赤道**付近かつ，**砂漠**の広がる地域を選択すればよい。選択肢の区画を順に見ていく。**お4**にはBWが，**か3**にはAfやCwが，**き3**にはCwが，**こ4**にはCwが分布していない。**き4**には右のアフリカの地図でも確認できるが五つのすべての気候区が分布する。

問2　B・C・Dの気候帯がすべて分布するとある。この中で，D気候は南半球には分布しないことに注意すれば，**5**の数字のついているものは該当しないことがわかる。**え2**には，B気候は分布せず，**き2**には北アフリカのBS気候が含まれる。

問3　気温の年較差とは，最暖月の平均気温と最寒月の平均気温の差のことである。気温の年較差の大きい地域は，低緯度よりも高緯度地方に見られる。また，内陸部の年較差が海岸部に比して大きい，という法則がある。一方，

北アメリカ大陸やユーラシア大陸の西岸は，**暖流**の影響で高緯度地方まで気温の年較差は小さくなっている。シベリア北部のヴェルホヤンスク（67° N）周辺は気温の年較差が大きいことで知られる。

問４　**グランチャコ**はボリビア南部，パラグアイ中央部，アルゼンチン北部に広がる低平な平原。サバナ型の草原で牧畜が行われている。

問５　**テラローシャ**は，玄武岩質の火山岩が風化した粘土質の土壌で，ポルトガル語で「紫色の土」を意味し，コーヒー豆栽培に適する。主に**ブラジル高原**南部に分布する。テラローシャはテラロッサやレグールと同様に母岩の性質を強く反映している**間帯土壌**である。

問６　**レグール**は，玄武岩の風化によって生成された黒色の土である。インドのデカン高原に分布し，綿花栽培に適するため，**黒色綿花土**とも呼ばれる。

問７　**ハリケーン**は主に**カリブ海付近**で発生しメキシコ湾岸地域を襲う**熱帯低気圧**。熱帯低気圧には，東アジアの**台風**，南アジアやマダガスカル，オーストラリアを襲う**サイクロン**などがある。

問８　シロッコは，イタリア半島南部をはじめ，地中海沿岸に吹く南ないし南東の高温多湿な風で，主に春に吹く。

▼世界の局地風と熱帯低気圧

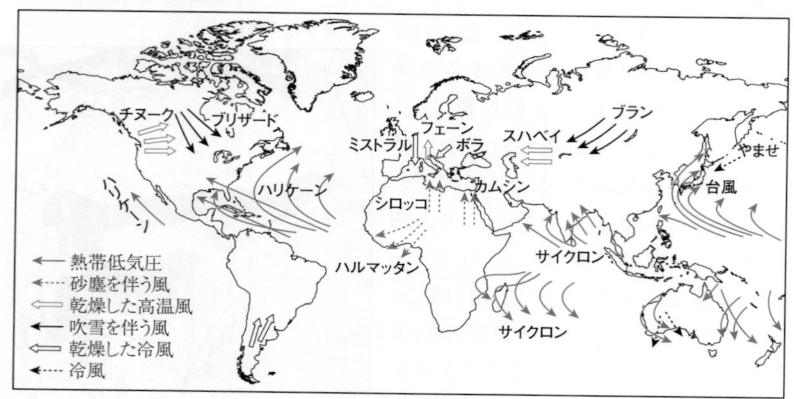

整理しよう！

□熱帯低気圧の種類
・台風……………………北太平洋西部で発生，主に東アジアを襲う。
・サイクロン…………インド洋上で発生，主に南アジアを襲う。
・ハリケーン…………カリブ海付近で発生，メキシコ湾岸地域を襲う。

9 植生と土壌の分布

解答

問1　Aw，Am　問2　成帯土壌とは，気候や植生の影響を受けて生成され広い地域に分布する土壌，間帯土壌とは，母岩が風化して生成され特定の地域に分布する土壌をいう。(69字)

問3　a　ラトソル　b　褐色森林土　c　ポドゾル
d　ツンドラ土　e　黒色土　f　栗色土
X　プレーリー土　Y　チェルノーゼム

問4　テラロッサ　問5　g－ア　h－イ　i－ウ　j－エ

ここでは… 植生や土壌の分布を気候区との関連で捉えられるようにする。

解説

問1　世界の気候と植生・土壌の分布の関係について整理する。

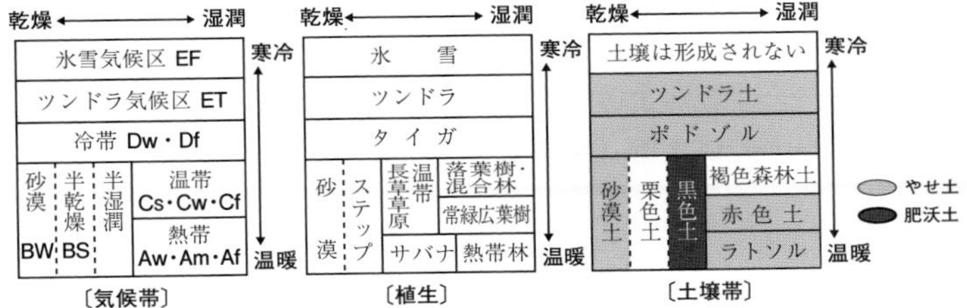

熱帯気候は，年中高温で最寒月の月平均気温が18℃以上の気候。熱帯気候は，降水量の季節的変化により**熱帯雨林気候区**（Af）と**サバナ気候区**（Aw）に区分される。熱帯雨林気候区とサバナ気候区の境に見られるのが**弱い乾季のある熱帯雨林気候区**（Am）で，この気候区では弱い乾季が見られる。熱帯雨林気候区は，アフリカのコンゴ川中上流地域や南アメリカのアマゾン川上流域，東南アジアの赤道付近などの地域に分布している。サバナ気候区は，熱帯雨林気候区の周辺地域やオーストラリア大陸の北部などに見られる。熱帯モンスーン気候区は，アフリカ西部・インドシナ半島西部・アマゾン川下流域などに分布する。

問2　世界の土壌帯は大きく**成帯土壌**と**間帯土壌**に区分できる。成帯土壌は，気候と植生の影響を受けて生成される土壌で，降水量の多い地域の湿潤土と降水量の少ない地域の乾燥土に大別される。これに対し間帯土壌は，**母岩**の性質を強く反映している土壌で，**分布は局地的**である。

問3　低緯度から高緯度に向かって**ラトソル**，**褐色森林土**，**ポドゾル**，**ツンド**

ラ土，**氷雪**と変化する。また，湿潤地域から乾燥地域に向かって，**黒色土**，**栗色土**，**砂漠土**へと変化する。ⓔは半乾燥土壌で，**プレーリー土**や**チェルノーゼム**がこれに該当し，肥沃な土壌である。プレーリー土は北アメリカのプレーリーに，チェルノーゼムはウクライナから西シベリアにかけて分布し，両地域とも小麦栽培が盛んで，穀倉地帯になっている。

問４　石灰岩が母岩となっている間帯土壌は**テラロッサ**である。テラロッサは石灰岩の風化により形成された赤色土で，地中海沿岸に典型的に分布する。

問５　問１の解説中の図にも見られるように，低緯度地域から高緯度地域に向かって，熱帯雨林・サバナ，常緑広葉樹林，落葉広葉樹林・混合林，タイガ（針葉樹林），ツンドラと変化する。ツンドラ土は冬には凍結するが夏には地表面がとけて湿地となり地衣類や蘚苔類が生育する。

整理しよう！

□成帯土壌の区分

成帯土壌
- 湿潤土壌（ラトソル・赤黄色土・褐色森林土・ポドゾル・ツンドラ土）
- 半乾燥土壌（プレーリー土・チェルノーゼム）
- 乾燥土壌（砂漠土・栗色土）

10　アフリカの気候

解答

問１　この気候区は地中海性気候区であり，冬季は亜寒帯低圧帯の影響で雨が多く，夏季は中緯度高圧帯に覆われ乾燥する。植生は，乾燥に強いオリーブ・コルクガシなどの硬葉樹や，ナツメヤシ・ブドウ・柑橘類などである。(99字)

問２　**亜熱帯（中緯度）砂漠**　ルブアルハリ砂漠　　**内陸砂漠**　ゴビ砂漠
海岸砂漠　アタカマ砂漠　　**寒冷地砂漠**　北極海沿岸

問３　無樹木気候には寒帯と乾燥帯があるが，最暖月平均気温が10℃を下回る寒冷地砂漠は寒帯に区分されるため。(49字)

問４　ウ　　問５　ラトソル　　問６　モンスーン（季節風）

問７　**気候区**　西岸海洋性気候区（Cfb）
南半球の国　ニュージーランド・オーストラリア南東部・チリ南部

採点ポイント　問１　【配点10点】

□地中海性気候区…（２点）
□気候（冬季降雨，夏季乾燥）…（各２点）
□植生（耐乾性，硬葉樹）…（各２点）

ここでは…アフリカの気候を例にしながら，土壌・植生の特徴を押さえる。

解説

問１ **論述の組立て**

気候の特徴を説明する**特徴説明型**である。問題に気候・植生の特色とあるから，これらの２点について明確に記述する。100字の字数制限なので，気候・植生を均等に50字程度で記述するように心がける。

地図中の**あ**の気候区は，地中海性気候区（Cs）である。気候では**冬季の降雨**と**夏季の乾燥**が，植生では**耐乾性の樹木**や**硬葉樹**がキーワードであり，これらが記述中に含まれていることが必要である。

なお，地中海沿岸のヨーロッパ側では，赤色の間帯土壌である**テラロッサ**が分布することも確認しておこう。

問２　砂漠の成因別分類を整理する。

①　亜熱帯（中緯度）砂漠―――（サハラ砂漠・ルブアルハリ砂漠など）
②　内陸砂漠―――（タクラマカン砂漠・ゴビ砂漠など）
③　海岸砂漠―――（ナミブ砂漠・アタカマ砂漠など）
④　極地（寒冷地）砂漠―――（北極海沿岸・高山の寒冷地など）

その他に**雨陰**（あまかげ）**砂漠**がある。山脈の風上側は湿潤，風下側は乾燥するが，とくに大山脈ほど風上側での降水量が増え，風下側に砂漠が出現する。アメリカ合衆国のグレートベースンや，アルゼンチンのパタゴニアなどがその例である。

問３　ケッペンの気候区分は，世界の気候を**樹木気候**と**無樹木気候**に大別する。無樹木気候は，乾燥が理由で樹木のない気候（**乾燥帯**）と低温が理由で樹木のない気候（**寒帯**）とに分けられる。寒帯気候は，最暖月平均気温が10℃未満であるため，極地（寒冷地）の砂漠は**寒帯気候**に区分される。亜熱帯砂漠・内陸砂漠・海岸砂漠などの砂漠は，乾燥限界により砂漠気候となる。

問４　地図中の**う**の気候区は，サバナ気候区（Aw）である。次の雨温図とハイサーグラフ（コルカタ，インド）のように，この気候区での降水の特色は雨季と乾季が明瞭なことである。サバナ気候区は熱帯雨林気候区の周辺に見られ，太陽の回帰によって，高日季と低日季とで，雨季と乾季が入れ替わる。雨季には**赤道低圧帯**の，乾季には**中緯度高圧帯**の支配下に入る。

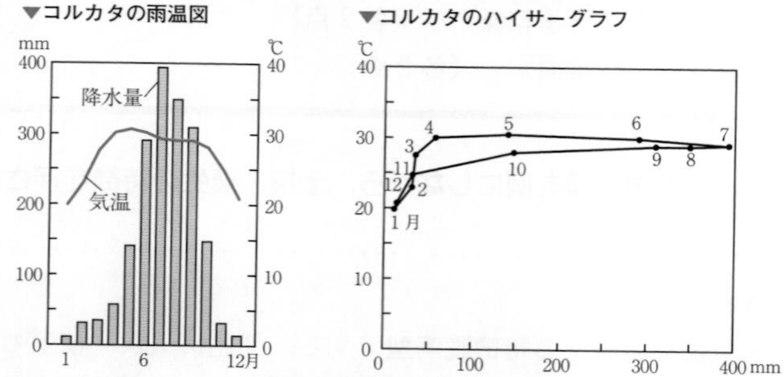

アの季節風，前線，熱帯低気圧の影響を強く受けるのは，温暖湿潤気候区（Cfa），**イ**の偏西風の影響を受けて降水量の変動が少ないのは，西岸海洋性気候区（Cfb）で，問題の図中では**お**に当たる。**エ**の赤道低圧帯の影響で一年を通じて降水量が多いのは，熱帯雨林気候区（Af）で，問題の図中では**え**に当たる。

問５　地図中の**う**や**え**の地域はサバナ気候区と熱帯雨林気候区である。これらの地域の土壌は，**ラトソル**で**赤色**の砂質の酸性土壌であり，有機物が溶脱されるとともに，**鉄分**や**アルミニウム分**が表面に集積し，酸化することで赤色の土壌が形成される。土壌中の鉄分やアルミニウム分が風化作用により集積していく作用をラテライト化という。

問６　アフリカ大陸の東岸の低緯度地域では，インド洋から冬季には**北東モンスーン**が，夏季には**南西モンスーン**が吹く。

問７　地図中の**お**は西岸海洋性気候区。この気候区は，**ヨーロッパ北西部**に顕著に見られる。ヨーロッパは比較的高緯度に位置するため**夏涼しく**，冬は**偏西風**と沖合を流れる**暖流**の北大西洋海流の影響などにより**温暖**であり，気温の年較差は小さい。降水量は偏西風などの影響で年間を通じて平均しているが，とくに風上の西斜面が多雨である。

整理しよう！

☐雨季と乾季の時期や気温の年間変化に注目し，各気候区の特徴を端的に説明できるようにする。

☐各気候区がどこに分布しているかを押さえる。

3 農林水産業

11 農作物・家畜

解答

問1 (1) トウモロコシ　(2) 大豆　(3) バイオエタノール
(4) ブドウ　(5) シャンパーニュ　(6) メリノ　(7) 中国
問2 ウ　問3 ア　問4 ウ　問5 山梨県　問6 砂漠化

ここでは… 農牧業の立地は自然条件だけでなく社会条件も重要。米・小麦・大豆など主要作物の生産国・輸出入国は押さえたい。

解説

問1 (1)・(2) Aの説明文はトウモロコシ。アメリカ合衆国の混合農業地域はコーンベルト（トウモロコシ地帯）と呼ばれている。トウモロコシは,米・小麦と並ぶ三大穀物であり，飼料作物でもある。トウモロコシは地力の消耗が激しいため，アメリカ合衆国では地力を回復させる大豆との輪作が盛んになった。大豆に代表されるマメ科の作物は地力を回復させる働きがあり，アルゼンチンの**パンパ**ではアルファルファ（肉牛の飼料でもある），ヨーロッパではクローバーなどが栽培されている。なお，大豆は，輸出作物としても重要である。

(3) 近年，環境への配慮から，**トウモロコシ**のバイオエタノール原料への利用が注目されている。一方，ブラジルでは，**サトウキビ**を原料にバイオエタノールが生産されている。

(4)・(5) Bのブドウの北限は頻出事項である。シャンパーニュ地方やモーゼル川沿いは有名なブドウ産地であり，西ヨーロッパでのブドウ栽培の北限でもある。また，ブドウの栽培北限は年平均気温10℃とほぼ一致する。

▼ブドウの栽培地

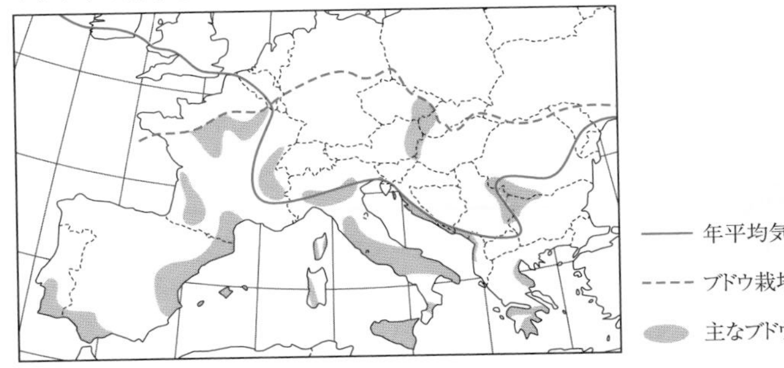

(6)・(7) Cの説明文は羊。羊は世界の約5分の1が中国とオーストラリア

で飼育されている。中国は，羊の飼育頭数，羊肉の生産ともに世界一である。

問２　**ミネアポリス**は**春小麦**の集散地，**オマハ**はコーンベルトのネブラスカ州に位置し**大家畜市場**，**ウィニペグ**はカナダ春小麦の集散地。**フレズノ**はカリフォルニア州中部の都市で，綿花・野菜・果実の生産地に位置している。

問３　コーンベルトは西経100°以東，北緯40°を中心に形成されている。ノースダコタ州はカナダと国境を接する**春小麦地帯**。西経100°線は年降水量500㎜線にほぼ重なり，この線より西側は少雨で，放牧を中心とした農業が行われている。

混合農業とは，穀物・飼料作物栽培と家畜の飼育・販売が結びついた集約的な農業形態。輪作を行い，休閑地では牛や羊の放牧が行われた中世の三圃式農業から発達した。

問４　栽培植物の種類や耕作技術などにより四つの農耕文化圏が設定されている。すなわち，東南アジアが起源地で，イモ類を中心とする**根栽農耕文化**，西アフリカのニジェール川流域が起源地で，雑穀を中心とする**サバナ農耕文化**，地中海東岸が起源地で，麦類を中心とする**地中海農耕文化**，そしてメキシコ高原やアンデス山脈が起源地で，ジャガイモや野菜類を中心とした**新大陸農耕文化**である。**ア**のライ麦は地中海，**イ**のサトウキビは根栽，**エ**のゴマはサバナ農耕文化起源の作物である。新大陸農耕文化起源の作物には**サツマイモ**・トウモロコシ・キャッサバ・**カボチャ**・トマト・トウガラシなどがある。

▼主な作物の原産地一覧

稲	中国ユンナン省〜インド東部	コーヒー豆	エチオピア・カッファ地方
小麦	西アジア・カフカス地方	カカオ豆	熱帯アメリカの低地
トウモロコシ	熱帯アメリカ	綿花	インドのデカン高原
大豆	中国の東北地方	ジャガイモ	アンデス地方

問５　日本のブドウの生産量の上位（2018年）は，山梨（４万２千ｔ），長野（３万１千ｔ），山形（１万６千ｔ）である。

問６　羊の過放牧により，砂漠化が進行している。そのため，遊牧をやめ，定住したり，畜舎で飼育するなど飼育形態が変化している。

整理しよう！

□アングロアメリカの農業地域は頻出。西経100°線（年降水量500㎜線）以東は農耕地域，以西は牧畜。

□日本の主要作物（米・野菜・果実など）や家畜の主産地を整理しておこう。

12 アジア式農業

解答

問1　(1)　イ　(2)　ク　(3)　オ

問2　A　労働　B　高（多）収量　C　緑の革命

問3　イ・ウ・キ

問4　高収量品種の導入には，灌漑施設の整備，農薬や化学肥料のための投資が不可欠であったこと。

ここでは… 灌漑施設の普及と土地改革が生産性向上に不可欠だが，ともに不十分であることを理解しよう。

解説

問1　(1)　**アジア式農業**は豊富な労働力を背景に労働集約的に発展してきた農業である。基本は家族経営で，規模は零細である。

(2)　**ホイットルセー**は，農業地域区分で有名なアメリカ合衆国の地理学者。フランスの**ジョルジュ**も有名であるが，ホイットルセーが農業地域区分を細分化したのに対し，自給的・商業的・企業的・社会主義農業など，経営や政治体制からの分類が特色。**チューネン**は，著書『孤立国』で農業立地論の基礎を作った。

(3)　**オアシス農業**は原始的農業に分類する文献もあるが，限られた耕地と水でできるだけ多くの収穫を得ようとする**集約的な灌漑農業**との見方もある。

問2　A　アジアは人口稠密（ちゅうみつ）地域で，1人当たりの耕地面積は小さく，土地を所有していない小作や農業労働者も多く，労働生産性は低い。灌漑施設や農業機械の普及が遅れている地域では土地生産性も低い。

B・C　アジアの**緑の革命**は，フィリピンに設置された国際稲研究所（IRRI）で開発された高収量品種の普及で成果を上げげた。IR－8は高収量品種の一つで，ミラクルライスともいわれる。

なお，小麦・トウモロコシについては，メキシコに国際トウモロコシ・小麦改良センターが設立された。インド（パンジャブ地方）やパキスタンで小麦の高収量品種が導入され，増産が実現した。

問3　中国の稲作と畑作の境界は**チンリン（泰嶺）山脈とホワイ川（淮河）を結ぶ線**付近で，この辺りは年降水量800～1000㎜前後。この線より北の降水量の少ない地域では主に畑作が，南の降水量の多い地域では主に稲作が行われている。よって，**ア・エ**は誤り。

アの華北平原はこの線より北側で畑作地域。したがって,「華北」を「長江中流域」とすれば正しくなる。**イ・ウ**は正。水稲・茶地域は長江中下流平原の南側であるが，それより低緯度の水稲二期作地域でも茶の栽培が盛んである。フーチエン（福建）省やユンナン（雲南）省で茶（ウーロン茶など）の生産が多い。**オ**の棚田は，主に平野に乏しい島嶼部に発達するため誤り。インドネシア（ジャワ島）やフィリピン（ルソン島）に多く，日本では「千枚田」などと呼ばれ観光資源にもなり，保存運動が行われている。**カ**の浮き稲は**チャオプラヤ川**などの沖積平野で雨季に浸水する地域で栽培され，水位の上昇とともに茎が伸び，稲穂は水面上に実るが収穫量は少ない。**キ**は正しい。タイでは灌漑化が進められているが，不十分で土地生産性は低い。**ク**のデカン高原は年降水量が1000㎜未満の畑作地域で，灌漑施設の整備は遅れており，干害にあいやすい。インド北西部のパンジャブ地方は灌漑施設が整備され，小麦の大産地で，農民の収入も多い。

問４　高収量品種の導入には，**灌漑施設が不可欠**で，従来の天水に頼った水田では栽培が難しい。また病気に弱く，栽培すると地力を消耗するため**農薬や化学肥料**が必要である。これらには資金が必要である。ただし，労働力は豊富なので機械化は必要条件ではなかった。

なお，収穫量が増えたことで米価が下がり，貧農の収入は減少した。貧農は生活が成り立たなくなり，農村から都市への人口流出が激化した。一方，貧困層の家計に占める食費の割合が下がるなどの効果もあった。

整理しよう！

□稲作と畑作の境界は中国では年降水量800～1000㎜，南アジアでは1000㎜。

□緑の革命により，東南アジア，南アジアでも米の自給が可能になった。

13　各国の土地利用

解答

問１　A－③　B－①　C－②　D－⑤　E－④

問２　X－①　Z－⑤　問３　タウンシップ制

問４　⑴　センターピボット方式による灌漑　⑵　地下水の枯渇，塩害

問５　⑴　500　⑵　企業的放牧業（企業的牧畜業）

ここでは… 農業の地域的違いは統計に表れるので，統計表を注意深く読み取ろう。

解説

Ⅰ　問１　農林水産業就業人口率（％）は，発展途上国で大きい。よって最も割合の高いAがインドになる。農地割合では，国土の自然環境を考える。日本は６割以上が山地で耕地は１割強であるので，Cが日本となる。１人当たり農地面積は，広大な国土を持ち機械化された農業を行う国などでは大きくなり，発展途上国や集約的農業を行う東アジアでは小さくなる。経営規模が大きく，穀物生産量が多いEはアメリカ合衆国である。BとDの区別は難しいが，小麦の生産量が多く，米の生産量が少ないDがフランス，残りのBがアルゼンチンになる。

問２　インドは牛の飼育頭数が世界第２位の国であるため，Aで頭数が多いXを牛と考える。Zは日本での頭数が少ないので，羊と考える。Yは混合農業が発達した**フランス**や**アメリカ合衆国**で多いので，豚が相当する。

Ⅱ　問３　アメリカ合衆国では，西部の開拓のため19世紀半ばに公有地の払い下げについて定めた**ホームステッド法**（自営農地法）が制定された。この法に基づいて払い下げる公有地を分割する制度が**タウンシップ制**である。６マイル四方を１タウンシップとし，それをさらに１マイルごとに区切った土地を１セクションとし，さらにその４分の１に１農家ずつ入植させた。

問４　**センターピボット**と呼ばれる灌漑が行われている土地は，中心から散水・施肥を行うアームが延び，360°回転するため円形の農地となっている。灌漑用水には，グレートプレーンズに分布するオガララ帯水層という豊富な**地下水**を利用している。しかし，長い間地下水を揚水したためその枯渇が深刻化している。また灌漑によって地表に塩類が集積するという**塩害**も見られる。

問５　年降水量500mm以東では多雨となり，コーンベルトやコットンベルト（綿花地帯）など農作物別栽培地域が東西に広がる。栽培される農作物の種類には，気温差が反映され，五大湖の南側とメキシコ湾岸沿いでは種類が異なる（適地適作）。カンザス州は冬小麦地帯に位置し，その北東にコーンベルトが分布する。一方，年降水量500mm以西では年降水量が少なくなるため，大規模経営による牛などの放牧が行われている。

なお，この地域を含めアメリカ合衆国全土で深刻化している環境問題は**土壌侵食**である。原因は，降水量が少ない地域や傾斜地にまで，小麦などの耕地が拡大したことである。これによって，風食や水による侵食が進んだ。その対策として等高線耕作などが行われている。

整理しよう！

□先進国では農林水産業就業人口率が小さく，発展途上国では大きい。
□インドは牛の飼育頭数が世界第２位である。
□灌漑農業は，河川や地下水などの水源確保と耕地の塩害が課題となる。

14　世界の漁業・林業

解答

問１　a－ウ　b－カ　c－イ　d－エ

問２　(1)　トロール　(2)　タラ　(3)　アンチョビー（カタクチイワシ）
(4)　湧昇流　(5)　バンク（浅堆）　(6)　カキ　(7)　母川国
(8)　栽培　(9)　中国

問３　(1)　A　大西洋北東部漁場　B　太平洋南東部漁場
C　大西洋北西部漁場　D　太平洋北西部漁場　(2)　D

問４　(1)　ウ　(2)　輸入相手国での丸太の輸出が制限されたから。

問５　安価な輸入木材の増加による国内産の<u>木材価格</u>の競争力低下に加え，林業労働者の<u>高齢化</u>で林業が停滞しているため。

ここでは… 世界や日本の漁業や林業の基本的な動向を確認しておこう。

解説

Ⅰ　問１　いずれも**寒流**を問うたものである。主要漁場について暖流と寒流，潮境の有無，バンクの発達，魚種，漁法を整理し，主要な出漁国とその漁港をまとめておこう。

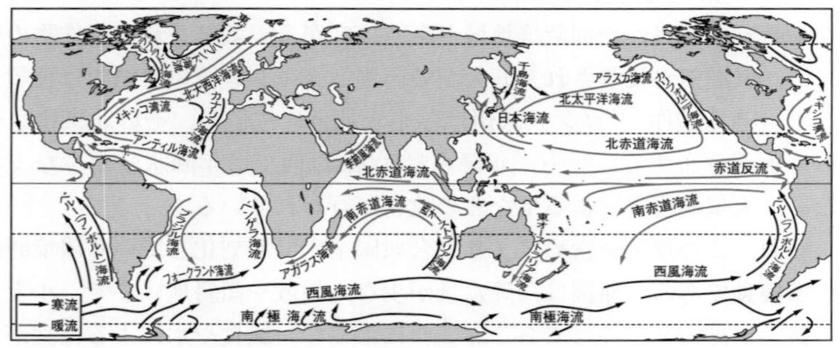

問2　(1)・(2)　欧米諸国ではタラ・ニシン・カレイ・ヒラメなどの白身の魚の漁獲量が多い。漁法では機械式の大型底引き網を使った**トロール漁業**が発達した。

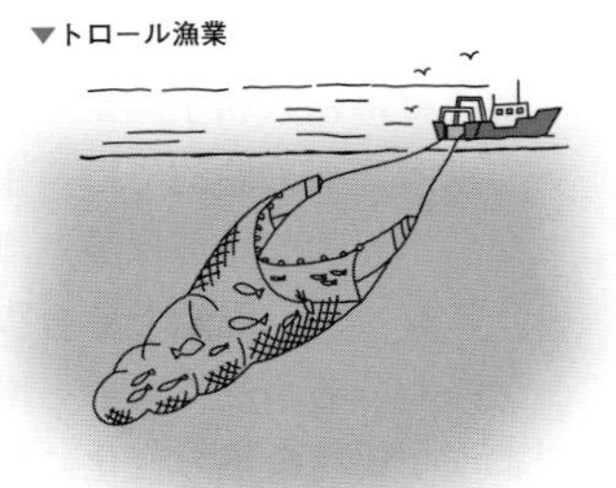

▼トロール漁業

(3)　**アンチョビー**は魚粉（フィッシュミール）に加工され，肥料や飼料として欧米に輸出される。太平洋南東部漁場の漁獲のほとんどはアンチョビーである。ペルーはかつて漁獲量が世界第1位だったこともあるが，乱獲やエルニーニョ現象の影響で漁獲量が減少し，低迷した。近年は回復傾向にある。

(4)　**湧昇流**は深海の海水が上昇して表層部に向かう流れのこと。南アメリカ大陸の太平洋岸ではペルー海流が大陸から離れる際に起きる。深海は栄養塩類が豊富で，湧昇流により表層部にそれらの栄養分が供給されるため好漁場となる。

(5)　バンク（浅堆）は大陸棚のとくに浅い所をさす。北海のドッガーバンクの深度は13～25mほどである。大陸棚以上に漁場の好条件となる。

(6)　チェサピーク湾はおぼれ谷の典型で，湾奥にはボルティモアが位置する。日本のカキ養殖は広島湾や仙台湾が好例。

(7)　サケ・マス類は河川で産卵・孵(ふ)化し，海洋で成長し，また同じ河川に帰ってくる性質を持つ。**母川国主義**とは，海洋のサケ・マス類は生まれた河川の国の資源であるという考え方で，沖捕りを規制する根拠になっている。このため，現在日本は北洋での操業ができず，サケ・マスの輸入が増加している。

(8)　人工受精・孵化・稚魚の放流などを行い成長は自然界に委ねる漁業を**栽培漁業**という。乱獲などで水産資源は枯渇の傾向にあるが，栽培漁業は，水産資源を増やし水産業を継続させる目的がある。低級魚を餌に高級魚を育てることもある**養殖業**は特定の区画内で成長させるので，栽培漁業とは区別される。

(9)　中国は食生活向上のために水産業を振興し，世界最大の漁獲量を上げている。国土が広く，河川や湖沼などの内水面の漁獲量が多い。

問3　主要漁場は北半球の中高緯度地域に集まっているが，遠洋漁業の発達や発展途上国の水産業への進出で，南太平洋やアフリカ沖でのマグロ漁など世界の海が漁場化している。

Ⅱ　問4　南洋材とは，ベトナム・マレーシア・インドネシア・フィリピン・パプアニューギニアなどからの輸入材のこと。米材とは，アメリカ合衆国およびカナダからの輸入材，北洋材とは，ロシアからの輸入木材である。南洋材は輸入相手国からもわかるように，**熱帯林**で伐採される木材である。

東南アジア諸国では，主に日本向けの熱帯林の開発が1960年代から進んだ。世界的な環境保護意識の高揚もあって，丸太での輸出が規制されるようになった。現地では合板などに木材を加工し，輸出品としての付加価値を高め，あわせて雇用を増大させる木材産業の発展が図られている。このような貿易政策の変化に伴い，日本の南洋材の輸入が減少した。

問５　「木材価格」から，外国産材が多く輸入されその価格が安いことを想起し，「高齢化」から，林業従事者が高齢化し，産業活動が停滞していることに気付くとよい。近年，海外への輸出やバイオマス燃料としての需要の高まりから，国産材の生産が増加している。

整理しよう！

□好漁場の自然条件は，潮境（潮目），大陸棚，バンクの発達。
□ペルー沖のアンチョビーは，フィッシュミールに加工され，飼料になる。
□日本の国土面積の３分の２は森林だが，木材自給率は低い。

15　ＥＵの共通農業政策

解答

域内の農畜産物の統一価格制度や輸出補助金，域外の農畜産物に対する輸入課徴金，欧州農業指導保証基金などがあるが，農畜産物の過剰在庫，価格支持による財政悪化や貿易摩擦問題を抱え，生産調整が行われている。

(99字)

採点ポイント　【配点　10点】

□域内の統一価格制度…（２点）
□輸出補助金・輸入課徴金・欧州農業指導保証基金のいずれか二つ…（２点）
□農畜産物の過剰在庫や財政負担…（２点）
□貿易摩擦…（２点）
□生産調整…（２点）

ここでは… 共通農業政策の目的は，域外からの安い農畜産物の流入を阻止し，農畜産物の域内自給であることを確認しよう。

解説

論述の組立て

「その内容を…説明せよ」とあるので，**事項説明型**である。ただし，記述中に問題点についても触れていることが必要である。よって，共通農業政策の基本的な特徴と問題点を50字程度ずつで記述する。

EU では EC 時代の1968年から共通農業政策を実施してきた。域内では主要農畜産物に**統一価格**を設定した。このため農家は保証された価格で販売できるようになり，生産意欲が高まり，域内で食料の自給がほとんどできるようになった。この制度では，市場価格が統一価格を下回った際には，その差額が**買支え金**として支給されるので，生産性の低い国の農業は保護され，生産性の高い国の農業はさらに生産を拡大し，収益を上げることができる。一方，域外からの安い輸入農畜産物に対しては**輸入課徴金**を課して流入を抑え，域内の農業を保護している。

この政策は，EU 諸国を農産物輸入国から輸出国へと転換させた。しかし，統一価格は国際価格に比べて高く，そのままの価格では輸出は困難である。そのため，**輸出補助金**を拠出し，価格を下げ，輸出を容易にする措置が講じられている。

こうした制度を維持するためには財政負担（欧州農業指導保証基金）が大きく，加盟国の公的資金の分担が増えている。また，バター，小麦，ワインなどが生産過剰となり，価格支持のために財政支出が膨らんだ。さらに，アメリカ合衆国から保護主義だとの批判が強まり，ウルグアイ=ラウンドの合意もあり，21世紀に入って生産調整や補助金の削減，所得保証などの改革が始まった。しかし，旧東欧諸国の EU 加盟によって補助金のさらなる増加が懸念されるとともに，新加盟国の農畜産業を EU 水準に向上させるという課題がある。

整理しよう！

□共通農業政策の要点は四つ。統一価格，輸出補助金，輸入課徴金，欧州農業指導保証基金。

□アメリカ合衆国などからの輸入自由化の要求と，旧東欧諸国の加盟による財政負担の増加。

4 鉱工業・エネルギー

16 エネルギー資源と鉱産資源

解答

問1 (1) 石炭 (2) 石油 (3) クリーンエネルギー
(4) OPEC（石油輸出国機構） (5) メジャー（国際石油資本）
(6) OAPEC（アラブ石油輸出国機構） (7) 石油危機（オイルショック）
(8) IEA（国際エネルギー機関） (9) 京都議定書 (10) レアメタル
問2 資源ナショナリズム
問3 水力・風力・太陽熱など化石燃料に代わるエネルギーのこと。(28字)
問4 イ，エ，キ
問5 核燃料サイクルの確立や放射性廃棄物の処分方法などが未解決であり，安全管理面にも問題が見られること。(49字) 問6 ウ
問7 A ロシア B 日本 C 中国 D フランス
問8 A スズ鉱，d，ア B ニッケル鉱，e，カ
C ボーキサイト，b，エ D 鉄鉱石，c，ウ E 銅鉱，a，イ
F 鉛鉱，f，オ

ここでは… 主要国のエネルギー需給の状況と鉱産資源の産出国に関する重要事項を整理し，エネルギー資源の国際情勢の変化や新エネルギーにも注目しよう。

解説

問1 人類のエネルギー利用は，水・風・畜力など自然の力を利用することから始まった。18世紀後半の産業革命期に，**石炭**を利用した**蒸気機関**が発明され，急速に工業化が進んだ。その後19世紀後半の**内燃機関**の発明で，今度は**石油**エネルギーの開発が本格化し，今日では石油が最も重要なエネルギー資源となっている。

主に中東に分布する原油の流通・販売は，長い間欧米のメジャー（国際石油資本）に支配されてきた。これに反発した産油国は，1960年に**OPEC（石油輸出国機構）**を結成し，1968年にはアラブ産油国がOAPEC（アラブ石油輸出国機構）を結成した。OPECとOAPECは，1973年，79年の二度，石油危機を引き起こしたが，第一次石油危機直後の1974年には，先進国を中心に**IEA（国際エネルギー機関）**が組織された。一方，近年では埋蔵量が多い石炭が燃料として再び見直されている。

新しいエネルギーとしては，太陽光・太陽熱・風力・地熱など，環境破壊を引き起こさない**クリーンエネルギー**に重点が置かれ，燃焼時に有毒な

硫黄分を排出しにくい天然ガスの需要も増大している。

1997年の第3回気候変動枠組条約締約国会議で法的拘束力のある温室効果ガスの削減目標を定めた**京都議定書**が採択され，2005年に発効した。これによる日本の温室効果ガス削減目標は，1990年比で6％減であった。

先端技術産業分野で欠かせない存在となっている**レアメタル**とは，埋蔵量や生産量が少なく希少性が高いものや，金属として取り出すことが難しいものをいう。ニッケル・マンガン・チタン・コバルトなどがある。

問2 「自国にある天然資源の恒久的な主権を獲得して，自国の経済発展につなげようとする動き」を**資源ナショナリズム**という。

問3 化石燃料は，将来必ずその限界を迎え枯渇する。そのため，自然界に豊富に存在し，あわせて二酸化炭素や窒素酸化物，硫黄酸化物など環境破壊の原因となる様々な有害物質を大気中に放出しない自然エネルギーなどの代替エネルギーにその注目が集まっている。

問4 1956年のスエズ動乱（**第二次中東戦争**）で北アフリカの原油が増産され，国際石油資本が原油価格を引き下げたため，産油国は反発し，イラク・イラン・サウジアラビア・クウェート・ベネズエラ=ボリバルの5カ国はOPEC（石油輸出国機構）を発足させた。OPECには中東以外の産油国も加盟しているが，ヨーロッパの国やメキシコ，エジプトは非加盟である。

問5 1979年のスリーマイル島原発の放射能漏れ事故，86年のチェルノブイリ原発事故，さらに日本の福島第一原発の放射能漏れ事故や茨城県東海村での臨界事故など，原子力発電の事故が続き，原子力政策の見直しが迫られている。また，核燃料濃縮や再処理をイギリスやフランス，アメリカ合衆国に頼る日本では，国内での核燃料サイクルの確立が急務であるが，地元自治体や住民の反発でなかなか進行しない。

反面，原子力エネルギーは熱効率が高く，少量の燃料で多大なエネルギーを生み出すことができる。また，燃焼を伴わないので大気を汚染せず，二酸化炭素も排出しないクリーンなエネルギーである，ともいわれている。

問6 バイオマスエネルギーは，農産物・農業廃棄物や木屑，家畜のし尿など生物資源を利用して得られるエネルギーの総称である。トウモロコシやイモなどのデンプン，木材チップや稲わらなどから作られたブドウ糖を発酵させたエタノール，海草や畜産廃棄物を発酵させたメタンガスなどがある。

ブラジルでは**サトウキビ**から，アメリカ合衆国では**トウモロコシ**から，EUでは小麦や**テンサイ**から，エタノールをつくりガソリンと調合したバイオエタノールが実用化されている。

ウのナフサは**原油**を蒸留して得られるガソリンなどの原料である。

問７　比較的大河川や湖沼が多い国では**水力発電**が中心となり，石油・石炭が豊富な国や乾燥地域では**火力発電**が中心となる。また，国家政策により原子力発電を推進する国では原子力発電の割合が高い。フランスは運転中の原子力設備容量ではアメリカ合衆国に次ぐ世界第２位であるが，電力構成比では，原子力発電の割合が高い。

問８　鉱産資源の分布には共通点がある。鉄鋼業には欠かせない良質な**鉄鉱石**は一般に安定陸塊に多く，銅鉱・スズ鉱は地殻変動や火山活動が活発な**新期造山帯**に沿って多く分布する。また，赤褐色をした**ボーキサイト**は熱帯・亜熱帯の高温多湿な地域で多く産出される。

整理しよう！

□風力・地熱・太陽熱などをクリーンエネルギーと呼ぶ。
□産油国は，1960年にOPEC，1968年にはOAPECを発足させた。
□レアメタルとは，存在量がきわめて少ないほか，鉱石中に含まれる量が少ないもの，金属として取り出すことが難しいものをいう。

17　工業立地

解答

問１　⑴　輸送　⑵　原料　⑶　市場（消費地）　⑷　労働
問２　a－⑵　b－⑷　c－⑵　d－⑶
問３　A　⑤，イ　B　①，オ
問４　A　アンシャン（鞍山），④　B　ジャムシェドプル，②
C　エッセン，①　D　タラント，③

ここでは…工業立地の類型を原料産地との関係を含めて押さえよう。

解説

問１　⑴　ウェーバーは20世紀初頭のドイツの経済学者。工業立地論を初めて体系化した。企業はまず，**生産費**のうち，立地の場所によって費用に差異が生まれる費用項目（**輸送費**・**労働費**・地代・**用水費**・**電力費**など）である立地因子を考える。最初は**輸送費**が最低になる地点に決定され，次に**労働費**によって決まる。しかし，自然条件や社会条件などの立地条件の影響を受けるのですべてがこれに当てはまるわけではない。

⑵　鉄鋼業の場合，原料の鉄鉱石と製品の鉄鋼の重量では製品の方が軽いため，原料立地の方が産地以外の場所で製造するよりも輸送費は安くなる（**原料指向型工業**）。鉄鉱石産地のみならず炭田立地もある。

⑶　市場の流行や情報の影響を受けやすい工業では，市場に近い場所に立地（**市場指向型工業**）するのが効率的である。

⑷　機械組立工業など人手が必要な工業は，安価な労働力が豊富な地域に立地する（**労働力指向型工業**）。経済水準が向上して労働力の賃金が上昇すると，より賃金の安い地域へ工場が移動することも多い。先進国企業の発展途上国への進出はその例である。

なお，原料を海外からの輸入に頼る場合は，臨海部への立地（**臨海指向型工業**）が最も合理的である。

問2　a　ワインは原料のブドウが変質しやすいので，**原料産地**で製品化する**原料指向型**となる。

b　縫製業は**安価な労働力**を大量に必要とするため，**労働力指向型**となる。中国，とくに上海の立地例が有名である。

c　陶磁器の原料は産出地が限定され，変質しやすいので，原料指向型となる。

d　ビールは，主原料である**水**が重量の大部分を占める。水はどこでも入手できるため，原料産地に限定されることはない。また，ビールは鮮度が落ちやすく，原料より製品の重量が重いので**市場指向型**となる。

問3　A　セメント工業は，原料重量が製品重量よりも重いので，輸送費を考えると**原料立地**が適する。

B　電子工業は主に集積回路（IC）などの半導体を製造するが，製品は小型軽量で，しかも付加価値が高く，製造コストに輸送費が占める割合は低い。よって運賃の高い航空機輸送や高速道路を利用した自動車輸送が可能になる。そのため空港や高速道路のインターチェンジの近くに立地する。

問4　A　中国最大の鉄鋼業都市**アンシャン**（鞍山）についてである。近郊のフーシュン（撫順）炭田からの石炭を利用している。

B　インドの**ジャムシェドプル**である。1907年に**タタ財閥**によるインド初の製鉄所が建設され発展した。

C　ドイツ西部にあるルール工業地域の都市**エッセン**である。原料となる鉄鉱石の大部分はスウェーデンから輸入している。

D　イタリア南部の**タラント**である。1960年代に，南北格差是正のために実施された南部開発の一環として，大規模な製鉄所が建設された。

①　ピッツバーグはアメリカ合衆国のペンシルヴェニア州南西部に位置す

る。フィラデルフィアに次ぐ同州第2の都市である。アパラチア炭田に近く，良質の瀝青炭（れきせいたん）を利用した鉄鋼業が発展している。

② バーミンガムはイギリス・ミッドランドの鉄鋼業都市。鉄鉱山，炭田ともに近くにあるため，古くから鉄鋼業の街として栄えた。

③ フランス北部，北海に面したダンケルクには鉄鋼業を中心とした臨海コンビナートが建設されている。

④ クリヴォイログはウクライナ南部の都市で，世界有数のクリヴォイログ鉄山から産出される豊富な鉄鉱石を利用する鉄鋼業都市である。

整理しよう！

□原料が製品よりも重いものや変質しやすいもの（セメント・パルプなど）⇒原料指向型

□原料と製品の重量が変わらないものや製品が変質しやすいもの，市場の影響を受けるもの（ビール・印刷など）⇒市場指向型

□多くの人手を要するもの（織物・衣類・機械組立工業）⇒労働力指向型

18 先進国の工業

解答

問1 (1) ランカシャー　(2) 綿　(3) 水力（水車）　(4) 蒸気
(5) 石炭　(6) 自動車　(7) 大量生産　(8) 産業用ロボット
(9) 黒郷（ブラックカントリー）　(10) ロレーヌ　(11) アパラチア
(12) 釜石

問2 ①－ウ　②－イ　③－オ　④－エ　問3 ②

問4 人間の代わりに危険な作業をさせることで労働災害を抑えられる。（30字）

ここでは… 先進国の工業の特徴や共通点をつかもう。

解説

問1 A (1)～(5) **産業革命**は18世紀後半，イギリス中西部のランカシャー地方から発達した。初期は**水車**を動力源に機械を運転したため，水力が利用できる河川付近に工場が立地していた。その後，**蒸気機関**の普及に伴い，動力源を求め各地の炭田に工業地域が形成された。

(6)〜(8)　**流れ作業**は大量生産のシステムとして，アメリカ合衆国のフォード社によって**自動車工業**で導入され，飛躍的に生産性が向上した。さらに，人間が行っていた細かい動作が可能な「**産業用ロボット**」が開発され，日本の高度経済成長期の自動車工業においてオートメーション化が進んだ。

B　(9)　ミッドランド地方は19世紀に工業化の進展で，「黒郷（ブラックカントリー）」と呼ばれるほど市街地が煙と煤（すす）（スモッグ）で覆われていた。

(10)　**ロレーヌ地方**の鉄鉱石はリン分を含むミネット鉱であったが，リン分を除去する**トーマス製鋼法**の発明で利用が可能になった。

(11)　アパラチア炭田の石炭と五大湖のスペリオル湖西のメサビなどの鉄鉱石とが結びつき，製鉄業が発達した。

(12)　釜石は近世からの鉄山で，製鉄の歴史は八幡製鉄所よりも古い。しかし，溶鉱炉も1989年に操業を停止した。

問2　グラスゴーはイギリスのスコットランドの都市で，かつては造船業で発展したが，現在は電子産業が立地し，周辺一帯はシリコングレンと呼ばれている。**マルセイユ**はフランス最大の貿易港で，同国第二の都市である。石油化学工業が発達している。**リーズ**はイギリスのヨークシャー地方の都市で，羊毛工業で有名。**ビルバオ**はスペインの鉄山で鉄鋼業も発達した。

問3　戦前の軽工業中心の工業から戦後の重化学工業への転換を読み取ることが重要となる。さらに重化学工業においては，金属工業に比べて機械工業や化学工業の伸びが著しい。多くの労働力を必要とする繊維工業は，豊富で安価な労働力を求めて発展途上国，とくにアジアへの進出が多い。また，安価な輸入製品の流入により国内産業が圧迫された。

問4　産業用ロボットは従来の工作機械と異なり，人間の手に似せた機能を備え，作業を効率よく行う。作業時間が大幅に短縮されるので，塗装･溶接･加工・組立・検査など多くの工程に導入されている。アメリカ合衆国で開発されたが，日本での普及がほかの先進国より進んでおり，とくに自動車工業における普及は顕著である。

整理しよう！

□産業革命はイギリスのランカシャー地方の綿工業に始まる。

□欧米の古くからの工業は資源産地に立地したが，海外からの原料の輸入が増え，新しい工業地域が臨海部に発達した。

19 BRICS・新興国の工業

解答

問1　A　ロシア　　B　中国　　C　ブラジル　　D　インド
問2　A　インド　　B　ロシア　　C　ブラジル　　D　中国
問3　(1)　長江　　(2)　サンシャ（三峡）ダム
(3)　チョンチン（重慶）市　　問4　(1)　ヴォルガ=ドン運河
(2)　バム鉄道（バイカル=アムール鉄道）　　問5　Ⅰ－ウ　　Ⅱ－カ

問6　インドはアメリカ合衆国のほぼ真反対に位置し，時差が約半日ある。そのため，アメリカ合衆国での業務終了後に業務を引き継ぐことができ，24時間業務を行うことができる。また，人件費が安く英語に堪能な人材が多いこと，技術者育成のための数学教育に力を入れたことなどにより，アメリカ合衆国の企業が多数進出した。(147字)

問7　いずれも国土面積が広く，石炭・鉄鉱石・天然ガス・原油など多くの鉱産資源を有する。さらに，４カ国で世界人口の約４割を占める人口を持ち，労働力が豊富で，将来，巨大な消費市場となることが予想される。また，経済改革を積極的に行い，対外開放政策により海外からの投資，市場経済化を推進したことが挙げられる。(147字)

採点ポイント　問6　【配点　15点】

□インドはアメリカ合衆国のほぼ真反対にあり，時差が約半日ある…（３点）
□24時間業務を行うことができる…（３点）
□人件費が安い…（２点）
□英語に堪能な人材が多い…（２点）
□理数系の充実…（２点）
□アメリカ合衆国の企業が多数進出した…（３点）

問7　【配点　15点】

□国土面積が広く，多くの鉱産資源を有する…（４点）
□労働力が豊富…（４点）
□将来は巨大な消費市場となる…（４点）
□対外開放政策により海外からの投資，市場経済化を推進した…（３点）

ここでは… 今日，著しい経済成長を遂げているBRICsに注目し，その工業発展に関する重要事項を整理し，まとめておこう。

解説

問１ BRICSとは，経済発展が著しいブラジル（Brazil）・ロシア（Russia）・インド（India）・中国（China）に南アフリカ共和国（South Africa）を加えた５カ国の頭文字をとったものである。2024年にはエジプト・エチオピア・イラン・サウジアラビア・アラブ首長国連邦が加わり10カ国を指す用語となった。

表１を見ると，Ａは，人口密度が低く，一次エネルギー自給率が高いことから，広大な国土を持ち天然ガスや原油の産出が豊富なロシアである。Ｂは，４カ国の中で実質経済成長率と工業付加価値額成長率が高いことから，とくに経済成長の著しい中国。Ｄは，１人当たり国民総所得が最も低いので，大人口国であり，中国ほどは経済発展や工業化が進行していないインド。残るＣがブラジルである。

問２ 「原油」「天然ガス」が上位にくるＢは，世界有数の原油・天然ガス産出国のロシア。「鉄鉱石」が上位にくるＣは，豊富な鉱産資源を持ち近年は原油も産出するブラジル。全体的に輸出額が大きく，「衣類」「繊維品」などの軽工業品の輸出も多いＤは，「世界の工場」となっている中国。よって残るＡがインドである。インドはダイヤモンドの原石を輸入して研磨する加工貿易を行っており，ダイヤモンドの輸出量が多い。

問３ サンシャ（三峡）ダムは，中国の長江中流のフーペイ（湖北）省の巨大ダムである。ダムの規模，発電量ともに世界一といわれている。しかし，大量の土砂の堆積や約110万人もの強制的な移住，巨額の投資，下流域の生態系の変化による環境破壊などの問題点もある。

サンシャダム上流のチョンチン（重慶）市は沿岸部と内陸部との経済格差の是正を目的として，1997年にペキン（北京）市，テンチン（天津）市，シャンハイ（上海）市に次いで４番目の直轄市になった。

問４ (1) ヴォルガ=ドン運河の完成により，その他の運河とあわせ，モスクワから，カスピ海・黒海・バルト海・白海のへの連絡が可能になった。

(2) バム鉄道（バイカル=アムール鉄道・第二シベリア鉄道）は，シベリア鉄道を補完するために建設され，1984年に開通した。タイシェトからソヴィエツカヤガヴァニを結ぶ全長4,300kmでバイカル湖北方の鉱産資源や森林開発を目的にしている。

問５ Ⅰが自動車，Ⅱが家庭用冷蔵庫である。ほかの選択肢も，2015年現在，中国が生産量で世界一を誇っているものである。

問６ **論述の組立て**

この問では，インドのIT産業発達の理由を地域性を踏まえて述べるため，**因果関係説明型**となる。単に理由を答える問だが，字数が多いので多方面から考察し，位置関係で約80～100字，その他の理由を各20～30字程度に配分する。

バンガロール（ベンガルール）やハイデラバードには海外から多くのコンピュータソフト会社や情報通信関連企業が立地している。バンガロールは**「インドのシリコンヴァレー」**とも呼ばれる。

バンガロールに集中した理由は，第二次世界大戦中に航空機工場が建設されるなど，従来から科学技術の最先端都市であったこと，専門教育を学ぶための経済的負担が軽かったことなどが挙げられる。とくに数学教育に力を入れ，アメリカ合衆国のマサチューセッツ工科大学（MIT）やハーバード・ビジネス・スクールをモデルにした高等専門教育機関が設立されている。インド系のIT技術者は世界でも評価が高く，日本でも多くのインド人が働いている。

問７ **論述の組立て**

この問では，BRICS４カ国の共通点を述べるので，**特徴・意義説明型**となる。４カ国の特徴に着目し，その中から共通する点を抜き出し，それぞれ簡潔に述べるようにする。各共通点はほぼ同じ50字程度にバランスよくまとめよう。

BRICS４カ国の面積と人口の世界順位（2014，2016年）は，下表の通りである。

	面積	人口
ブラジル	5位	5位
ロシア	1位	9位
インド	7位	2位
中国	4位	1位

また，各国とも鉱産資源も豊富である。**石炭**は中国が世界第１位（2013年），**天然ガス**はロシアが世界第２位（2014年）の産出国である。**鉄鉱石**は，埋蔵量・産出量ともに４カ国が上位にあり，**ボーキサイト**の産出量も４カ国で世界の３分の１を占める。鉛鉱・亜鉛鉱，スズ鉱は中国が第１位（2013年），レアメタルの埋蔵量もいずれかの国が上位に入る。

総人口の多さは，安価で豊富な労働力が得やすいという利点だけでなく，将来的な市場の大きさをも物語る。それは先進諸国にとって大変魅力的であり，海外からの現地法人数が他国に比べて突出する要因になっている。また，中国は社会主義国であるが，1970年代後半からの経済開放政策などが海外企業の誘い水となっており，一方，旧ソ連の解体はロシア経済を大きく変える要因になった。

整理しよう！

□中国とインドの経済発展は，第一に労働力の豊富さと賃金の安さにある。ロシアとブラジルは，国内の豊富な鉱産資源を利用して工業化が進んだ。

□インド南部のバンガロールは，IT 産業が発達しており，「インドのシリコンヴァレー」と呼ばれている。

□４カ国の共通点は，国土面積が広く，鉱産資源が豊富で，総人口も多いことである。将来的には巨大な消費市場となることが期待できる。

20 日本の製造業の海外進出

解答

欧米諸国への進出は，貿易摩擦の回避が目的であり，自動車の現地生産が好例である。発展途上国への進出は，安価な労働力の利用が目的であり，単価の安い軽工業や労働集約型の電気機械などの組立工業が好例である。

（99字）

採点ポイント 【配点　10点】

□欧米諸国への進出は，貿易摩擦を回避するため…（３点）

□自動車生産などの具体例…（２点）

□発展途上国への進出は，安価で豊富な労働力を利用するため…（３点）

□軽工業や電気機械の組立工業などの具体例…（２点）

ここでは… 日本の製造業の海外進出の目的，それによる利点や問題点を押さえよう。

解説

論述の組立て

この問では，日本の製造業の海外進出の理由と進出相手国による違いを問うている。したがって，**因果関係説明型**と**比較・相違説明型**を合わせた形となる。欧米諸国と発展途上国の違いを端的に述べるだけでも十分に50字程度が埋まる。それに海外進出する工業の例をそれぞれ20字程度で述べるとよい。

製造業の海外進出は欧米諸国との**貿易摩擦解消**を目的とする場合と，発展途上国の**安価な労働力**の利用を目的とする場合に大別できる。前者の場合，自動車産業が典型例である。日米貿易摩擦が問題となり，日本側は輸出自主規制で対応したが貿易不均衡は解消されず，次第に現地生産に移行していった。その後，部品メーカーの進出も増え，現在では，従来の「ケイレツ」と呼ばれる本社と下請けの関係を超えた部品供給体制も生まれた。これは，進出した日本メーカーが現地の部品メーカーから部品を調達する場合や，日本から進出した部品メーカーがアメリカ合衆国の自動車会社に部品を供給することを意味する。

発展途上国への進出は安価な労働力を求めてのことだが，とくに円高により製品輸出価格が上がった部門や，国内労働賃金の上昇で，生産費が膨張した部門の進出が多い。家電などの電気機械や繊維関連の軽工業部門などがそれに当たる。当初は，韓国や台湾が主な進出先であったが，この地域も賃金上昇が著しく，より賃金の安価なタイやマレーシアなどの東南アジアへ，さらに現在では中国へと移っている。

一方，日本国内では製造業が外国に流出すると，これまで国内でその業種に従事していた人々が失業し，業種全体が衰退する「**産業の空洞化**」が進行する。このような社会では製造部門からサービス部門への**構造転換**が求められる。反対に発展途上国では，単なる雇用創出ではなく，輸入代替型から輸出指向型への技術転換を達成できるかが重要となる。

このテーマでは「貿易摩擦」「現地生産」「安価な労働力」がキーワードとして不可欠である。200字以上の論述ならば，国内に発生する問題点としての**産業の空洞化**や，輸出抑制につながる**円高**についても言及したい。

整理しよう！

□欧米諸国への製造業進出は，背景に貿易摩擦問題がある。
□発展途上国への製造業進出は，安価な労働力を指向している。
□企業の海外進出は，日本の産業の空洞化，産業界全体の衰退にも関連する。

5 現代世界の結合

21 国家群

解答

問1　A　NATO　　B　EU　　C　USMCA（NAFTA）
D　ASEAN　問2　1－ウ　　2－カ　　3－コ
問3　⑴－B　　⑵－A　　⑶－D　　⑷－C
①　6カ国　　②　フランス　　③　ジャカルタ　　④　北米自由貿易協定
問4　エ　　問5　イ

ここでは… ASEAN・EU・NAFTA・NATOなどの主要な国家群を確認しよう。

解説

問1　A　ヨーロッパの大部分の国とアメリカ合衆国・カナダが加盟していることから，NATO（北大西洋条約機構）が該当する。
B　ヨーロッパの国々中心で構成されていることから，EU（ヨーロッパ連合）である。
C　アメリカ合衆国・カナダ・メキシコという北米の3カ国であることから，USMCA（NAFTA（北米自由貿易協定））である。
D　東南アジアの国々のみで構成されていることから，ASEAN（東南アジア諸国連合）が該当する。

問2　1　アイルランドは，1973年にイギリス・デンマークとともに当時のEC（ヨーロッパ共同体）に加盟した。2004年には，チェコ・スロバキア・ポーランド・ハンガリー・スロベニア・エストニア・ラトビア・リトアニア・マルタ・キプロスの旧社会主義国を含む10カ国が，2007年にはルーマニア・ブルガリアが，2013年にはクロアチアがEUに加盟した。2020年にはイギリスが離脱し，2020年2月現在の加盟国は27カ国となっている。
2　トルコは，1952年にNATOに加盟している。EUとの加盟交渉が開始されたが，未だ加盟は認められていない。
3　他の加盟国が東南アジアの国々であることからミャンマーである。

問3　⑴　EC（ヨーロッパ共同体）が前身であるという問題文の記述から，BのEUであると判断できる。EC原加盟国は，ベルギー・ルクセンブルク・オランダ・フランス・西ドイツ（当時）・イタリアの6カ国である。
⑵　旧ソ連・社会主義国に対抗する西ヨーロッパ諸国・北アメリカの軍事機構であると記述されているので，西ヨーロッパと北アメリカの国々が加盟しているAのNATOが該当する。また，軍事機構を脱退していたのはドイツではなくフランスである。

(3) 「発展途上国の優等生ともいわれた」という記述に着目し，現在も経済発展の著しい東南アジア諸国が加盟するDのASEANだと判断できる。事務局はインドネシアの首都**ジャカルタ**に置かれている。

(4) 世界最大の単一市場になり得るのは，超大国のアメリカ合衆国とカナダ・メキシコが加盟するCのNAFTAである。EUは加盟国拡大により27カ国から成るが，人口・GDPともにNAFTAが上回っている。NAFTAの正式名称は**北米自由貿易協定**である。2020年，NAFTAに代わる協定としてUSMCA（アメリカ合衆国・メキシコ・カナダ協定）が発効した。

問4　DのASEANが結成された目的は，東南アジア地域の経済の発展，社会の進歩，文化の発展を促進することや地域の安定を図ることなどである。設立当初は，共産主義封じ込めの目的もあったが，現在は社会主義国であるベトナムも加盟している。原加盟国は，インドネシア・マレーシア・フィリピン・シンガポール・タイの5カ国で，1984年にブルネイ=ダルサラーム，1995年にベトナム，1997年にラオス・ミャンマー，1999年にカンボジアが加盟して，10カ国となった。

問5　問1・2より，BがEU，2がトルコである。トルコは**イスラム教国**であるのに対し，EUを構成する国々は**キリスト教国**であるという文化的な大きな違いがある。その他にも，EU加盟国のキプロスを巡る対立，経済状態の違い，トルコ国内の人権問題，大人口国でありEUに与える影響が大きいなど，加盟に際しての障壁は多い。

ア　EUの国々もトルコもともに，人種としてはコーカソイドが多い。

ウ　EUの国々の言語の多くは**インド=ヨーロッパ語族**，トルコ語は**アルタイ諸語**に属する。ラテン語派・スラブ語派はともにインド=ヨーロッパ語族に属し，ラテン語派にはフランス語・イタリア語などが，スラブ語派にはポーランド語などがある。

エ　EUの国々も多民族国家である。スペインのバスク人，イギリスのアイルランド系カトリックとは独立をめぐり闘争が起きた。トルコも国内に，クルド人問題を抱えている。

整理しよう！

□ NATOは，旧ソ連・社会主義国に対抗する西ヨーロッパ諸国・北アメリカの軍事機構として設立された。冷戦終結後は体制が変容し東欧諸国も加盟している。

22 国境と領土問題

解答

問1 (1) 領域 (2) 主権 (3) 海洋 (4) 数理

問2 ア オーデル川 エ ピレネー山脈

問3 隣国から侵入しにくい隔離性と，交易の障害にならない交流性に比較的優れているため。(40字)

問4 (1)－③ (2)－⑥ (3)－⑬ (4)－⑤ (5)－⑩ (6)－①

問5 A－ウ B－エ C－キ D－イ E－ク F－シ G－オ H－ア

ここでは… 代表的な自然的国境・人為的国境と，国境・領土問題が生じている主な地域を確認しよう。

解説

問1 (1)・(2) 国家が独立国として国際的に認められるには，国民・領域・主権の三つが必要である。これらを**国家の三要素**という。国家が領有し，その主権が及ぶ範囲である領域は，**領土・領海・領空**から成る。

(3)・(4) 国家相互の領域の境界である国境には，山岳・河川・海洋・湖沼などの自然物を利用した**自然的国境**と，経緯線などを利用した**数理的国境**に代表される**人為的国境**とがある。

問2 **山岳国境**には，**アンデス山脈**（チリ・アルゼンチン）・**ピレネー山脈**（スペイン・フランス）・**アルプス山脈**（フランス・イタリア・スイス・オーストリア）・**ヒマラヤ山脈**（インド・ネパール・中国・ブータン）などがある。**河川国境**には，**リオグランデ川**（アメリカ合衆国・メキシコ）・**ライン川**（スイス・ドイツ・フランス）・**オーデル川**（ドイツ・ポーランド）・**ドナウ川**（ブルガリア・ルーマニアなど）・**アムール川**（ロシア・中国）・**メコン川**（タイ・ラオスなど）などがある。**湖沼国境**には，**五大湖**（アメリカ合衆国・カナダ）・**レマン湖**（スイス・フランス）などがある。また，**数理的国境**としては，**北緯49°線**（アメリカ合衆国・カナダ）・**西経141°線**（アメリカ合衆国［アラスカ州］・カナダ）・**東経25°線**（エジプト・リビア）・**北緯22°線**（エジプト・スーダン）・**東経141°線**（インドネシア・パプアニューギニア）などが利用されている。

問3 国境には，隣国から容易に侵入できない隔離性と，他国との交流の障害にならないという交流性の，相反する二つの機能が求められる。この二つの機能を兼ね備えているのが「理想的な国境」である。

日本海やドーヴァー海峡・マラッカ海峡など，隣国との間に海洋が広がっている**海洋国境**は，容易に侵入できない**隔離性**がある上，船舶での**交流**の阻害にはならず，理想的な国境といえる。しかし，排他的経済水域の設定を巡る問題が生じる可能性がある。

このほかの自然的国境を順に確認していくと，**山岳国境**は，急峻な場合は隔離性に富み，防衛上優れているが，交流性に欠く。**河川国境**は，古くから国境として利用されてきたが，山岳国境や湖沼国境に比べて変化しやすく，交流性を阻害することがある。河川国境のリオグランデ川を挟むアメリカ合衆国とメキシコのように，国境紛争を引き起こした例もある。

問４ (1) ③の南沙諸島では，海底油田の発見などにより周辺の中国・ベトナム・ブルネイ・フィリピン・マレーシア・台湾などが領有を主張している。

(2) ⑥のシャトルアラブ川は，ティグリス川・ユーフラテス川の二つの河川が合流してペルシャ湾に注ぐ川で，イラクとイランの国境になっている。

(3) ⑬のフォークランド（マルビナス）諸島では，1982年にアルゼンチンがこの島の領有権を主張し占領したことに対し，イギリスとの紛争（フォークランド紛争）が起こった。

(4) ⑤の**カシミール地方**では1947年にインド・パキスタンがイギリスから独立する際，ヒンドゥー教徒の藩王はインドへの帰属を行った。しかし，カシミール住民の多数はイスラム教徒であり，パキスタンへの帰属を希望して反発し各地で暴動が起こり，インド・パキスタン紛争へと発展した。1949年に国連の勧告により停戦，北西部はパキスタンに，南東部はインドに帰属したが，根本的には未解決で，国境が不確定な地域もある。また，この地域の国境問題には，インド・パキスタンの他に中国との問題もある。

(5) ⑩の西サハラでは，1970年代半ばにスペインが領有権を放棄した西サハラの主権を巡る争いがモロッコなどと続いている。

(6) ①の北方領土は，第二次世界大戦後，日本が千島列島と南樺太の領有を放棄したことに対して，ロシアと日本の見解が異なり，領土問題は解決していない。

整理しよう！

□国民・領域・主権を国家の三要素という。

□国境には，山岳国境などの自然的国境と，数理的国境に代表される人為的国境がある。

23 ヨーロッパ連合の発展

解答

問1　下図参照　問2　(ア)　ECSC　(イ)　EEC　(ウ)　EURATOM
(エ)　EFTA　(オ)　EC　(カ)　EU　問3　マーストリヒト
問4　ノルウェー，スイス，アイスランド，リヒテンシュタイン
問5　ユーロ　イギリス，デンマーク，スウェーデン
問6　下図参照　**議会**　ストラスブール　**裁判所**　ルクセンブルク
理事会　ブリュッセル

ここでは… EUが拡大・発展していく過程を整理して理解しよう。

解説

問1　A　**ベネルクス関税同盟**は，ベルギー・オランダ・ルクセンブルクの3カ国間で1948年に発効した関税に関する協定。域内の関税を撤廃，域外の関税を共通にして国内市場の拡大をめざした。

B　**EEC**（**ヨーロッパ経済共同体**）は，フランス・西ドイツ（当時）・イタリア・ベルギー・オランダ・ルクセンブルクの6カ国で発足した。

C　1973年にEC（ヨーロッパ共同体）に加盟した3カ国は，イギリス・デンマーク・アイルランドである。

D　1986年にECに加盟した2カ国は，イベリア半島のポルトガル・スペインである。

E　1995年にEU（ヨーロッパ連合）に加盟した3カ国は，スウェーデン・オーストリア・フィンランドである。

問2　**ア**の**ECSC**（ヨーロッパ石炭鉄鋼共同体）は，**E**uropean **C**oal and **S**teel **C**ommunity，**イ**の**EEC**（ヨーロッパ経済共同体）は，**E**uropean **E**conomic **C**ommunity，**ウ**の**EURATOM**（ヨーロッパ原子力共同体）は，**Eur**opean **Atom**ic Energy Community，**エ**の**EFTA**（ヨーロッパ自由貿易連合）は，**E**uropean **F**ree **T**rade **A**ssociation，**オ**の**EC**（ヨーロッパ共同体）は，**E**uropean **C**ommunity，**カ**の**EU**（ヨーロッパ連合）は，**E**uropean **U**nion のそれぞれ略称である。

問3　**マーストリヒト条約**は，条約が締結されたオランダの都市名に由来する。この条約で，通貨統合や経済統合の強化のみならず，共通の外交や安全保障政策，EU共通市民権の導入，ヨーロッパ議会の権限の拡大などが規定された。これにより，ヨーロッパ統合は大きく促進された。

問4　ヨーロッパ自由貿易連合は，イギリスの提唱によりEECに対抗して1960年に設立された経済組織である。1973年にイギリス・デンマークが，1986年にポルトガルがECに加盟し，さらに，1995年にオーストリア・スウェーデン・フィンランドがEUに加盟し，EFTAを離脱した。現在は，ノルウェー・スイス・アイスランド・リヒテンシュタインの4カ国で形成されている。

問5　EUの統一通貨は**ユーロ**（EURO）であり，2002年より貨幣の流通が始まった。1995年当時のEU加盟国では，イギリス・デンマーク・スウェーデンがユーロに未参加であった。なお，イギリスは2020年にEUを離脱している。

問6　各地名と位置を地図帳で確認しておこう。

整理しよう！

□ ECSC・EEC・EURATOMが結合しECへ，さらに，マーストリヒト条約によりECはEU（ヨーロッパ連合）へと発展した。

□ EUの加盟国（2020年）は27カ国。

□ EUの通貨統合は1999年から，市場での紙幣や硬貨の流通は2002年1月からである。通貨名はユーロ。

□ヨーロッパ議会はストラスブール，ヨーロッパ裁判所はルクセンブルク，ヨーロッパ理事会はブリュッセルに設置されている。

24　世界の貿易

解答

問1　A－ウ　B－ア　C－カ　D－イ　E－キ　F－オ　G－エ　H－ク　問2　中国，アメリカ合衆国

問3　OECD　ア，ウ，オ，カ，キ，ク　APEC　ア，イ，ウ，ク

問4　(1)　南南問題　(2)　工業化の度合，鉱物燃料など資源の有無

(3)　より付加価値の高い知識集約型の工業部門の育成に努めている。（29字）

問5　D・H国では，輸出加工区の設置により先進国の企業が進出し，工業化の進展や技術水準の向上が見られ，日本では，円高の影響で国内の生産より輸入の方が有利となったため。（80字）　問6　水平貿易

ここでは… 日本の主要貿易相手国の統計判断に慣れるとともに，貿易に関連する事項を確認しよう。

解説

問1　このような問は，あとの問が解答の参考になることも多い。問4から，B・D・G・Hが発展途上国のうちの新興工業国であることがわかる。

A　一次産品の輸出が大半を占め，日本の輸入額第1位の品目が石炭であるため，石炭産地のオーストラリアである。

B　オーストラリア並みに日本への輸出額が多く，機械類の割合が多いため，新興工業国である韓国が該当する。

C　その他の製品とは，大半が**機械類**と考えられ，自動車が輸入品の第1位なのでドイツである。

D　日本への輸出額第1位の品目が液化天然ガスであるため，パーム油などの**農産物原料**や，**液化天然ガス・原油**を多く輸出するマレーシアである。

E　食料・飲料・農産物原料の割合が高めであるため，ブドウ酒（ワイン）に代表される飲料の輸出が多いフランスである。

F　繊維製品の数値が高めであることより，イタリアである。日本の輸入品の上位にはバッグや衣類も入る。繊維工業の立地は，**原料指向型**（綿織物など）のほか，**市場指向型**（ブランドものなど高級品）と**労働力指向型**（主に廉価品）があるので，注意を要する。

G　南アフリカ共和国の輸出品は，白金などの貴金属のほかに，自動車などの機械類や鉄鋼が中心。日本の輸入額第1位品目も白金である。

H　メキシコの輸出品は機械類が中心である。日本はそのほかに原油や果実などを輸入している。

問２　韓国を上回る国は，貿易大国のアメリカ合衆国と中国が該当する。日本はアメリカ合衆国に対しては輸出超過，中国には輸入超過となっている。

問３　OECD（経済協力開発機構）は，世界経済の発展に貢献し，発展途上国の援助などをめざす国際機構である。2023年末現在の加盟国は，2004年までに加盟したＥＵ22カ国（マルタ・キプロスを除く），イギリス・ノルウェー・アイスランド・スイス，アメリカ合衆国・カナダ・メキシコ，チリ・コロンビア・コスタリカ，日本・韓国，トルコ・イスラエル，オーストラリア・ニュージーランドの38カ国である。地域ごとに覚えたい。

APEC（アジア太平洋経済協力会議）はオーストラリアの提唱で始まったもので，環太平洋地域の経済協力の推進を目的とする。2023年末現在，環太平洋に位置するASEAN７カ国（ミャンマー・ラオス・カンボジアを除く），パプアニューギニア，ロシア・日本・韓国・中国・ホンコン・台湾，オーストラリア・ニュージーランド，カナダ・アメリカ合衆国・メキシコ，ペルー・チリの21の国・地域が加盟している。

問４　**後発発展途上国**（LLDC）は，発展途上国の中で最も開発が遅れている国をさし，最貧国ともいう。**南南問題**とは，発展途上国のうち，資源保有国（とくに産油国）やNIEsなどの新興工業国と，資源非保有国あるいは工業化の遅れた国との間の経済格差の拡大に伴う諸問題をいう。先進国と発展途上国の経済格差を意味する**南北問題**と区別すること。

近年，表中の国では，韓国･マレーシア･メキシコなどのNIEsにおいて，かつての軽工業品に代わり，主に**機械類**の生産・輸出が増加している。また，資源保有国の中にも，**南アフリカ共和国**のように，資源加工的な工業製品の輸出を増やしている国が少なくない。このような状況に対して，先進国は，先端技術産業など，付加価値の高い**知識（技術）集約型工業**へ産業構造の転換を図ってきた。

問５　マレーシア・メキシコはともに，日本への輸出の多くが工業製品で占められており，なかでも機械類の輸出が急増している。その主な理由として，両国に設けられた**輸出加工区**を中心に，日本をはじめとした先進国系企業が進出したことで工業化が進展し，技術水準が向上したことが挙げられる。なお，メキシコの輸出加工区である**マキラドーラ**は，NAFTAの結成に伴い廃止された。一方，日本側の理由としては，**円高**の影響で輸出が不利となり，賃金の安い国々で生産された製品を輸入するようになったことなどが主な理由として挙げられる。

問6 ドイツ・フランス・イタリアなど，先進国の間で行われる貿易を**水平貿易**という。主に工業製品が取り引きされ，世界の貿易総額の半分程度を占めている。これに対し，先進国と発展途上国の間の貿易を**垂直貿易**と呼ぶ。一般に，先進国からは工業製品が，発展途上国からは一次産品が輸出されてきた。なかでも，先進国と産油国の貿易額が多い。

整理しよう！

□日本の最大の貿易相手国は，輸出ではアメリカ合衆国，輸入では中国である。

□主にOECD（経済協力開発機構）には先進国が，APEC（アジア太平洋経済協力会議）には環太平洋諸国が加盟している。

□発展途上国間でも南南問題と呼ばれる経済格差が拡大している。

□先進国間の貿易を水平貿易，先進国と発展途上国の間の貿易を垂直貿易という。

25 貿易を巡る諸問題

解答

水平的分業の過度の進展は，特定の工業製品が競合して貿易収支の不均衡を招き，貿易摩擦を引き起こした実例がある。また，垂直的分業では，発展途上国から主に輸出される一次産品の交易条件が悪いため，先進国との経済格差が拡大し，南北問題が深刻化した。(119字)

採点ポイント 【配点　10点】

□水平的分業…（2点）
　△水平貿易のみの指摘…（－1点）
□貿易収支の不均衡による貿易摩擦…（2点）
　△貿易摩擦の指摘がない場合…（－1点）
□垂直的分業…（2点）
　△垂直貿易のみの指摘…（－1点）
□発展途上国（一次産品）の交易条件が悪い…（2点）
□南北問題…（2点）

△経済格差のみの指摘…（－１点）

ここでは… 国際分業の意味と種類を理解し，その問題点について説明できるようにする。

解説

論述の組立て

本問では，国際分業体制がもたらした問題点を説明することが求められているので，**因果関係（結果・影響）説明型**を用いる。字数配分が120字と比較的短いため，簡潔にまとめて，水平的分業・垂直的分業をそれぞれ60字程度で比較対照させて論述するとよい。

国際分業には，主に先進国間で工業製品を生産・輸出する**水平的分業**と，発展途上国が食料や原材料・燃料を生産・輸出し，先進国が工業製品を生産・輸出する**垂直的分業**とがある。水平的分業では，貿易相手国との間で輸出する主力商品が競合すると，いずれかの国の産業が打撃を受け，結果として貿易収支の不均衡が顕著となって，**貿易摩擦**に発展することがしばしばあった。**日米貿易摩擦**がその典型で，1960年代の繊維に始まり，70年代の鉄鋼・カラーテレビ・工作機械を経て，80年代からは自動車・半導体・コンピュータが争点となった。

垂直的分業では，先進国の高価な工業製品と発展途上国が主に生産・輸出する安価な一次産品とでは，交易条件に有利・不利があり，発展途上国の貿易収支は悪化し，先進国と発展途上国の経済格差が拡大する結果を招き，**南北問題**が顕在化した。この問題の解消を図るために設立された国際機関が国連貿易開発会議（UNCTAD）で，貿易障壁の除去や発展途上国に対する特恵関税などが決議されている。

整理しよう！

□水平的分業は，主に先進国間で貿易収支の不均衡を招き，貿易摩擦を引き起こした。
□垂直的分業は，発展途上国からの一次産品の交易条件が悪く，先進国との経済格差が拡大し，南北問題につながった。

6 村落・都市／交通・通信／余暇

26 村落の立地・形態，日本の歴史的村落

解答

問１ (1) 自然堤防 (2) 濃尾 (3) 輪中 (4) 水屋
(5)・(6) 扇頂・扇端（順不同） (7) 宙水 (8) 谷口 (9) 対向
(10) 大井 (11) ミシシッピ (12) ミネアポリス (13) 双子
(14) 条里 (15) 新田 (16) 林地村 (17) 屯田兵村
(18) タウンシップ (19) 砺波 (20) 出雲
問２ a－エ b－イ c－カ d－ウ e－オ f－ア
問３ 後背湿地 水田として利用
問４ ②－ア，オ，キ ③－ウ，カ，ク
問５ 隠田集落（隠田百姓村） 問６ 水の確保が容易なこと

ここでは… 村落の立地は，扇状地や自然堤防などの小地形の理解がカギ。日本の歴史的由来を持つ村落は，地名にも特色が表れる。

解説

問１ (1) 三角州などの低湿地では，洪水を避けるため，自然堤防などの微高地に集落が立地する。自然堤防の比高が２～３m程度なので地形図の等高線では表せない場合が多いが，市街地化されていない農村地域では，集落立地の様子から自然堤防を読みとることができる。

(2)～(4) 濃尾平野西部は木曽川・長良川・揖斐川のいわゆる「木曽三川」の合流地帯で，江戸時代より低湿地開発が盛んであった。かつての堤防は現在のように河道全体を包む規模ではなく，集落を水害から守る最低限のものであった。**水屋**は利根川流域では「**水塚**」，淀川流域では「**段蔵造り**」といい，他の水害常襲地域でも同様の建物が見られる。

(5)・(6) 扇状地は乏水地のため，水の得やすい**扇頂**や**扇端**に集落が立地する。とくに扇端は伏流水が湧水となって地表に出る湧水帯に当たり，集落が帯状に分布する。

(7) 洪積台地も乏水地だが，局地的に分布する地下水である**宙水**の上に集落が見られる。

(8) **谷口集落**は山間部と平野部の接点で，交通の要衝地に発達した集落。

(9)～(13) **対向集落**は，交通路に地形的障害がある時，その障害の両側で向かい合うように発達する集落である。陸上交通と内陸水路交通の結接点である渡し場では「**渡津集落**（としん）」が発達しやすいが，これが河川の両岸にできた場合，対向集落となる。この対向集落が両岸とも都市として発達すると，

双子都市とも呼ばれる。ハンガリーの首都ブダペストは，ドナウ川を挟み向かい合うブダとペストからなる双子都市である。河川のほか，峠を挟んだ対向集落では，箱根峠を挟んだ小田原と三島が好例である。

⑭　条里集落は日本最古の計画的集落で，大化改新に伴う班田収授法により導入された地割りを残す。格子状の縦（南北）列を「**条**」，横（東西）列を「**里**」とし，１区画が６町（約650m）四方でその中を36分割したものを「**坪**」といい，その10分の１が「**反**」である。地割りにはいずれも番号がつけられ，「八条町」などのように現在の地名にも残っている。平安京や平城京の街路区画に採用された「**条坊制**」と区別する。

⑮・⑯　**新田集落**は江戸時代に開拓された村落で，低湿地や乏水地の開発や，海岸や湖岸での干拓もあった。一般的に村落は，道路を中心に**路村**の形態をとり，短冊状地割の耕地が背後に切り開かれている。ドイツの**林地村**も同じような形態である。干拓地では閉め切り堤防が造成される。

⑰・⑱　北海道の屯田兵村はアメリカ合衆国の**タウンシップ制**を模範としている。開拓当初は集村だったが，後に散村へと変化した。

問２　村落の形態は**集村**と**散村**に大別でき，一般に，自然発生的な集村は**塊村**となることが多い。自然堤防上にできた列状の集落である**列村**は，塊村の変形で，中心となる道路などが見られない村落である。**路村**は道路や水路を基盤に発展した集落，これに商業機能が加わると**街村**となり，集落の密度が高くなる。新潟県の出雲崎は好例。後に生まれる宿場町も，形態は街村である。**円村**は**環村**ともいい，現在のドイツ東部からポーランドにかけて見られるスラブ系民族の村落であった。

散村は一般に集村より新しい起源で，１戸１戸が離れている。これを**孤立荘宅**という。耕地に隣接しているため営農には便利である。日本では住居を保護するように風上側に樹木を植えることが多く，関東地方や砺波平野では「屋敷森」，出雲平野では「築地松（ついじまつ）」という。

問３　かつては，後背湿地は水田として利用されていたが，しばしば水害にあった。しかし，堤防を築く技術が向上すると後背湿地での新田開発が進み，集落が形成され，人口も増えた。次第に，自然堤防と後背湿地における土地利用の差が不明確になっていった。

近年，水田が宅地化され，住宅地域が広がっている。こうした地域は，ひとたび洪水・氾濫が起きると浸水被害を受けやすく，また，水はけが悪いため水の引きが遅いなどの現象がある。

問４　条里集落に由来する地名は条・里・坪・反・面などがあり，数字を伴うことも多い。新田集落に由来する地名には「新田」が多く，免は開拓地の年貢の免除に由来する。搦や牟田は干拓地を表す地名である。要害は，堀之内・箕輪・舘・館・根古谷などとともに**豪族屋敷村**に由来する。領家・庄は，荘・京田・給田・張・墾・別所・別府などとともに荘園集落に由来する。名は名田集落に由来し，丸などもその例である。このほか歴史的村落には寺百姓村，隠田集落などがある。

問5　祖谷は徳島県，椎葉は宮崎県，白川郷は岐阜県の隠田集落。中世，戦に敗れた落武者やその一族が隠れ住んだ集落で，各地に伝承が残る。

問6　散村とは住居が散在している村落のことである。散在していても生産や生活が可能になるのは，**水の確保**が容易だからである。

整理しよう！

□集落立地は地形と水との関連が深い。
□集落の立地…低湿地―自然堤防，扇状地―扇頂と扇端，洪積台地―宙水の上
□古代の条里集落は格子状地割，近世の新田集落は短冊状地割
□屯田兵村はアメリカ合衆国のタウンシップ制を模範とした格子状地割

27　都市圏の構造・機能別都市分類

解答

問1　(1)　スプロール　(2)　ドーナツ化　(3)　C.B.D.（中心業務地区）
(4)　副都心　(5)　衛星　(6)　コナーベーション（連接都市）
(7)　メガロポリス　(8)　東海道メガロポリス　**問2　イ　問3　ウ**
問4　1－(イ)　2－(ウ)　3－(イ)　4－(ア)　5－(ウ)　6－(イ)
7－(ア)　8－(ウ)　9－(ア)　10－(ウ)

ここでは… **大都市内部は地価の高騰などのため，機能により地域が分化することを理解しよう。**

解説

問1　(1)・(2)　**スプロール現象**とは，市街地が郊外へ無秩序に広がり，虫食い状に開発されていくことをいう。道路や上下水道などの社会基盤や学校・病院などの公共施設の整備が阻害され，生活に不便な市街地が形成される。**ドーナツ化現象**が進行すると，都心部の学校など公共施設の維持が困難に

6 村落・都市／交通・通信／余暇

なる。日本でも大都市内部で小・中学校の統廃合が進んでいる。

(3)〜(5)　東京では丸の内，ロンドンではシティー，ニューヨークではマンハッタンが**C.B.D.**（**中心業務地区**）に該当し，行政や企業の中枢管理部門が集中し，その中心地機能は，周辺の中小都市や農村部を含む都市圏全体にまで及ぶ。**副都心**は，鉄道のターミナル駅など，都心と郊外との結節地に立地することが多い。C.B.Dの持つ中心機能を補完し，周辺地域の住民に各種のサービスを提供する拠点となっている。また，中心都市の周辺に立地する中小都市である**住宅衛星都市**は，中心都市のベッドタウンとして機能している。

(6)　**コナーベーション**は連接都市ともいう。ドイツのルール地方のようにほぼ同規模の都市が結合する場合と，東京とその周辺都市のように中核の大都市に周辺の中小都市が結合する場合とがある。

(7)・(8)　**メガロポリス**は巨帯都市ともいい，フランスの地理学者ゴットマンが命名した。複数の大都市圏が高速交通機関や通信網により有機的に結合し，ヒト・モノ・カネ・情報が往来するなど，密接な相互関係を持っている。当初は，アメリカ合衆国のボストンからニューヨーク，フィラデルフィア，ボルティモア，ワシントンに及ぶ地域をさす固有名詞であったが，日本の東京大都市圏から京阪神大都市圏に及ぶ地域をさす東海道メガロポリスなどにも使用されている。巨大都市を意味する**メトロポリス**との混同に注意しよう。

問2　霞が関は中央官庁が集中している地域で，都心の一角である。

問3　中之島は大阪市役所がある大阪の行政の中心で，C.B.D.の例である。

問4　**ジブラルタル**は，イベリア半島の南端に位置するイギリス領の都市で，ジブラルタル海峡を臨む軍事都市。**ヤルタ**は黒海沿岸のクリム半島に位置する保養都市で，1945年に第二次世界大戦の戦後処理について話し合われたヤルタ会談で有名。**ウラジオストク**はロシアの軍港。**ヴァラナシ**はインドのヒンドゥー教の聖地。**カンヌ**はフランスの地中海沿岸，コートダジュールにある保養都市。**サンディエゴ**はアメリカ合衆国カリフォルニア州の海軍基地を擁する軍事都市。**ラサ**はチベット自治区の区都で，チベット仏教（ラマ教）の聖地。**バーデンバーデン**はドイツの温泉保養都市。**メッカ**はサウジアラビアのイスラム教の聖地。**バンドン**はインドネシアのジャワ島の避暑地である保養都市。

整理しよう！

□都市郊外ではスプロール現象，大都市内部ではドーナツ化現象が起きている。
□都心にC.B.D.が，都心と郊外の結接する交通の拠点に副都心が形成。
□市街地の拡大により，隣接する都市が連続した都市群となるコナーベーションが形成される。

28 都市問題

解答

問1 (1) 田園　(2) 大ロンドン　(3) グリーンベルト（緑地帯）
(4) ニュータウン　(5) インナーシティ　(6) ドックランズ
(7) 横浜　(8) スラム　(9) ホームレス
(10) プライメート=シティ（首位都市）　(11) ファベーラ
(12) ストリートチルドレン
問2 イギリスは職住近接型だが，日本は職住分離型である。(25字)
問3 富裕層や主要産業が郊外へ流出し，税収入が減るから。(25字)

ここでは… 各国における都市問題の状況と，都市問題が発生した社会背景，その後の対策について押さえよう。

解説

問1 (1)〜(4) 18世紀後半に産業革命を遂げたイギリスは，都市化が急速に進展し，都市への人口集中が起こった。過密状態となった都市の住環境は劣悪で，とくに労働者階級の住宅は狭く不衛生であった。19世紀末に**ハワード**は**田園都市構想**を提唱し，20世紀初頭にニュータウンの先駆けとなる都市レッチワースを建設した。その後，ウェリンガーデンシティなど，ロンドン周辺に複数のニュータウンが建設された。大ロンドン計画ではロンドン郊外へのスプロール化防止のため，**グリーンベルト**が設置され，その周辺に**職住近接型**のニュータウンを配置した。これらのニュータウン内には職場がつくられ，都心への通勤は必要なかった。

(5) 先進国の大都市では，都心部の衰退が見られる。都心部に放置され老朽化した建物に貧困層や移民などが流入し，スラムが形成され，治安や衛生状態が悪化していく。このような都市問題を**インナーシティ問題**という。

(6)・(7)　イギリスでは近年，ロンドン内部の再開発を国家事業として進め，テムズ川沿いの港湾施設であった**ドックランズ**地区を，住宅地やショッピングセンター，情報・ビジネス地区に変貌させた。日本でも横浜の「みなとみらい21」の開発をはじめ，工場跡地を住宅地や多目的施設に転用しているが，経済動向などにより開発が進まない例も多い。

(8)・(9)　ニューヨークでは**スラム**を撤去，古い建造物を改装し，ファッションや芸術関連のサービス業を誘致している。しかし，スラムが抱える根本的な貧困の解決には至らず，別の地区にスラムが移るに過ぎない。

一方，パリの**マレ地区**などのように，老朽化した空間を更地にして再構築するのではなく，ヨーロッパ中世以来の街並みを歴史的空間として保存し，再生を図る例もある。

(10)～(12)　発展途上国でも都市の過密化は深刻で，とくに国内最大都市に人口が集中する傾向が見られる。このような都市を**プライメート=シティ**（**首位都市**）といい，下表のようにバンコク・ジャカルタなどが該当する。これらの都市では，地域の生産力を大きく上回る人口爆発の結果，農村から押し出され流入した人々が，スラムを形成する。なお，親から適切な保護を受けていない**ストリートチルドレン**も各地に存在する。

国名	首位都市	人口（万人）	第2位都市	人口（万人）
タイ	バンコク	830.5	チョンブリー	115.8
インドネシア	ジャカルタ	1,032.3	スラバヤ	285.3
エチオピア	アディスアベバ	316.8	メケレ	28.6
メキシコ	メキシコシティ	887.4	グアダラハラ	473.7

タイが2010年，エチオピアが2013年，メキシコが2014年，インドネシアが2015年。

問2　イギリスのニュータウンは職住近接型で，居住地と勤務地が近接するため通勤距離や通勤時間が短く，特定都市への昼間人口の集中も少ない。衛星都市に対して自立都市ともいわれる。これに対し，日本のニュータウンは大都市のベッドタウンとしての住宅都市に過ぎず，職場や学校は都心にあるため，都心への昼間人口の集中が激しい。

問3　市の財源の多くは，市民税などの税金に依存する。つまり高所得者が多い地域ほど税収が多くなる。しかし，ニューヨーク市など大都市の中心部に当たる市では，高所得者層よりも低所得者層の割合が圧倒的に高い。その多くは貧しい黒人や移民などのマイノリティーである。たとえ大きな利益を上げる企業が立地していても，社員のほとんどは住環境のよい郊外の他の自治体に居住しているため，その市の税収とならない。

受験のプロに、お任せください。

指導で、
れます。

を問う出題が多く、

算。

答案提出はスマートフォンで、
約3日後に答案が閲覧できる！

添削問題を解き終えたら、スマートフォンで撮影して提出するだけ。デジタル添削により、約3日後から復習できます。

※答案提出方法は2024年度の「入試演習」のご案内になります。

① coming △-0
officer come near,
② as fast as they could
n away fast. △-0

最後まで見る，という意味になる。ここでは，
。
スは出ない。as fast as they couldなどのよ

必死で）

aggage delivered
① package

とあるので，package；parcel（小荷物；

「－1点」も逃さない！

入試では、1点の失点が合否に影響します。Z会の添削では、自己採点では見落としてしまいそうな些細なミスも逃しません。点数を細かく示されることで、気をつけるべき箇所への意識が高まるとともに、採点基準もわかるようになります。

OPEN!

整理しよう！

□大ロンドン計画によるニュータウンは職住近接型。
□日本のニュータウンは職住分離型，長距離・長時間通勤が多い。
□発展途上国のプライメート=シティは農村からの人口流入で超過密。
□先進国ではインナーシティ問題が発生。

29 観光・余暇・交通

解答

問１　多くのラグーンが見られる湿地帯で，蚊が発生し集落は少なかったが，フランス政府がバカンス用の市民向けリゾートの開発をした。(60字)
問２　ヴェネツィア　　問３　便宜置籍国
問４　海抜高度が高い土地を通過させるため。
問５　Ａ－エ　　Ｂ－オ　　問６　ハブ空港

ここでは… 開発が早くから見られたヨーロッパの観光地域と，交通手段のそれぞれの特性と地域的な違いを理解する。

解説

問１　フランス南東部の地中海沿いは18世紀後半から保養地として開発が進み，コートダジュールは高級リゾート地となっている。しかし，スペイン側の**ラングドック・ルシヨン地方**は開発から久しく取り残されていた。その一因は，沿岸地域には潟湖（ラグーン）が多く湿地帯が広がっており，蚊が多く発生して居住地としての条件が悪かったためである。しかし，1930年代になるとフランスでは長期休暇が法律で保証されるようになり，庶民的なリゾート開発の必要性が増し，1960年代に政府主導でラングドック・ルシヨン地方の開発が進んだ。今では情報・通信の機能も充実したリゾート地に変貌している。

問２　設問中のイタリアと「水の都」がヒントになる。ヴェネツィアはアドリア海の奥に位置し，その市域は世界文化遺産に登録されている。伝統的工芸のガラス産業や国際映画祭でも有名である。

問３　2015年末現在，世界最大の船舶保有国は**パナマ**で，かつて１位だったリベリアを２倍以上上回る。この２カ国にマーシャル諸島が続いている。これらの国では，船舶の登録料を安くし，登録した企業に対して法人税等の諸経費を割安にする**便宜置籍政策**を実施している。ヨーロッパでは，マルタとキプロスが便宜置籍船国である。日本は船員の賃金が高く，船会社が外国で船の登録を進めたために船舶保有量が減少している。他国船籍の船をチャーターする形をとることで，東南アジア出身の賃金の安い船員を雇用できるからである。こうして，経費を低く抑えられる。

海運では船舶の大型化・高速化・専用化が進んでいる。近年ではコンテナ化が進み，コンテナ埠頭の整備がハブ港としての地位を維持するには不可欠になっている。

問4　世界的な国際運河としては，**スエズ運河**と**パナマ運河**が挙げられる。スエズ運河は水平式運河であるが，パナマ運河は閘門式（こうもんしき）である。太平洋と大西洋とを結ぶパナマ運河は，海抜高度が高い土地を通過するために水位を調節する閘門が必要となる。

問5　他の国と比較して解こう。鉄道輸送は，広大な国土で資源などを輸送する国で営業キロが長くなる。Aは，営業キロ・旅客輸送量はインドと同じくらいだが，貨物輸送量が極めて多いので，急速に工業化が進む**エ**の中国が該当する。Bは，日本と比べ営業キロはやや長いが，旅客輸送量が少ないため，国土が比較的狭く，自動車交通が発展している**オ**のドイツが該当する。近年，環境への配慮から先進国では鉄道が見直され，高速鉄道の建設や都市内での路面電車が普及している。

問6　航空輸送が群を抜いて多いアメリカ合衆国では，その効率的な運用のためにシカゴ・ダラスなどに**ハブ空港**が置かれ，そこから多くの地方空港へ自転車のスポークのように航空路線が延びている。日本でも成田国際空港や羽田空港などで，東アジア地域におけるハブ空港の地位確立をめざしている。

整理しよう！

□観光やリゾートはヨーロッパから始まり，地中海沿岸に集中する。
□パナマやリベリアは，船舶にかかる税金が安いため多くの国の船が籍を置く便宜置籍船国である。
□周辺の地方空港に路線を広げる拠点空港を，ハブ空港という。

30 通信

解答

問1　(1)－オ　(2)－カ　(3)－イ　(4)－ア

問2　A　双方向　B　経済　問3　光ファイバー

問4　落書きやビラは限定された空間における情報伝達手段であるが，今日の情報伝達は広域的な空間で大量の情報を不特定多数に伝達することが可能である。(69字)　問5　インターネット

問6　情報通信技術の恩恵を受けることのできる人とできない人の間に生まれる経済格差をいう。

採点ポイント　問4　【配点　10点】

□落書きやビラは限定された空間…（3点）
□今日の情報伝達は広域的な空間…（3点）
□今日の情報伝達は大量の情報…（2点）
□今日の情報伝達は不特定多数に伝達することができる…（2点）

ここでは… 情報・通信のグローバルな地域への影響を考える。

解説

問1　(1)　**オフィスオートメーション**（OA）は，事務所の事務作業の機械化を意味し，事務所の改革を通して，より生産性の高い経営管理の実現をめざしている。

(2)　インテリジェントビルは，高度な各種機能および情報通信機能を備えたビルのことである。

(3)　オンラインシステムとは，オンライン=リアルタイムシステム（遠隔即時通信体系）の通称で，鉄道の座席の予約など身近に利用されている。

(4)　**POS（販売時点情報管理）システム**は，スーパーマーケットやコンビニエンスストアで用いられ，商品購入時にバーコードから商品情報を読み取り，在庫や仕入の管理をコンピュータにより行うシステムである。

ウの通信販売は無店舗販売の一つで，新聞・テレビ・ラジオ・カタログなどで商品の宣伝を行い，インターネットや電話・郵便などの通信によって注文を受け，商品を販売する方法。アメリカ合衆国で発達した。**エ**の宅配とは主として一般消費者を顧客とする小口荷物の宅配サービスのことで

ある。

問2　A　これまでの新聞やラジオ・テレビなどのマスメディアでは，情報を受け手へ単方向的に伝達してきた。しかし，インターネットなど情報手段の発達で，今まで情報の受け手であった側からも発信できるようになった。つまり，双方向的通信が可能になった。

B　経済距離とは2点間移動に要する費用により測られた距離のこと。交通手段を変えるなどして時間距離を短縮すると費用が高くなることが多い。

問3　光ファイバーは，石英ガラスなどを使用した光の透過率の高い繊維で，太さは0.1～0.2㎜である。これを束ねてケーブルを作り大量の情報伝達を可能にした。

問4　**論述の組立て**

「現在の情報伝達」を「落書きやビラと比較して」とあるので，**比較・相違説明型**である。しかし，主語は「現在の情報伝達」にあるので，その説明に字数を多く配分し，違いがはっきり出る表現を工夫する。

「落書きやビラ」と比較対象が具体的に示されており，これと現代の情報伝達，具体的にはインターネットを対比させる。

情報伝達の空間は，「全世界⟷狭い地域」，伝達対象は，「多くの人⟷限られた人」，伝達速度は「瞬時⟷時間がかかる」，情報伝達量は「大量⟷少量」など，それぞれの特質を比較考察したい。

問5　インターネットはアメリカ合衆国の軍事研究機関のネットワークから発達したものである。当初は自然科学系の研究機関が中心であったが，人文社会科学系の研究機関にも拡大し，さらに商業ネットワークとも接続され，広い分野での情報のアクセスが可能になった。

問6　**デジタルデバイド**とは，通常「情報格差」と訳され，IT（情報技術），とくにインターネットの恩恵を受けることのできる人とできない人の間に生じる**経済格差**をいう。情報網が先進国を中心に広がり，国内での格差だけでなく，先進国と発展途上国との格差も拡大している。

整理しよう！

□情報化で，産業や日常生活のシステムが世界的規模で変化した。
□情報化社会は，情報格差やプライバシーの侵害などの課題も多い。

7 人口／民族・言語・宗教

31 人口動態・人口ピラミッド

解答

問1 (1) 出生 (2) 死亡 (3) 移入 (4) 移出
(5) 年少人口 (6) 生産年齢人口 (7) 老年人口
問2 (1) ア 多産多死 イ 多産少死 ウ 少産少死
(2) 人口転換（人口革命）
問3 医療技術の発達，公衆衛生の改善，食生活の向上
問4 家族計画の普及，女性の社会進出 問5 2.1%
問6 A 富士山 B つりがね C つぼ
問7 エチオピア あ 日本 え フランス う メキシコ い

ここでは… 人口動態の変化と典型的な人口ピラミッドの形について学ぶ。

解説

問1 人口増加数は，ある地域内での出生数と死亡数の差である**自然増加数**と，地域外からその地域に移入してきた数とその地域から地域外に移出した数の差である**社会増加数**から成る。(5)の15歳未満の人口は**年少人口**，(6)の労働力となる15歳～65歳未満の人口は**生産年齢人口**，(7)の65歳以上の人口は**老年人口**という。老年人口比率が７％を超えると**高齢化社会**，14％を超えると**高齢社会**といわれる。日本の高齢化は急速に進み，高齢化社会から高齢社会へと変化するのに50年以上かかる先進諸国が多いにもかかわらず，日本はわずか24年（1970～94年）で高齢化社会から高齢社会へと変化した。

▼人口転換の模式図

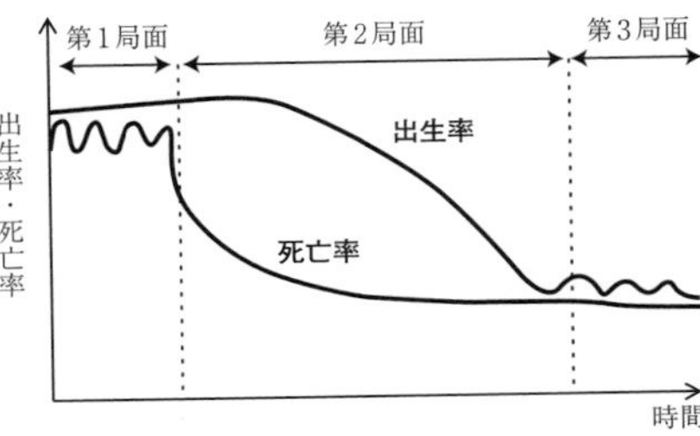

問2 出生率・死亡率ともに高い状態を**多産多死**，出生率が依然高いまま死亡率が低下する状態を**多産少死**という。後者では，**人口爆発**と呼ばれる人口急増が起こる。第二次世界大戦後，多くの発展途上国がこの状態を迎え，高い人口増加率を示した。また，多産少死の後，出生率が低下すると，出生率と死亡率が低水準でほぼ等しくなる**少産少死**の状態となる。このように人口動態の「多産多死→多産少死→少産少死」への変化を**人口転換**，あるいは**人口革命**という。また，少産少死で人口の総数が変化しない状態を静止人口という。

問3 発展途上国において，多産多死から多産少死へ移行する背景としては，

医療技術の発達，公衆衛生の改善，食生活の向上による死亡率の低下がある。その結果，とくに乳幼児死亡率が低下し，死亡率の低下につながった。

問４　先進国において，多産少死から少産少死に移行する背景としては，経済発展により社会が成熟して家族計画が普及したこと，女性の社会進出とともに晩婚化・晩産化が進むことによる出生率の低下が挙げられる。さらには子どもの教育費用の増加などによる少子化傾向の加速も考えられる。

問５　人口増加数は**自然増加数＋社会増加数**であることを押さえておこう。ここでは，出生数・死亡数と全体の人口増加数が示されているので，５年間の自然増加数と人口増加数が求められる。
この地域における，この５年間の人口増加数は
(6516－6277＝）239（百人）となる。
自然増加数は，(59＋59＋60＋60＋61）－（36＋38＋38＋42＋40）＝105（百人）となり，この地域の５年間の社会増加数は
（全体の人口増加数）－（自然増加数）から，（239－105＝）134（百人）となる。社会増加率は，５年間での社会増加数を基準年の人口で割れば求められるので，134÷6277×100≒2.13となり，2.1％となる。

問６　人口ピラミッドは，多産多死の状態では若年層，とくに５歳未満，５歳～10歳未満の割合が非常に大きいが，死亡率が高く加齢していくごとの減少の度合いが大きいため，すそ野の広がった**富士山型**を示す。富士山型はエチオピアなど一部の最貧国で見られる。多産のまま死亡率が低下した多産少死型の形を**ピラミッド型**という。

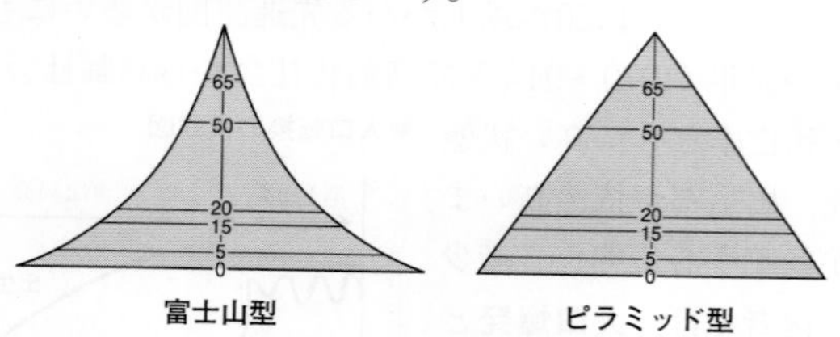

少産少死になると，出生率の低下によってすそ野の幅が狭くなり，死亡率の低下によって高齢者層の割合が高くなるため**つりがね型**となる。つりがね型は先進国の中でも，イギリス・フランスなどで見られる。さらに出生率が低下するとすそ野部分がくびれる**つぼ型**となる。つぼ型はドイツ・日本などの先進国に見られ，人口が減少しつつあることを示す。

問７　**あ**は典型的な富士山型を示すので，出生率の高いエチオピアである。**い**は基本的にはピラミッド型を示しているが，近年は年少人口の割合が低下しているので，工業化に伴う経済発展によって出生率が低下しつつあるメキシコになる。**う**は60歳代までほぼ同じ割合を示すつりがね型なので，フ

ランスである。フランスは，日本と比較して年少人口の割合が高く，少子高齢化への変化が緩やかである。えは全体的にはつぼ型のような形ではあるが，1940年代後半と1970年代前半の２回のベビーブームによる出生率の一時的な増加からいびつな型を示すので，日本である。

整理しよう！

□人口は社会経済発展に伴って多産多死→多産少死→少産少死へと移行。
□人口ピラミッドは富士山型（多産多死）→ピラミッド型（多産少死）→つりがね型（少産少死）→つぼ型（出生率の低下）と移行。

32 人口移動

解答

問１　居住地域　　問２　ウ　　問３　⑴　信教の自由を得るため
⑵　オランダ　　問４　奴隷として強制連行された。
問５　ヒスパニック　　問６　フーチエン（福建）省，コワントン（広東）省
問７　華人　　問８　イギリス　　問９　エ　　問10　トルコ
問11　Ｊターン　　問12　⑴　北陸地方，丹波地方など
⑵　冬季に積雪があり農業ができない地域である。

ここでは… まず大航海時代以降の人口移動を整理しよう。近年の国際的な労働力移動では，労働力が集中する地域が時期によって変化することに注意しよう。

解説

問１　エクメーネが**居住地域**を意味するのに対して，**無居住地域**をアネクメーネという。一般には極地方・砂漠・高山を除いた地域がエクメーネに該当し，文明の発達や人口の増加でエクメーネの範囲は拡大してきた。

問２　大航海時代とはヨーロッパからインド洋や太平洋への航海が行われるようになった時期をいい，15～16世紀頃に当たる。

問３　⑴「ピルグリム=ファーザーズ」は「巡礼始祖」とも呼ばれ，イギリスで弾圧を受けた清教徒（ピューリタン）のうち，信教の自由を求め，メイフラワー号に乗り，1620年，現在のマサチューセッツ州プリマスに到着した人々をいう。ただし，実際には，清教徒以外の人々も含まれていたといわれる。

(2) **アフリカーナ**は現在の南アフリカ共和国に，イギリス人よりも早い時期に渡った**オランダ**出身の植民者の子孫をいい，かつては**ボーア**（ブーア）**人**と呼ばれていた。その多くはオランダ語とアフリカの言語などとの混成語である**アフリカーンス語**を話し，かつて**アパルトヘイト**（人種隔離政策）を推進した勢力であった。

問4　奴隷貿易で南北アメリカ大陸に強制的に連行されたのは，西アフリカに居住していた黒人で，ナイジェリアのギニア湾沿岸部は当時「**奴隷海岸**」と呼ばれていた。アメリカ合衆国では綿花のプランテーションを行う労働者として黒人が多く使われたため，現在のアメリカ合衆国本土では南部・南東部での黒人の割合が高い。

問5　**ヒスパニック**はメキシコやカリブ海地域を中心とするラテンアメリカからアメリカ合衆国への移住者である。現在，アメリカ合衆国のヒスパニックの人口は，黒人の人口を上回っている。

問6・7　中国南東部の**フーチエン（福建）省**・**コワントン（広東）省**を中心とする華南地方から東南アジアへの出稼ぎは伝統的に行われていた。東南アジアに生活拠点を築いた中国人は**華僑**と称してきたが，移住先の国籍を取得した中国人は**華人**と称する。

問8　イギリスは植民地の労働力として**インド**から労働者を募ったが，その多くはインド南部に多く居住する**タミル人**であった。植民地独立後も農園経営者や労働者として現地にとどまったタミル人の子孫がアフリカやオセアニア各地に居住している。オセアニアの**フィジー**などでは，先住民とインド系住民の対立も発生している。

問9　第二次世界大戦前の日本は中国東北地方に建国した「**満州国**」への移住を奨励していた。

問10　ドイツへの外国人労働者は**ガストアルバイター**と呼ばれ，トルコ出身者が最も多いが，バルカン半島やイタリアなどの南ヨーロッパの国々からも少なくない。いずれも1970年代の石油危機以降の不況で募集は停止され，帰国が奨励されているが，定住化する人も多い。とくにトルコ出身者はイスラム教徒でもあり，ドイツ人との軋轢（あつれき）も生じている。

問11　進学や就職などにより都市部に転入していた地方出身者が故郷に帰ることを**Uターン**というが，就職先が少ない関係で，出身地ではなく，出身地に近い地方都市に移ることも多く，これを**Jターン**という。

問12　「**杜氏**」は酒造りの職人の頭領である。冬季に積雪のある地域では，冬は農閑期となり，杜氏は職人を率いて酒造地へ赴いた。北陸地方や丹波地方から京阪神地域への季節的移動がよく知られている。

整理しよう！

□近年のアメリカ合衆国への移民ではヒスパニックが急増している。
□「華僑」の出身地は主にフーチエン省・コワントン省。移住先の国籍を取得した中国人は「華人」と称する。

33 産業別人口構成と三角グラフ

解答

問１ ⑴ 産業構造 ⑵ 工業 ⑶ 農業 ⑷ 発展途上 ⑸ 先進 問２ Ａ マダガスカル Ｂ タイ Ｃ メキシコ Ｄ 日本 Ｅ アメリカ合衆国 Ｆ シンガポール
三角グラフ 下図参照
問３ ａ マリ ｂ ルーマニア ｃ ブラジル ｄ カナダ

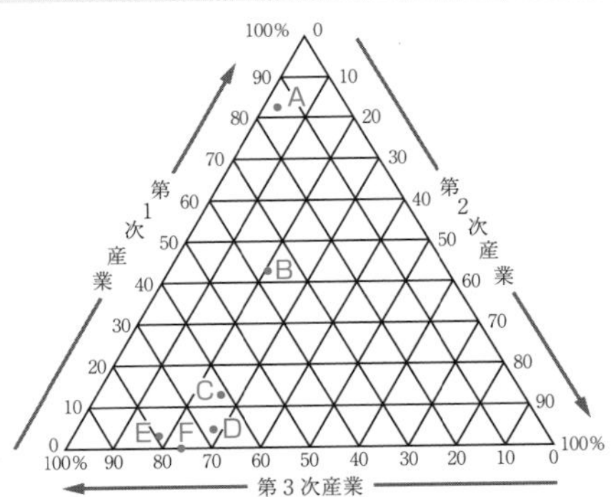

ここでは… 経済発展に伴う産業別人口構成の変化と三角グラフの読み取り方法を学ぶ。

解説

問１ 産業別人口構成は，その国における産業活動の内容を反映するため，産業構造の高度化（＝経済発展）とともに，第１次産業から第３次産業と，より高次な産業へとその中心が移行していく。

問２ 表は第１次産業人口比率が高い順に並んでいる。第２次産業，とくに工業の発達が遅れている段階では，農業がその国の中心産業となるため，発展途上国は表の上位にくる。Ａは，工業の発展があまり進んでおらず，農業などの第１次産業従事者が多いマダガスカルである。Bは，近年工業化が進みつつあるが，農業も盛んなタイ。集約的農業を行うため農業人口が多く，第１次産業人口比率は高い。Cは，第２次・第３次産業人口比率が第１次産業人口比率より高くなっていることより，工業化の進展が著しいメキシコである。

残るD・E・Fであるが，第１次産業人口比率がほぼ0という特殊な値を示すFは，**都市国家**でほとんど耕地のないシンガポール。Eは，第１次産業人口比率が非常に低いアメリカ合衆国，残るDが，第２次産業人口比率の高さに特徴がある日本となる。

各産業の数値を読み取る際は，グラフの向きに注意しよう。

問３　三角グラフでは，山の頂点に近い国は第１次産業人口が多く，底辺の左端に近い国は第３次産業人口が多くなる。

旧社会主義国は，非生産部門の第３次産業よりも生産部門の第１次・第２次産業を重視したため，図の中央に分布するのが特徴である。

aは工業化が遅れているマリ。bは第１次・第２次産業人口比率が比較的高く，図表中央あたりに分布するので，旧社会主義国のルーマニアと判断できる。cは第３次産業人口比率が比較的高いため，工業化が進み，経済が発展したラテンアメリカのブラジル。dは第１次産業人口比率が低く，第３次産業人口比率が高いため，先進国のカナダと判断できる。

整理しよう！

□産業構造の高度化（＝経済発展）に伴い産業別人口構成の中心もより高次的産業へと移行する。

□発展途上国では第１次産業人口比率が高く，先進国では第３次産業人口比率が高い。

34　人種と民族

解答

(1)　○　(2)　○　(3)　メスチソ　(4)　東方正教

(5)　北アイルランド　(6)　ブミプトラ政策　(7)　ポルトガル

(8)　○　(9)　○　(10)　○　(11)　○

A　サラダボウル　B　漢

ここでは… 様々な人種・民族の正しい知識を押さえよう。

解説

(1) **多民族国家**（複合民族国家，複族国）の代表例としては，ロシア・中国・アメリカ合衆国・スイスなどが挙げられる。多民族国家の対義語は**単一民族国家**（単族国）であるが，現代では厳密な意味での単一民族国家は存在しない。

(2)・A 一つの器（地域）に様々な人種（民族）が混在し，混血が進んだ状態をさす**人種のるつぼ**に対し，一つの器（地域）の中でそれぞれの人種の居住場所がある程度決められ，独自性を保持しながら共存している状態を**人種のサラダボウル**という。ラテンアメリカでは混血が進み，人種間の偏見が少ない社会といわれている。

(3) 白人と黒人の混血は**ムラート**，黒人とインディオの混血は**サンボ**という。

(4) ブルガリアやセルビアなど，スラブ系住民の多いバルカン半島や東ヨーロッパの国々では東方正教が広く信仰されている。しかし，スロベニア・クロアチア・ポーランドなど，スラブ系住民が大半で，**カトリック**が主に信仰されている国もある。

(5) **北アイルランド**では，プロテスタント教徒とカトリック教徒の争いが続き，1960年代末からはカトリック系の過激派組織であるアイルランド共和軍（IRA）のテロ活動が激化した。1998年に和平合意が成立しテロ活動は沈静化している。

(6) 1969年，経済面で優位に立つ中国系住民に対するマレー人の暴動が発生し，それ以来，マレーシア政府は，マレー人の地位向上のため，マレー人を優遇する民族政策を採ってきた。この政策は**ブミプトラ（「土地の子」の意味）政策**と呼ばれ，マレー人資本の企業の育成や，農村開発事業の推進などが行われている。なお，**ルックイースト政策**とは，日本人・韓国人の勤勉さや集団的な企業活動などを学ぼうという趣旨で採られた経済政策。

(7) 東ティモールは，**ポルトガル**の植民地であったが，ポルトガルの撤退後，インドネシアに併合されていた。1999年の住民投票で独立が決定し，国連暫定統治機構のもとで独立の準備を進め，2002年５月に正式に独立した。なお，**オランダ**はインドネシアの旧宗主国である。

(8) WASP（ワスプ）とは，白人・アングロサクソン系・新教徒を意味する，ホワイト・アングロサクソン・プロテスタント（White Anglo-Saxon Protestant）の頭文字をとったものである。初期移民の中核をなし，アメリカ合衆国社会の上層部に位置してきた。

(9)・B 中国には55の少数民族があり，言語・信仰・生活様式などの伝統を守っているが，９割以上を占める漢民族主導の政策が行われている。

(10) 中国系住民の多いシンガポールでは，中国語が公用語の一つに定められている。

⑾ インドネシアの**マルク（モルッカ）諸島**は，ナツメグやクローブなどの香辛料が豊富に存在する。16世紀，ポルトガルがこれらの香辛料を目的にこの地域に入り，やがてオランダが占拠したため，キリスト教徒も居住している。

整理しよう！

□多文化主義を採る多民族国家（複合民族国家，複族国）は，公用語を増やす，旧宗主国の言語を公用語にする，少数民族に大幅な自治権を与える，互いの民族の理解を深める学校教育や社会教育を実践するなど，民族の融和と民族問題の解決のため努力している。

□民族対立や宗教対立の背景には，政治的権利の不平等や経済的不満がある。

35 民族・言語・宗教

解答

問１ ⑴ インド=ヨーロッパ ⑵ ゲルマン ⑶ スペイン
⑷ フランス ⑸ ラテン ⑹ スイス ⑺ ロシア ⑻ 中国
⑼ シンガポール ⑽ タイ ⑾ アラビア ⑿ イスラム
⒀ トルコ ⒁ インドネシア 問２ ウ
問３ **ブラジル** ポルトガル語 **ジャマイカ** 英語
問４ 多様な文化の混在を認め，民族的出自による差別などを法律で禁止し，政策として文化的多様性を保持・促進していく考え方。(57字)
問５ ソ連の崩壊（解体） 問６ ヒンドゥー教
問７ 聖典であるクルアーンがアラビア語で記されていたため。
問８ イ，オ

採点ポイント 問４ 【配点 ５点】

□多様な文化を認める…（２点）
□差別を禁止している…（２点）
□政策として行われている…（１点）

ここでは… 民族の特色としての言語や宗教は，地誌分野でもよく取り上げられている。地図帳などを用いて分布を確認しながら理解しよう。

解説

問１　問題で取り上げた言語を語族・諸語単位で整理すると以下のようになる。

インド=ヨーロッパ語族
- ゲルマン語派…英語・ドイツ語
- ラテン語派…スペイン語・フランス語・ポルトガル語・イタリア語
- スラブ語派…ロシア語
- インド=イラン語派…ペルシア語

シナ=チベット語族 ―― 中国語・タイ語・ミャンマー語
アフロ=アジア語族（アフリカ=アジア語族） ―― アラビア語
オーストロネシア語族 ―― マレー語・インドネシア語
ドラビダ語族 ―― タミル語
アルタイ諸語 ―― トルコ語

(3)　アメリカ合衆国では**ヒスパニック**の増加に伴ってスペイン語使用人口が急増している。

(6)　スイスではドイツ語・フランス語・イタリア語のほか，**ロマンシュ語**も公用語の一つとなっている。

(10)　タイは東南アジアで唯一，植民地化を免れた国である。

(13)・(14)　トルコもイランも西アジアに位置し，イスラム教徒の多い国だが，アラビア語の使用人口は少ない。トルコでは**トルコ語**，イランでは**ペルシア語**が使用されている。インドネシアでは，オーストロネシア（マレー=ポリネシア）語族に属するインドネシア語が公用語となっている。

問２　イギリスの植民地であった**ケニア**では，英語が公用語になっている。タンザニア・ザンビア・ジンバブエといったアフリカ南東部の国々や，ナイジェリア・ガーナなど，イギリスの植民地であった国々では英語を公用語としている国が多い。なお，アフガニスタンではペルシア語に近いダリー語とパシュトゥー語が，キプロスでは**ギリシア語**が，ベルギーではオランダ語（**フラマン語**）とフランス語（**ワロン語**）とドイツ語が公用語となっている。但し，キプロスの北部は事実上「北キプロス」として分離しており（独立承認はトルコのみ），トルコ語が公用語となっている。

問３　ブラジルの旧宗主国は**ポルトガル**，ジャマイカの旧宗主国は**イギリス**であった。このほか，スリナムはオランダから独立したのでオランダ語が公用語となっている。

問4 **論述の組立て**

多文化主義について説明をするので**事項説明型**である。「多様な文化を認める」という点だけを記述しても字数が余ってしまうので，幅広い視点からの記述を心がけよう。

カナダでは，政府内に多文化主義担当大臣が置かれ，民族的出自による差別が明確に禁止されている。

オーストラリアでは，かつて，イギリス系を中心とする白人だけのオーストラリア（**白豪主義**）をめざし，有色人種の移民を制限してきた。しかし，労働力不足などから白豪主義は撤廃され，非英語圏からの移住者が増えるにつれ，多様な文化の共存をめざす多文化主義を採るようになった。

問5　かつて東欧諸国の多くはソ連の衛星国として軍事的には**ワルシャワ条約機構**（WTO），経済的には**経済相互援助会議**（COMECON）に加盟し，社会主義陣営として深く結びついていた。しかし，ソ連崩壊後は市場経済への移行が加速する中で西欧諸国やアメリカ合衆国など西側諸国との結びつきが強くなり，ソ連を引き継いだロシアに求心力がなくなったことでロシア語の重要度が低くなった。

問6　タミル人はインドの南部を中心に居住している民族であり，ほとんどがヒンドゥー教徒である。

問7　イスラム教では，祈りをささげるときには，アラビア語で書かれたクルアーン（コーラン）の第１章と任意の３節を唱える。クルアーンの翻訳は禁じられ，母語にかかわらずアラビア語で礼拝すると定められている。

問8　**エルサレム**はイスラム教・ユダヤ教・キリスト教の三つの宗教の聖地である。ヴァラナシはヒンドゥー教・仏教・ジャイナ教の聖地，ラサは**チベット仏教**（**ラマ教**）の聖地である。メッカとメディナは，ともにサウジアラビアの都市で，イスラム教の聖地である。

整理しよう！

□国連公用語は，インド=ヨーロッパ語族の４言語（英語・フランス語・スペイン語・ロシア語）と中国語・アラビア語。
□旧植民地では，旧宗主国の言語が公用語になっていることが多い。
□カナダやオーストラリアでは，多文化主義を採っている。

8 地形図・読図

36 地形図の基礎事項

解答

問１ (1) ２万５千 (2) ５万 (3) 国土基本 (4) 大 (5) 地勢
(6) 小 (7) 10 (8) 50 (9) 補助曲

問２ 傾斜が緩やかである。

問３ (1) ５万分の１ (2) 計曲線が100m間隔に示されているから。
(主曲線が20m間隔に示されているから。)

問４ 笹または篠竹が密生する地域 問５ (1) 三角点
(2) 山頂や高層ビルの屋上など，見晴らしのよい地点に設置される。

問６ エ 問７ d

ここでは… 地形図の基礎知識（縮尺の判定，地図記号など）や地形判読の基本技術（尾根・谷の判読，集水域の読み取りなど）といった，地形図読図問題に取り組む際に最低限必要な事柄を確認しよう。

解説

A 地図の基礎知識に関する出題である。

問１ (1)〜(6) 国土交通省国土地理院は，国土基本図（２千５百分の１・５千分の１），**地形図**（１万分の１・２万５千分の１・５万分の１），**地勢図**(20万分の１），**地方図**（50万分の１）などの一般図のほか，土地利用図などの主題図を作成・発行している。

地形図のうち，５万分の１地形図は，より大縮尺で精密な実測図である２万５千分の１地形図からの**編集図**となっている。２万５千分の１・５万分の１・20万分の１などを数直線上に並べると明らかなように，分母の数値が小さくなればなるほど縮尺が大きな値を示し，**大縮尺**となることに注意したい。

(7)〜(9) 地形図の縮尺の判断は，等高線の間隔に注目して行うのが基本である。２万５千分の１地形図では，計曲線（——）が50m間隔，主曲線（——）が10m間隔，また，必要に応じて補助曲線（-----）が５m（場合によっては2.5m）間隔に描かれている。

問２ 等高線の特色から，地形の特徴を判断できる。等高線の間隔が狭い所は**急傾斜**，広い所は**緩傾斜**の場所である。また，等高線が海抜高度の高い方に屈曲している場所は**凹地**（谷），低い方に屈曲している場所は**凸地**（尾根）である。

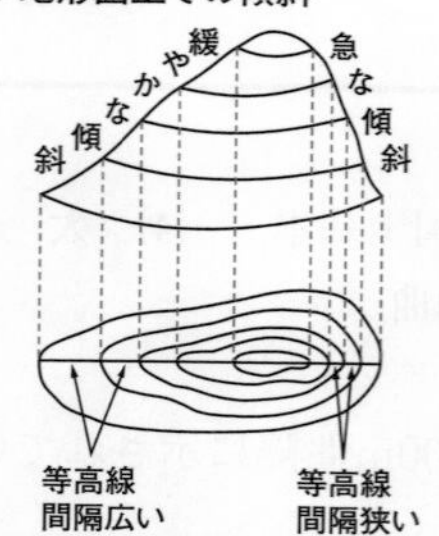

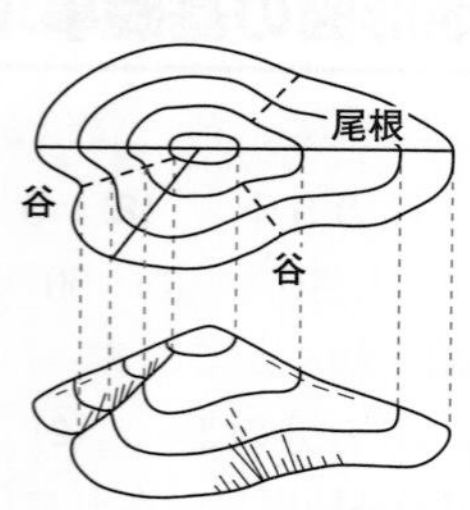

B　問題の地形図は国土地理院発行の５万分の１地形図「石鎚山」の一部で，図の南東部が高知県，図の北西部が愛媛県に属する地域となっている。

問３　等高線を着色するなどして，正確に判読することが肝要である。そうすると，図の中央部付近（「大森山」の東側斜面）に1100，800と数値の記された計曲線が存在することに気付くだろう。800mから1100mの間に計曲線が２本あることから，**計曲線が100m間隔**，**主曲線が20m間隔**に描かれていることがわかり，この図が５万分の１地形図であると判断できる。

問４　「氷見二千石原（ひみにせんごくばら）」には，（**个**）が記されている。この地図記号は，**笹地**と呼ばれるもので，**笹**または**篠竹**が隙間なく生えていることを示すものである。

問５　△は**三角点**と呼ばれる地図記号で，位置と標高を決定する**三角測量**を行う際に用いられる緯度・経度・標高の基準点を示している。見晴らしのよい地点に設置されるため，**山頂部**に設置される場合が多いものの，市街地などでは公的建造物の屋上に設置される場合もある。なお，⊡は**水準点**と呼ばれる地図記号で，標高を決定する水準測量を行う際に用いられる基準点を示している。**水準点**は，国道などの主要道路に沿って**約２km間隔**に設置されるのが基本である。両者の特色を混同しないように注意したい。

問６　図中の1100mの等高線を着色してみよう。そうすると，「瓶ヶ森」の山頂（1896.2mの三角点が設置されている場所）と**ア**～**ウ**の各地点を結ぶ直線上には1100m未満の凹地が位置していて，視界を遮る地形が存在しないことがわかる。しかし，**エ**地点と山頂を結ぶ直線上には「伊吹山」の山頂（1502.8mの三角点が設置されている場所）が位置している。このため,「瓶ヶ森」の山頂から眺めた時に，**エ**地点は「伊吹山」の山頂で視界が遮られた山陰（やまかげ）になる。

問７　山地にもたらされた降水は，尾根の部分が**分水界**となって両側の谷壁斜面を流下して谷底に至り，谷底で隣の尾根の谷壁斜面を流下した水と合流し，より海抜高度の低い地域へ流下する。このため，谷底部に河道が形成され，その両側に位置する二つの尾根に挟まれた空間が谷底部を流れる**河川の集水域**（水が集まってくる範囲）となる。

▼集水域の模式図

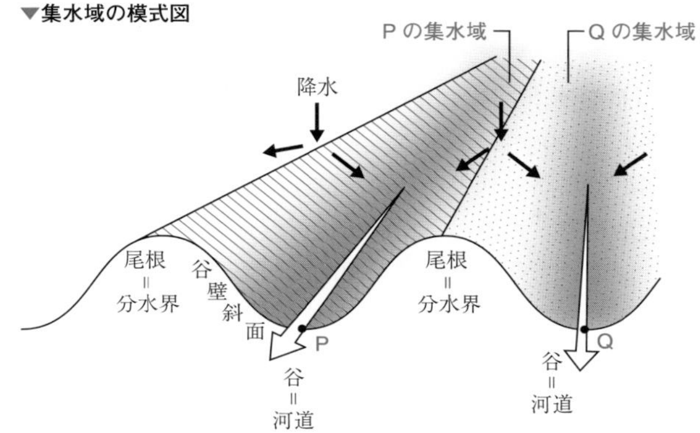

図中の1000mの等高線をなぞると，等高線が海抜高度の高い方から低い方へ張り出している**尾根**の部分と，逆に低い方から高い方へ食い込んでいる**谷**の部分を詳しく判読することができるだろう。これを基にすれば，a地点の水は谷に沿ってほぼ東へ，b地点の水は谷壁斜面を北西に流れたのち谷に沿ってほぼ北東へ，c地点の水は谷壁斜面を西に流れたのち谷に沿ってほぼ北へ流れて，いずれもP地点に至ることがわかる。しかし，d地点の水は谷壁斜面を北に流れたのち谷に沿ってほぼ北西へ流れて，P地点よりも北側に位置する海抜高度700m付近の場所へ至るため，P地点の集水域には含まれないことがわかる。

整理しよう！

□5万分の1地形図は，実測図の2万5千分の1地形図を基に作成された編集図である。

□地形図の縮尺は，等高線の間隔に注目して判断する。

□等高線が高地から低地へ張り出す場所が分水界となる尾根，逆に低地から高地へ食い込む場所が河道となる谷である。

□△（三角点）は見晴らしのよい地点，⊡（水準点）は主要道路沿いに約2㎞間隔に設置されるのが基本である。

□集水域は，谷の両側に存在する二つの尾根に挟まれた空間である。

37 堆積平野の読図

解答

問１ (1) 利根　(2) ア

問２ 自然堤防が発達する上,「神浦」や「大留町」付近に河跡湖の存在が認められるから。(39字)

問３ Ｙ川の川岸の堤防と地表面との比高が6.6mであること。

問４ **農業的土地利用** 水田　**地形** 後背湿地

問５ **共通点** いずれも後背湿地に計画的につくられた集落である。

相違点「桜が丘」は近年開発された新興住宅地だが,「長沖新田町」は江戸時代に開発された新田集落である。

問６ エ, オ　問７ 線路が大きく起伏するのを避けるために, 等高線にほぼ沿って敷設されているから。(38字)

問８ 西側は山地から扇状地の扇頂・扇央部にかけての乏水地であるため, 針葉樹林・広葉樹林・果樹園・桑畑などが広がる。東側は扇状地の扇端部の湧水帯を中心に列村形態の集落が立地し, 集落以東の低湿地に水田が広がる。(100字)　問９ イ

ここでは… **自然堤防と後背湿地から成る氾濫原や, 扇状地の扇頂・扇央・扇端部などについて, 地形図からその地形の特色や土地利用の特色を判読できるようにしよう。**

解説

Ａ 地形図１は国土地理院発行の５万分の１地形図「龍ヶ崎」の一部で, 茨城県南部に位置する利根川流域を示したものである。

問１ (1) 流域面積が日本最大の河川は**利根川**である。なお, 日本最長の河川は**信濃川**であるので, 混同しないように注意したい。ちなみに, 利根川は河川の長さが信濃川に次いで日本第２位の河川である。

(2) 河川の流向は, 流路の標高差, 流水方向を示す地図記号（→）, 堰の地図記号（====）のほか, 支流の合流形態からも判断できる。ここでは, 流水方向を示す地図記号より北から南へ流れていることが明らかなＹ川がＸ川に合流する際に, Ｙ川の流路が東の方へ屈曲していることに注目しよう。このような現象は, Ｘ川が西から東へ流れている影響で起きる。

問２ 「神浦」や「大留町」の地名が記されている付近に河跡湖（三日月湖）が存在していることや, 郡市界の地図記号（—‥—‥—）がＹ川の流路に沿

っている箇所と，Y川から外れて河跡湖に沿っている箇所があることに注目したい。**河跡湖**は，かつて蛇行していた河川の流路が直線化した結果，新しい流路から切り離された旧流路が残ったものである。また，このような流路変遷（流路の直線化）が生じた結果，かつての流路に沿って設定された行政界が，直線化した現流路と食い違いを見せるようになる。

問３　**標高点**（・2.9），**三角点**（△13.0），**水準点**（⊡24.8）のように，記号の傍らに数値が示されている場合は，その数値は地点の標高を示している。しかし，ここで問われている「6.6+」の地図記号は，標高ではなく，「+」が記された崖・堤防・切取部・盛土部などの頂と周囲の平坦面との高度差である**比高**を表している。

問４　地形図１中に最も広く見られる農業的土地利用は，||で示される水田である。水田は，低湿地につくられることが多い。地形図１においては，標高５m前後のX川やY川の**後背湿地**が，広く水田として利用されている。

問５　「桜が丘」は，画一的な区画のなかに整然と住宅が配列されていることから近年建設された新興住宅地である。また，「長沖新田町」は，その新田という地名から明らかなように，江戸時代以降に開墾された農地に誕生した**新田集落**である。低湿な水害頻発地帯であったために開発が遅れた後背湿地に計画的に作られたのが共通点，集落が成立した時期が相違点となる。

B　地形図２は，国土地理院発行の２万５千分の１地形図「養老」の一部で，岐阜県養老町の扇状地を示したものである。この地域は，傾動地塊の代表例として知られる養老山地と濃尾平野の境界付近で，養老山地の東側山麓には活断層が走っている。また，隣接する複数の扇状地が互いに重なった複合扇状地も形成されている。地形図２には，この複合扇状地の一部分が示されている。

問６　**ア**の桑畑（Y）と**イ**の果樹園（♁）は鉄道の西側に位置する「西小倉」集落一帯などに，**ウ**の竹林（ 竹林記号 ）は「若宮」集落周辺などに，**カ**の神社（⛩）は鉄道の東側に位置する「南小倉」集落などに認められる。しかし，**エ**の水準点（⊡）と**オ**の警察署（⊗）は，地形図２のなかには認められない。「南小倉」集落の外れに存在するXは，交番（派出所・駐在所）であることに注意したい。

問７　鉄道の敷設には地形的制約が大きく，急傾斜（勾配）や急カーブを回避するように敷設される。地形図２の中央部を走る鉄道（JR以外の鉄道）の線路を見ても，傾斜が大きくならないように，20～30mの等高線にほぼ沿うように敷設されている。

問８　一般に，扇状地では，砂礫質で水はけがよいために乏水地となっている扇央付近に森林・果樹園・桑畑などが，また，湧水の見られる扇端付近に水田や列村形態の集落が分布する。地形図２に示された扇状地においては，標高20～100m付近が扇央部で，鉄道の東側に位置する標高10～20m付近が扇端と判断できる。

問９　ア　地形図２の中央部に50mの計曲線が存在すること，主曲線が10m間隔に配列していることなどから，縮尺２万５千分の１地形図であると判断できる。

イ　鉄道が小倉谷の下をトンネルでくぐり抜けていることや，50m，40m，30m，20mの等高線が小倉谷と交わる部分で下流に向かって張り出していることなどから，小倉谷が周囲の土地よりも高い場所を流れる**天井川**であると判断できる。

ウ　道路Ｐ－Ｑに沿ってほとんど集落の立地が見られない上，この道路はきわめて直線的に走っている。このような特色から，道路Ｐ－Ｑは近年整備された，バイパスのような道路と考えられる。

エ　工場は☼で表記される。「若宮」集落一帯に存在するのは，▨で表記される温室・畜舎などである。

オ　鉄道（JR以外の鉄道）の路線は，単線区間が┼┼，複線区間が╫╫で表現される。

整理しよう！

□水田の広がる場所は低湿地，畑･果樹園の広がる場所は高燥地（乏水地）である。

□河跡湖（三日月湖）は河道変遷が生じた痕跡で，旧河道が取り残されたものである。

□新田集落は，江戸時代以降に開墾された農地を基盤に発展した集落である。

□扇状地は，山地から平地への転換点付近に土砂が堆積して形成される。

□畑・果樹園などが見られる高燥地（乏水地）の扇央に対し，湧水帯を持つ扇端には列村形態の集落や水田が分布。

□天井川では，交差する道路・鉄道がその下を通過したり，交差する等高線が下流側に張り出すという特徴が見られる。

38 海岸地形の読図

解答

問1　サンゴ礁地形（裾礁）　**問2**　ヤシ科樹林

問3　ア－○　イ－×　ウ－×　エ－×　オ－×

問4　海面の上昇や土地の沈降によって壮年期山地のV字谷が沈水し，谷が入江，尾根が岬となり，出入りに富む鋸歯状の海岸線ができた。（60字）

問5　イ　**問6**　ア－×　イ－×　ウ－×　エ－○

ここでは…サンゴ礁地形やリアス海岸といった様々な海岸地形について，地形図からその特色などを判読できるようにしよう。

解説

A　地形図1は国土地理院発行の5万分の1地形図「石垣島」の一部で，沖縄県の八重山列島に位置する竹富島を示したものである。

問1　島の周囲に見られる〰は**隠顕岩**（いんけん）と呼ばれる地図記号で，満潮時には水没するが，干潮時には海面上に姿を現す**岩礁**を示している。北緯24°・東経124°付近に位置する島という問題文の記述から，ここは亜熱帯性の気候で，海岸にはサンゴ礁地形が見られると推察できるだろう。

サンゴ礁地形は，海岸線とサンゴ礁の間に礁湖（ラグーン）がほとんど発達しない**裾礁**，周囲数km～数百kmの礁湖が発達する**堡礁**，サンゴ礁の内側に礁湖だけが発達する**環礁**の3形態に分類される。

▼**沈降説によるサンゴ礁発達の模式図**

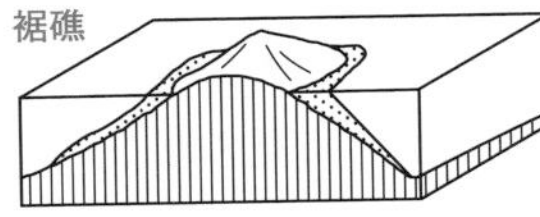

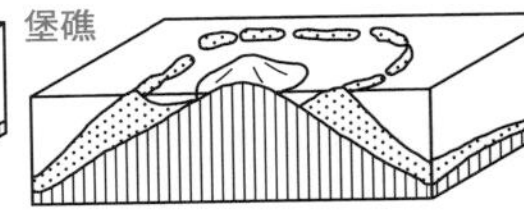

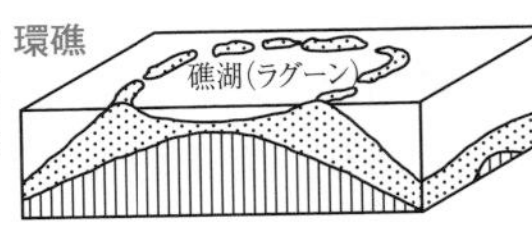

問2　Ƭがヤシ科樹林を示す地図記号であることを確認しておこう。このほかに，地形図1中には桑畑（Ƴ），広葉樹林（Q），荒地（ılı）を示す植生記号が認められる。

問3　**ア**　島の中央部付近に33.1mの**標高点**が存在する。ゆえに，この島の地形断面は島の中央部に向かって凸状を呈している。

イ　島の周囲をサンゴ礁が取り囲んでいることからも明らかなように，北東部に位置する港湾（⚓：地方港）は，天然の良港ではなく，サンゴ礁の浅瀬を掘削して建設された**人工港**である。

ウ　採糖作物のうち，亜熱帯性気候の南西諸島において栽培が盛んなもの

8 地形図・読図

は**サトウキビ**であるが，竹富島には畑（∨）が見られない。**テンサイ**は砂糖大根とも呼ばれ，耐寒性に優れているために寒冷地作物として中～高緯度地域での栽培が盛んで，日本では北海道が栽培の中心となっている。

エ　島の中央部に小・中学校（**文**）が存在する。⊗は高等学校を示す。

オ　島内に灯台（☼）は存在しない。灯台と工場（☼）や発電所・変電所（☼）は混同しやすいので，正確に整理しておこう。

B　地形図2は国土地理院発行の5万分の1地形図「佐須奈」の一部で，長崎県の対馬北部を示したものである。

問4　出入に富む海岸線の発達が認められることは，沈水海岸地域の最大の特色である。海面の上昇や土地の沈降によって，かつての谷が入江（湾），尾根が岬（半島）に変化した結果，鋸歯状の海岸線が形成される。沈水海岸地形には，**河谷**（**V字谷**）の沈水した**リアス海岸**，**氷食谷**（**U字谷**）の沈水した**フィヨルド**，大河川の**河口部**が沈水した**エスチュアリー**（**三角江**）がある。ただし，日本にフィヨルドは存在せず，図中に大河川の発達も見られない。地形図2に示された地域には，リアス海岸が発達している。

問5　リアス海岸の発達する地域は，山地が卓越している影響で，入江（湾）に面した狭小な平坦地に小規模な集落が点在することが多い。地形図2に示された地域もその例外ではなく，当然のことながら，この地域の集落は地滑りなどの斜面災害を被災するリスクが高い。また，入江（湾）が外洋に向いて開いているので，津波や高潮時には，湾奥で波が増幅されて甚大な被害をもたらしやすい。

地盤沈下は，地下水の過剰揚水や軟弱地盤上に建築物が構築されて過剰な重さが加わった場合などに生ずる現象である。沖積平野などが軟弱地盤に当たるが，地形図の等高線などからも判断できるようにこの地域は山地であり，大量の地下水汲み上げが必要となる工業地域なども見られない。

問6　**ア**「芦見川」の流路は谷（凹地）であるので，周囲の広範な地域を見渡すことはできない。

イ「琴の大銀杏」は，270mの標高点の位置する城岳の山陰となって，「鳴滝山」の山頂から眺めることはできない。

ウ　等高線の様子を見ても明らかなように，「琴」集落の郵便局から「一重」集落の郵便局までの地形は，アップダウンが激しい。そのため，道路は途中を屈曲させて，急傾斜となることを回避しているが，起伏はある。

エ「浅黄崎」と「一重」集落の港を結ぶ直線は，海岸付近に設置された125.1mの三角点付近を通過する。これだけの高度があると，「浅黄崎」から「一重」の集落は見られないことがわかる。

整理しよう！

□干潮時にサンゴ礁が海面上に露出する部分の外縁部は，〰で表記される。
□出入りに富む海岸線が発達する地域は，沈水海岸地域が多い。
□リアス海岸は河谷（V字谷），フィヨルドは氷食谷（U字谷），エスチュアリー（三角江）は大河川の河口部の沈水によって形成される。
□リアス海岸の湾奥は，津波などの被害が大きい。

39 特殊な地形の読図

解答

問1　カルスト地形　　問2　石灰岩地域において，降水に含まれる二酸化炭素と石灰岩が化学反応を起こし石灰岩が溶食されて形成される。（50字）
問3　(1)　ドリーネ　　(2)　ウバーレ　　(3)　ポリエ　　問4　ウ
問5　ア－×　　イ－×　　ウ－×　　エ－○
問6　P－18　　Q－66　　R－233　　S－191
問7　(1)　カルデラ　　(2)　④　　問8　①　　問9　シラス
問10　(1)　エ　畑　　オ　水田　　(2)　サツマイモ

ここでは… カルスト地形や火山地形について，地形図からその特色などを判読できるようにしよう。

解説

A　地形図1は，国土地理院発行の2万5千分の1地形図「秋吉台」の一部である。

問1　地形図1の北東部の∴（名所・旧跡・天然記念物等）が付されている場所に，「秋芳洞」と記されていることから，ここが日本を代表する**カルスト台地**として知られる山口県西部の秋吉台一帯のカルスト地形を示したものと判断できる。

問2　カルスト地形は，石灰岩の主成分である炭酸カルシウム（$CaCO_3$）が降水（H_2O）に含まれる二酸化炭素（CO_2）と化学反応して溶けることによってできる地形である。

問３　石灰岩が降水と反応して溶ける際，地表面に凹地ができる。この凹地は，小規模な漏斗状のものを**ドリーネ**（地形図上では◎：小おう地で表現される場合が多い），複数のドリーネが連続して大きな窪地になったものを**ウバーレ**（地形図上では◎：おう地で表現される場合が多い），さらに溶食が進むなどして盆地状になったものを**ポリエ**と呼ぶ。また，石灰岩が地下水と反応して溶けると，鍾乳洞が形成される。

問４　Ｐ地点のすぐ南東側に，406mの標高点の設置された凸地が存在することに気づけば，容易に正解できるだろう。

問５　ア　ｄで示された「里」集落が立地する地点と稲川の流路の間に，が存在することに注目できただろうか。は**がけ**（土）の地図記号で，閉口部ががけ上側，開口部ががけ下側を示している。したがって，ここでは「里」集落ががけ上側，稲川の流路ががけ下側に位置している。よって，ｄ付近では稲川の氾濫による洪水被害を受けにくい。

イ　図の南西部の「上水田」と「中水田」集落の間の「厚東川」の流路中に，====で示される**堰**（せき）が存在している。堰の地図記号は上流側が破線，下流側が実線で表記される。ゆえに，「厚東川」が大きく北西から南東方向に流れており，その**左岸**は北側，**右岸**は南側であると判断できよう。「上水田」・「中水田」集落付近を見ると，「厚東川」の左岸にはで示されたがけ（**土**）やで示されたがけ（**岩**）が連続している。また，「上水田」集落北西の右岸にも，左岸ほどではないががけ（岩）が連続している。

ウ　図中の最高地点は北西部の「龍護峰」に設置された425.5mの三角点付近，最低地点は「厚東川」の下流部に位置する「原田橋」付近の約80mである。よって，図中の最高地点と最低地点の高度差は，約350m程度となる。

エ　採石地の地図記号は，採鉱地の地図記号はで表現される。地形図１中では，「厚東川」に架かる「原田橋」北方の「瀬戸」集落と「秋吉」集落の間に採石地が存在するが，採鉱地の存在は認められない。

Ｂ　地形図２は国土地理院発行の５万分の１地形図「開聞岳」の一部である。

問６　Ｐ　池田湖を円周が約15㎞の円と考えると，直径は約4.78㎞，半径は約2.39㎞，面積は約17.9㎢となる。

Ｑ「池田湖」という地名のすぐ下に -66- とあるのが池田湖の水面標高である。

Ｒ　池田湖内に示されている「・233」は水深を示している。

Ｓ　池田湖内に示されている等値線は，等深線を示している。等深線を読み取れば，池田湖の東部に水深が42mしかない地点が存在しており，この部分が湖底に存在する小丘状の凸地の頂上に相当する地点と判断できよう。この水深42m地点と水深233mの最深地点の間には，191mの水深差が存在することがわかる。

問７　⑴　形状がほぼ円形を示していることや最大水深が233mと大きな値を示すこと，さらに，隣接して開聞岳という火山が存在していることなどから考えて，池田湖は火山活動に伴い形成された陥没地に水がたまって形成されたものと考えられる。

火山活動に伴い形成された陥没地を**カルデラ**（スペイン語で「鍋」の意味）と呼び，そこに滞水して形成された湖沼をカルデラ湖と呼ぶ。日本においては，阿蘇・箱根・十和田・屈斜路の各カルデラのほか，鹿児島湾北部を構成している姶良カルデラなどがよく知られている。

⑵　①の猪苗代湖（福島県）は，日本第４位の面積を持つ湖沼（第１位は琵琶湖，第２位は霞ヶ浦，第３位は②のサロマ湖）で，**断層湖**である。②のサロマ湖（北海道）は，湾入部が砂州によってオホーツク海から切り離されて形成された潟湖（ラグーン）である。③の諏訪湖（長野県）は，断層作用によって生じた地溝に滞水した断層湖で，**糸魚川=静岡構造線**と**中央構造線**が交わる場所としても知られている。⑤の琵琶湖（滋賀県）も断層湖である。

問８　２点間の勾配（傾斜）は，「２点間の垂直距離/２点間の水平距離」で算出する。開聞岳の北側斜面の標高200m地点から700m地点の垂直距離は500m，水平距離は縮尺５万分の１の地形図**2**の上で約２㎝，すなわち，実際の距離は約1000mである。ゆえに，500/1000＝１/２となる。

問９　鹿児島県を中心とする九州南部に分布する，白色の火山噴出物（軽石や火山灰など）が堆積した地層を**シラス**と呼ぶ。シラスは，姶良カルデラで起きた巨大噴火に伴いつくり出されたと言われている。

問10　シラスは，栄養分に乏しく，水はけもよいため，稲作には不適である。この地域では，シラスの下でも生育可能なサツマイモ・大根・大豆・アブラナなどの栽培が盛んに行われている。とくに，鹿児島県はサツマイモの生産で日本第１位（2019年）の県として知られている。また，サツマイモを飼料とする養豚も盛ん（豚の飼養頭数第１位：2019年）で，重要な特産品となっている。

整理しよう！

□カルスト地形は石灰岩が降水と化学反応を起こして溶食されてできる地形で，スロベニアのカルスト地方が由来となっている。

□カルスト地形では，地表の凹地（ドリーネ・ウバーレ・ポリエ）と地下の鍾乳洞が見られる。

□がけの存在を示す記号は土（⌒）と岩石（⋒）が存在し，閉口部ががけ上側，開口部ががけ下側を示す。

□土地面積の算出は近似する円･四角形などに見立てて行い，勾配（傾斜）は「2点間の垂直距離/2点間の水平距離」で算出される。

40 新旧地形図の読図

解答

問1　集落の多くが海岸線に並行する浜堤上や海岸砂丘の内陸側に立地し，防砂林で卓越風を軽減させている。(47字)

問2　河川沿いの地域では，堤防を建設したり護岸を施したりして河川を直線状に改修した上で，水田として利用されていた低湿地を埋めて住宅地を建設した。丘陵を削り取って建設した住宅地も見られる。(90字)

問3　①従来から砂州と潟湖が形成されており，フェリー発着所としての利用に好適であった。(39字)

②平坦な地形が広がり滑走路の建設が容易であった。市街地から離れた地域で集落がほとんど立地せず騒音対策や用地買収の面で有利な上，鉄道の駅が付近にあり，宮崎駅までの所要時間が短くて済むことも要因である。(98字)

採点ポイント　問1　【配点　4点】

□浜堤上，または海岸砂丘の内陸側…（2点）

□防砂林…（2点）

問2　【配点　6点】

□堤防，または護岸…（2点）

□低湿地を埋めた…（2点）

□丘陵を削り取った…（2点）

問3　【配点　①4点，②6点】

①□砂州…（2点）

□潟湖（ラグーン，海跡湖）…（2点）

②□平坦な地形が広がる…（2点）

□市街地から離れていた…（2点）

□鉄道の駅が近い…（2点）

ここでは… **集落や施設の立地条件を判読する。また，新旧の地形図を見比べ，その間に行われた地形改変を読み取る。**

解説

問1　地形図A中，「産母（やぼ）」や「山崎」の集落のすぐ東には10m以上の海岸砂丘が見られ，これらはその陰に立地した集落と考えられる。「村角」集落についても同様のことがいえ，これらの集落の主に東側（風上に当たる）に防砂林としての針葉樹（Λ）が植えられている。また，「平原」などの集落は浜堤上に立地したものと読み取れる。なお，地形図A中には複数の河川が見られるが，氾濫原において洪水の被害を避けるため微高地の自然堤防上に形成された列状の集落と混同しないこと。

問2　地形図B中，宮崎港に注ぐ「新別府川」や南部の「八重川」「山内川」は河川が直線状に改修されており，河川沿いには堤防や護岸の記号が確認できる。これらの河川流域には新たな住宅地が立地している。また，北西部の「平和が丘」や南西部の「月見ケ丘」は丘陵地を切り取って造成された住宅地である。なお，道路・橋梁の建設や，針葉樹林・桑畑からの転換といった指摘は，本問で問うた「地形の改変」には当たらない。

問3　①地形図Bで宮崎港が建設された場所が，地形図Aでは砂州と潟湖（ラグーン，海跡湖）であったことが読み取れる。これら天然の地形の存在は，ここをフェリー発着所として利用する上での重要な自然条件であった。また，潟湖は汽水湖としないこと。汽水湖は塩分量による分類上の名称であり，地形用語ではない。

②宮崎空港の位置する場所は，地形図Aでは「田元」などわずかな集落が見られるくらいで，平坦な土地に水田と針葉樹林が広がっている。また，「みやざき」駅の西に位置する市街地から適度に離れており，地域住民への騒音公害の被害も最小限に抑えることできる。さらに，「宮崎鉄道（現

在はＪＲ宮崎空港線）」の「たよし」駅もあり，「みやざき」駅へのアクセスも便利である。

整理しよう！

□集落立地の自然条件には，①水が得やすいこと，②洪水，高潮・津波，強風などを避けること，③日当たりが良いことなどが挙げられる。

□②の実例として，氾濫原の自然堤防上，浜堤上や海岸砂丘の内陸側斜面，河岸（海岸）段丘面上などがある。

9 現代社会の課題Ⅰ

41 人口問題

解答

問1 (1) マルサス (2) 等比 (3) 等差 (4) 人口爆発

問2 (1) ウ

(2) **自然的要因** 気候変動に伴う降水量の減少や気温上昇による蒸発量の増大。 **人為的要因** 過耕作・過放牧・過伐採などによる植生の破壊。

(3) リプロダクティブ＝ヘルス＝アンド＝ライツ

(4) 出生率が低下した高齢化社会であるため，労働力が不足し，税収入が減少している。その上，社会保障の支出が増大しているため，財政難が生じている。(69字)

問3 ① 中国 1970年代末からの一人っ子政策の影響で生じた，30歳代未満の年齢層での顕著な出生率低下を示すくびれがあるから。

② イタリア 少子高齢化が顕著で，典型的なつぼ型の人口ピラミッドを示すから。

③ フィリピン 出生率が高いため，裾野が広いピラミッド型を示しているから。

④ アメリカ合衆国 早くから出生率が低下しているものの，移民が多いためにイタリアほど少子高齢化は顕著でなく，つりがね型の人口ピラミッドを示しているから。

ここでは… 人口問題について，それが引き起こされる要因や，それが及ぼす影響，それに対する対策などについて確認する。

解説

問1 (1)～(3) イギリスの代表的古典派経済学者として知られるマルサス(1766～1834年）は，その著書『人口論』のなかで「人口が等比（幾何）級数的に増加する一方で，食糧は等差（算術）級数的に増加するため，両者の差によって過剰人口が発生し，食糧難に代表される貧困が誘発される」という考えを唱えたことで知られている。

(4) 第二次世界大戦後，アジア・アフリカ・ラテンアメリカの発展途上国で，衛生状態・栄養状態・医療水準が飛躍的に改善された。この結果，出生率が高いままで死亡率が急激に低下し，**人口爆発**といわれる激しい人口増加が起きた。

問2 (1) 人口増加に伴って**食料難・失業**といった問題が起き，それに端を発する紛争が誘発される。これが発展途上国における教育の普及や社会資本の整備といった経済発展に必要な基盤整備を阻害する。

紛争が回避され，ある程度の社会基盤が整うと，余剰人口は安価で大量な労働力として，経済発展の原動力となる。アジアNIEs・ASEAN原加盟国・中国などは多人口を経済発展に活用できるようになった例である。

(2) マリ・ブルキナファソ・ニジェール・チャドなどが位置するサハラ砂漠南縁部の**サヘル**は，慢性的な飢餓地帯として知られている。

この地域に慢性的な食料難をもたらす原因の一つとして**砂漠化**の進行があり，自然的要因と人為的要因が複合して引き起こされている。

(3) アジア・アフリカ・ラテンアメリカの発展途上国の多くでは，人口抑制の実現が容易ではない。この背景には，女性の地位が低い，家族計画や中絶を認めない，といった宗教的・文化的な要因がある。また，女性の地位が低いと**早婚・多産**となる傾向が強い。

そこで，「いつ，何人の子どもを産むか・産まないかは，女性が決めること」とする**リプロダクティブ＝ヘルス＝アンド＝ライツ**（**性と生殖に関する健康・権利**）の考えを確立・浸透させ，伝統的に抑圧されてきた女性の地位を向上させることを通して出生率の引き下げをめざす考えが，1994年にカイロで開催された「**国際人口開発会議**」で提唱された。

(4) 19世紀の半ばまでに産業革命を達成したヨーロッパでは，早い段階に**人口転換**が進み，現在では出生率の低下に伴う**少子化**と，死亡率の低下と平均寿命の伸長による**高齢化**が問題となっている。

少子化が進行すると，単純労働に携わる低賃金労働力が不足する。ヨーロッパでは第二次世界大戦後の経済成長期に労働力が不足し，低賃金労働者として，発展途上国から多くの外国人労働者を受け入れた。また，高齢化が進行すると，高齢者のための**社会保障費**が増大して財政が圧迫される。ヨーロッパでは税率の引き上げなどにより財源を確保している。

問３ 近年，アメリカ合衆国には，**ヒスパニック**と呼ばれるラテンアメリカ系移民をはじめとして，発展途上地域からの移民が大量に流入している。移民の多くは多産傾向にあるため，先進国のなかでは，アメリカ合衆国の出生率は高くなっている。よって，アメリカ合衆国の人口ピラミッドは，出生率が比較的高くて高齢化の進行が遅いことを示す④となる。

少子化により，40歳代以下の人口が減少する顕著なつぼ型を示す②は，イタリアの人口ピラミッドと判断できる。イタリアの合計特殊出生率は，1.29（2018年）と低い。

中国では，**一人っ子政策**に代表される人口抑制政策が強力に推進された。

このため，中国の人口ピラミッドは，出生率が急減し，急速な高齢化が予想される①となる。なお，一人っ子政策は2015年末に廃止が決定されたが，その後も中国の少子化への歯止めがかからず，2021年には１組の夫婦につき３人まで子どもをもうけることが認められた。

きわめて出生率が高い③のピラミッド型は，多産の状態が続くフィリピンの人口ピラミッドである。フィリピンは経済発展が進むものの，カトリック教徒が多い国であることも背景となり，出生率の低下が遅い。

整理しよう！

□先進国では，少子高齢化の進行が顕著である。
□先進国の人口ピラミッドは，つりがね型やつぼ型となる。
□発展途上国では，第二次世界大戦後，人口爆発が起きた。
□発展途上国の人口ピラミッドは，基本的に富士山型・ピラミッド型となる。
□激しい人口増加は，発展途上国の経済成長を妨げるほか，砂漠化などの環境問題も引き起こす。
□リプロダクティブ＝ヘルス＝アンド＝ライツ（性と生殖に関する健康・権利）の確立など，女性の地位向上による人口抑制が提唱されている。

42 人口移動とそれに伴う諸問題

解答

問１　ア　シオニズム運動　イ　オーストラリア　ウ　難民
問２　屯田兵　問３　トランスミグラシ
問４　(1)　**農村部**　生産年齢を中心に人口が流出し，高齢化と過疎化が進んだため，医療・交通など種々のサービスが低下した。(49字)
都市部　生産年齢を中心に人口が流入したことで，過密化に伴う住宅難や交通機関などの社会資本の不足が生じた。(48字)
(2)　製鉄業・自動車工業などの基幹産業が衰退している北東部から，エレクトロニクス産業などが集中している南部のサンベルトへの人口移動が活発である。(69字)
問５　スラム
問６　①　中国　②　ブラジル　③　アメリカ合衆国　④　タイ

ここでは… 世界各地で発生した人口移動について，その特色や背景などを理解しよう。

解説

問1　**ア**　世界中に離散していたユダヤ人の間では，ヨーロッパにおけるユダヤ人に対する差別や虐殺などを背景に，19世紀末から出自の地である**エルサレム**を中心とする**パレスチナ**地域に民族国家の建設を求める**シオニズム運動**が広まった。1917年，イギリスが**バルフォア宣言**によってユダヤ人の民族国家建設を容認する態度を示したことを契機として，パレスチナへのユダヤ人の移住が増加し，1948年にイスラエルが建国された。この過程で，この地に居住していたアラブ人（パレスチナ人）が居住地を奪われ難民として周辺諸国へ逃れ，今日まで続く紛争の火種となった。

イ　1770年にクックがシドニー近郊のボタニー湾から上陸してイギリスの領有が宣言されたオーストラリアでは，1788年からアメリカ合衆国に代わる流刑植民地としてイギリスからの移民の流入が始まった。

ウ　内戦や紛争から逃れるために，他地域へ流出した人々を**難民**と呼ぶ。近年の難民は，イラク・アフガニスタン・スーダン・コロンビアなどで多く発生している。

問2　明治期に行われた北海道の開拓では，北方警備も兼ねた**屯田兵**が移住し，屯田兵村を建設した。屯田兵村は，アメリカ合衆国の開拓時に用いられた**タウンシップ制**を模倣した村落で，格子状の地割を特徴とする。

問3　世界最大の群島国家で，東南アジア最大の人口大国（総人口約2.6億人：2016年）として知られるインドネシアでは，首都のジャカルタが位置する**ジャワ島**に総人口の過半数が集中している。このため，ジャワ島の人口過密を緩和する目的で，開発の遅れた**カリマンタン（ボルネオ）島**など周辺の島への移住を推進する**トランスミグラシ**と呼ばれる政策が採用されてきた。最近は，ニューギニア島のパプア州（旧イリアンジャヤ州）への移住も行われている。

問4　(1)　農村部から都市に向けての人口移動を**向都離村**（こうとりそん）と呼ぶ。日本では，高度経済成長期に青年層を中心に職を求めての向都離村が活発になった。そのため，農村部では労働力不足や後継者不足などの問題を伴う**過疎化**が起きた。過疎化の進行によって，農村部では高齢者・年少者といった扶養人口の割合が上昇し，人口ピラミッドが**ひょうたん型**を示すようになる。この結果，地域経済の活力が低下し，交通路線の縮小など地域住民の生活の質が低下した。

一方，都市部では人口流入によって過密化が進行した。人口圧の高まりから都市公害や交通渋滞などの社会問題が発生し，住環境の悪化などが引き起こされた。

(2) アメリカ合衆国では，産業構造の変化に伴って経済が低迷している五大湖沿岸からメガロポリスにかけての地域から，先端産業の進出などで活況を呈している北緯37°以南の**サンベルト**と呼ばれる地域への人口移動が活発になっている。サンベルトに対して，五大湖沿岸からメガロポリスにかけての地域は**フロストベルト（スノーベルト）**と呼ばれていることも知っておきたい。

問5　農村から都市へ流入したものの，低所得者層や就業できない人々は，一般に**スラム**と称される劣悪な環境の住宅街に住む。スラムのことを，南米では**ファベーラ**と呼ぶ。スラムの居住者の多くは，**インフォーマルセクター**（非公式な部門）といわれる露天商や日雇いの建設作業員などに従事している。

問6　近年，外国人登録者数の増加が顕著な①・②が，中国・ブラジルのいずれかである。海外在留邦人数は，②では減少しているのに対して，①では増加している。よって，②は日系移民１世が高齢化し，２世以降は現地の国籍を取得しているブラジルと判断できる。1990年の出入国管理法の改正で，３世までの日系人に対する日本での就労が自由化された影響で，ブラジルなど中南米諸国から日本への出稼ぎが盛んになったことも押さえておこう。③・④はアメリカ合衆国・タイのいずれかであるが，外国人登録者数・海外在留邦人数ともに多いことから，③がアメリカ合衆国と判断できる。

整理しよう！

□経済的背景による人口移動は，低所得地域（発展途上国や農村部）から高所得地域（先進国や都市部）へ向かう。

□インドネシアの総人口の過半数は，ジャワ島に集中。

□アメリカ合衆国では，フロストベルトからサンベルトへの人口移動が活発になっている。

□1990年の日本の出入国管理法の改正を契機に，中南米諸国から日本への出稼ぎが増加した。

43 国家に関する諸問題

解答

問１　(1)　ア　370　　イ　排他的経済水域　　ウ　大陸棚

(2)　海底鉱物資源などの分布が，水深や海岸線からの距離で決まるのではなく，地形的・地質的な条件で決まることがわかってきたから。(60字)

問２　南極条約により領有権の主張や軍事利用は凍結・禁止されているが，科学調査は自由に認められている。(47字)

問３　一国二制度とは一つの国に二つの経済社会体制を認める制度である。イギリスから返還されたホンコンと，ポルトガルから返還されたマカオは，長期にわたって中国とは異なる資本主義の経済社会体制を発達させていたため，返還後も既存の体制の維持を認めたから。(120字)

採点ポイント　問３　【配点　15点】

□一つの国に二つの経済社会体制を認める制度…（４点）
□ホンコン（イギリスから返還）とマカオ（ポルトガルから返還）で行われている…（３点）
□中国とは異なる資本主義の経済社会体制であった…（４点）
□中国への返還後も既存の体制の維持を認める…（４点）

ここでは… 国家に関する諸問題の代表例を確認しよう。

解説

問１　(1)　ア　１海里は1,852ｍである。

イ　排他的経済水域は，**国連海洋法条約**に基づいて設定される経済的な主権が及ぶ水域をさす。基本的に，沿岸国は自国の低潮線から200海里（約370km）までの水域の水産資源・鉱物資源など種々の資源の探査・開発に関する権利を持つが，あわせて資源の管理や海洋汚染防止の義務を負う。

ウ　一般に，水深130ｍ以浅の浅い海底を**大陸棚**と呼ぶ。大陸棚は，氷河性海水準変動の影響で陸化と沈水を繰り返し，それに伴う地形の変化が観察される地形域である。

(2)　1958年の第１次国連海洋法会議で，大陸棚は「200ｍまたは天然資源の開発可能な水深まで」と定義付けられたが，技術の進歩によって，天然資源の開発可能な水深が大きく変化してきた。このため，1982年の第３次国連海洋法会議で沿岸国の管轄権が及ぶ範囲の一つとして大陸棚が定義され，沿岸国は基本的に低潮線から200海里までの海底と海底下を大陸棚とすることができるほか，海底の地形・地質が一定条件を満たせば，200海里の外側に大陸棚の限界を設定することも可能とされた。

問２　南極大陸は，イギリス・フランス・ノルウェー・オーストラリア・ニュージーランド・チリ・アルゼンチンの７カ国が一部に領土権を主張している。しかし，その主張は，1959年にワシントンで締結された**南極条約**で凍結されている。南極条約では，南極大陸の領土権の主張の凍結のほか，軍事利用の禁止，南極全体の平和的利用のための国際協力などが定められている。

問３ **論述の組立て**

一国二制度の内容と，なぜそのような制度で統治されているかを答えるのであるから，**事項説明型**と**因果関係説明型**を組み合わせた論述となる。一国二制度についての説明は簡潔に30字程度でまとめ，制度が生まれた背景について残りの字数で記述する。

1997年に**イギリス**から返還された**ホンコン**（香港）と，1999年に**ポルトガル**から返還された**マカオ**（澳門）は，高度な資本主義経済が発達していた。そこで，中国政府は両地域を外交と国防以外の広範な自治権を持つ**特別行政区**と位置付け，中央政府とは異なる既存の経済社会制度を存続させる「**一国二制度**」を採用した。

整理しよう！

□排他的経済水域は，基本的に海岸線から200海里（約370㎞）までの水域。
□南極大陸の領土権の主張は南極条約で凍結されている。
□ホンコンとマカオは中国の特別行政区で，「一国二制度」により広範な自治が容認されている。

44 中東問題

解答

問１　ア　中東　　イ　ヨルダン　　ウ　ガザ
問２　C　　問３　ユダヤ人
問４　⑴　イスラム教　　⑵　アラビア語

ここでは… 中東問題が発生した経緯やその現状などについて整理する。

解説

問１　ア・イ　1967年にイスラエルがエジプト・シリア・ヨルダンを先制攻撃して開戦した**第３次中東戦争**で，イスラエルは**ゴラン高原**（シリア領），**ガザ地区・シナイ半島**（エジプト領），**ヨルダン川西岸地区**（ヨルダン領）などを占領した。この結果，大量のパレスチナ難民が発生した。

ウ　1993年のオスロ合意によって，ヨルダン川西岸地区の一部とシナイ半島北東部の地中海に面するガザ地区は，パレスチナ自治政府の統治下となった。しかし，その後の総選挙で穏健派のファタハに代わり，イスラム過激派のハマスがパレスチナ自治政府の与党の座に就くと，状況は一変する。イスラエルはガザ地区を封鎖し，大規模な武力攻撃を行うなど，状況は流動的である。

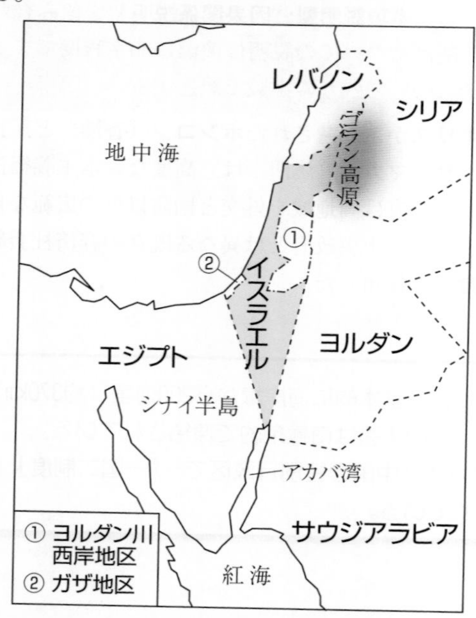

問２　エルサレムは**キリスト教・ユダヤ教・イスラム教**の聖地で，その旧市街（高さ10m，長さ４kmにわたる城壁で囲まれたほぼ正方形の地域）は，キリスト教徒地区・イスラム教徒（ムスリム）地区・ユダヤ教徒地区・アルメニア人地区などに分かれている。問題の図中の**A**はテルアヴィヴ，**B**はラマラ，**C**がエルサレム，**D**はガザを示している。イスラエルは首都をエルサレムと主張しているが，国際的には認められておらず，日本をはじめ

とする各国の公館はテルアヴィヴに集中している。

Aのテルアヴィヴは，イスラエルの大都市である。Bのラマラは，パレスチナのヨルダン川西岸地区にあり，パレスチナ暫定自治政府の本部がある。Dのガザは，ガザ地区の中心都市である。

問３　イスラエルは，ヨーロッパにおけるシオニズム運動の結果，**ユダヤ人**によって紀元前のイスラエル王国の都「シオンの地（エルサレム）」があるパレスチナに建設された国家である。国土は，北はレバノン，東はシリア・ヨルダン，南はエジプトと国境を接し，西は地中海に面している。

問４　(1)　パレスチナ人とは，パレスチナ地方に居住するアラブ人を独立した民族として捉えた呼称で，彼らの多くはイスラム教徒（ムスリム）である。

(2)　イスラム教の聖典は**クルアーン**（コーラン）と呼ばれ，アラビア語で記されている。

整理しよう！

□ヨルダン川西岸地区とガザ地区はパレスチナによる暫定自治が行われている。

□エルサレムはキリスト教・ユダヤ教・イスラム教の聖地。

45 人口問題と都市問題

解答

問１　人口増加に伴う食料や燃料の需要増大により，過耕作・過放牧・過伐採などが行われ，植生破壊や土壌の荒廃が引き起こされるほか，温室効果ガスの排出量が増えて温暖化が進行するなど，地球環境を悪化させるから。(98字)

問２　スペインがアルゼンチンに入植した際，都市を拠点として開発を進めたため。

問３　モータリゼーションの進行や都心とその周辺地域における生活環境の悪化を背景として，富裕層住民の住居やオフィス・商業施設が郊外へ流出していった。その結果，都心の建築物の老朽化が進み，都心の地域住民に占める経済的弱者の割合が上昇してスラムが形成されるという，反都市化現象のインナーシティ問題が起きている。(149字)

採点ポイント　問１　【配点　10点】

□人口増加に伴い食料や燃料の需要が増大…（３点）

□過度な土地利用（過耕作・過放牧・森林伐採・灌漑など）が行われる…（２点）

□植生破壊や土壌の荒廃…（２点）

□温室効果ガスの排出量増大による温暖化の進行…（３点）

問３　【配点　15点】

□モータリゼーションの進行や都心の生活環境の悪化…（３点）

□富裕層住民の居住地やオフィス・商業施設が郊外に流出する…（４点）

□都心の建築物の老朽化…（２点）

□地域住民に占める経済的弱者の割合が上昇する…（３点）

□スラムが形成される反都市化現象が起きている…（３点）

ここでは… 世界の人口問題と都市問題について，論述問題で頻出するテーマを整理・理解しよう。

解説

問１ **論述の組立て**

人口抑制が必要な理由を説明するのであるから，**因果関係（背景・理由・影響）説明型**である。激しい人口増加が地球環境にとって大きな負荷となり，様々な環境破壊を引き起こすことを指摘する。具体的な負荷，引き起こされる環境破壊の各点について，それぞれ50字程度で言及する。

人口爆発と称される激しい人口増加は，様々な地球環境問題の原因の一つである。食料や燃料の需要増大によって過度な耕作・放牧・森林伐採・灌漑などが行われると，植生破壊が引き起こされる。その結果，熱帯地方で見られる降雨時の表土の流出や，サヘルなどの砂漠隣接地帯で顕著な砂漠化が発生するなど，森林や耕地が荒れ地になる現象が起きる。また，人口増加は種々の資源の消費量の増大を招き，とくに化石燃料の消費量が増えることに伴う二酸化炭素（CO_2）の排出量増大によって地球温暖化が促進される。

問２　一般的に先進国は都市人口率が高くなっている。先進国では産業革命以降工業化が進展し，都市では雇用機会に恵まれたため，農村地域から労働力を引きつけるという pull 型の人口移動が起こった。一方，発展途上国は一般的に都市人口率が低い。発展途上国では，高い人口増加率や農業の機械化などを背景に農村地域で大量の余剰労働力が生じ，それが押し出されるように都市に流入する push 型の移動が起こっている。このため，近年では都市人口率が上昇している。

しかし，アルゼンチンをはじめとするラテンアメリカ諸国は，発展途上地域でありながら，早くから都市人口率の高かった例外的な地域である。ラテンアメリカでは，スペインやポルトガルが入植した際，まず拠点となる都市を築き，そこから開発を進めていったために，早い段階から都市人口率が高かった。

問3 **論述の組立て**

インナーシティ問題とは何かを，それが引き起こされた背景とともに説明するので，**因果関係説明型**と**事項説明型**を組み合わせた論述となる。発生メカニズム，その影響などを理論的に記述・説明することが重要だが，その際，指定語句を手がかりにして記述する。

ニューヨークやシカゴをはじめとする欧米諸国の大都市で顕在化しているインナーシティ問題は，都心における**反都市化現象**のことである。モータリゼーションの進行や，都心の過密化，建築物の老朽化など生活環境の悪化を背景に，富裕層の居住地やオフィス・商業施設が郊外へ移転していることがその原因である。このような都心の空洞化現象により，都心とその周辺地域における地価・家賃が下落して地域住民に占める経済的弱者の割合が上昇し，建築物のさらなる老朽化や，都市機能の荒廃・衰退が進んでいる。

整理しよう！

□人口爆発は，様々な地球環境問題や貧困を引き起こす。
□一般に，都市人口率は発展途上地域で低く，先進地域で高いが，ラテンアメリカの多くの国では例外的に都市人口率が高い。
□インナーシティ問題は，欧米諸国の大都市の都心とその周辺地域において観察される反都市化現象。
□インナーシティ問題の原因は，モータリゼーションの進行や都心とその周辺地域での生活環境悪化に伴う富裕層・オフィス・商業施設の郊外移転。

10 現代社会の課題Ⅱ

46 資源に関する諸問題

解答

問１　改革開放政策

問２　(1)　A　中国　　B　インド　　C　インドネシア　　D　タイ

E　アメリカ合衆国　　F　ブラジル

(2)　ア　ロシア　　イ　アメリカ合衆国　　ウ　中国

エ　オーストラリア　　オ　ブラジル　　カ　南アフリカ共和国

キ　コンゴ民主共和国　　X　レアメタル（希少金属）

問３　アメリカ合衆国でバイオエタノールの燃料利用が活発になり，その原料となるトウモロコシの価格が上昇した。(50字)

ここでは… 資源が偏在していること，発展途上国の経済成長によって資源の需要に変化が生じていることなどを背景に起きている問題を整理しよう。

解説

問１　**改革開放政策**は，鄧小平（とうしょうへい）の指導体制下の1977年に発表され，開始された，中国の経済体制改革および対外開放政策である。具体的には，「**四つ（農業・工業・国防・科学技術）の近代化**」を掲げて，旧来の社会主義経済体制から社会主義市場経済への変更を試みたほか，**経済特区**などを設置して対外開放が行われた。経済特区は，コワントン（広東）省のシェンチェン（深圳）・チューハイ（珠海）・スワトウ（汕頭）と，フーチエン（福建）省のアモイ（厦門），ハイナン（海南）島沿岸の５カ所である。

問２　(1)　米と小麦を２大主穀と呼び，これらの生産は食料需要の大きい人口大国で盛んである。ただし，生育期に高温・多雨であることを必要とする**米**は，生産の90%以上が**モンスーンアジア**に集中している。このため，米の生産上位国はモンスーンアジアの人口大国で占められており，Aが中国（約13.8億人），Bがインド（約13億人），Cがインドネシア（約2.6億人）である。

一方，乾燥と低温に強い小麦は，おもに熱帯地域と寒帯地域を除く世界各地で広く栽培されている。小麦の生産量第４位のEは，中国・インドに次ぐ世界第３位の人口大国となっているアメリカ合衆国（約３億人）である。

米の輸出量第２位であると同時に，東南アジアを主産地とする天然ゴムの生産・輸出量第１位となっているDは**タイ**である。タイはイギリス・フランス両勢力の狭間に位置する**緩衝国**であったため，東南アジア諸国のなかで唯一植民地にならず，東南アジアの食料生産・供給基地として機能した。なお，トウモロコシの生産量第３位，大豆の生産量第２位，輸出量第１位となっているＦはブラジルである。

⑵ **ア**　ロシアは，世界最大級の天然ガスの埋蔵・産出国である上，サウジアラビアとともに世界の２大原油産出国・輸出国となっている。

イ　世界最大の原油輸入国となっているのはアメリカ合衆国（世界の原油貿易量の約18%を輸入：2013年），それに次ぐのが中国（世界の原油貿易量の約14%を輸入：2013年）である。

ウ　中国は，近年の経済成長に伴って粗鋼・自動車など様々な工業製品の生産量が伸び，資源の消費量を急増させている。

エ・オ　鉄鉱石が安定陸塊，石炭が古期造山帯に多く産出する資源であることに注意して考えればよい。ブラジルは，国土の大部分が**安定陸塊**で占められており，**カラジャス**や**イタビラ**を中心として**鉄鉱石**の産出は多いが，石炭の産出は多くはない。一方，オーストラリアは，国土の中部から西部が安定陸塊であり，北西部のピルバラ地区を中心に鉄鉱石の産出が多く見られる。また，東部のグレートディヴァイディング山脈一帯が**古期造山帯**であるため，**モウラ**周辺などで石炭が豊富に産出される。

カ・キ・Ｘ　非鉄金属のなかで，存在量の少ない金属のことを**レアメタル**（希少金属）と呼び，アフリカ諸国に偏在するものも多い。とくに，クロム鉱・マンガン鉱・白金は南アフリカ共和国，コバルト鉱はコンゴ民主共和国が世界最大の産出国（2013年）となっている。

問３　近年の原油価格の上昇を背景として，様々な植物を原料にバイオエタノールの利用が活発になっている。問題文に「穀物」とあることから，ブラジルで盛んに行われているサトウキビを利用する事例ではなく，アメリカ合衆国で盛んなトウモロコシを利用する事例が正解となる。

整理しよう！

□中国では，**改革開放政策**によって市場経済体制への移行と対外開放が行われ，大きな経済成長を実現した。

□**アフリカ諸国**には多くのレアメタル（希少金属）が偏在する。

□ブラジルではサトウキビ，アメリカ合衆国ではトウモロコシを原料とする**バイオエタノール**の利用が盛ん。

47 食料問題

解答

問1　アフリカ　A　　日本　C　　世界平均　B

問2　A　中位　　B　高位　　C　低位

栄養状態のよい欧米先進諸国などが該当することからBが高位，食料難が深刻なサヘル諸国などが該当することからCが低位と判断できる。

問3　(1)　フードマイレージ

(2)　A　韓国　　B　イギリス　　C　フランス　　D　アメリカ合衆国

問4　(1)　○　　(2)　○　　(3)　その土地の伝統的な食文化と食材・食品，およびそれらの生産者を守り，伝えることをめざすスローフード運動

ここでは… 食料問題を中心とする現代社会が直面する課題について整理する。

解説

問1　人口の変化がほとんど見られないことから，Cが人口増加の緩慢な日本と判断できる。なお，日本では食料生産が下降傾向にあることにも注意する。人口の変化と食料生産の変化がほぼ対応しているAでは，1人当たり食料生産がほとんど変化していない。よって，食料事情の改善が見られないアフリカがAに該当する。残ったBが世界平均になる。

問2　豊かな食生活を享受することができている欧米先進諸国などが高位，深刻な食料難に直面しているサヘル諸国などが低位になる。

問3　(1)　**フードマイレージ**は，食料の「**輸送重量×輸送距離**」を用いることによって生産地と消費地が近いか否か，また，その食料輸送で費やすエネルギーが地球環境に大きな負荷を与えているか否かを表している。

(2)　日本は，食料の輸入依存度が高いため，フードマイレージはきわめて大きな値を示す。日本とほぼ同じ数値となっているAが，日本同様に食料の輸入依存度が高い韓国と判断できる。逆に，フードマイレージが最も小さな値を示すDは，食料の大輸出国となっているアメリカ合衆国である。

B・Cはイギリス・フランスのいずれかであるが，フランスがEUの食料基地として機能している農業国であることから，より小さな値を示すCがフランス，より大きな値を示すBがイギリスとなる。

問4　(2)　発展途上国で生産された産品は，先進国での需要変化や市場価格の変動によって不当に安く買われることがある。また，商品原価を下げるために低賃金労働・児童労働が行われたり，安い商品生産の影で環境破壊が

横行したりしている。こうしたことを防ぐために，発展途上国で生産された種々の産品を適正価格で継続的に購入し，発展途上国の労働者の生活改善や自立を手助けする仕組みが**フェアトレード**である。

(3) **スロ一フード運動**とは，1980年代半ばにローマにマクドナルドが開店した際に起きた「ファストフードにイタリアの食文化が食い潰される」という危機感の高揚を背景に生まれた動きで，その土地の伝統的な食文化や食材・食品，およびその生産者を守り，伝えようとする運動である。

整理しよう！

□食料の輸入依存度が高い日本のフードマイレージは，きわめて大きい。
□**スローフード運動**は，その土地の伝統的な食文化や食材・食品，およびその生産者を守り，伝えようとするイタリア起源の運動である。

48 地域開発

解答

問1 ①－g ②－e ③－a ④－i ⑤－c ⑥－h ⑦－f ⑧－b

ア アラル海 **イ** パラグアイ **ウ** ブラジル **エ** ボーキサイト
オ アルミニウム **カ** 長江 **キ** ニューディール **ク** テネシー
ケ ダモダル **コ** ジャムシェドプル **サ** ヴォルタ
シ コロラド **ス** ロサンゼルス

問2 (1) ポルダー (2) ゾイデル海と呼ばれる浅い湾であった。(18字)

問3 (1) ヴォルガ=ドン運河 (2) モスクワが白海・バルト海・黒海・カスピ海と水上交通により結ばれた。(33字)

問4 スノーウィーマウンテンズ計画

スノーウィー川の水を地下トンネルによって乾燥地域のマリーダーリング盆地へ導水し，灌漑による小麦栽培などを中心とする農業開発を行った。(66字)

問5 (1) a－ア b－イ c－エ d－ウ
(2) e－カ f－ケ g－ク h－キ

ここでは… 世界と日本の総合開発に関する基本的事項を整理しよう。

解説

A　世界の総合開発の多くは，河川開発を核としている。

多目的ダムを建設し，電源開発とともに工業・農業・生活用水の確保と安定供給，洪水などの水害を抑制する治水などを行って，地域の生活水準の向上や経済発展をめざしている。

図に示されたaはコロンビア川流域，bはコロラド川流域，cはテネシー川流域，dはアマゾン川流域，eはパラナ川流域，fはヴォルタ川流域，gはアムダリア川流域，hはダモダル川流域，iは黄河流域，jは長江流域を示している。また，Xはオランダのポルダー分布地域，Yはヴォルガ=ドン運河付近，Zはマリーダーリング盆地を示している。

問1　①　gのアムダリア川流域には，乾燥地帯が広がっている。このため，旧ソ連時代に，パミール高原・ヒンドゥークシ山脈に源を発する外来河川のアムダリア川から導水する**カラクーム運河**が建設された。こうした灌漑用水網の整備によって，この周辺は綿花地帯となったが，過灌漑による**塩害**の発生や，外来河川が流入する**アラル海**の縮小などの問題が起きている。

②　eのパラナ川は，途中200km余りにわたってブラジルとパラグアイの河川国境となっており，ブラジル・パラグアイ両国の共同出資で世界最大級の出力を誇る水力発電用の**イタイプダム**が建設されている。

③　aのコロンビア川には，巨大なグランドクーリーダムがある。ダムで発電された電力は，航空機生産に必要なアルミニウムの精錬や，核施設の原子炉と再処理工場の稼働などに利用された。

④　iの黄河は上流・中流でホワンツー（黄土）高原を通過する際，大量の黄土を含む。そのため，河口付近に広大な三角州を形成するほか，下流部は**天井川**となっており，古来，たびたび氾濫してその流路を大きく変えてきた。第二次世界大戦後，**サンメンシャ**（三門峡）**ダム**など大型ダムが建設され，大規模な水害の発生は抑制された。しかし，1970年代以降，農業・工業用水としての需要が増大した影響で，下流部での流量不足が深刻となっている。中国政府は，**西部大開発**の一つに「**南水北調**（長江流域から取水して，黄河流域に導水するプロジェクト）」を掲げている。

⑤　cのテネシー川には，**TVA**（テネシー川流域開発公社）によって，治水・発電・水運・用水確保などの目的で約30の多目的ダムが建設され，世界各地の地域開発のモデルになった。TVAは，1933年にフランクリン=ルーズヴェルト大統領が，世界恐慌対策として実施した**ニューディール政**

策の一環として設置された公社である。多目的ダムの建設を中心とした総合開発で，失業者を大量に吸収し，購買力を向上させ，景気向上をめざした。

⑥ hで示されたインド東部を流れる**ダモダル川**流域においては，第二次世界大戦後，TVA 方式をモデルとした**DVC**（ダモダル川流域開発公社）による開発が行われた。この地域では，ダモダル炭田などからの石炭とシングブーム鉄山などからの鉄鉱石を背景として，**製鉄業**が盛んであった。20世紀初頭には，近代的製鉄所がタタ財閥によって**ジャムシェドプル**に建設され，操業を開始した。

⑦ fの**ヴォルタ川**流域では，第二次世界大戦後，ガーナ政府によってヴォルタ川総合開発計画が推進された。アメリカ合衆国・イギリス・世界銀行などの財政支援によって，1960年代半ばに**アコソンボダム**が完成し，世界最大級の人造湖ヴォルタ湖が誕生した。

⑧ bのコロラド川には，アリゾナ州とユタ州の州境付近にグレンキャニオンダム，ラスヴェガス付近に**フーヴァーダム**などが建設されている。

問2 (1) 北海に面した低湿地の広がるオランダでは，中世以来**ポルダー**と呼ばれる**干拓地**の造成が行われ，今日，国土の約４分の１が標高０m 未満の土地で占められている。

(2) ゾイデル海と呼ばれる湾（入江）に，高潮被害防止と干拓事業を目的として人工堤防が建設された。この結果，ゾイデル海は海から切り離されて淡水湖の**アイセル湖**へと変化した。

問3 (1) ヴォルガ川とドン川を結ぶヴォルガ=ドン運河は，1952年に完成した。

(2) ヴォルガ=ドン運河の開通によって，先に開通していたモスクワ運河などと合わせて，内陸に位置しているモスクワと白海・バルト海・黒海・カスピ海が結ばれることになった。この運河によってロシア西部の南北交通網が整備されて輸送力が飛躍的に増大した。

問4 オーストラリア大陸の内陸部には，広大な乾燥気候地域が広がっている。このため，国土の南東部を南北に走るオーストラリアアルプス山脈からタスマン海に流入するスノーウィー川の流水を堰き止め，山脈を貫通するトンネルを通して，内陸側を流れるオーストラリア最長のダーリング川とマリー川へ導水する**スノーウィーマウンテンズ計画**が実施された。この結果，ダーリング川とマリー川の流域に広がるマリーダーリング盆地で灌漑農地が拡大し，今日この地域はオーストラリアを代表する小麦栽培地帯となっている。しかし，塩害の発生や干ばつ被害を受けやすいという問題も抱えている。

B　日本の総合開発は，1950年に**国土総合開発法**（2005年に国土形成計画法に改正）が制定されて以降，本格的に実施されてきた。初期は日本国内の電源開発と工業化の推進に重点が置かれていたが，近年は居住環境を重視した開発計画へと変化している。開発対象として指定された地域では期待感が膨らむ一方で，乱開発や地価高騰など種々の問題が発生した。また，公害や環境問題，過疎・過密問題が誘発されたほか，石油危機や構造不況といった経済環境の変化によって度重なる方針の転換，計画の見直し・変更が行われ翻弄されることになった。

問5　以下，全国総合開発計画（全総）から第四次全国総合開発計画（四全総）までの要点を整理しておく。

策定された年	計画	要点
1962年	全国総合開発計画（全総）	工業整備特別地域と新産業都市を設ける**拠点開発方式**を掲げ，工業地域と農村部の格差是正を図る。
1969年	新全国総合開発計画（新全総）	全国的な通信網・交通網を整備，工業化が遅れた地域に大規模工業基地を建設。日本の国土における分業化を図って国土利用の効率化をめざす**大規模プロジェクト構想**。
1977年	第三次全国総合開発計画（三全総）	地方と大都市の格差を是正するため，生活環境の整備による人口の地方定住化をめざす**定住圏構想**。全国で200～300カ所の定住圏を設定。
1987年	第四次全国総合開発計画（四全総）	多極分散型の国土の形成をめざし，高速交通網や通信網の整備による**交流ネットワーク構想**を推進。

なお，1987年には総合保養地域整備法（リゾート法），1988年には首都機能移転等を盛り込んだ多極分散型国土形成促進法が制定された。

整理しよう！

□アメリカ合衆国のTVAは，世界の総合開発の模範になった。
□スノーウィーマウンテンズ計画によって，乾燥の強いマリーダーリング盆地の灌漑農地化が進行した。
□日本の総合開発計画は，経済環境の変化により変更されてきた。

49 環境破壊と環境保全

解答

問1 **ア** 足尾 **イ** 渡良瀬 **ウ** 公害対策基本
エ 国連人間環境会議 **オ** 地球サミット **カ** 京都
キ ラムサール **問2** 騒音，振動，悪臭，大気汚染，水質汚濁，土壌汚染，地盤沈下から二つ
問3 (1) **P** 四日市ぜんそく **Q** 有機水銀（メチル水銀）
R カドミウム (2) **W**－⑧ **X**－② **Y**－⑤ **Z**－④
問4 開発に伴い生ずると想定される種々の影響を調査・予測して予め対策を講じることで，可能な限り環境問題の発生を回避・抑制する。(60字)
問5 持続可能な開発
問6 二酸化炭素に代表される温室効果ガスの排出を抑制することで，地球温暖化の進行を抑制・防止する。(46字) **問7** アメリカ合衆国
問8 UNESCO（国連教育科学文化機関，ユネスコ）

ここでは… 環境破壊の状況と，環境保全に対する取り組みについて整理しよう。

解説

問1 **ア・イ** **足尾銅山鉱毒事件**は，明治時代中期に栃木県・群馬県の**渡良瀬川**流域で起きた。銅の精錬に用いられた燃料の排煙や，精製時に発生する亜硫酸ガス（二酸化硫黄）などの有毒ガス，廃水に含まれる鉱毒によるもので，日本の公害の原点として知られている。

ウ 高度経済成長期に，工業化の進展を背景として**四大公害訴訟**に発展した公害（イタイイタイ病・水俣病・新潟水俣病・四日市ぜんそく）が発生し，深刻な問題となった。このような状況を背景として，政府は1967年に**公害対策基本法**を制定し，1971年には**環境庁**を発足させた。なお，公害対策基本法は，複雑かつ地球規模化する環境問題に対応するため，**環境基本法**が1993年に施行されたことに伴い廃止された。また，環境庁は，2001年に**環境省**となっている。

エ・オ 国連が主催する環境や開発を議題とする国際会議は，1972年の**国連人間環境会議**以来，1982年の国連環境計画管理理事会特別会合（ナイロビ会議），1992年の**環境と開発に関する国連会議**（**地球サミット**），2002年の持続可能な開発に関する世界首脳会議（環境開発サミット）と，10年ごとに開催されている。

1972年にスウェーデンのストックホルムで開催された国連人間環境会議は，環境問題に関する世界初の大規模な国際会議であった。「**かけがえのない地球**（only one Earth)」をキャッチフレーズとしたこの会議では，人間環境宣言と環境国際行動計画が採択され，これを実行するためにUNEP（国連環境計画，ユネップ）が設立された。

また，1992年にブラジルのリオデジャネイロで開催された，環境と開発に関する国連会議（地球サミット）では，持続可能な開発に向けた地球規模での新たなパートナーシップの構築をめざした**開発と環境に関するリオ宣言**と，この宣言の諸原則を実施するための行動計画，**アジェンダ21**が合意された。

カ　1997年に京都で開催された気候変動枠組条約第3回締結国会議では，法的拘束力のある数値目標を定める**京都議定書**が採択された。

キ　**ラムサール条約**は，水鳥が飛来する湿地の生態系を守る目的で1971年に採択された国際条約である。

問2　公害対策基本法や環境基本法では，大気汚染・水質汚濁・土壌汚染・騒音・振動・地盤沈下・悪臭を**典型七公害**に指定している。

問3　1950年代に熊本県水俣湾沿岸で発生した**水俣病**は，チッソ水俣工場からの廃液中に含まれた有機水銀（メチル水銀）によって引き起こされた。1960年代半ばに発生した**新潟水俣病**は，化学工場からの廃水中に含まれた有機水銀によって新潟県の阿賀野川下流域で患者が発生した公害である。**四日市ぜんそく**は，三重県四日市市に建設された石油化学コンビナートから排出された亜硫酸ガス（二酸化硫黄）などによる大気汚染によって，1960年頃から発生した公害病である。**イタイイタイ病**は，岐阜県の神岡鉱山からの廃水中のカドミウムが原因物質となって，神通川下流域の富山県北部において発生した。

問4　**環境アセスメント法**（環境影響評価法）では，大規模な公共事業などを行う際に事業者が環境への影響を予測評価（環境アセスメント）し，その結果に基づいて事業の回避や，事業の内容をより環境に配慮したものに修正・変更することが定められている。

問5　**持続可能な開発**は，将来世代の経済的・社会的利益を損なわない範囲内で環境を利用し，現代の世代の要求を満たしていこうとする理念である。

問6　**気候変動枠組条約**は，地球温暖化問題に対する国際的な枠組を設定した条約である。二酸化炭素やメタンなど大気中の温室効果ガスの増加が地球温暖化を促進し，自然の生態系などに悪影響を及ぼすことを確認するとともに，大気中の温室効果ガスの濃度を安定させ，現在および将来の気候を保護することを目的としている。

問７　1997年に採択された京都議定書では，発展途上国に対する数値目標は見送られたほか，温室効果ガスを大量に排出するアメリカ合衆国・ロシアも判断を保留していた。しかし，2004年にロシアが批准し，2005年に条約は発効した。

問８　世界遺産は，1972年にUNESCO（国連教育科学文化機関，ユネスコ）の総会で採択された**世界遺産条約**に基づき，世界遺産リストに登録される。人類が共有すべき顕著な普遍的価値をもつ遺跡や景観，そして自然などが登録されている。

整理しよう！

□日本の四大公害訴訟は，イタイイタイ病・水俣病・新潟水俣病・四日市ぜんそく。

□リオデジャネイロで開催された，環境と開発に関する国連会議（地球サミット）は，持続可能な開発を提唱した。

50 開発と環境破壊

解答

灌漑網の整備に伴って農地が拡大したほか，水力発電によってエネルギー供給が安定し，工業化が推進されるという恩恵があった。その一方で，灌漑農地では塩害が発生し，ダム湖の出現によって歴史的遺産が水没の危機に瀕するなどした。また，洪水発生が抑制されたことで，養分をもたらす土砂の供給が減って耕地の地力が低下し，河口部では海岸侵食や漁獲量の低迷などが起こっているほか，巻貝の繁殖によって風土病が蔓延した。

（197字）

採点ポイント　【配点　18点】

恩恵…（各２点）×３

□灌漑網の整備に伴う農地の拡大

□水力発電によるエネルギー供給の安定化

□工業化の推進

悪影響…（各２点）×６

□灌漑農地での塩害の発生

□歴史的遺産の水没の危機

□肥沃土の供給が途絶えたことによる地力の低下

□河口部への土砂の減少による海岸侵食

□河口部での漁獲量の低迷

□風土病の蔓延

ここでは… 開発と環境破壊，環境保全のあり方などを考えよう。

解説

論述の組立て

ナイル川にアスワンハイダムが建設されたことによってもたらされた恩恵と，一方で生じた様々な悪影響に分けて，具体例を挙げて記述する。「多面的に」とあるので，それぞれ複数の具体例を挙げねばならない。また，因果関係をはっきり示すことが重要である。**因果関係説明型**といえる。

1902年，イギリス資本によって建設された**アスワンダム**により水量が調節され，河川水は灌漑用水に利用されるようになった。さらに，1970年代初め，旧ソ連の援助によってアスワンダムから約７km上流にアスワンハイダムが建設された。ダムの建設に伴って巨大なナセル湖が出現し，洪水はほとんど発生しなくなった。また，多大な出力が可能な発電所の建設と灌漑用水の供給によって，周辺の電化と広大な農地の灌漑が可能になるなど，多くの恩恵がもたらされた。しかし，その一方で灌漑による**塩害**が起きたほか，ダムの建設によって下流部に肥沃な土壌が供給されなくなり，河口部では海岸線が後退し，漁業が衰退した。また，それまで洪水で流されていた巻貝が繁殖することによって，住血吸虫病などの風土病が蔓延することになった。さらに，スーダンとの国境近くにあるアブシンベル神殿がナセル湖に水没する危機にさらされ，上流に移設された。

整理しよう！

□ナイル川に建設されたアスワンハイダムは灌漑農地を拡大させたが，塩害や海岸侵食などを引き起こした。

11 東アジア

51 中国

解答

問1 (1) **イ** (2) **大山脈** テンシャン（天山）山脈
盆地 タリム盆地 (3) イスラム教
問2 (1) スーチョワン（四川）盆地 (2) チョンチン（重慶）
(3) **河川** 長江 **ダム** サンシャ（三峡）ダム
問3 (1) **イ** (2) **イ** (3) 灌漑施設の建設 問4 **エ**
問5 (1) シャンハイ（上海） (2) 一人っ子政策 (3) **ウ**
問6 (1) **地区名** マカオ（澳門） **統治国** ポルトガル
(2) 一国二制度 問7 (1) 社会主義市場経済 (2) 経済特区
(3) **エ** (4) 郷鎮企業

ここでは… 中国の自然・産業・人口・都市・民族などについて特色をつかもう。

解説

問1 (1) 設問の選択肢の四つとコワンシー（広西）壮（チョワン）族自治区を加えた五つの地域の民族に，自治権が与えられている。ただし，チベット（西蔵）自治区とシンチヤンウイグル（新疆維吾爾）自治区以外は，移入した漢民族の人口の方が多い。

(2) 中央部に**テンシャン**（天山）**山脈**が走り，南側には**タリム盆地**（地表は**タクラマカン砂漠**），北側にはジュンガル盆地が位置する。

(3) この地域に古くからいる遊牧民やオアシス農民のカザフ族・ウイグル族・キルギス族は**イスラム教**を信仰する。

問2 (1)・(2) スーチョワン（四川）盆地を中心とするスーチョワン省は，1997年に中央政府の直轄市となった**チョンチン**（重慶）**市**も含めると人口はほぼ日本と同じ約1.1億人（2007年）である。

(3) 長江はアジア最長の河川。**サンシャ**（三峡）**ダム**はフーペイ（湖北）省西部，スーチョワン盆地と長江中下流平原の間の峡谷部に位置している。発電量，ダム湖の面積において世界最大級の規模とされるが，ダム建設に伴う住民の移転，環境への影響など様々な面で問題が浮上している。

問3 (1)・(2) 年降水量300～500mm線は**農耕地域**と**遊牧地域**の境界線，1300～1500mm線は水稲二期作地域の北限線である。冬小麦地域は夏作も行われる**二毛作地域**，春小麦地域は夏作のみの一毛作地域で，華北と東北地方・内モンゴルの間に境界線がある。年降水量800～1000mm線のＰ－Ｑ線はチンリン（秦嶺）山脈とホワイ川（淮河）を結ぶ線とほぼ一致し，稲作地域と畑作地域の境界線，稲と小麦，主食の米飯と麺類・饅頭の境界線，地域的には華中と華北の境界線となっている。

(3) 東北地方でも夏季は高温となるので，灌漑施設の整備により，稲作ができるようになった。

問４ 産出量が世界第１位の石炭（2013年）・タングステン鉱（2013年）・鉄鉱石（2013年），同第４位の石油（2015年）と，中国は各種鉱産資源に恵まれている。○は東北地方の**フーシュン**（撫順），華中の**ピンシャン**（萍郷）などから石炭，△は**ターチン**（大慶），内陸部の**ユイメン**（玉門），黄河河口部から原油，●は東北地方の**アンシャン**（鞍山）や華中の**ターイエ**（大冶）から鉄鉱石，▲は華南に集中して分布することからタングステン鉱と判別できる。

問５ (1) 市域人口は多い順にシャンハイ（上海），ペキン（北京），チョンチンである。シャンハイは経済，ペキンは政治の中枢都市で，テンチン（天津）・チョンチンとともに中央政府の直轄市である。

(2) **一人っ子政策**（2015年廃止）は主に漢民族を対象としていた。実施中は，無戸籍の子ども（黒孩子（ヘイハイズ））の存在，一人っ子ゆえの過保護などの課題がみられた。

(3) 中国は，急速な少子化で，人口の高齢化が進行している。よって，人口ピラミッドは中高年齢層以上の富士山型に若年層のつぼ型を加えた形となっている。なお，**ア**はスウェーデン，**イ**は日本，**エ**はエチオピアである。

問６ (1)・(2) **E**はホンコン（香港），**F**はマカオ（澳門）。前者はイギリス，後者はポルトガルから返還された。両地域は，返還後50年間，資本主義体制を維持しつつ，社会主義政権の中央政府が直轄する「一国二制度」の**特別行政区**に指定されている。

問７ (1) 現在の中国は，政治的には共産党が指導する**社会主義体制**であるが，1970年代後半から経済発展を図るための**改革開放政策**を採るようになり，積極的に主に資本主義国の資本を導入するようになった。これは**社会主義市場経済**と呼ばれている。

(2)・(3) 中国では，1980年頃からアモイ（厦門）・スワトウ（汕頭）・シェンチェン（深圳）・チューハイ（珠海）・ハイナン（海南）島の５カ所に**輸出加工区**に近い性格を持つ**経済特区**が設定された。シェンヤン（瀋陽）は東北地方の中心都市である。

(4) 日本の村・町に相当するのが**郷・鎮**である。農業の余剰労働力を使い，工業を興し，農村の経済発展を進めようとするのが**郷鎮企業**である。

整理しよう！

□年降水量800～1000㎜線はチンリン山脈とホワイ川を結ぶ線とほぼ一致し，華中（稲作，米）と華北（畑作，小麦）の境界線。
□「一人っ子政策」の影響により，少子化・高齢化が進行している。
□アモイ・スワトウ・シェンチェン・チューハイ・ハイナン島に経済特区が設置された。

52 環日本海地域・アジアＮＩＥｓ

解答

問１ (1) H，タイペイ（台北） (2) B，ピョンヤン（平壌）
(3) E，プサン（釜山） (4) G，インチョン（仁川）
(5) D，ウルサン（蔚山） (6) C，ポハン（浦項）
問２ (1) 輸出加工区
(2) 工業製品の輸出を条件に，輸入原材料の関税などを減免する。(28字)
問３ (1) a－ウ b－イ c－エ d－ア
(2) ウ (3) f－ア g－イ h－ウ
問４ (1) N (2) N (3) S (4) B (5) B (6) N
問５ (1) **日本海** 竹島 **東シナ海** 尖閣諸島
(2) **最北端** 択捉島 **最西端** 与那国島

ここでは… 韓国の地誌とアジア NIEs の工業化などについて整理しよう。

解説

問１ (1)「地域」とあるので台湾とわかる。**タイペイ**（台北）が台湾の中心都市である。
(2) テドン川（大同江）は，北朝鮮の首都**ピョンヤン**（平壌）を流れ，黄海に注ぐ。韓国の首都ソウル（図中のF）を流れるのは**ハンガン**（漢江）である。
(3) 韓国南東部の**プサン**（釜山）には，日本の下関や福岡からも，定期の船便が就航している。同国最大の港湾都市で，造船・水産加工業が盛んである。
(4) **インチョン**（仁川）はソウルの外港（内陸にある主要都市の門戸の役目をする港）で，潮の干満の差が大きく，**閘門式の港**（こうもんしき）として有名である。

また，2001年に開港したインチョン国際空港は，東アジアの**ハブ空港**としての役割が高まっている。

⑸ **ウルサン**（蔚山）は韓国有数の重化学工業都市である。

⑹ **ポハン**（浦項）には，日本の援助を受けた世界最大級の製鉄所が立地し，鉄鋼業が発達している。

問2 ⑴ 輸出加工区は輸出自由地域，保税輸出加工区などとも呼ばれる。Pのマサン（馬山），Qのカオシュン（高雄）は知っておきたい。中国における**経済特区**も同様のものである。

⑵ 進出する外国企業に対して，輸入関税の軽減・免除のほか，関税以外の税も減免したり，港湾・工場用地・工業用水などの産業基盤を整備し，提供するなどの優遇措置を採ることが多い。受け入れ国側は，就業機会の拡大，外貨の獲得，先進技術の導入，部品製造の受注，輸出加工区以外の地域への工業化の波及などで，所得の向上や経済発展を図ることができる。

問3 ⑴ a～dの品目こそ，紛らわしいアジアNIEsの輸出品を識別するポイントである。韓国は，アジアでは日本，中国に次ぐ自動車の世界的な生産国で，2017年の乗用車の輸出台数は世界第4位である。台湾北部の**シンチュー**（新竹）は「**台湾のシリコンヴァレー**」といわれ，IC工業が盛んである。輸出品目の上位に衣類・繊維品・はきものが挙がるのが，中国とホンコン（香港）の共通点である。シンガポールの石油製品は，中継貿易港やマラッカ海峡を航行するタンカーを連想すればわかりやすい。

⑵ **▼各国の上位輸出相手国**

	韓国	台湾	ホンコン	シンガポール
第1位	中国	中国	中国	中国
第2位	アメリカ合衆国	ホンコン	アメリカ合衆国	ホンコン
第3位	ベトナム	アメリカ合衆国	インド	マレーシア

2018年。

シンガポールはASEAN（東南アジア諸国連合）諸国，とりわけ隣国マレーシアやインドネシアへの輸出が多いのが特徴である。アメリカ合衆国・ホンコンは上位輸出先に挙がるが，日本への輸出はそれほど多くない。

⑶ **輸出依存度**とは，輸出額を国内総生産（または国民所得）で割った値をいう。ホンコンの156.9という高い数値は，中継貿易を行っているためと考えられる。したがって，シンガポールもホンコンと同様に輸出依存度が高いと推測できる。韓国は台湾と比べて人口が多く，国内需要も大きいため，輸出依存度は低いと判断する。

問4 ⑴ 南に位置し，比較的温暖な気候の韓国では，稲作が盛んである。

(2) 政治・経済・国防において自主自立路線を進める思想が**チュチェ**（主体）**思想**であるが，国際的な孤立を招く結果となった。**チョンリマ**（千里馬）**運動**とは社会主義建設路線のことをいう。

(3) 韓国では1970年代から「勤勉・自助・共同」をスローガンとする**セマウル**（新しい村）**運動**が，政府主導で展開された。

(4)・(5) 北朝鮮・韓国は，政治・経済体制の異なる二つの国家に分かれているが，ともに**朝鮮民族**が主流をなし，言語・伝統的な風習などはほぼ同じである。

(6) 北朝鮮と中国の国境の西部は，アムノック川を自然的国境としている。

問５ (1) 日本海に位置する**竹島**については，韓国も領有権を主張し，警備隊を常駐させている。隠岐島の北西約160kmの二つの岩礁からなる島で，日本政府は島根県に所属するとしている。東シナ海に位置するのは，中国と係争中の**尖閣諸島**で，海底油田の存在が確認されてから争いが激化した。石垣島の北北西約150kmにある島嶼群で，日本政府は沖縄県石垣市に所属するとしている。

(2) 日本の最北端は北方領土の一つの**択捉島**，最西端は沖縄県の与那国島である。オホーツク海の北方領土（千島列島南西部の歯舞(はぼまい)群島・色丹(しこたん)島・国後(くなしり)島・択捉(えとろふ)島）については，日本はロシアに返還を求めている。なお，日本の最東端は東京都小笠原諸島の**南鳥島**，最南端は東京都の**沖ノ鳥島**である。

▼日本の排他的経済水域

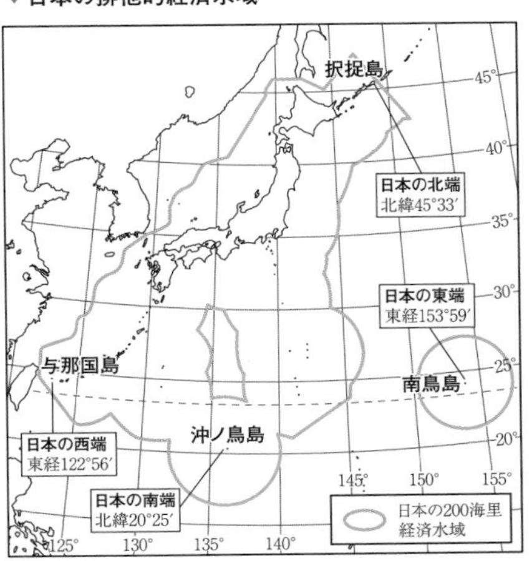

整理しよう！

□韓国東部では，ポハンに鉄鋼業，ウルサンに造船・石油化学・自動車工業，プサンに造船・食品加工業が立地している。
□アジア NIEs は，**輸出加工区**を設置して，輸出指向型の工業化を進めた。
□韓国は，1970年代に農村近代化をめざすセマウル運動を推進した。
□日本は，韓国との間で**竹島**，中国との間で**尖閣諸島**の領有権を巡って対立している。

53 日本の産業と貿易

解答

問1 (1) 地主 (2) 稲作 (3) 野菜 (4) 酪農 (5) 農業基本
(6) 食糧管理 (7) 食生活 (8) 減反 (9) 新食糧
(10) 食料・農業・農村基本

問2 **自然条件** 山地林が主で，伐採・輸送コストが高い。(19字)
社会条件 林道が不備で，林農家が減少・高齢化している。(22字)

問3 A 茨城県 B 島根県 C 愛媛県 D 愛知県

問4 H－ア I－エ J－オ K－イ L－ウ M－カ
N－キ 問5 V－ウ W－エ X－ア Y－オ Z－イ

ここでは… 多くの受験生が苦手とする日本地理のポイントをつかもう。

解説

問1 (1)・(2) 日本の農業は，第二次世界大戦後の**農地改革**によって大きく変貌した。自分の土地を持たなかった小作農は自作農となり，農民の労働意欲が向上したため，**土地生産性**は上昇した。その反面，これまでの寄生地主制が廃止された結果，農地は細分化されて経営規模の零細化が進んだ。

(3)～(5) **農業基本法**は，高度成長期における農業と他産業との生産性や所得の格差を是正するため，米以外で，果樹・野菜・畜産物・乳製品など需要拡大が予想される農畜産物を選択的に拡大し，機械化や経営規模拡大によって自立経営をめざすという，農業構造の改善事業であった。しかし，他産業の発展，都市化の進行の中で農業の産業としての自立は難しく，その衰退を止められなかった。

(6)～(8) **食糧管理法**は，戦後の食料難時代には大きく貢献したが，コメは政府による買い入れ価格が保証されていたため，農民は稲作に依存した。他方，食生活の洋風化で米の需要が減少した結果，1960年代後半になると余剰米が増加した。しかも米価は，政府買い入れ価格より市場への売り渡し価格のほうが安い「逆ざや」となっていたため，食糧管理特別会計の赤字が累積した。そこで，政府は1970年度から，休耕や，稲の作付面積を制限する**減反政策**などの生産調整を実施し，その後は**転作**を奨励した。

(9) GATT ウルグアイ=ラウンドの結果，1993年に日本はコメの部分的な**市場開放**を受け入れ，1999年からはコメの輸入が関税化された。これらを背景に，**新食糧法**が1995年に施行され，食糧管理法は廃止された。

(10) **食料・農業・農村基本法**が制定された背景には，水田による保水や土壊保護などの環境保全機能，自然災害からの国土保全機能，食料自給率の上昇など，農業の持つ**多面的機能**が重視されたことが挙げられる。

問2　日本の地形は山地が険しく，交通の不便な山間地から木材が運び出されるため，土地を買収して林道を建設する必要があり，木材価格は高くなる。社会条件としては，就業者の減少や高齢化のほか，安価な輸入木材の増加，国産材価格の低迷による林業経営の採算性の低下，なども考えられる。

問3　AとBは，海面養殖業の数値が小さいことから茨城県か島根県のいずれかである。海面養殖業は**リアス海岸**や**内湾・内海**で盛んに行われているのに対し，両県の海岸線はきわめて単調であることや，茨城県は**霞ケ浦**，島根県は**宍道湖**（しんじこ）を持ち，内水面漁業が盛んであることから判断できる。このうち，海面漁業の数値の大きいAは，全国有数の漁獲量を上げている茨城県で，Bは島根県である。そして，海面養殖業の盛んなCは，瀬戸内海に面し，リアス海岸の発達した愛媛県であり，内水面養殖業の数値が大きいDはウナギの養殖が盛んな愛知県と考えられる。

問4　どの産業（業種）に着目するかがポイントである。

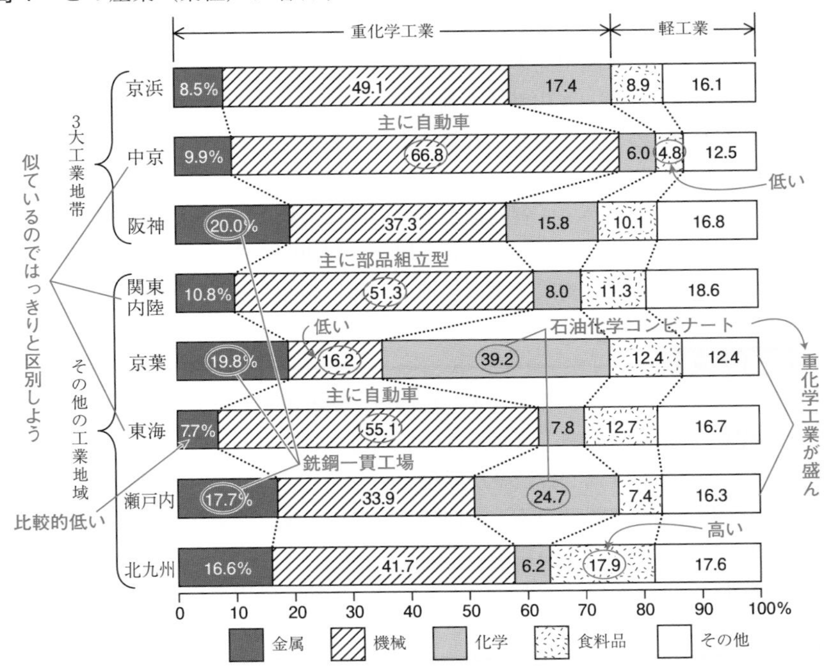

単位は%。統計年次は2005年。全工場が対象。便宜的に各都道府県の数値を合算したもので，必ずしも正確に各工業地帯（地域）を表すものではない。
経済産業省「2005年工業統計表」より作成。

北九州工業地域のグラフで食料品が目立つのは，これといった主力産業が見られないため，どの地域でも生産・出荷している食料品の割合が高まるためである。これは，北海道・青森・鹿児島・沖縄などでもいえる。なお，機械を細分化して出題された場合には，輸送用機械は関東内陸・京浜・東海・中京・瀬戸内の本州側・北九州，一般機械は阪神を含む近畿，電子部品は東北（シリコンロード）・北陸・九州（シリコンアイランド）で盛んであることから判断する。

▼**工業地域・地帯別工業製品出荷額割合**（%）

工業地域・地帯	%
中京工業地帯	17.8
阪神工業地帯	10.3
瀬戸内工業地域	10.1
関東内陸工業地域	9.5
京浜工業地帯	8.5
東海工業地域	5.3
京葉工業地域	4.5

2014年

問5　**V**は**臨空港指向型工業**の精密機械や医薬品が上位を占めるので，**ウ**の成田国際空港とわかる。また，日本の港の中で，最大の貿易額を上げているのが成田国際空港である。**W**は自動車と自動車部品の輸出額が最も大きいため，中京工業地帯に位置する**エ**の名古屋である。**X**は輸入の上位に衣類・魚介類・肉類が挙がることから，人口と卸・小売店の集中する**ア**の東京である。**Y**は輸出品の織物類に着目できれば**オ**の神戸とわかる。**Z**は輸入に占める石油・液化ガスの割合が高いので，重化学工業が盛んな京葉工業地域の**イ**の千葉と判断される。千葉は輸入額が輸出額を大きく上回るのも特徴である。

なお，このほかに，貿易額が上位の港に，横浜・関西国際空港・大阪が挙げられるが，横浜は輸出で名古屋と，関西国際空港は輸出入とも成田国際空港と，大阪は輸入で東京・神戸と類似のパターンとなる。

整理しよう！

□日本の農政の中核をなしてきた食糧管理法と農業基本法は廃止され，新食糧法と食料・農業・農村基本法が施行された。
□リアス海岸では海面養殖業が盛んである。
□中京工業地帯や関東内陸工業地域では機械工業，京葉・瀬戸内工業地域では金属・化学工業が発達している。
□港別の主要貿易品は，地元の工業地帯（地域）の出荷品や消費の動向を反映している。

54 東アジアの内陸地域

解答

問1　a－③　b－②　c－①　d－④

問2　(1)　**国名**　モンゴル国　**都市名**　ウランバートル

(2)　チベット仏教（ラマ教）　(3)　定住化が進んでいる。

問3　(1)　内モンゴル（内蒙古）自治区　(2)　漢民族

(3)　パオトウ（包頭）

問4　(1)　シンチヤンウイグル（新疆維吾爾）自治区

(2)　ウルムチ（烏魯木斉）　問5　(1)　チベット（西蔵）自治区

(2)　チベット仏教（ラマ教）　(3)　ラサ（拉薩）

(4)　チンツァン（青蔵）鉄道

問6　X－ウ　Y－オ　問7　(1)　**砂漠**　ゴビ砂漠

形成要因　隔海度が大きく水蒸気が届かない。

(2)　アルタイ山脈　(3)　パミール高原　(4)　クンルン（崑崙）山脈

(5)　ヒマラヤ山脈

ここでは… 中国内陸部の自治区や内陸国モンゴルの特色を押さえよう。

解説

問1　aは年平均気温が比較的高く，年降水量がきわめて少ないので，砂漠気候区（BW）である。よって，内陸に位置し，かつ山脈に囲まれたタリム盆地（タクラマカン砂漠）西端の③カシ（喀什）と考えられる。dは気温の年較差が小さく，高山気候を呈するため④ラサ（拉薩）である。**ラサ**は標高3,650mに位置する高山都市である。cは最寒月平均気温と年平均気温が低いことから，最も高緯度にあり，その北部がロシアの冷帯地域である①ウランバートル，残ったbが②ウルムチ（烏魯木斉）である。

問2　(1)・(2)　1990年代初めに市場経済が導入され，国名をモンゴル人民共和国から**モンゴル国**に改称した。首都は**ウランバートル**である。チベット仏教（ラマ教）が主流である。

(3)　かつては大多数の国民が馬や羊を中心とした遊牧を営み，**ゲル**と呼ばれる移動式テントで暮らしていたが，近年は定着放牧に変わりつつある。

問3　(1)・(2)　内モンゴル（内蒙古）自治区の住民は，漢民族が8割近くを占め，モンゴル族は2割に満たない。

(3)　内モンゴル自治区のパオトウ（包頭）には，「**中国三大鉄鋼コンビナ**

ート」の一つが立地している。タートン（大同）炭田，パイユンオーボー（白雲鄂博）鉄山が近い。残りの二つのコンビナートは，フーシュン（撫順）炭田・アンシャン（鞍山）鉄山が近い東北地方の**アンシャン**，ピンシャン（萍郷）炭田・ターイエ（大冶）鉄山が近い華中の**ウーハン**（武漢）。

問4　(1)・(2)　シンチヤンウイグル（新疆維吾爾）自治区の区都は**ウルムチ**。

問5　(1)〜(3)　ラサはチベット（西蔵）自治区の区都であり，チベット仏教の聖地でもある。何度も独立運動が展開され，自治権拡大を求めている。

(4)　チンハイ（青海）の「青」とチベット（西蔵）の「蔵」の文字をとって名付けられた。世界で最も高い地域を走る鉄道で，標高4,000m以上の高地を走る区間が長い。この鉄道の開通により，チベットを訪れる漢民族の観光客が増加した。

問6　Xは牧畜地域と農耕地域の境界線と考えられる。Yは高山地帯のチベットを囲むように引かれている。

▼東アジアの農業分布

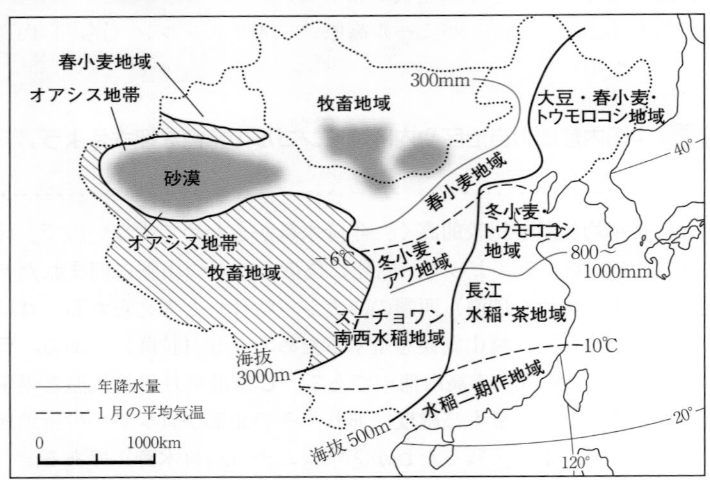

問7　(1)　ゴビ砂漠やシンチヤンウイグル自治区のタクラマカン砂漠は「**内陸砂漠**」と呼ばれる。内陸では，海洋からの水分が届かず乾燥し砂漠となる。

(2)・(4)　アルタイ山脈とクンルン（崑崙）山脈は**古期造山帯**に分類される。しかし，アルタイ山脈とクンルン山脈は，新たな造山運動の影響を受け，比較的**高峻な山脈**である。

(3)　パミール高原は，平均海抜5,000m級の大高原であり，ここから多くの山脈が分岐している。

(5)　アルプス=ヒマラヤ造山帯に属する山脈は新期造山帯である。

整理しよう！

□モンゴルでは，市場経済導入以降，遊牧民の定住化が進んでいる。
□チベット自治区にはチベット仏教（ラマ教）の聖地ラサがある。モンゴルでもチベット仏教が主流である。
□ゴビ砂漠・タクラマカン砂漠は内陸砂漠である。

55 中国の経済発展と地域格差

解答

問１　経済特区や経済技術開発区が設置され，外資優遇政策が優先的に採られた沿海部は工業化により経済発展を遂げたが，輸出に不利な内陸部は外資導入が進まなかった。また，経済改革の重点が内陸部の農村から沿海部の都市に移ったことも，格差の拡大を助長した。(119字)

問２　民工潮

採点ポイント　問１　【配点　10点】

□経済特区…（１点）
　経済技術開発区については触れなくてもよい
□沿海部は外資優遇政策が優先的に採られた…（２点）
□沿海部は工業化により経済発展を遂げた…（２点）
　△工業化の指摘がなければ…（－１点）
□内陸部は輸出に不利…（２点）
□内陸部は外資導入が進まなかった…（２点）
□経済改革の重点が内陸部の農村から沿海部の都市に移った…（１点）

ここでは… 中国の工業化と経済発展，政府の経済政策がもたらした沿海部と内陸部の地域格差について，因果関係を説明できるようにしよう。

解説

問１ **論述の組立て**

本問では，沿海部と内陸部との経済格差が拡大した理由の説明が求められているので，**因果関係説明型**を用いる。沿海部が発展した理由のみを指摘するのではなく，発展が遅れた内陸部についても触れなければならない。工業化による経済発展が主因であるが，経済改革の重点が内陸部の農村から沿海部の都市に移ったことも指摘すれば，解答の質がアップする。字数によっては，この指摘が不要となることもあるだろう。字数配分としては，前半の内容の説明に全体の３分の２（80字）程度を充てるとよい。

中国では，1949年の建国以降，沿海部への工業の偏りを是正するため，内陸部でも鉱産資源の有効利用をはかりながら工業化が進められてきた。しかし，1970年代末に市場経済が導入されると，海外からの投資を呼び込むための措置として，**経済特区**は５カ所すべてが，**経済技術開発区**（経済開放区）についてはその大部分が沿海部に設置され，外資系企業を対象とした各種税金の減免措置が採られたり，産業基盤（インフラ）整備も優先されたりした。立地条件の良さに加え，外資優遇政策を優先的に実施した結果，沿海部には多くの外資系企業が進出し，輸出主導型の高度成長が持続することとなった。他方，農村部は，改革開放路線導入当初は，経済改革の中心であり，1980年代前半の**人民公社の解体**や**生産責任制の導入**などの措置が採られたことで，農民の生産意欲が向上し，所得も増加した。しかし，その後は，国有企業改革や内需振興策など，都市部を主な対象とする改革が実施されるようになったため，都市が発達する沿海部と農村が多い内陸部との経済格差が拡大したのである。

問２　沿海部の大都市には，内陸部の農村から職や富を求めて，出稼ぎ労働者が日々集まっている。人民公社が解体され，仕事のあてがないまま都市に流入したため，彼らは当初「**盲流**」と呼ばれた。1990年代になると，単純労働力が経済発展に不可欠の要素となり「**民工**」と呼ばれるようになった。また，そのような人々の移動は「**民工潮**」と呼ばれている。なお，最近は，劣悪な労働環境を嫌って，少しでも条件の良いところに移る現象が顕著となり，出稼ぎ労働者が不足する「民工荒」も生じている。

整理しよう！

□沿海部には経済特区や経済技術開発区が設置され，外資優遇政策が優先的に行われたが，輸出に不利な内陸部は外資導入が進まなかった。
□中国では，沿海部と内陸部の経済格差が拡大している。

12 東南・南アジア

56 東南アジアの自然と民族

解答

問1 (1) エーヤワディー川　(2) チャオプラヤ川　(3) メコン川
(4) ホン川　(5) 弧状　(6) 狭まる　(7) 海溝
(8) モンスーン（季節風）　(9) サバナ　(10) 乾　(11) 熱帯雨林
(12) 上座部仏教　(13) 大乗仏教　(14) イスラム教
(15) カトリック（キリスト教）　(16) ミンダナオ　(17) バリ
(18) シナ=チベット　(19) タガログ（フィリピーノ，ピリピノ）
(20) オーストロネシア（マレー=ポリネシア）　(21) 英　(22) 華人
(23) ブミプトラ　(24) 緩衝
問2 ア イギリス　イ フランス　ウ オランダ　エ スペイン
オ アメリカ合衆国　問3 a－⑧　b－⑨　c－④
d・e－①・③（順不同）　f－⑤

ここでは… 東南アジアの自然・文化・旧宗主国など，基礎知識を確認しよう。

解説

問1 (1)～(4) エーヤワディー川は主にミャンマー，チャオプラヤ川は主にタイを流れる。メコン川は中国のチベット高原を源流とし，ミャンマー・ラオス・タイ・カンボジア・ベトナムを流れる国際河川である。タイの首都**バンコク**は，典型的な**首位都市**（**プライメート=シティ**）である。ホン川は主にベトナム北部を流れ，トンキン湾に注ぐ。

(5)～(7) 一般に，海洋プレートが大陸プレートに沈み込む狭まる境界には**海溝**が形成され，**弧状列島**（**島弧**）と並行する。

(8)～(11) 半島部はモンスーン（季節風）の影響を強く受け，その大部分が雨季と乾季が明瞭なサバナ気候区（Aw）となっている。Awのwは，低日季（冬季，winter）に乾燥するという意味である。ただし，ミャンマー沿岸部などは弱い乾季のある熱帯雨林気候区（Am）を示す。

(12)・(13) ミャンマー・タイ・ラオス・カンボジアでは**上座部仏教**が広く普及するが，ベトナムでは中国経由の**大乗仏教**が信仰されている。

(14)・(16) インドネシアは，世界で最も**イスラム教徒**の多い国である。また，マレーシアでもイスラム教徒は過半数を占める。フィリピン南部のミンダナオ島では，イスラム教徒のモロ族が反政府運動を展開している。

(15) スペインの植民地であったフィリピンと，ポルトガルの植民地であった東ティモールには**カトリック**が広まっている。

⒄　棚田で有名なジャワ島の東に位置する**バリ島**は，ヒンドゥー教の島として知られる。バリ島の東側のロンボク海峡は，水深が深いため，西アジアから日本など東アジアへのタンカーの航行路として重要視されている。

⒅～(21)　各国の公用語や，それが属する語族も押さえておきたい。**シナ=チベット語族**は，中国からインドシナ半島にかけて広がり，中国語・チベット語・ミャンマー語・タイ語などが属する。**オーストロネシア語族**（マレー=ポリネシア語族）は，東南アジアの島嶼部からオセアニアにかけて広がり，インドネシア語やマレー語，フィリピンの公用語であるタガログ（フィリピーノ，ピリピリ）語などが属する。フィリピンはタガログ語のほかに**英語**も公用語となっている。

(22)　シンガポールでは，**中国系住民**（**華人**）が全人口の約４分の３を占めている。またタイでは，彼らが経済面を支配している。

(23)　マレーシアの**ブミプトラ政策**とは，マレー人の地位を向上させる政策で，例えば，彼らの信仰するイスラム教を国教に，マレー語のみを公用語にするなどである。マレーシアには，プランテーションの労働力として移住したタミル人の子孫の**インド系住民**も多く居住している。なお，同国の政策として行われてきた，日本や韓国の工業化・経済発展を見習う**ルックイースト政策**も押さえておきたい。

問２　ミャンマー・マレーシア・ブルネイは**イギリス**，ベトナム・ラオス・カンボジアは**フランス**，インドネシアは**オランダ**の植民地であった。フィリピンには，スペイン統治時代にカトリックが伝わり，アメリカ合衆国統治下で英語が普及した。なお，シンガポールは1965年にマレーシアから分離独立した。東ティモールは**ポルトガル**の撤退後，インドネシアに併合されたが，2002年に独立した。

問３　ASEAN（東南アジア諸国連合）の本部は，インドネシアの首都**ジャカルタ**にある。

整理しよう！

□インドシナ半島では仏教，マレーシア・インドネシアではイスラム教，フィリピン・東ティモールではカトリックが主に信仰されている。

□東南アジア諸国は，大半がイギリスやフランスの植民地であった。インドネシアはオランダ，フィリピンはスペイン・アメリカ合衆国の植民地であった。

57 東南アジアの産業と貿易

解答

問1 (1) 人口 (2) モノカルチャー (3) 油ヤシ (4) 多角
(5) 液化天然ガス (6) 一次 (7) 魚介 (8) エビ
問2 ア ベトナム イ マレーシア
ウ・エ 中国・アメリカ合衆国（順不同）
問3 A タイ B インドネシア C フィリピン
問4 各国とも国産の米を主食としているため。(19字)
問5 ドイモイ政策による農家請負制の導入。(18字)
問6 製品輸出を条件に免税など優遇措置をとる輸出加工区を設置した。(30字)
問7 海岸部のマングローブ林を伐採して養殖池が作られるため，土壌流出を引き起こし，薬剤などの投入が周辺の海洋汚染につながる。(59字)
問8 B
問9 丸太のままの輸出を規制し，合板類や木製品輸出に転換した。(28字)

ここでは… 東南アジア各国の産業を反映する主要貿易品目を確認しよう。

解説

問1 (1) 2019年における米の生産量上位国とその割合（%）は，中国27.7，インド23.5，インドネシア7.2，バングラデシュ7.2，ベトナム5.8であった。アジアの人口大国（2020年）は，中国14.4億人，インド13.8億人，インドネシア2.7億人，パキスタン2.2億人，バングラデシュ1.6億人であり，アジアに限れば，米の生産量の多い上位国は，人口の多い国の順序とほぼ等しい。

(2)・(6) 農林水産物や鉱産物（エネルギー資源や原料資源）等，加工度合いの低い生産物を**一次産品**という。第一次産業から得られるものが大半であるが，鉱産物のように第二次産業から得られるものもある。国や地域の経済がこれら特定の一次産品の生産や輸出に依存することを**モノカルチャー経済**といい，生産量や輸出相手国の景気による価格変動が大きく，不安定な経済状況に陥りやすい。このような国は植民地支配を受けてきた発展途上国に多い。そのため，発展途上国はモノカルチャー経済からの脱却をめざし，農業経営の多角化や工業化を進めている。

(3)・(4) **イ**のマレーシアにおいても，農業経営の多角化が進められた。現在でも**天然ゴム**の生産量の上位国ではあるが，かつては世界一の生産量を誇り，これが同国の経済を支えていた。その後，先進国で製造する合成ゴムとの競合により，価格・生産量とも低迷するようになったため，これに代わる有望な**プランテーション作物**として，政府が**油ヤシ**栽培・**パーム油**生産を奨励した。油ヤシは西アフリカ原産で，果実からパーム油が採取され，これがマーガリンなどの食品や石鹸の原料になる。用途が広いので，合成ゴムとの競合に悩まされる天然ゴムよりも有利な農産物と考えられた。国営の精製工場の周辺に油ヤシを栽培する個人農を入植させたり，ゴム園からの転換を進めたりした結果，マレーシアのパーム油生産は急増し，現在ではインドネシアに次ぐ生産量となった。

(5) マレーシアの最大の輸出品目は**機械類**であるが，日本へは，それと並んで，**液化天然ガス**を多く輸出している。

(7)・(8) 近年，日本が海外から輸入する魚介類の中心は**エビ**とサケ・マス，**マグロ**である。とくに東南アジアからはエビを多く輸入している。

問２ ア ベトナムは，衣類・はきもの・家具など，労働集約的な軽工業製品の生産・輸出が多いのが特徴である。

ウ・エ 木材（製材）は，中国とアメリカ合衆国の２カ国によって，世界全体の約４割が輸入される（2019年）。

問３ Ａ 自動車・魚介類（エビ）が上位に挙がっているので，タイである。タイは自動車など機械類の輸出を伸ばしている。

Ｂ 上位品目の石炭・液化天然ガスから，インドネシアである。ASEAN原加盟国がヒントとなり，ブルネイではない。

Ｃ 果実，とりわけバナナの輸出が多いフィリピンである。

問４ 米はアジアにおける重要な自給的作物であり，そのほとんどが主食として生産されていることによる。

問５ ベトナムは，先述の通り，世界第５位の米の生産国であり，2019年の輸出量でも，インド・タイに次いで世界第３位に挙がる。ベトナムの躍進の最大の要因が，**ドイモイ**（刷新）**政策**であることは疑いない。かつてのベトナムは，深刻な経済危機に見舞われており，1986年，政府は経済の立て直しを図るために，同政策を打ち出した。これは中国に倣い，市場経済の導入と対外開放を優先する経済改革を推進するものであり，集団管理体制の是正，農家請負制の導入，個人営業の奨励などによって，90年代から米の輸出量は急増した。また，農業以外の分野でも大きな成果をあげた。

問６ 本問で必ず言及しなければならないポイントは**輸出加工区**の設置である。これは，製品の輸出を条件に各種の優遇措置を与える工業地区をいう。港湾などの近くに一定の区域を設けて建設されることが多く，外国資本や技術を積極的に導入しており，国際的な加工基地となっている。マレーシアのこの例として，ペナン島などが挙げられる。シンガポールのジュロン，フィリピンのバタアン半島，ベトナムのハイフォンも知っておきたい。いずれも輸出入に便利な臨海部に立地している。

問７　タイ・マレーシア・インドネシアなどの海岸部には，マングローブが生い茂っており，これは土壌を保全し，魚類の産卵・生育地となっている。したがって，マングローブの伐採は，土壌の流出を引き起こすだけでなく，水中生物の豊かな生活環境を奪うという生態系（エコシステム）の破壊にもつながる。また，伐採後に造られるエビの養殖池には配合飼料や薬剤が投入されるため，周辺海域の汚染も問題となっている。

問８・９　木材の貿易には，木材生産国で製材してから輸出する**製材貿易**と，伐採したままを輸出する**丸太貿易**とがあり，日本は丸太輸入が中心であった。1980年代に日本の熱帯材の主要輸入先であったインドネシアでは，近年の環境保護の動きに対応して，熱帯林の乱伐という環境破壊を防ぎ，国内産業振興のため丸太貿易を規制し，合板などの製材輸出に転換した。そのため，日本の木材輸入の重点はマレーシアへと移っていった。

整理しよう！

□東南アジア諸国の日本への輸出品は，機械類が中心だが，ベトナムの軽工業品，タイの魚介類，インドネシアの石炭・液化天然ガス，フィリピンの果実などに特徴がある。

□アメリカ合衆国と中国は，木材を大量に輸入している。

□東南アジアの海岸部では，日本向けのエビの養殖池を造成するために，マングローブを伐採し，環境破壊が進行した。

58　東南・南アジアの生活と産業

解答

問１　Aの大きい国ほど，Bが低くCが高い。（18字）

問２　(1)　**ア**　イギリス　**イ**　東パキスタン　**ウ**　緩衝国　**エ**　米　**オ**　天然ゴム　(2)　**インド**　ヒンドゥー教　**パキスタン**　イスラム教

問３　(ア)　季節風の影響で高温多雨の平野部（15字）

(イ)　高温多雨で排水良好な傾斜地（13字）

(ウ) 肥沃なレグールの分布する地域（14字）
(エ) 大規模な灌漑が行われる乾燥地域（15字）
問4 (1) 綿工業　(2) コルカタ　(3) 鉄鋼（製鉄）
(4) 半導体（IC，エレクトロニクス，電子，IT）
問5　3は石炭・鉄鉱石産地付近に，4は安い人件費と研究開発の利便性を指向して立地した。（40字）

ここでは… インドの農業・鉱工業のポイントを理解しよう。

解説

問1　一般に，発展途上国は第1次産業人口比率が高く，先進国は低い。第3次産業に関しては逆の傾向になる。シンガポールは都市国家で国土が狭いため，第1次産業人口がとても少ない点に留意する。

問2 (1) タイの第1次産業人口比率は比較的高いが，国内総生産に農業が占める割合は低く，工業化が進んでいることを押さえておく。米の生産量は，大人口国の中国・インドが世界の1・2位を占め，タイの生産量はそれほど多くない。天然ゴムは，タイ・インドネシア・ベトナムの3国で世界の約7割（2015年）を生産している。

(2) インドの人口の約8割がヒンドゥー教徒だが，パキスタン・バングラデシュではイスラム教徒が最も多い。イギリス領からの独立に際しては，宗教の違いが大きな原因となり別の国家となった。東パキスタンは，西パキスタン（現パキスタン）に経済を支配されていたため，1971年に分離独立を宣言し，内戦の後，バングラデシュとして独立した。

問3 (ア) 一般に，稲の生育には，高温多雨の気候条件，すなわち17～18℃の気温と1,000㎜以上の年降水量が必要といわれている。ガンジス川中下流とインド半島東・西岸の平野部は，夏季の南西モンスーン（季節風）の影響を受けて，降水量が多い。

▼南アジアの農業分布

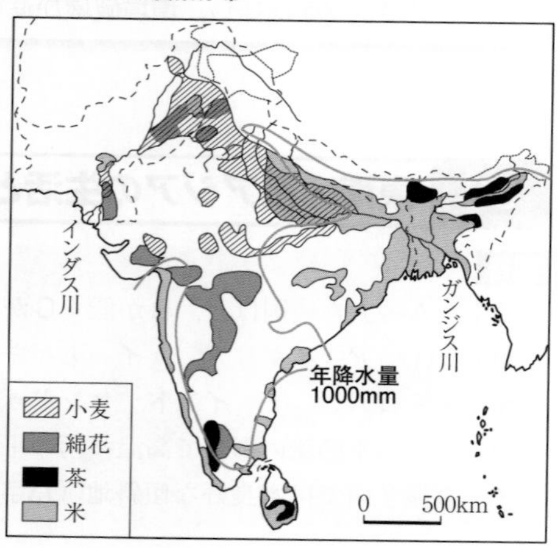

(イ) 茶は，高温多雨かつ排水の良い土地を適地とする。アッサム地方は世界有数の多雨

地域であり，傾斜地を持つことから，茶の栽培には好適である。

(ウ) 綿花は，生育期は高温多雨，収穫期は乾燥する気候に適し，長い無霜期間を必要とする。インドのデカン高原が世界的な綿花の産地となっている要因は，気候もさることながら，この地域に**レグール**が分布していることが大きい。レグールは，玄武岩が風化してできた黒色の肥沃な間帯土壌で，綿花栽培に適している。

(エ) 小麦は，温帯・冷帯のうち，年降水量が500～750㎜の半乾燥地帯が最適地といわれる。とくにインダス川上～中流域のパンジャブ地方は，乾燥気候であるが，イギリス植民地時代から大規模な灌漑事業が進み，小麦や綿花などの生産が多い。

問４　インドでは，イギリスの植民地時代から，**ムンバイ**の**綿工業**や**コルカタ**の**ジュート工業**など，紡績業を中心に工業化が進められた。20世紀初めには，ジャムシェドプルに民族資本の**タタ財閥**による製鉄所が建設されて，鉄鋼業が興った。1947年の独立以降，資本主義体制と社会主義体制を取り入れ，国営企業と民族資本とが併存する**混合経済体制**を採り，さらには外国の援助も受けて，計画的・積極的な重化学工業化政策を進めてきた。**ダモダル川**の総合開発による電力，ダモダル炭田の石炭，シングブーム鉄山の鉄鉱石など国内資源も豊富で，ガンジス川右岸の**ビハール州**（現ジャルカンド州）とその南の**オリッサ州**は重化学工業地帯となった。その後，1991年から経済の自由化を進める政策を採るようになったため，先進国の企業の進出が始まった。とくに**バンガロール**（ベンガルール）には，アメリカ合衆国の半導体産業の進出が続き，「**インドのシリコンヴァレー**」と呼ばれるまでに成長した。

問５　インドでは，上述したように，ダモダル炭田の石炭やシングブーム鉄山の鉄鉱石を初めとして，国内資源が豊富であることから，鉄鋼業は**原料指向型**の立地をしている。これに対して半導体産業は，安い人件費のほか，周辺の多くの技術系大学，理論的思考と数学が得意で英語によるソフト開発ができる優秀な人材などの好条件を求めて，バンガロールに進出した。

整理しよう！

□インドの農業地域は気候特性により，ガンジスデルタで稲作，アッサム地方で茶，デカン高原で綿花，パンジャブ地方で小麦が生産されている。

□インドは，北東部に重化学工業地域，デカン高原に繊維工業・IT 産業が分布する。

59 インドの気候と民族

解答

問１ ⑴ 南西モンスーン（季節風） ⑵ サイクロン ⑶ ア
問２ **公用語** ヒンディー語 **地域** ② 問３ ⓑ
問４ **民族** シンハリ（シンハラ）人 **宗教** 仏教
問５ Ａ ヒンドゥー Ｂ カースト Ｃ イスラム
① 牛 ③ ガンジス川 問６ カシミール地方

ここでは… インドの複雑な民族構成について確認する。

解説

問１ ⑴ 夏季，インド半島が高温の低圧部となり，アラビア海方向から**南西モンスーン**が吹いてくる。この時期が南アジアの雨季で，作物の成長を促す。とくに，半島西岸の西ガーツ山脈西斜面，ヒマラヤ山脈南斜面，セイロン島南西斜面などに多量の降水をもたらす。

⑵ ベンガル湾岸を襲う熱帯低気圧は**サイクロン**と呼ばれる。

⑶ インド半島では，内陸部・北西部ほど降水量が少なくなる。降水量の多い方から順に，ａは**エ**（コロンボ），ｂは**イ**（ムンバイ），ｃは**ウ**（チェンナイ），ｄは**ア**（デリー）である。

問２ インドでは地域により言語が異なっており，**ヒンディー語**が国の**公用語**，**英語**は**準公用語**で，その他憲法に記載された言語が22ある。ヒンディー語は中部や北部を中心に話されている。

問３ インド南部に居住する**タミル人**などはドラビダ系の人々で，かつてインダス文明を築いたとされる民族である。

問４ 19世紀初めにセイロン島を植民地にしたイギリスは，南インドから多くのタミル人労働者を移住させ，茶などのプランテーションを高地に開いた。タミル人はスリランカ総人口の約１割と少数派であるが，過去何回にもわたりシンハリ人との間で激しい衝突が繰り返されてきた。

問５ インド国民の約８割が**ヒンドゥー教徒**，イスラム教徒は１割強である。

問６ カシミールはインド亜大陸北部の地方名で，総面積はおよそ22万㎢である。大部分が山岳地域に位置し，北は**カラコルム山脈**で8000ｍ級の山々がそびえる。地図中，⑥・⑪の北側に隣接する地域であり，インドとパキスタンが領有を巡り争っている。

整理しよう！

□インドではヒンドゥー教，パキスタンとバングラデシュではイスラム教，スリランカでは仏教が主に信仰されている。
□カシミール紛争は，インドとパキスタンの間の宗教問題と領土問題が関係している。
□ヒンドゥー教徒は牛を神聖な生き物として食べない。

60 ASEAN 諸国の工業化

解答

まず，輸入中心であった貿易の傾向を是正するため，従来輸入していた日用雑貨などの軽工業製品に高率の輸入関税を課し，軽工業製品を国内で生産する輸入代替型工業を発展させた。その後，完成品の輸出を条件に，輸入原材料に対する関税の免除または軽減や，各種の優遇措置を与える輸出加工区を設置して，外国資本の導入をはかった。このため，豊富な低賃金労働力を求めて外国資本が進出し，電気機械・衣類・食品などの完成品を輸出する輸出指向型工業が発達した。また，ASEAN 加盟国間の特恵関税も工業化を進展させる一因となった。(249字)

採点ポイント　【配点　10点】

□まず，輸入代替型工業化を図った…（2点）
□従来輸入していた軽工業製品などを国内で生産するという輸入代替型工業の内容…（1点）
□後に，輸出指向型工業に転換した…（2点）
□電気機械・衣類・食品などの完成品を輸出するという輸出指向型工業の内容…（1点）
□輸出指向型工業化の過程で，優遇措置を与える輸出加工区を設置して，外国資本を導入した…（2点）
□外国資本は低賃金労働力を求めて進出した…（1点）
□ ASEAN 加盟国間の特恵関税も工業化を促した…（1点）

ここでは… ASEAN（東南アジア諸国連合）原加盟国が，工業化によって経済発展を実現している状況を，加盟国側はもとより，進出する先進国の企業側からも説明する。

解説

論述の組立て

本問では，東南アジア諸国における工業化の進展の経過を時代を追って説明することが求められているため，**変化・展開・経過説明型**を用いる。時代順に，輸入代替型工業の説明（80字程度），政策の転換（70字程度），外国資本の進出（30字程度），輸出指向型工業化（30字程度）を述べる。最後に，指定語句外ではあるが，輸出加工区・特恵関税などの用語を使用し，記述内容を充実させるとよい。

ASEAN 諸国は1960年代から，**モノカルチャー経済**構造を脱却し，経済発展を実現するため，工業化をめざした。まず，貿易収支の慢性的な**入超傾向**をなくすため，衣類や雑貨などの日用品の輸入に高率の関税を課し，日用品の国内生産を行うようになった。これが**輸入代替型工業**である。

1967年には ASEAN が結成され，結成当初は社会主義国に対抗するための政治的な結合としての性格が強かったが，のちに，経済的な結束を求める組織に移行した。

1960年代末，シンガポールが**ジュロン地区**に**輸出加工区**を設置し，外国資本を導入して，**輸出指向型工業**を発展させ，やがてアジア NIEs の一つに数えられるまでの経済成長を遂げた。1980年代に入ると，マレーシアやタイなどもシンガポールと同様，輸出加工区を設置した。また，ASEAN 加盟国間で貿易が有利に働く**特恵関税**を実施するようになった。

アジア NIEs の人件費が相対的に高くなったこともあり，低賃金労働力を求める外国資本が，ASEAN 諸国の輸出加工区に相次いで進出した結果，これらの国では電気機械・衣類などの労働集約型の工業が輸出指向型工業として発達した。現在，外国資本はより低賃金の労働力を求めて，中国やインドに進出している。

整理しよう！

□ ASEAN 諸国では，まず輸入代替型工業を発展させ，後に輸出指向型工業へ転換することで，工業化を進展させた。

13 西アジア・アフリカ

61 西アジア・北アフリカの気候と生活

解答

問１　⑴　中緯度高圧帯　⑵　遊牧　⑶　外来河川　⑷　ナツメヤシ
問２　ア　問３　ウ
問４　**イラン**　カナート　**北アフリカ**　フォガラ　問５　イ

ここでは…西アジア・北アフリカ地域の気候の特色と，それに関連した農牧業の特色を押さえよう。

解説

問１　⑴　西アジア・北アフリカの地域の大部分は，**中緯度高圧帯**に支配され，降水量は年間を通して少なく，大規模な砂漠が発達している。中緯度高圧帯は，南北緯度30°付近に中心を持つ準定常的な高圧帯である。ここでは，大気の循環による下降気流が発達するため降水量は少ない。

⑵　多少の降水があり，牧草が生育するサハラ砂漠南縁地域や北アフリカでは羊・ヤギ・ラクダを飼育し，降水地域を移動する**遊牧**が行われている。遊牧民は，周辺の農民から交易により米や麦などを手に入れてきた。

▼サハラ砂漠周辺の気候

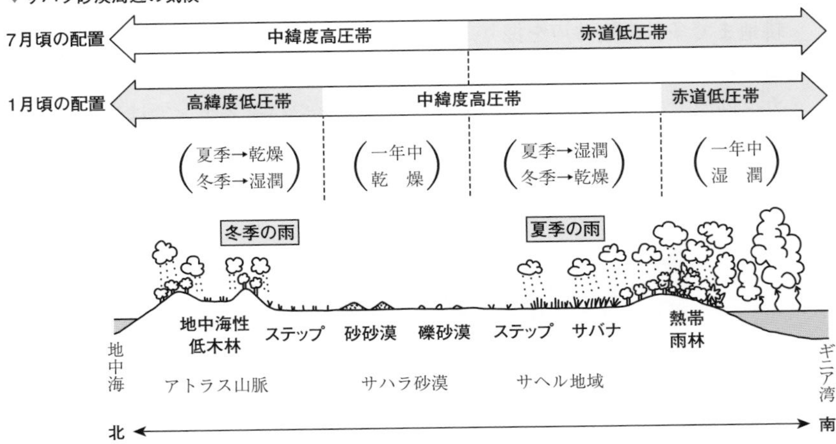

⑶　**外来河川**とは，湿潤地域に源を発し乾燥地域を貫流する河川。ナイル川・コロラド川・ティグリス川・ユーフラテス川などの例がある。乾燥地域は永久河川に乏しく，河川流量の季節的な変化が大きい。涸れ川ともいわれる**ワジ**は，降雨時には河道内に流水があるが，渇水時には乾いた河道

になる，乾燥気候の砂漠に形成された間欠河川である。ワジ（Wadi）は，アラビア語で「水のない河床」を意味し，普段は砂漠内の交通路として利用される。

⑷ **ナツメヤシ**は，ヤシの一種で，北アフリカや西アジアのオアシスで生育する。実（デーツ）は甘く，生または乾燥させて食す。葉や幹は建築材料，幹の繊維は袋や網の材料など多目的に利用される。自給作物であるとともに商品作物でもある。

問2 **イ** 「毎年ほぼ同じ季節に同じ位の降水量がある」が誤りである。乾燥気候地域での降水量や雨の降る時期は一定していない。何年かに一度しか雨が降らないところもある。

ウ 「−3℃より低くなることはない」が誤りである。ゴビ砂漠やタクラマカン砂漠など，比較的高緯度に位置する内陸砂漠では，冬の月平均気温が−3℃を下回る地域が多い。

エ 「雨季は，冬季には見られない」が誤りである。ステップ気候区（BS）でも隣接する気候区が地中海性気候区（Cs）の地域では，冬雨型になる。

問3 **リャマ**は一般に，南アメリカの**アンデス地方**で飼育されている小型のラクダ科の動物で，良質の毛がとれる。ほかの羊・ラクダ・ヤギは西アジアや北アフリカの地域で多く飼育されている動物である。

問4 この地下用水路は，図に示されたように地下水の豊富な山麓から集落や耕地まで多数の縦井戸を掘り，それらの底をトンネル（横穴）で結んで作られる。北アフリカでは**フォガラ**，イランでは**カナート**，中国のタクラマカン砂漠では**カンアルチン**，アフガニスタンやパキスタンでは**カレーズ**という。仕組みはいずれも同じである。地下水は地表水よりも良質で，乾燥の厳しい地域では，蒸発によって貴重な水を失うことを防げる。

▼カナート

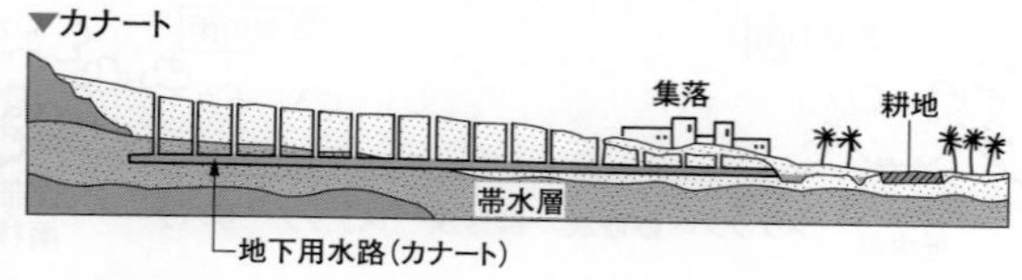

問5 サハラ砂漠の約70％は**礫砂漠**（れき）である。礫砂漠とは，礫が敷きつめられたように堆積している砂漠のことである。砂漠は地表の状態から，礫砂漠のほかに，砂と砂丘の多い**砂砂漠**，岩盤が露出した**岩石砂漠**に区分される。

整理しよう！

□オアシス…砂漠の中で局地的に水の得られるところ
・地下水の湧出地，外来河川の沿岸，地下用水路による用水
・オアシス農業（ナツメヤシ・小麦・野菜などの栽培）
・キャラバンの中継基地としての役割
□砂漠の種類…砂砂漠・礫砂漠・岩石砂漠

62 西アジア・北アフリカの宗教と民族

解答

問1　A　イスラム　B　ユダヤ
問2　(1)　アラブ　(2)　クルアーン（コーラン）　(3)　メッカ
(4)　パレスチナ　(5)　シオニズム運動　(6)　中東　(7)　ヨルダン
(8)　ガザ
問3　日の出から日没まで一切のものを口にしない断食が行われる。(28字)
問4　喜捨は貧しい人や旅人に施しをすること，巡礼は聖地メッカのカーバ神殿に詣でることをいう。(43字)
問5　X　スンナ（スンニ）　Y　シーア　Z　ワッハーブ
問6　PLO

ここでは… 西アジア・北アフリカの民族やそこで広く信仰されているイスラム教の特色，パレスチナ問題について整理する。

解説

問1　A　西アジア・北アフリカにかけて信者の多い宗教は**イスラム教**である。イスラム教は，**キリスト教**や**仏教**とともに**世界三大宗教**の一つである。イスラム教は，7世紀にアラビアの預言者ムハンマドによって創始され，アラブ遊牧民の征服活動やイスラム商人の交易活動により，西は西サハラから東は東南アジアまで広まった。
B　イスラエルは，**ユダヤ教**を信仰する**ユダヤ人**が建国した国である。イスラエル住民の約8割はユダヤ人で占められているが，周辺はアラブ国家に囲まれている。イスラエル国民でも，イスラム教を信仰するアラブ人（パレスチナ人）もいる。

問2 ⑴ 西アジア・北アフリカには，**アラブ人**の諸国家が分布し，住民の多くはイスラム教を信仰している。

⑵ イスラム教の聖典は**クルアーン**（**コーラン**）という。クルアーンは毎日の生活をする上での規範にもなり，これに基づいた生活が行われている。

⑶ イスラム教の最大の聖地は**メッカ**である。イスラム教徒（ムスリム）は，夜明け直後・正午すぎ・午後遅く・日没直後・就寝前の１日５回メッカに向かって礼拝する。

⑷ 現在のイスラエルを中心とした地域は**パレスチナ**と呼ばれる土地であり，一般にはヨルダン川より西方の地中海東南岸部をさす。この地域には１～２世紀頃までユダヤ人が多く居住していたが，ローマ帝国の弾圧により，ユダヤ人は世界各地に離散した。その後，この地にイスラム教徒のアラブ人（パレスチナ人）が居住するようになった。

⑸ **シオニズム運動**とは，世界各地に離散したユダヤ人が祖先の地パレスチナにユダヤ人国家を建設しようとする運動をいう。シオニズムのシオンとは，エルサレム南東部にある丘の名称である。

⑹ イスラエルとアラブ諸国の対立は４度の**中東戦争**に発展した。イスラエルはこの戦争によって占領地を拡大した。その結果，多くのパレスチナ人は周辺のアラブ諸国へ避難し難民となった。

⑺・⑻ 1993年，イスラエルとPLO（パレスチナ解放機構）は，ガザ地区とヨルダン川西岸のイェリコでパレスチナ暫定自治政府による自治を行うことを決め，1994年に自治政府樹立，1995年にヨルダン川西岸全域に自治範囲が拡大された。

問3 イスラム暦の９月（ラマダーン）には，断食（**サウム**）が行われ，子どもや老人，病人などを除き，日の出から日没まで飲食が禁じられる。ラマダーンが終わると，断食明けの祭りが行われる。

問4 イスラム教の五行とは，信仰告白（アッラーへの帰依とムハンマドへの信仰の言葉を表明）・礼拝（１日５回メッカの方角への礼拝）・喜捨（貧しい人や旅人への施し）・断食（イスラム暦の９月・ラマダーンにおける断食）・巡礼（メッカのカーバ神殿に詣でる）をいう。イスラム暦の12月は巡礼月で，毎年世界各地からメッカのカーバ神殿に多くの信者が集まる。

問5 イスラム教は大きく，**スンナ**（スンニ）**派**と**シーア派**とに分かれる。スンナ派はイスラム教徒の約９割を占めている。しかし，イランではシーア派が国民の多数を占めている。なお，サウジアラビアでは，スンナ派の中でも戒律の厳しい**ワッハーブ派**が国民の多数を占めている。

問6 **PLO**（パレスチナ解放機構）は，パレスチナの地をイスラエルから解放し，アラブ人によるパレスチナ国家をつくることを目的として1964年に結成された。パレスチナ人の代表機関として国連のオブザーバー資格も有している。

整理しよう！

□西アジアにおける，イスラエルとアラブ諸国の対立⇒中東戦争
・ユダヤ人のシオニズム運動（ユダヤ人の国家建設運動）
・ガザ地区とヨルダン川西岸の地域はパレスチナ暫定自治政府の自治地域

□イスラム教…聖典（クルアーン）・最大の聖地（メッカ）
・五行（信仰告白・礼拝・断食・喜捨・巡礼）

63 西アジア・北アフリカの国々

解答

問1 (1) OPEC（石油輸出国機構） (2) 死海 (3) ペルシア (4) トゥアレグ (5) イラク 問2 A サウジアラビア，⑩ B イスラエル，④ C イラン，⑬ D リビア，② E クウェート，⑨ 問3 ベドウィン

ここでは… 西アジア・北アフリカの国々の地形や気候を中心とした自然・産業・経済・社会などの特色を整理する。

解説

問1 (1) メジャー（国際石油資本）に対抗して1960年に設立されたのは，**OPEC（石油輸出国機構）**である。OPECは，産油国の利益を守ることを目的として設立された。しかし，原油生産量の調整や原油取引価格の協定などで，石油輸出国相互の利害が対立するなどの問題も含んでいる。なお，アラブ諸国により結成されたOAPEC（アラブ石油輸出国機構）の設立は1968年である。

(2) **死海**は，ヨルダンとイスラエルにまたがる内陸の塩湖である。塩湖の多くは，蒸発の激しい乾燥地域にあり流出河川を持たない内陸湖である。死海は地溝帯の最も低い所に位置し，湖面の海抜高度は海面下である。

(3) 原油は確認埋蔵量の約6割が中東に偏在しているが，その中でもとく

にペルシア湾岸に集中している。世界最大級であるサウジアラビアの**ガワール油田**や，クウェートの**ブルガン油田**など，大油田が多く分布する。

(4) **トゥアレグ人**は，アフロ=アジア（アフリカ=アジア）語族の民族で，イスラム教を信仰し，サハラ砂漠の内陸部で羊・ヤギ・ラクダなどの遊牧を行ってきた。

(5) 1990年８月，**イラク**が隣国**クウェート**に侵攻した。これに対し1991年，アメリカ合衆国軍を中心とした多国籍軍が反撃し，湾岸戦争が始まった。1991年２月にイラク軍はクウェートから撤退した。

問２　各文は，Aサウジアラビア，Bイスラエル，Cイラン，Dリビア，Eクウェートである。

なお，日本の原油輸入先（輸入量に対する割合；2015年）は下の通りである。あわせて確認しておこう。

国名	割合（%）	位置
サウジアラビア	33.4	⑩
アラブ首長国連邦	25.3	⑫
ロシア	8.8	—
カタール	8.1	⑪
クウェート	7.8	⑨

問３　ベドウィンは，アラビア半島を中心に西アジアや北アフリカの砂漠に居住するアラブ系の遊牧民である。羊・ヤギ・ラクダなどの遊牧を行い，オアシスの農耕民と交易を行う。最近では，ベドウィンの生活は変化し，深井戸が掘られその地に定住したり，都市部に住む人も増えてきた。また，賃金労働に従事する人も増え，遊牧民は減少している。

整理しよう！

□サウジアラビア…世界的な原油産出国・輸出国，低い耕地率。国民の多くはイスラム教スンナ派のワッハーブ派。

□イスラエル…ユダヤ人の国。ヨルダンとの国境付近に死海。４次にわたる中東戦争，PLOと相互承認・暫定自治協定に調印。

□イラン…カスピ海沿岸では米や茶の栽培，内陸部ではカナートを利用し麦類の栽培，羊の遊牧とペルシャ絨毯。イスラム教シーア派が多数。

□リビア…旧宗主国はイタリア。アラブ人とトゥアレグ人の国。OPEC加盟国で，１人当たり国民総所得はアフリカ最高レベル。

□クウェート…石油収入による高い国民所得，多数の外国人労働者。イラクによる侵攻と湾岸戦争。

64 アフリカの国々

解答

問1　A　マダガスカル，**ク**　B　アルジェリア，**イ**
C　エチオピア，**オ**　D　ナイジェリア，**エ**
問2　(1)　アトラス　(2)　フォガラ　(3)　シロッコ　(4)　青ナイル
(5)　チャド
問3　(1)　**ダム**　アスワンハイダム　**ダム湖**　ナセル湖　(2)　a，d
問4　A－イ　B－エ　C－ウ　D－ア
問5　a　鉄鉱石，ニ　b　ダイヤモンド，イ　c　銅鉱，ホ
d　金鉱，ハ　e　ウラン鉱，ロ

ここでは… アフリカの国々の気候や地形，産業や人々の暮らしを整理する。

解説

▼マダガスカル島の気候

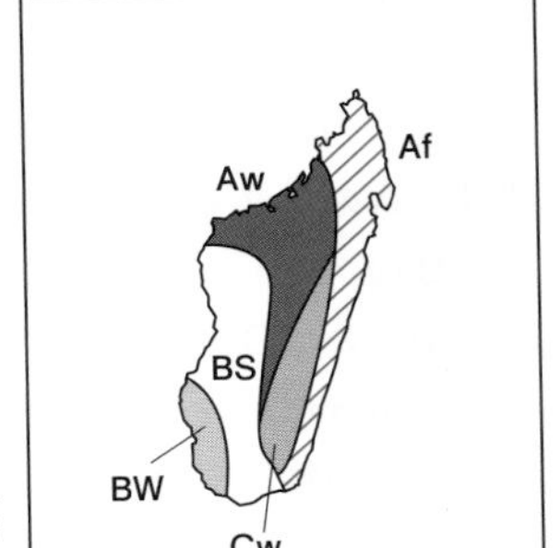

問1　A　マダガスカルでは1年中，**南東貿易風**が吹くため，島の東部は降水量の多い**熱帯雨林気候区**（Af）となるが，中央の脊梁山脈の存在により貿易風の風下となる西部は降水量が少なく，ステップ気候区（BS）や砂漠気候区（BW）も見られる。

B　「新期造山帯」や「地下用水路」，「乾燥した熱風」がキーワードになり，アルジェリアだと判断できる。大陸の大半が安定陸塊に属するアフリカ大陸だが，北部のアトラス山脈は**新期造山帯**である。

C　エチオピアには**アフリカ大地溝帯**が走っており，海面より低い窪地が見られる。ここはプレートの広がる境界に位置する。

D　海岸地域に熱帯雨林気候区があり，かつ，北東部の国境地域に内陸湖があるのは**エ**となる。**エ**のナイジェリアは，アフリカ最大の人口国で，言語や宗教などの文化の異なる民族が多数分布する多民族国家である。

問2　(1)　**アトラス山脈**はモロッコからアルジェリアにかけての地域をほぼ東西方向に走る。この山脈は新期造山帯の**アルプス=ヒマラヤ造山帯**の西端に位置し，平均海抜高度は約2000mである。

(2)　地下用水路は，北アフリカでは**フォガラ**という。

(3) **シロッコ**は，春先にサハラ砂漠から地中海に向けて吹く高温の南・南東の風である。サハラ砂漠の乾燥した熱風が，地中海上で水分を吸収し湿潤な熱風となってヨーロッパに吹きつける。

(4) ナイル川の支流の一つである**青ナイル川**は，エチオピア北部の**タナ湖**から流れ出る。青ナイル川は，スーダンの首都ハルツーム付近で白ナイル川と合流する河川で，ナイル川の水量の増減に大きな影響力を持つ。

(5) チャド湖は，チャド・カメルーン・ナイジェリア・ニジェールの国境に位置する淡水の内陸湖である。湖底が浅く，季節により湖面の面積が大きく変化する。ここはサハラ砂漠の南縁に位置し，サヘル地域の砂漠化に伴い1970年代前半から1980年代前半にかけて面積は約10分の１に縮小した。

問３ (1) **アスワンハイダム**は，旧ソ連の援助でエジプト南部に造られたダムである。ダムの完成により，上流に巨大な人造湖・**ナセル湖**が出現した。

(2) **アコソンボダム**は，ガーナのヴォルタ川に建設されたダムである。ヴォルタ川総合開発計画に伴って建設されたダムで，ボーキサイト採掘とアルミニウム精錬などを目的とする。ダムの完成によって巨大なヴォルタ湖が出現した。また，**カリバダム**は，ザンビア・ジンバブエ国境のザンベジ川に建設されたダムで，世界でも有数の貯水量を誇る。カッパーベルトなどでの鉱物の採掘や精錬に必要な電力を供給している。

問４ Ａのマダガスカルでは，主食として米が食べられ，稲作が行われている。Ｂのアルジェリア北部は地中海性気候区（Cs）に属し，オリーブの生産が多い。Ｃのエチオピア南西部のカッファ地方はコーヒー豆の原産地として知られ，コーヒー豆が栽培されている。Ｄのナイジェリアは，国土の大部分が熱帯雨林気候区やサバナ気候区に属する。落花生はサバナ気候区でも栽培が可能なため，輸出用作物として栽培されている。

問５ ａはリベリア・モーリタニア・南アフリカ共和国・アルジェリアなどに分布することから**鉄鉱石**，ｂはコンゴ民主共和国・南アフリカ共和国などから**ダイヤモンド**，ｃはカッパーベルトと呼ばれる地域（コンゴ民主共和国・ザンビアの国境付近）に分布するので**銅鉱**，ｄは南アフリカ共和国やガーナから**金鉱**，ｅはニジェール・ナミビアからウラン鉱と判断する。

整理しよう！

□マダガスカル島の気候…Af（東部），Aw（北西部），Cw（中央部），BS と BW(南西部)

□アフリカ大地溝帯…アフリカ大陸東部に数千㎞にわたって連なる大地の裂け目。プレートの広がる境界にあり地震や火山活動が活発。

65 西アジア・アフリカ地誌

解答

問1　(1) イラク　(2) トルコ　(3) クルド　(4) ギリシャ
(5) ダルフール（ダールフール）　(6) アラブ　(7) フツ　(8) ツチ

問2　**3大民族**　ハウサ人，イボ人，ヨルバ人
ナイジェリアは言語や宗教の異なる民族から成る多民族国家である。イボ人を中心とする東部州で油田が発見されたことを機に民族対立が激化し，1967年，東部州がビアフラ共和国の独立を宣言し内戦になった。内戦後，南西部のラゴスから３大民族の地理的中間地アブジャへの遷都，連邦制の導入など，民族融和策を模索している。(150字)

問3　アラビア語

問4　住居は主に日干しレンガを使用し，屋外の熱を防ぐために壁が厚く最小限の窓のみ設けられている。服装は紫外線と熱を遮り体内の水分の蒸発を防ぐため，全身を包む布状の衣服や帽子を身につける。(90字)

問5　この地域は中緯度高圧帯に覆われる期間が長いため，１年の大半が乾季にあり，また，降水量の変動が大きく，ギニア湾からのモンスーンが弱い年には干ばつも発生する。さらに近年は人口が増加し食料増産の必要から，耕作地の無理な拡大や家畜の過放牧，薪炭用の樹木の過伐採が繰り返され，砂漠化が急速に進行している。(147字)

採点ポイント　問2　【配点　15点】
- □Ａ国はナイジェリア…（１点）
- □宗教や言語の異なる民族から成る多民族国家…（３点）
- □油田の発見…（２点）
- □ビアフラ共和国の独立を宣言…（２点）
- □内戦になった…（２点）
- □ラゴスからアブジャへの遷都…（２点）
- □アブジャが３民族の地理的中間点である…（１点）
- □連邦制導入…（２点）

問4　【配点　10点】
- □日干しレンガ，厚い壁，小さな窓…（各２点）
- □全身を包む布状の衣服…（２点）

□形状の理由（紫外線・熱を遮る，水分の蒸発を防ぐ）…（２点）

問５　【配点　15点】

□中緯度高圧帯…（２点）

□長い乾季…（１点）

□降水量の変動・干ばつ…（２点）

□モンスーンの弱化…（２点）

□人口増加…（２点）

□耕作地の拡大，家畜の過放牧，薪炭用の樹木の過伐採…（各２点）

ここでは… **西アジアやアフリカの抱える問題，産業や自然環境と関わりのある暮らしの特色を説明できるようにする。**

解説

問１　**ア**　**クルド人**は人口は多いものの，居住地域が各国に分断されているため，それぞれの国では少数派となり迫害を受けている。

イ　キプロスでは，南部のギリシャ正教を信仰するギリシャ系と，北部のイスラム教を信仰するトルコ系との間で対立が生じている。1983年には**北キプロス=トルコ共和国**の樹立が宣言されたが，承認をしているのはトルコのみである。2004年には南のキプロス共和国がEUに加盟した。

ウ　ダルフール紛争は，世界で最も深刻な人道危機ともいわれる。もともとスーダンでは1956年の独立以来，北部のアラブ人勢力と，イスラム化に反対する南部の黒人の間で内戦が続いていた。

エ　ルワンダの旧宗主国のベルギーが，少数派のツチ族を植民地支配に利用したことに端を発し，**ツチ族**と**フツ族**の間に対立が生じた。

問２ **論述の組立て**

民族問題について述べるのであるから，**事項説明型**である。150字と字数が多いので，「言語や宗教が異なる多民族国家であること」，「かつての内戦（ビアフラ戦争）」，「内戦後の融和策（ラゴスからアブジャへの遷都など）」の三つをバランスよく盛り込む必要がある。

ナイジェリアはアフリカ最大の人口国で，言語や宗教などの文化の異なる民族が分布する多民族国家である。このうち北部の**ハウサ人**，南東部の**イボ人**，南西部の**ヨルバ人**が３大民族といわれる。宗教も北部はイスラム教徒，南部はキリスト教徒が多く，このことも対立を激しくしている。かつての首都ラゴスは，人口集中に加えヨルバ人の中心地でもあったことから，地理的に中立の場所に新首都を置くことになり，1991年末に中央部の避暑地の**アブジャ**に遷都した。ギニア湾岸東部のビアフラ地方には油田があり，現在ナイジェリアはアフリカ第１位の産油国（2008年）である。

問３　西アジアから北アフリカの広い範囲の国々において，**アラビア語**が公用語となっている。イスラム教の分布と重なっている地域が多いが，イランではペルシア語，トルコではトルコ語が公用語となっている。

問４ **論述の組立て**

特色を説明する**事項説明型**である。乾燥地域の住居と服装について，気候の特色と関連させながら，それぞれ45字ずつで説明するとよい。

北アフリカから西アジアにかけての乾燥地域では，**アドベ**とよばれる**日干しレンガ**を建築材料として利用する。暑い外気の影響を弱めるため壁は厚く，窓は最小限に小さくしているのが特色。また服装は，日中の強い紫外線や熱から体を守り，体内の水分の蒸発を少なくするために，体全体を覆う衣服や帽子が着用されている。

問５ **論述の組立て**

この地域で砂漠化が進行している理由を述べるのであるから，**因果関係説明型**である。150字と字数が多いので，気候的理由・人為的理由の両面から考察をし，各々に75字程度を割り振る。

Ｃの地域は，**サヘル**と呼ばれる。サヘルとは「縁」を意味し，サハラ砂漠の南縁地域をさす。この地域は１年の大半が乾季で６～８月にかけてわずかな降雨が見られる。しかし，その量も年によって大きく変動する。これに加え，ギニア湾からのモンスーンが弱い年は大干ばつとなる。また，1970年代から人口が増加し，家畜の過放牧や耕作地の拡大，燃料用の樹木の過伐採が繰り返され，砂漠化は急速に進行した。

整理しよう！

□クルド人は，トルコ・イラク・イランなどに分断されて居住する民族。
□ナイジェリアは多民族国家であり，民族対立により内戦が起きた。現在は連邦制をとり民族融和政策を進めている。
□特徴的な住居と衣服は，気候に影響されている。
□サヘルの砂漠化は，大気循環の気候的要因と人口爆発による過耕作・過放牧・過伐採などの人為的要因による。

14 ヨーロッパ

66 西ヨーロッパの自然と農業

解答

問1　A　混合農業　B　酪農　C　園芸農業　D　地中海式農業
問2　ア　テンサイ　イ　ジャガイモ　ウ　オリーブ
問3　(1)　北大西洋海流　(2)　ウ　(3)　北緯40°，イ　問4　エ
問5　ポルダー
問6　夏季は中緯度高圧帯の支配下にあって乾燥，冬季は偏西風帯に入り湿潤となる。(36字)
問7　Ⅲ－イ　Ⅳ－ウ　問8　フランス

ここでは… ヨーロッパの農業は気候による農業形態の違いが明確である。また，先進国でありながら農産物の自給率は高い。それらの様子について押さえよう。

解説

問1　西ヨーロッパでは，早くから都市への人口流入が見られ，それに伴う農産物の市場が成立した。このため近代的な農法を導入した商業的農業が発展した。地中海沿岸では，ブドウ・オリーブ・小麦などの栽培と羊などの飼育を行う**地中海式農業**が見られる。アルプス山脈から北では，機械化の進んだ生産性の高い**混合農業**が広く見られる。混合農業では，食料となる小麦，飼料となるトウモロコシなどの作物が輪作され，それらの穀物栽培と牛や豚などの飼育が組み合わされている。また，北部の大都市周辺を中心に，乳牛を飼育して牛乳や乳製品を生産する**酪農**や，野菜や花を集約的に栽培する**園芸農業**が見られる。

問2　テンサイは，砂糖の原料となる工芸作物で，冷涼な気候に適している。搾りかすは家畜の飼料などに利用される。アンデス原産のジャガイモは，16世紀以降，ヨーロッパへ持ち込まれた。冷涼な気候に適した作物で，やせた土地でも育つ。オリーブは，地中海性気候区（Cs）に適した硬葉樹で，実を搾って油を採ったり，実をピクルスなどに利用したりする。

問3　(1)　**北大西洋海流**は大規模な暖流で，スカンディナヴィア半島の北部にまで達する。

(2)　**ア**の－10℃，**イ**の－５℃であれば，Ⅱの線が引かれている付近は**D気候**となるはずだが，実際は**C気候**である。**エ**の５℃はⅡの線の南に位置する。よって，**ウ**の０℃の等温線となる。北大西洋海流の影響を受け，沿岸部ほど１月の等温線が北まで押し上げられている。ここからもわかるよう

に，スカンディナヴィア半島大西洋岸では冬でも港が凍らない。また，ノルウェー南部は，暖流の北大西洋海流と偏西風，および背後の山脈の影響により，ヨーロッパでは比較的年間降水量の多い地域となっている。

(3) スペインの首都**マドリード**は，**北緯40°**付近に位置している。北緯40°線は，日本では秋田県八郎潟付近を通過している。ヨーロッパが日本と比較して，かなり北に位置していることがわかる。

問4　氷河によって運ばれた堆積物や堆積した地形を**モレーン**と呼ぶ。**ア**の**カール**と**オ**の**フィヨルド**は，氷河による侵食地形，**イ**の**シロッコ**と**ウ**の**フェーン**は，局地風の呼称である。

問5　オランダは，国土面積が九州とほぼ同じ約４万km²で，その４分の１が海面下の干拓地**ポルダー**から成る。

問6　ギリシャのアテネやイタリアのローマなどは，地中海性気候区に属する。夏季は，高温で乾燥し，降水は冬季に多い。地中海沿岸地域では，冬季に小麦の栽培を行う。また，雪が降ることは少ない。

問7　Ⅲは小麦栽培の北限であるが，品種改良の成果などにより，栽培の北限は北へ移動している。Ⅳはブドウ栽培の北限。ブドウは，地中海性気候区の地域，ライン地溝帯やドナウ川流域でも栽培が盛んである。稲・オリーブの栽培限界は下図の通りⅢ・Ⅳよりも南である。

▼ヨーロッパにおける作物の栽培北限

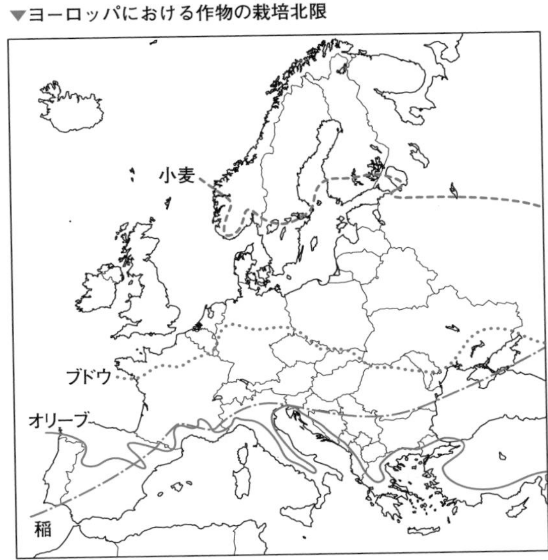

問8　フランスは，ヨーロッパのみならず，世界的な小麦・トウモロコシの主要生産・輸出国である。

整理しよう！

□ヨーロッパ西岸は，暖流の北大西洋海流と偏西風によって高緯度の割に冬季に比較的温暖な海洋性の気候区に属する。

□オランダの正式国名である“ネーデルラント”とは，低い土地を意味する。ポルダーとは，干拓地のこと。

□ヨーロッパの代表的農業は，混合農業・酪農・地中海式農業・園芸農業。

□ヨーロッパ北部では，フィヨルド・U字谷・氷河湖・モレーンなどの氷河地形が多く見られる。

67 西ヨーロッパの工業

解答

問1　A　ノルウェー　B　イギリス　C　ドイツ　D　スウェーデン

問2　北海　問3　(1)　エ　(2)　ナンシー

問4　(1)　ウ　(2)　ブレーメン

問5　1－カ　2－キ　3－ア　4－オ　5－ク　6－イ

問6　6　問7　シュヴァルツヴァルト

ここでは… ヨーロッパの原燃料産地と工業立地の変化に注目しよう。

解説

問1　ヨーロッパ最大規模の油田である**北海油田**の**原油・天然ガス**の採掘は，この海に臨む国々が行っている。原油の産出は，**ノルウェー**と**イギリス**が圧倒的に多い。また，ノルウェーは世界的な原油輸出国でもある。ちなみに，天然ガスの産出は，ノルウェーのほかイギリスやオランダが多い。**石炭**は，**ルール炭田**に代表されるドイツおよびイギリスがほぼ同量の石炭を採掘している。鉄鉱石は，キルナ・イェリヴァレ鉄山を持つスウェーデンの産出量が多い。

問2　北海は大部分が大陸棚である。**ドッガーバンク**や**グレートフィッシャーバンク**などのバンク（浅堆（せんたい））が多く，**大西洋北東部漁場**を形成する。沿岸には港湾都市も多く，海底油田の開発に伴い海上交通も盛んである。

問3　(1)　ロレーヌ地方は，フランス北東部，モーゼル川の上流域に広がる工業地域である。ロレーヌの鉄鉱石，ザールの炭田，モーゼル川の水運を背景に，鉄鋼業のほか機械・化学工業が発達している。

(2) ロレーヌ地方の主要工業都市として，**メス**や**ナンシー**がある。アルザス地方も含めて，**アルザス・ロレーヌ工業地域**とも呼ばれる。

問4 (1) **ルール工業地域**は，ドイツ北西部，ライン川支流のリッペ川とルール川の間に位置する。ルール炭田とライン川の水運によって鉄鋼・機械・化学工業が盛んだが，近年，その地位が相対的に低下している。

(2) ブレーメンはドイツ北西部，ヴェーザー川下流の港湾・工業都市である。河口に外港ブレーメルハーフェンを擁する。造船・食品工業が発達し，輸入原料を用いた交通指向型の製鉄所の立地が見られる。

問5 1のリヨンは，フランス中東部，ローヌ川とその支流ソーヌ川の合流地点に位置する工業都市で**絹工業**が盛んである。

2のトリノは，イタリア北西部に位置し，アルプス越えの要地にある。イタリアを代表する自動車企業フィアットの拠点都市となっている。**ミラノ**や**ジェノヴァ**とともにイタリア北部を代表する工業都市である。

3のミドルズブラは，イギリスの北海に面した工業都市で，北海油田のエコフィスク油田からパイプラインが通じ，石油化学工業や鉄鋼業が発達している。

4のミュンヘンは，ドイツ南部アルプスの北山麓に位置するバイエルン州の中心都市である。伝統的な**ビール醸造業**のほか，周辺では自動車やICなどの先端産業が成長している。

5のフォスやマルセイユは，ローヌ川下流の地中海に面した**臨海工業地域**である。輸入原料を用いて，鉄鋼・精油・化学工業が発達している。

6のロッテルダムは，オランダのライン川河口の港湾・工業都市で，ヨーロッパの玄関港である**ユーロポート**を擁する。

問6 ロッテルダムから下流のユーロポートにかけての港湾地区は，造船業や石油精製・石油化学工業が盛んである。ヨーロッパ最大の港であるユーロポートは，EUの貿易港として重要な役割を果たしている。

問7 **シュヴァルツヴァルト**の樹木の立ち枯れは1980年代に入って報告された。西ヨーロッパで排出された汚染物質は，偏西風によりポーランドやスウェーデン南部などに運ばれ，酸性雨として降り注ぐため，**越境汚染**として国際問題化している。

整理しよう！

□ノルウェーとイギリスは，原油産出・輸出国。
□ヨーロッパの工業立地は，ルール地方やミッドランド地方のような原料指向型からダンケルクやマルセイユ・フォスなど輸入原料を用いた臨海指向型へと変貌している。
□ドイツのシュヴァルツヴァルトやチェコのベーマーヴァルトは，酸性雨による森林の被害が大きい。

68 イギリス地誌

解答

問１ (1) グレートブリテン　(2) スコットランド　(3) ペニン
(4) ヨークシャー　(5) ドッガー　(6) 西岸海洋性　問２ ウ
問３ a　問４ エ　問５ ウ

ここでは… イギリスの自然環境・民族・農牧業の特色を把握し，統計からヨーロッパ大陸の国との違いを確かめてみよう。

解説

問１ (1)・(2) イギリスの領土は主に，グレートブリテン島と北アイルランドから成る。グレートブリテン島は**イングランド・スコットランド・ウェールズ**に分かれており，今日でもスポーツの国際試合などで別々に参加する場合もある。いずれの地域も，もともと独立した王国だったためである。

(3)・(4) グレートブリテン島の脊梁（せきりょう）山脈である**ペニン山脈**は古期造山帯の山脈であまり高くはないものの，偏西風の風上である西側と風下である東側とでは降水量に違いが生じる。ここでは東側の**ヨークシャー地方**を問うたが，西側の**ランカシャー地方**とともに工業地域として頻出地名である。

(5) 北海には**大陸棚**が広がり，バンク（浅堆（せんたい））の発達も顕著である。イギリスに水産業が発達する重要な自然条件となる。

(6) イギリスは全体的に海洋の影響が強く，年間を通じて乾燥することはない。また暖流の**北大西洋海流**の影響で高緯度の割に温暖なため，国土全体を通じて西岸海洋性気候区（Cfb）となる。

問２ グレートブリテン島には先住民としてケルト系民族が居住していた。のちにゲルマン系の住民が移住し，ゲルマン系の王朝が成立して，今日のイギリスの支配層を形成した。ケルト系住民はウェールズやスコットランドにも残るが，アイルランドの住民と異なり，カトリックではない。この問題では取り上げていないが，頻出テーマである北アイルランド問題は，単なる民族対立ではなく，**プロテスタント系住民**と**カトリック系住民**との宗教的対立という側面があることに留意しておこう。

問３　**アバディーン**は，スコットランドに位置し北海に面するａである。イギリス有数の漁港であるほか，北海のフォーティーズ油田からパイプラインが引かれており，北海油田の基地ともなっている。

ｂの**グラスゴー**は，造船や鉄鋼が盛んであったが，近年は半導体産業が集積し，シリコングレンと呼ばれる地域の中心都市となっている。

ｃの**エディンバラ**は，スコットランドの首都で，グラスゴーとともにシリコングレンの代表的な都市となっている。

ｄの**ニューカッスル**は，石炭の積出港として発展した都市で，かつては世界最大の造船所であったが，現在は商業やサービス業への転換を図っている。

ｅの**リヴァプール**は，マンチェスターと並ぶランカシャー地方の都市で，イギリス有数の貿易港である。

ｆの**カーディフ**は，海外から輸入した鉄鉱石を利用する臨海型の製鉄所が立地し，**鉄鋼業**都市となっている。

問４　イギリスはヨーロッパ最大の**牧羊国**である。問題文中の「イギリスを代表する料理の一つにローストビーフがある」から牛の飼育頭数の多い**ア**を選んだ人もいるかもしれないが，**ア**はイギリスより国土面積の広いフランスである。**イ**は豚の飼育頭数が非常に多いことよりドイツである。残った**ウ**はイタリアである。

問５　イギリスはアイルランドと並んで牧場・牧草地面積の割合が高いので，**ウ**である。耕地が少ない**ア**はオーストリアである。森林面積の割合はオーストリアで高くイギリスで低いことにも注目したい。**エ**はデンマークである。デンマークは，国土の半分以上を耕地化していることに注意する。残った**イ**はオランダである。

整理しよう！

□イギリスの基本的な領土は「グレートブリテン島」と「北アイルランド」から成る。

□ペニン山脈西麓（ランカシャー）は偏西風の風上で多雨，東麓（ヨークシャー）は風下で少雨。

□イギリス国民の多くはゲルマン系民族だが，各地にケルト系住民が少数存在する。

□イギリスは羊の飼育頭数がヨーロッパ最多で，国土の約半分を牧場・牧草地が占める。

69 北ヨーロッパ・バルト3国地誌

解答

問1　イ　　問2　X　北緯60°　　Y　東経25°

問3　あ　ボスニア湾　　い　リガ湾

問4　う　バルト海　　え　ノルウェー海

問5　**遊牧民**　サーミ　　**家畜**　トナカイ　　問6　D　　問7　F

問8　A　　問9　ア　H，アイスランド　　イ　E，スウェーデン

ウ　G，デンマーク　　エ　F，ノルウェー　　オ　A，フィンランド

問10　エ

ここでは…　北ヨーロッパ5カ国とバルト3国の8カ国を一まとまりの地域として巨視的に見てみよう。その上で各国の自然・文化・産業などの特色を整理する。

解説

問1　北緯60°の緯線は北ヨーロッパの基準線である。この緯線の付近に大西洋側から**ベルゲン**・**オスロ**・**ストックホルム**・**ヘルシンキ**・**サンクトペテルブルク**と主要都市が並んでいる。**イ**のコペンハーゲンがデンマークの首都だと知っていれば平易な設問である。

問2　東経25°は，ヘルシンキ，バルト3国を通っている。なお，東経30°はおおよそフィンランドとロシアの国境に位置し，サンクトペテルブルク付近を通過する。南部ではドナウ川の河口付近となることも確認しておこう。

問3・4　地誌学習の基本として，出題されていて知らなかった場所は必ず地

図帳で確認する習慣をつけておくこと。

問5　おはサーミランド（ラップランド）と呼ばれる地域で，サーミと呼ばれる人々が生活している。狩猟や**トナカイ**の遊牧などを行ってきたが，現在では定住する人も増えている。

問6　Dのリトアニアに隣接する**ポーランド**もカトリックが多い。

問7　北ヨーロッパ諸国の中では，Fのノルウェーがアイスランドとともに EU に非加盟となっている（2010年末現在）。

問8　この4カ国のうちではAのフィンランドのみ共和制をとっており，ほかの3カ国は，**立憲君主国**である。

問9　魚介類が上位にあることから，漁業が主産業となっているアイスランドである。**イ**は自動車から，スウェーデンと判断できる。スウェーデンには，ボルボやサーブといった自動車メーカーがある。**エ**は天然ガス・原油が上位であることからノルウェーである。**オ**は紙類からフィンランドと判断できる。**ウ**は肉類の輸出が多いことからデンマークとなる。

問10　**ア**は誤文である。フィンランドには共同出資された大型旅客機の組立工場はない。**イ**は誤文である。エストニア人はフィンランドのフィン人と同様にモンゴロイドの子孫でウラル系の民族である。**ウ**は誤文である。ノルウェーは漁業国であり捕鯨国でもあるが，**タラ戦争**はアイスランドとイギリスの間で起きた問題である。**エ**が正文である。デンマークの国土のほとんどは**ヒースランド**と呼ばれる氷食を受けたやせ地である。しかし，土壌改良に努めた結果，耕地が国土面積の半分を占めるようになった。酪農が盛んで，きめ細かい輪作が特色となっている。なお，家畜は舎飼いが基本のため牧場・牧草地面積は少ない。

整理しよう！

□北緯60°付近の都市…ベルゲン・オスロ・ストックホルム・ヘルシンキ・サンクトペテルブルク
□リトアニアではカトリックを信仰する住民が多い。
□フィンランドとエストニアではウラル語族の言語が使用されている。
□アイスランドとノルウェーはともに漁業国で EU 非加盟国。

70 EUの拡大と問題点

解答

問１　ギリシャ，ポルトガル

問２　農産物の域内自給を狙いとしたEUの共通農業政策のもとで，温暖なスペインは，域内の農産物供給地として野菜・果実の輸出を伸ばした。また比較的安価な労働力を求めてEU域内の企業が生産部門をスペインに進出させた結果，工業製品の輸出も増加した。(117字)

問３　新加盟国の多くは社会主義経済であったため，市場経済が未発達で企業の競争力が低い。さらに，すでに加盟していた15カ国と比べて所得水準が低く，失業率も高くなっている。(80字)

採点ポイント　問２　【配点　10点】

□EUは共通農業政策を採っている…（２点）
□農産物の自給が目的…（１点）
□スペインは温暖な気候である…（２点）
　△野菜・果樹栽培適地であるのみ…（－１点）
□農産物供給地となった…（１点）
□スペインの労働力は安価である…（２点）
□EU企業の生産部門が進出…（２点）
　△企業の進出のみ…（－１点）

問３　【配点　５点】

□新加盟国の多くは社会主義経済であった…（２点）
□市場経済が未発達，もしくは，企業の競争力が低い…（１点）
□所得水準が低い…（１点）
□失業率が高い…（１点）

ここでは… 1980年代以降に，現在のEUに加わった国を確認しておこう。加盟国が増えていく中で変化していった産業構造や，新たに問題となってきたEU内の地域格差が焦点である。

解説

問1　ギリシャは1981年，スペインとポルトガルは1986年に加盟している。

問2 **論述の組立て**

EC（EU）加盟に関連付けて輸出額の伸びを説明をするので，**因果関係説明型**といえる。農産物輸出が増えた理由，工業製品輸出が増えた理由に分けて説明するとよい。ただし，EC・EU の共通農業政策にも触れる必要があるので，字数配分は農産物輸出を多めにする。

前述のようにスペインは1986年に当時の EC に加盟している。EU は EC 時代から**共通農業政策**を採っており，域内貿易優先もその政策の一つである。冬季が比較的温暖なスペインは冬野菜を中心に，果実とともに域内各国への輸出を伸ばしていった。工業製品の伸びは，従来，外国人労働力に依存していたドイツやフランスの企業が，比較的賃金の安いスペインに工場を進出させてきたほか，EU 各国に販売を促進したい域外の企業がスペインに着目したことも要因であると考えられる。例えば日本やアメリカ合衆国の自動車企業にとって，現地生産は流通コストも抑えられる上に貿易上の障壁も軽減されるからである。

問3 **論述の組立て**

新加盟国の経済的な特色を説明するので，**事項説明型**と捉えてよい。ただし，「すでに加盟していた15カ国との違いを踏まえて」という条件に留意する。

冷戦終結とソ連崩壊以後，ヨーロッパを二分していたイデオロギーの違いがなくなり，民族問題解決や経済発展のためにヨーロッパ全体を統合していこうという国際的な合意が形成された。しかし，経済発展が十分でない旧社会主義諸国が加盟したことで，EU 域内の地域格差が新たな問題として顕著になってきている。

整理しよう！

□ EU 新加盟国の低賃金労働力を求めて，従来の加盟国の企業が進出。
□旧社会主義諸国は市場経済への移行が遅れ，従来の加盟国との経済格差が大きい。

15 ロシアとその周辺の国々

71 東ヨーロッパの自然と産業

解答

問1 (1) ドナウ (2) スロバキア (3) ドイツ (4) カトリック
(5) カルパティア (6) ブルガリア (7) ラテン (8) ハンガリー
(9) プスタ (10) アジア (11) バルカン
(12) 東方正教（ブルガリア正教）
問2 a－カ b－ク c－オ d－ウ
問3 A チェコ B ポーランド C ルーマニア D ハンガリー
E ブルガリア 問4 K－ア L－ウ M－イ
問5 P－イ Q－ウ R－エ S－ア 問6 ドイツ

ここでは… 東ヨーロッパの国々の自然環境・農業・鉱工業を押さえよう。

解説

問1・3 Aはチェコである。国の中央部は**ボヘミア盆地**，北に**スデーティ山脈**，西に**エルツ山脈**，南には森林地帯のベーマーヴァルトがあり，三方を山地に囲まれている。ボヘミア盆地の中央を**エルベ川**が北流する。国民はスラブ系が多い。カトリック教徒も３割ほどいるが，無宗教が６割にのぼる。

Bはポーランドである。旧東ドイツと旧ソ連の間に位置し，18世紀後半に周囲の国に国土を分割され，1918年に新しい国家として再び独立するまでは，国土がなかった。第二次世界大戦中もドイツとソ連に占領され，民族が分断された。この国は，南部の**カルパティア山脈**を除き平原地帯が大部分を占めている。この国の中央部を**ヴィスワ川**が流れバルト海に注ぐ。**オーデル川・ナイセ川**はドイツとの国境の一部になっている。ナイセ川はオーデル川の支流である。国民はスラブ系が多く，大半が**カトリック**を信仰している。

Cはルーマニアである。中央部をカルパティア山脈と**トランシルヴァニア山脈**が走り，東部は黒海に面している。この国の南側にはセルビアやブルガリアがあり，ドナウ川はそれらの国々との国境となっている。周辺の国はスラブ系が多いが，ルーマニアは**ラテン系**のルーマニア人が大半を占める。

Dはハンガリーである。ドナウ川流域の内陸国で平原が国土の大半を占め，最高地点の高度も1000mを少し超える程度である。この平原は**ハンガリー平原**（盆地）と呼ばれ，東側はティサ川，西側は**ドナウ川**が流れる。ティサ川流域には温帯草原**プスタ**が分布し，穀倉地帯になっている。ハンガリーは**アジア系**のハンガリー人（**マジャール人**）が大半を占め，カトリックやプロテスタントが信仰されている。

Eはブルガリアである。バルカン半島の北東部にあり，中央部をスターラ山脈，南部をロドピ山脈が東西に走る。北部はドナウ川流域の低地である。国民はスラブ系で，東方正教（ブルガリア正教）を信仰する住民が多い。

問２　東ヨーロッパも西ヨーロッパから続き，**西岸海洋性気候区**（Cfb）が広がるが，内陸になるにつれ**冷帯湿潤気候区**（Df）となる。黒海沿岸は**温暖湿潤気候区**（Cfa）が広がることに注意する。

▼ヨーロッパの気候

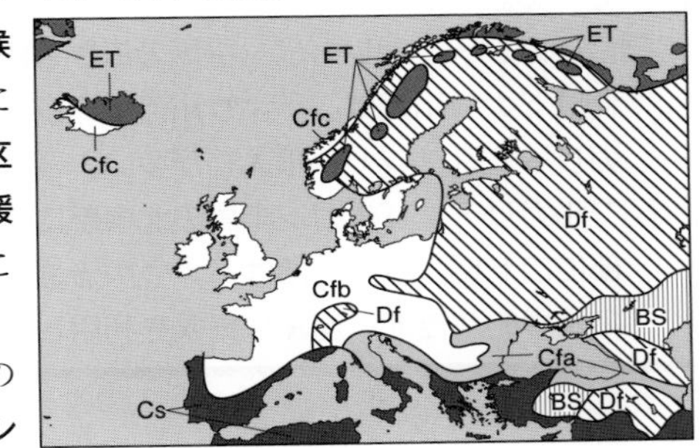

問４　ポーランド北部では，**ア**の**ライ麦・ジャガイモ**や，**エン麦・テンサイ**などの栽培が行われている。冷涼なので米の栽培には不向きである。

ハンガリー平原からルーマニア南部のドナウ川流域では，**ウ**の小麦やトウモロコシの栽培が盛んである。肥沃な**チェルノーゼム**が分布するウクライナへとLが広がっていることもヒントとなる。チェルノーゼムの分布地域は世界的な穀倉地帯で，小麦の大生産地となっている。

地中海沿岸地域では，**地中海性気候区**（Cs）が卓越し，地中海式農業が行われている。**イ**のブドウと**オ**のオリーブが有力な選択対象になるが，Mはかなり内陸部でも栽培されていることから，**イ**のブドウと判断する。ブドウはドイツなどでも栽培される一方，オリーブの栽培地域は地中海沿岸に限られている。

問５　ポーランドのシロンスク地方の石炭，ルーマニア南部の油田は押さえておく。

問６　東ヨーロッパの貿易は，ドイツとの関係が深いことが特色である。表中のX（ドイツ）は高い割合を占める。南部に位置するルーマニアやブルガリアでは近隣のイタリアやトルコも上位を占める。

整理しよう！

□チェコ：1993年，チェコスロバキアが分離独立。工業国である。エルベ川上流のボヘミア盆地を中心とし，西にエルツ山脈，北にスデーティ山脈。

□ポーランド：平原の国。南部にスデーティ山脈とカルパティア山脈。西部のオーデル川・ナイセ川はドイツとの国境（河川国境）。カトリックが大半を占める。

□ルーマニア：中央部にカルパティア山脈とトランシルヴァニア山脈。南部のドナウ川はセルビアやブルガリアとの国境。国民の多くはラテン系である。

□ハンガリー：ハンガリー平原の広がる内陸国。東側はティサ川流域，西側はドナウ川流域。ティサ川流域のプスタは穀倉地帯。アジア系のハンガリー人（マジャール人）が多い。

□ブルガリア：バルカン半島の北東部に位置。中央部にスターラ山脈，南部にロドピ山脈，北部はドナウ川流域。香水や化粧品の原料となるバラの世界的栽培地。温暖な気候を利用したブドウやタバコの栽培も盛ん。

72 ロシア

解答

問1　(1)　11　(2)　ウラル　(3)　ヴォルガ　(4)　タイガ
(5)　コルホーズ　(6)　ソフホーズ　(7)　BRICS
(8)　チェルノーゼム　(9)　小麦

問2　①－エ　②－イ　③－ウ　④－オ　⑤－ア　⑥－カ

問3　a　ア，1　b　エ，6　c　イ，7　d　ウ，4
e　オ，3　f　カ，8　g　ク，2　h　キ，5

ここでは… ロシアとその周辺の国々の自然・農牧業・工業を確認する。

解説

問1　(1)　ロシアの国土は，東西は東経20°から西経170°に広がる。経度15°につき1時間の時差が生じるため，ロシアでは，国内に11の標準時が設けられている。

(2)　東経60°付近に位置する**ウラル山脈**は，アジアとヨーロッパの境界とされる。その西側には**東ヨーロッパ平原**，東側には**西シベリア低地**が広がる。

(3) ロシアの気候は大部分が冷帯気候である。シベリア東部は気温の年較差が大きく，オイミャコンでは−71.2℃を記録し，北半球の寒極になっている。

(4) ロシアの植生は，南部に**ステップ**，南西部に落葉広葉樹，北部に**ツンドラ**が広がるが，国土の多くは混合林や**タイガ**と呼ばれる針葉樹に覆われている。

(5)・(6) ソ連時代に組織された**コルホーズ**（集団農場）と**ソフホーズ**（国営農場）は，現在は大部分が解体・再編された。

(7) BRICSとはブラジル（Brazil）・ロシア（Russia）・インド（India）・中国（China），南アフリカ共和国（South Africa）の英語表記の頭文字をとったものである。いずれの国も，広大な国土と巨大な人口を有することや，鉱産資源が豊富であるなどの共通点があり，経済成長が著しい。2024年にはサウジアラビアなど新たに5カ国が加盟した。

問2 ロシアでは，厳しい自然条件を反映して，緯度に沿って農牧業地域が東西に帯状に広がっている。とくに東ヨーロッパ平原南部から西シベリア低地の南西部は肥沃な**黒色土**である**チェルノーゼム**が分布し，小麦栽培を中心とした世界的な穀倉地帯である。

問3 ロシアの工業地域は，ソ連時代の工業地域を引き継いだ所が多い。ドニエプル工業地域の**ドネツ炭田**と**クリヴォイログ鉄山**，ウラル工業地域の**マグニトゴルスク鉄山**，クズネツク工業地域の**クズネツク炭田**などは覚えておこう。近年はシベリアや極東地域の開発が盛んで，サハリンなどでは日本企業が出資する事業も進んでいる。

整理しよう！

□ロシアの国土は，ウラル山脈の西に東ヨーロッパ平原，東に西シベリア低地や中央シベリア高原が広がる。

□ロシアの国土の大部分は冷帯気候に属し，針葉樹林であるタイガが広がる。

□チェルノーゼムが分布する黒土地帯は，小麦栽培が盛んで，穀倉地帯となっている。

□ロシアは，化石燃料をはじめ，鉱産資源が豊富。近年はシベリアや極東地域の開発が進んでいる。

73 カフカス地方

解答

問１ (1) 黒　(2) ロシア　(3) チェチェン
(4) ジョージア（グルジア）　(5) アゼルバイジャン
(6) アルメニア　(7) バクー　(8) トビリシ
問２ X キリスト教　Y イスラム教

ここでは… ロシア周辺地域の中で最も民族問題が深刻化している地域である。民族の分布状況から整理していこう。石油資源も紛争の要因の一つである。

解説

問１ (1)・(2) カフカス諸国の位置を下図で確認しておこう。

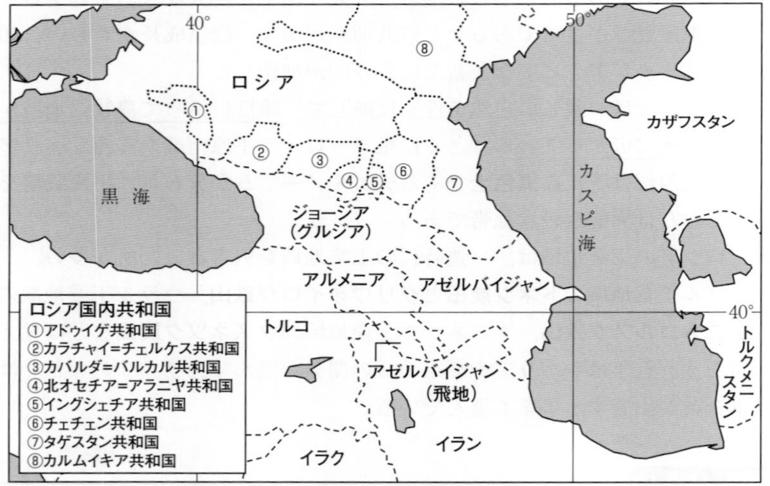

(3) **チェチェン共和国**はロシア国内の共和国だが，ロシア軍と激しい武力紛争を展開している。位置を確認しておこう。

(4) ジョージアはロシアと対立しているが，国内には南オセチア自治州のようにロシアと接近を図る勢力もあり，内戦の原因となっている。

(5)・(6) **イスラム教徒**の多い**アゼルバイジャン**と**キリスト教徒**の多い**アルメニア**では民族間の対立が根深い。両者の居住地域も交錯しており領土問題もはらんでいる。

(7)・(8) **バクー**にはロシア帝国時代から油田が存在したが，現在は枯渇している。しかしカスピ海油田の拠点となっており，**石油基地**としての重要性が高い。BTC パイプラインはロシアの領域を通らずにカスピ海の原油を輸送できるため，ロシアのパイプラインと競合する存在となっている。

なお，BTC とは，パイプラインの通るバクー（Baku, アゼルバイジャン）・トビリシ（T'bilisi, グルジア）・ジェイハン（Ceyhan, トルコ）の３都市の頭文字を並べたものである。

▼BTC パイプラインの位置

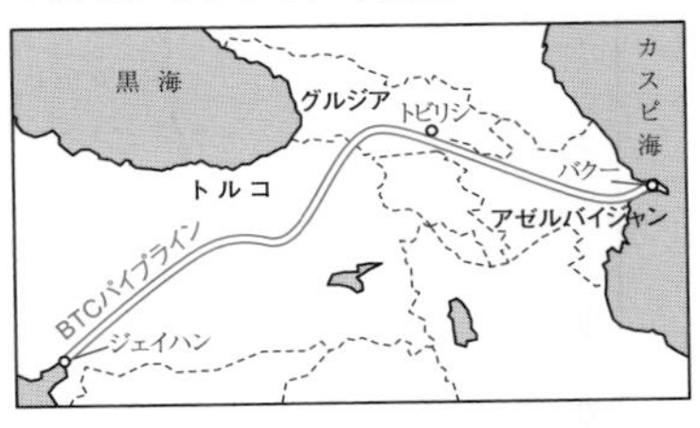

問２　X はキリスト教，Y はイスラム教である。この地域のキリスト教は，大部分が**東方正教**系である。

整理しよう！

□チェチェン共和国はカフカス山脈の北側に位置し，ロシア国内の共和国であるが独立をめざしている。
□アゼルバイジャンはアルメニアを挟んだ飛地国で，国内にアルメニア人の多いナゴルノ=カラバフ自治州を抱える。
□ BTC パイプラインは，ロシアを通過せずにカスピ海から地中海に達する。

74　中央アジア地誌

解答

問１　a－カ　b－ク　c－コ　d－シ　e－エ
問２　A　ウズベキスタン　B　カザフスタン　C　キルギス
D　タジキスタン　E　トルクメニスタン
問３　A－キ　B－イ　C－ケ　D－ク　E－ア
問４　イスラム教

ここでは… 地誌分野の学習の盲点となる地域だ。地図帳を見ながらでよいので，まずは山脈・高原・河川などの自然物と中央アジア５カ国の位置関係を確かめよう。次いで，首都や主要都市を押さえていこう。

解説

問１・２　中央アジアの国々を確認しよう。

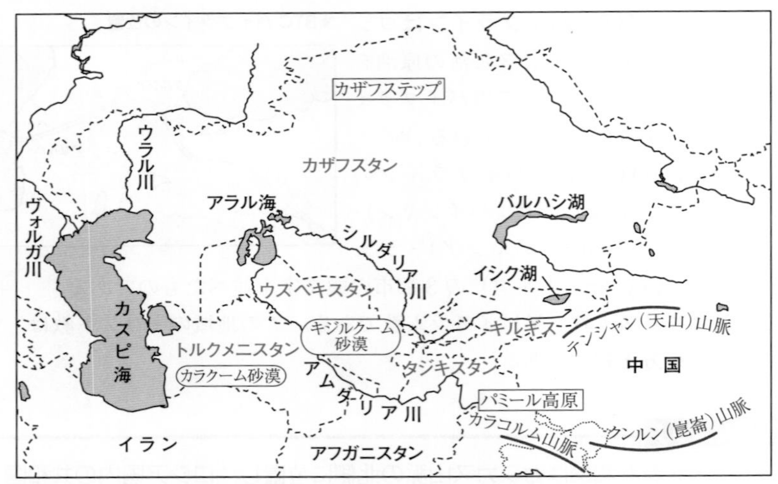

A　**アムダリア川**と**綿花**からウズベキスタンが想起できる（綿花生産量は世界第6位；2007年）。東部にある都市**サマルカンド**は古代の東西交易路シルクロードの要地であり，現在もアジア=ハイウェイの通る交通の要地である。

B　カザフスタンは旧ソ連地域ではロシアに次ぐ国土面積を持つ（273万㎢）。アラル海には東経60°の経線が通っており，この経線上にはウラル山脈がある。カザフスタンの北部は肥沃な**チェルノーゼム**が分布する「**黒土地帯**」に当たる。南西部のカスピ海沿岸地域には，油田が開発されている。

C　キルギスは南に隣接するタジキスタンとともに国土の大部分が，山岳地域となっている。タジキスタンとの国境は大変複雑に入り組んでいる。

D　タジキスタン南部に，南アジア世界との境界となっている急峻な**パミール高原**や**ヒンドゥークシ山脈**が位置するが，インドとパキスタンが対立する**カシミール地方**に近く，政情は不安定である。

E　トルクメニスタンに建設された**カラクーム運河**は，アラル海に注いでいたアムダリア川を水源とし，カラクーム砂漠の灌漑に用いられた。運河で過度に取水したため，アムダリア川からアラル海への河川水の流入量が激減し，アラル海は縮小している。また，周辺では塩害が起きている。

問３　Bのカザフスタンの首都は，かつてはキルギス国境に近いアルマティであったが，1997年にアスタナ（「首都」の意）に遷都した。2019年にはアスタナから**ヌルスルタン**へ改称している。**エ**のカラガンダはカザフスタンの炭田に立地した工業都市である。

問４　各国のイスラム教徒の割合は次の通りである。

ウズベキスタン	カザフスタン	キルギス	タジキスタン	トルクメニスタン
76%	43%	61%	84%	87%

各国統計局資料ほか

整理しよう！

□アラル海・バルハシ湖・イシク湖・アムダリア川・シルダリア川・キジルクーム砂漠・カラクーム砂漠・カラガンダ炭田の位置を確認。
□アラル海には東経60°の経線が走る。
□ウズベキスタンは綿花，カザフスタンは春小麦の栽培が盛んである。
□中央アジア５カ国にはイスラム教徒が多い。
□トルクメニスタンは永世中立国。

75 バルカン半島地誌

解答

問１　a　アドリア海　　b　エーゲ海　　c　黒海　　d　マルマラ海
問２　ダーダネルス　　問３　スラブ　　問４　ウ　　問５　ウ
問６　e　イスラム　　f　火薬庫　　g　ユーゴスラビア
問７　バルカン半島はかつてイスラム国家であるオスマン帝国の支配下にあったため。　　問８　キリル文字
問９　国内に少数民族問題を抱えており，コソヴォを承認すれば自国の少数民族の独立機運を高めることになるから。(50字)
問10　A－ウ　　B－イ　　C－エ　　D－ア

採点ポイント　問９　【配点　５点】
□国内の少数民族問題の存在…（２点）
□コソヴォ承認が自国の少数民族の独立機運を高める…（３点）

ここでは… 各国の宗教と，冷戦後の民族紛争の流れを整理する。1990年代以降に多くの国家が独立しているが，その経緯に注意しよう。

解説

問1　**アドリア海**・イオニア海・**エーゲ海**に面した地域は主に地中海性気候区（Cs）に，黒海に面した地域は温暖湿潤気候区（Cfa）に属する。アドリア海沿岸やエーゲ海沿岸は，リゾート地として多くの観光客が訪れる。

問2　一般に，**ダーダネルス海峡・ボスポラス海峡**は，アジアとヨーロッパの地理的な境界とされる。トルコ最大の都市である**イスタンブール**は，ボスポラス海峡を挟んでアジア側とヨーロッパ側の両岸に市域が広がり，橋で結ばれている。

問3　**スラブ系民族**はインド=ヨーロッパ語族に属するスラブ系の言語を使用し，現在は東ヨーロッパからロシアにかけて広く居住している。ポーランド人やチェコ人などの西スラブ系，ロシア人やウクライナ人などの東スラブ系，セルビア人やクロアチア人などの南スラブ系に大別される。

問4　スラブ系民族・ゲルマン系民族・ラテン系民族という分類は，どの系統の言語を使用するかで分類されている。**ア**～**エ**の四つの民族はすべてインド=ヨーロッパ語族に属する言語を使用するが，**ウ**のクロアチア人はスラブ系のクロアチア語を使用する**スラブ系民族**である。**ア**のアルバニア人が使用するアルバニア語と**イ**のギリシャ人が使用するギリシャ語は，それぞれ単独で独立した語派となっている。**エ**のルーマニア人はラテン系のルーマニア語を使用する**ラテン系民族**である。

問5　スロベニアは**カトリック**，セルビア・ブルガリア・モンテネグロは**東方正教**の信者が多い。

問6　**f**　バルカン半島が19世紀末から20世紀初めにかけて「**ヨーロッパの火薬庫**」と呼ばれた背景には，単なる民族対立だけではなく，周辺諸国の利害関係があり，それが第一次世界大戦に発展していくことになった。具体的には，勢力を伸ばしつつあった**セルビア**と，当時スロベニアやクロアチアなどを支配していた**オーストリア**が直接対立し，各民族が巻き込まれていた。

g　ユーゴスラビア社会主義連邦共和国は，第二次世界大戦中のナチス支配から自力で独立を果たし，旧ソ連とは異なる「**自主管理方式の社会主義**」を掲げ，独自の路線を歩んだ。1980年代後半から各共和国の独立機運が高まり，内戦を経てスロベニアとクロアチアが連邦を離脱してから，連邦維持を求めるセルビアを除きほかの諸国も独立していった。その際に，モスレム人・セルビア人・クロアチア人の勢力が分立するボスニア=ヘルツェゴビナでは大規模な内戦となった。

問7　バルカン半島は20世紀初頭まではイスラム国家である**オスマン帝国**の支

配下にあった。そのため，イスラム教徒となった住民も少なくない。アルバニア人やボスニア=ヘルツェゴビナのモスレム人はその例である。近年セルビアから独立を宣言した**コソヴォ**の住民の多くは，アルバニア系でイスラム教徒である。同様に，ブルガリアにもイスラム教徒が存在する。

問9 **論述の組立て**

スペインやロシアがコソヴォ独立を承認しない理由を述べるのであるから，**理由説明型**である。50字と字数が少ないので，２国に共通する理由を簡潔に説明する。

スペインは**バスク地方**，ロシアは**チェチェン共和国**など独立を求める民族紛争が国内に存在し，いずれも武装闘争化している。国際的に少数民族の独立を承認すれば，国内の少数民族の独立機運が加速する可能性があるため，コソヴォの独立承認には否定的である。

問10　総輸出額から，ＡとＢはある程度の経済発展を遂げているのに対し，ＣとＤは経済規模が小さいことがうかがえる。EUに加盟しているギリシャとスロベニアがＡかＢとなるが，「野菜と果実」からＢがギリシャと判断できる。残ったＣとＤは人口の規模から類推して，総輸出額の大きいＣをセルビアと判断する。

整理しよう！

□クロアチア人・スロベニア人はカトリック，ボスニア=ヘルツェゴビナのモスレム人・アルバニア人はイスラム教，その他のスラブ系住民とギリシャ系住民は東方正教を主に信仰している。ルーマニア人はラテン系だが東方正教の信者が多い。

□旧ユーゴスラビア構成国の中ではスロベニアが最先進工業国。

16 北アメリカ

76 北アメリカの主要都市

解答

問１ (1) ③ (2) C，ロサンゼルス (3) ④
(4) ① シエラネヴァダ山脈→カスケード山脈
② シリコンプレーン→シリコンヴァレー ③ テネシー川→コロラド川
問２ (1) ① (2) ① G，トロント ② I，ボストン
③ H，ニューヨーク (3) ③
(4) フィラデルフィア→ボルティモア→ワシントンD.C. (5) ①

ここでは… 北アメリカの主要都市の特徴をつかもう。

解説

問１ (1) 地図中の各都市は，Aポートランド，Bサンフランシスコ，Cロサンゼルス，Dラスヴェガス，Eソルトレークシティ，Fデトロイト，Gトロント，Hニューヨーク，Iボストンである。州境が明示されているので判別がしやすいだろう。なお，Gのトロントはカナダ最大の都市である。
(2) ロサンゼルスの人口は，約380万人（2007年）で，ニューヨーク（830万人）に次ぐ大都市である。アメリカ合衆国には100万人都市が９都市ある。
(3) 雄大な渓谷で知られる**グランドキャニオン国立公園**はラスヴェガスから車で日帰り観光できる距離にある。**ヨセミテ国立公園**とセコイア国立公園はカリフォルニア州のシエラネヴァダ山脈中に，**イエローストーン国立公園**はワイオミング州のロッキー山脈中に位置する。
(4) ① ポートランドは，ロッキー山脈に水源を発する**コロンビア川**の下流部に開けた河港都市であり，春小麦や木材の輸出港として知られる。東には**カスケード山脈**が南北に走る。
② サンフランシスコからサンノゼにかけての地域は**シリコンヴァレー**と呼ばれ，IT産業が集積している。アメリカ合衆国の先端技術産業集積地としてはこの他，テキサス州のダラス・フォートワースなどの**シリコンプレーン**，フロリダ州オーランド周辺地域の**エレクトロニクスベルト**などが知られている。
③ テネシー川はミシシッピ川の支流で，アメリカ合衆国東部のテネシー州やアラバマ州などを流れる。

問２ (1) この問ではFデトロイトの位置を知っていれば正解を絞ることができる。大西洋岸の大都市の位置はよく出題されるので押さえておこう。

(2)　①はカナダ・オンタリオ州の州都・**トロント**である。カナダの全人口約3300万人（2008年）の多くがトロントをはじめとする五大湖周辺に集中している。ナイアガラの滝は，エリー湖とオンタリオ湖の間にある。

②はアメリカ合衆国のマサチューセッツ州**ボストン**であり，アメリカ合衆国独立の歴史を知る上で重要な多くの史跡が見られる。

③はアメリカ合衆国最大の都市**ニューヨーク**であり，アメリカ文化の中心でもある。19世紀を中心に多くの移民がヨーロッパから渡ってきた。

(3)　①**メガロポリス**とは，ボストン・ニューヨーク・フィラデルフィア・ボルティモア・ワシントンD.C.と続く**巨帯都市**のことである。

②ルート128というのは，ボストン郊外を一周するハイウェイである。この周辺には半導体・電子機械工業が集積し，エレクトロニクスハイウェイと呼ばれている。

③**サンベルト**とは，太陽が降り注ぐ温暖な地域といった意味で，北部の④**フロストベルト（スノーベルト）**に対する言葉である。1970年代以降のアメリカ合衆国では企業が国際競争力を維持・向上させるために，安価な労働力と広い土地が得やすい南部地域に移動するようになり，今日ではサンベルトに位置する南部地域（北緯37°以南の州をさす）の工業発展が著しい。

⑤**コッド岬**は，ボストンの南東に位置し，大西洋に突き出た岬のことである。沖合には**ジョージバンク**が広がり，世界的な好漁場である。**タラ**（英語でコッドcodという）・**ニシン**などの漁獲が多い。

(5)　**フィラデルフィア**はワシントンD.C.に首都が移るまでの1790～1800年，アメリカ合衆国の臨時首都であった。ニューヨークに次ぐ貿易港で，輸入原料などを利用した鉄鋼・機械などの工業が発達している。フィラデルフィアは，ほぼ北緯40°・西経75°上に位置する。西経75°の経線は，アメリカ東部時間の基準となっている。

整理しよう！

□ボストン・ニューヨーク・フィラデルフィア・ボルティモア・ワシントンD.C.と帯のように続く大都市群をメガロポリスという。

□IC（半導体）・電子産業の中心地には，サンノゼ周辺のシリコンヴァレー，ダラス周辺のシリコンプレーンなどがある。

□北部のフロストベルトに対し，南部（北緯37°以南の州）のサンベルトで工業が発展。

77 アメリカ合衆国の農牧業

解答

問1　年降水量500㎜線の西部は少雨なため主に放牧が行われ，湿潤な東部は緯度・気温に応じて農業が行われる。(49字)

問2　害虫被害，地力の低下　問3　穀物メジャー

問4　①−カ　②−ア　③−エ　④−ウ　⑤−イ　⑥−オ　⑦−キ

問5　(1)　フロリダ，G　(2)　カンザス，E　(3)　カリフォルニア，A　(4)　アイオワ，D　(5)　ウィスコンシン，C　(6)　ノースダコタ，B　(7)　テキサス，F

ここでは… アメリカ合衆国の農牧業について，概要と地域別特徴を理解しよう。

解説

問1　気候環境は農牧業に直接的な影響を与える。アメリカ合衆国には，西経100°線にほぼ沿う形で**年降水量500㎜**の等降水量線が南北に走っており，この線以西は放牧，以東は耕作が主である。さらに東側地域では，明確な南北差が現れている。例えば，五大湖周辺は日本でいうと北海道，あるいはそのやや北の地域に相当し，冷涼な気候の上，氷食を受けたやせた土壌が分布し，牧草・飼料作物以外の農牧業の生育には適さないため，**酪農地帯**となっている。逆に，メキシコ湾岸は，南九州から沖縄にかけての地域と似た気候条件のため，野菜の促成栽培や柑橘類の生産を行う**園芸農業地帯**となっている。

問2　アメリカ合衆国におけるプランテーション農業地域とは**コットンベルト**（**綿花地帯**）をさす。コットンベルトは，黒人奴隷を労働力として南部一帯に成立した。近年は，コットンベルトの中心が，テキサス州・カリフォルニア州に移動している。その理由として，害虫被害と地力の低下（このため，地力回復に有効な**大豆**の栽培が増加している）が挙げられる。その他，社会面では，黒人労働者の北部への移動による労働力不足，農業経営の多角化なども要因として考えられる。

問3　農作物の国際市場では，**穀物メジャー**と呼ばれるアメリカ合衆国の巨大穀物商社が，穀物を農家から買い付けることから各国への輸出まで一貫して流通部門を支配している。世界中の穀物に関する生産・需要・価格の動向などの情報は，穀物メジャーによって独占されており，小麦の国際価格を決めるシカゴ取引所では，その影響力は強大である。

問4・5　(1)　フロリダ州は，常夏の気候で，亜熱帯性作物の栽培が行われている。マイアミビーチが保養地の中心である。

(2)　カンザス州は，肥沃な土壌が分布するプレーリーに位置しており，**冬小麦地帯**の中心をなしている。**カンザスシティ**は小麦の集散地である。

(3)　カリフォルニア州は，１年を通して気温の温度差が小さく，冬季の降水を利用して**地中海式農業**が行われている。サクラメント川・サンワキン川が流れる**セントラルヴァレー**（カリフォルニア盆地）は，地中海式農業の中心地域となっている。

(4)　アイオワ州は，隣のイリノイ州とともに**コーンベルト**（**トウモロコシ地帯**）を形成し，トウモロコシ・大豆の生産量はこの２州が全米の上位を占めている。ここでは混合農業が営まれ，豚の飼育も行われている。イリノイ州のシカゴには，穀物・家畜の取引所が置かれている。

(5)　スペリオル湖とミシガン湖に挟まれたウィスコンシン州は，冷帯湿潤気候区（Df）に属している。**ポドゾル**は冷帯気候地域に分布する土壌であり，酸性を示し，やせている。ミシガン湖に面したミルウォーキーは，ドイツのミュンヘン，チェコのプルゼニュなどと並び，ビール産地として有名である。

(6)　ノースダコタ州は，プレーリー北部に位置し，**春小麦地帯**の中心となっている。東隣のミネソタ州の**ミネアポリス**は，春小麦の集散地であり，また，ミシシッピ川を挟み，セントポールと**双子都市**を形成している。

(7)　テキサス州は，農牧業が盛んでコットンベルトの中核をなす州である。

アメリカ合衆国における主な農畜産物地域と生産量の多い州を確認しよう。

▼アメリカ合衆国の農牧業

整理しよう！

□カリフォルニア州は地中海式農業が盛んで，農業生産額が全米第１位である。
□アイオワ州は，トウモロコシ・大豆の生産量と豚の頭数が全米第１位である。
□ノースダコタ州は春小麦地帯，カンザス州は冬小麦地帯を形成し，両州の小麦生産量は全米の上位を占める。
□テキサス州は，綿花生産量や牛の頭数などが全米第１位である。

78 北アメリカの民族と都市問題

解答

問１ (1) オンタリオ　(2) ケベック　(3) イヌイット
(4) ヌナブト準　(5) ネイティブアメリカン
(6) 開拓前線（フロンティア）　(7) ポリネシア
(8) モータリゼーション　(9) コットン　(10) スラム
(11) インナーシティ　(12) 37　(13) リオグランデ
(14) ヒスパニック　(15) NAFTA（北米自由貿易協定）

問２　白人でアングロサクソン系のプロテスタントという意味であり，彼らは政財界などアメリカ社会の指導的・支配的地位を占めてきた。(60字)

問３　広大で安価な土地，豊富な低賃金労働力，税制上の優遇措置

問４　温暖で住みやすく，退職後の移住が増えた上に，先端産業の進出で雇用が拡大したため。(40字)

問５　低賃金で労働・環境規制の緩いメキシコへの企業進出は，産業の空洞化や失業者の増加，労働条件の悪化を招くと懸念されたから。(59字)

ここでは… 北アメリカの住民，アメリカ合衆国の都市問題，サンベルトの発展などについて理解を深めよう。

解説

問１ (1)・(2) カナダでは，トロントが州都である人口最大の**オンタリオ州**を初めとする多くの州で多数派のイギリス系住民と，全国的には少数派のフランス系住民との対立があり，現在でも大きな社会問題となっている。

(3)・(4)　**イヌイット**は，カナダの北極海沿岸に居住する先住民で，**ヌナブト準州**ではイヌイットによる自治が認められている。

(5)・(7)　**ネイティブアメリカン**は，アジアと北アメリカが陸続きであった氷河期に，アジアからベーリング陸橋を渡って移住してきたとされる人々の子孫である。彼らとは別に，アジアからオセアニアへ向かったグループもあり，その流れは**ポリネシア**まで達した。ポリネシア人の分布は，北はハワイから南はニュージーランドのマオリまで，広範囲にわたる。

(6)　カリフォルニアのゴールドラッシュ以降は西海岸からも東へ向けて開発が進み，1890年ごろには**開拓前線（フロンティア）**の消滅が唱えられた。

(8)・(10)　第二次世界大戦以前からの**モータリゼーション**の進行と，緑の多い居住環境を求める傾向が強まったことに加え，大気汚染・交通渋滞・犯罪の増加などにより都心の居住環境が悪化し，白人を中心とした富裕層は郊外へ流出した。そこへ黒人や移民などが流入し，低賃金や高い失業率，住宅不足などから治安・衛生環境が悪化して，貧困層による**スラム**が形成された。

(9)　コットンベルトに位置するミシシッピ州・ジョージア州などでは，住民の３割前後が黒人である。

(11)　郊外の衛星都市の人口が増加する一方で，逆に大都市の都心部では，人口が減少する**ドーナツ化現象**が顕著となった。**インナーシティ問題**とは，住宅環境の悪化に伴うドーナツ化現象などによって都心部の常住（夜間）人口が減少し，税収減のため行政区の存立が危うくなることをいう。

(12)　北部の**フロストベルト（スノーベルト）**に対し，およそ北緯37°以南の温暖な地域を**サンベルト**と呼ぶ。

(13)　リオグランデ川は，ロッキー山脈南部のコロラド州に源を発してメキシコ湾に注ぐ。アメリカ合衆国とメキシコの国境の東半分をなしているが，河道の変化が激しく，しばしば国境問題を引き起こした。

(14)　**ヒスパニック**とは，アメリカ合衆国において，スペイン語を話すラテンアメリカ系住民の呼称である。メキシコ・プエルトリコ・キューバなどから低賃金労働力として移住し，エスニックグループを形成している。

(15)　NAFTA（北米自由貿易協定）は，統一市場（単一市場）の形成による経済効果を意図して組織された。

問２　WASPとは，White Anglo-Saxon Protestantの略称で，人種は白人，民族はアングロサクソン系，宗教はプロテスタントの意味である。アメリカ合衆国では，WASPが正統的アメリカ人とされ，政財界や社会の指導者にはその出身者が多い。

問３　サンベルトは，安価で広大な土地，安価で豊富な労働力，企業の進出に対する州政府の税制優遇措置，低い労働組合組織率，メキシコ湾岸油田の石油資源などの好条件を背景に，1970年代からエレクトロニクス産業やその他各種産業の立地が目覚ましい。

問４　例えば，温暖なフロリダ州のマイアミは富裕層の別荘が集まり，**保養都市**として機能している。また，フロリダ州は65歳以上人口割合が全米で最も高い。エレクトロニクスベルトと呼ばれるIC産業集積地域も見られる。

問５　メキシコの賃金水準はアメリカ合衆国と比べて極端に低く，経営者にとっては大きな魅力である。しかし，アメリカ合衆国やカナダでは，メキシコへの企業移転により，自国の産業の空洞化や雇用問題（大量失業・労働条件の悪化），環境基準の低下などが起こることを懸念する声が多い。

整理しよう！

□フランス系住民の多いカナダのケベック州では，分離独立運動が展開されている。

□アメリカ合衆国では，WASPと呼ばれる人々が政財界を支配してきた。

□アメリカ南部のサンベルトにはヒスパニックの流入が多く，豊富な低賃金労働力や税制上の優遇措置などを求めて，北部の企業が移転した。

79　カナダ

解答

問１　⑴　A，③　⑵　G，⑧　⑶　C，⑥　⑷　D，⑦
⑸　F，⑤　⑹　B，④　問２　BとCの区間
問３　⑴　北緯50°　⑵　Df　問４　Cs
問５　２月７日午後９時　問６　西経141°
問７　⑴　Ⅳ　⑵　⑤　問８　イ，ウ，エ
問９　カ　ケベック州　問10　⑴　ニューファンドランド島
⑵　グランドバンク　⑶　ラブラドル海流

ここでは… カナダとアメリカ合衆国との国境付近の都市・産業を押さえよう。

解説

問１　⑴　シアトルは，ボーイング社発祥の地であり航空機産業が盛んである。

(2) ケベック州は，**フランス系住民**が大多数を占める州で，カナダ政府からの独立や広範な自治を求める声が強い。ケベック州最大の都市は**モントリオール**である。

(3) ロッキー山脈の東麓に位置する**カルガリー**は，カナディアンロッキー観光の基地となっている都市で，交通の要地でもある。

(4) マニトバ州の**ウィニペグ**は，春小麦の集散地である。

(5) **サドバリ**には，世界最大の**ニッケル鉱山**がある。カナダのニッケル鉱産出量は，フィリピン，ロシアに次いで世界第3位（2016年）である。

(6) ヴァンクーヴァーは，カナダ太平洋岸最大の港湾都市であり，大陸横断鉄道の起点ともなる交通の要所である。ヴァンクーヴァーでは，近年，中国・韓国系の移民が増えている。

問2　地図中の**ア**（ブリティッシュコロンビア州）と**イ**（アルバータ州）の州境はロッキー山脈の稜線とほぼ一致する。大陸横断鉄道は，バンフ国立公園やアメリカ合衆国のウォータートングレーシャー国立公園の中を走る。

問3　(1) **D**のウィニペグ付近を通過する緯線は，北緯50°である。すぐ南には，アメリカ合衆国との国境線をなす北緯49°線が通っている。

(2) ウィニペグは，高緯度の内陸に位置し，冷帯湿潤気候区（Df）に属する。北に位置するウィニペグ湖は五大湖と同じく**氷河湖**である。

問4　**A**のシアトルおよび**B**のヴァンクーヴァーは，カリフォルニア州から続く地中海性気候区（Cs）に属する。降水は冬季に多い。

問5　経度差15°で1時間の時差が生じる。シアトルは，西経120°を標準時子午線としているので，本初子午線のあるロンドンのグリニッジ標準時（GMT）との時差は−8時間である。日本はGMT +9なので日本時間より17時間戻せばよい。よって8日14時−17時間＝7日21時となる。

問6　カナダとアラスカ州の国境の北半部は**数理的国境**で，**西経141°線**が国境線となっている。

問7　(1) 輸出額から判断して，最も多いⅢがアメリカ合衆国，2番目に多いⅠが日本，2007年では輸出額が最も少ないが，2018年では工業化が進み，輸出額が大幅に増加したⅡがメキシコと判断できるので，Ⅳがカナダであるとわかる。

(2) 品目の（**あ**）は，4カ国とも2007年，2018年ともに各国の上位を占めているので，自動車が該当する。アメリカ合衆国・カナダ・メキシコの3国間で自動車の輸出入を行っている。品目（**い**）は，Ⅱメキシコ・Ⅳカナダが輸出しているため，原油が該当する。品目（**う**）は，2007年のⅢのアメリカ合衆国の輸出品目としてのみ出ている。これは，アメリカ合衆国が世界市場で大きなシェアを占めていた航空機が該当する。

問8　小麦生産の盛んなカナダの平原3州は，アメリカ合衆国から続く春小麦地帯に位置する。西から，**アルバータ**（イ）・**サスカチュワン**（ウ）・**マニトバ**（エ）の3州である。カナダの小麦輸出量は，世界第3位（2017年）で，世界総輸出量の約1割を占める。

問9　ケベック州では人口の約8割がフランス系である。

問10　カナダ大西洋岸のノヴァスコシア半島からニューファンドランド島にかけての海域は，グランドバンクなど，水深の浅い**バンク**に恵まれ，寒流の**ラブラドル海流**と暖流のメキシコ湾流が会合して潮目を形成する。そのため多くの魚の集まる好漁場となっている。サケ・タラ・ニシンなどの漁獲が多い。

整理しよう！

□カナダは，国土面積約1000万㎢（ロシアに次いで世界第2位），人口は約3800万人。

□カナダ大西洋岸には，大西洋北西部漁場という好漁場があり，ラブラドル海流の影響でサケ・タラ・ニシンの漁獲が多い。

80　アメリカ合衆国における農業発展の弊害

解答

大規模な企業的農業経営が主流となったことで，家族農場などを経営する自作農が衰退した。また，農薬や化学肥料の過度の使用による耕地の疲弊，等高線耕作の無視や防風林の伐採による土壌流失や侵食，センターピボット方式の灌漑による地下水の枯渇など，効率重視の農法が自然環境を破壊している。さらに，環境や人体への悪影響が懸念されている大豆やトウモロコシなどの遺伝子組み換え作物の安易な導入も問題視されている。

（197字）

採点ポイント　【配点　15点】

□家族農場を経営する自作農が衰退した…（2点）

□農薬や化学肥料の大量使用による耕地の疲弊…（3点）

□等高線耕作の無視…（2点）
□防風林の伐採…（2点）
□センターピボット方式の灌漑による地下水の枯渇…（3点）
□遺伝子組み換え作物の人体への影響…（3点）

ここでは… アメリカ合衆国において，農業の効率主義と機械化がどのような弊害をもたらしたのか，まとめてみよう。

16 北アメリカ

解説

論述の組立て

本問では，アメリカ合衆国における農業発展の弊害の説明が求められているので，**事項説明型**である。指定語が六つと多いので，順序よく記述していこう。

乾燥地域のグレートプレーンズでは，センターピボット方式による灌漑が見られる。これは，地下水を利用して，回転スプリンクラーにより散水・施肥・農薬散布などを行う農法であり，耕地は円形になる。機械化されているので労働生産性は高い。しかし，これによる過度の地下水の汲み上げが原因で，地下水が枯渇したり地盤沈下が起こったりしている。また，灌漑に使用した水が蒸発して，地表に塩類が集積する**塩害**も問題になっており，さらには，土壌侵食も深刻化している。土壌保全のためには，等高線に沿って畝(うね)を立て，作物を帯状に作付けする**等高線耕作**が有効であるが，この耕作法を放棄した地域もある。

遺伝子組み換え作物には，大豆やトウモロコシがあり，これらを原料に多くの食品が市場に出回っている。しかし，その安全性に不安を抱く人々が少なくない。

整理しよう！

□センターピボット方式による灌漑で，地下水の枯渇などが問題化した。
□等高線耕作は土壌侵食の防止に有効である。
□遺伝子組み換え作物は，その安全性が懸念されている。

17 中・南アメリカ

81 中央アメリカ・カリブ海諸国

解答

問1　パナマ運河，d　問2　原油（石油）
問3　(1)　イ　(2)　b　問4　(1)　ユカタン半島　(2)　④
問5　マキラドーラ　問6　(1)　①　キューバ，A　③　ジャマイカ，B
(2)　白人と黒人の混血
問7　プエルトリコ　問8　(1)　あ　コーヒー豆　い　バナナ
(2)　モノカルチャー経済

ここでは… 比較的対策が手薄になりがちな地域の概要を押さえよう。

解説

問1　パナマ運河は，1914年に完成した。運河および周囲の運河地帯の管理・運営はアメリカ合衆国が行っていたが，1999年末，パナマ共和国に返還された。この運河はカリブ海と**太平洋**を結ぶ運河だが，途中，標高の高い地域を通過するため，いくつかの水門を設けて運河の水位を上下させる閘門（こうもん）式運河となっている。また，すべての国の船舶が自由航行できる国際運河には，パナマ運河のほか，**スエズ運河**・セントローレンス海路・北海=バルト海（キール）運河などがある。

問2　ベネズエラ=ボリバルの**マラカイボ湖**周辺は，ラテンアメリカでも屈指の油田地帯となっている。ベネズエラは，ラテンアメリカにおけるOPEC（石油輸出国機構）加盟国となっている。

問3　メキシコの首都メキシコシティは，同国中央部の内陸にあり，標高約2300mに位置する高山都市で，空気が薄く大気汚染などの都市問題が深刻となっている。市街地は**アステカ文明**の都を基礎としている。

問4　ユカタン半島には**マヤ文明**の遺跡が多く見られる。石灰岩台地から成り，サイザル麻やチューインガムの原料**チクル**の原産地である。

問5　**マキラドーラ**は，メキシコの保税輸出加工区である。アメリカ合衆国の企業を誘致することで，メキシコには雇用・技術・経済開発などの面で利点があり，アメリカ合衆国も優遇税制の恩恵や安価な労働力を得られる利点があった。しかし，NAFTA（北米自由貿易協定）が1994年に発効し，単一市場が形成されたため，この制度は廃止された。

問6　(1)　①は，Aのキューバである。キューバは中米諸国の中では白人の割合が高い。かつては砂糖のモノカルチャー経済であったが，現在ではニッケル鉱が輸出の中心となっている。また，スペインの植民地であったことからスペイン語が公用語となっている。

②は，イスパニョーラ島の西部に位置するCのハイチである。ハイチは**フランス**の植民地であったが，ラテンアメリカ最初の独立国となった。また黒人の割合がとても高いことが特徴である。

③は，Bのジャマイカである。ジャマイカは**イギリス**の植民地であったことから，英語が公用語となっている。またアルミナの原料となるボーキサイトの産出量が多いことも押さえておきたい。

④は，Dのドミニカ共和国である。白人と黒人の混血であるムラートの割合の高さが特徴である。ラテンアメリカの地誌では，民族の構成を問う問題が頻出するので，主な国の民族については確認しておこう。

(2) ラテンアメリカの先住民**インディオ**と白人の混血を**メスチソ**，白人と黒人の混血を**ムラート**，黒人とインディオの混血を**サンボ**という。

問7 プエルトリコはアメリカ合衆国の自由連合州であり，アメリカ合衆国への納税義務はなく，大統領の選挙権も持たない。公用語は英語とスペイン語であるが，ほとんどの人々はスペイン語を話す。また，人種はヨーロッパ系白人のほか，アフリカ系やインディオなど多様である。

問8 (1) カリブ海周辺諸国の主要栽培作物は，**コーヒー豆・バナナ・サトウキビ・サイザル麻**などである。かつてはアメリカ合衆国資本によるプランテーションが多かった。

サトウキビ	
ブラジル	39.2%
インド	19.8
中国	5.7

2018年。

サイザル麻	
ブラジル	40.4%
タンザニア	17.0
ケニア	12.1

2018年。FAOSTAT による。

(2) **モノカルチャー経済**とは，一国の経済が特定の一次産品の生産や輸出に依存する経済構造のことである。生産量や国際価格の変動により国全体の経済が大きく左右される。OPEC 諸国の**原油**，**チリ**の**銅・銅鉱**，**エチオピア**の**コーヒー豆**などが典型的な例である。

整理しよう！

□パナマ運河は，カリブ海と太平洋を結ぶ**閘門式**の国際運河である。

□ラテンアメリカは，「**人種のるつぼ**」と表現されるように，異なる人種や民族の間の混血が進んだ。

82 南アメリカの自然と生活

解答

問１　エ　問２　あ　リャノ　い　セルバ　う　カンポ
え　グランチャコ　お　パンパ　問３　偏西風
問４　Ｃ　エスチュアリー　Ｄ　フィヨルド
問５　Ｅはアタカマ砂漠である。沿岸を流れる寒流のペルー海流によって，重く冷たい空気が地表付近に滞留する気温の逆転現象が起き，大気が安定して上昇気流が発生せず，沿岸部は降水のほとんどない海岸砂漠が形成される。(100字)
問６　Ｘ　アンデス山脈，新期造山帯　Ｙ　ブラジル高原，安定陸塊
問７　ａ－ウ　ｂ－ア　ｃ－エ　ｄ－オ　ｅ－イ
Ｐ　リャマ，アルパカ
問８　●　コーヒー豆　▲　サトウキビ　○　カカオ豆
問９　Ⅰ　オリノコ川，ウ　Ⅱ　アマゾン川，ア　Ⅲ　ラプラタ川，イ
問10　(1)　エルニーニョ現象　(2)　世界各地で猛暑・洪水・干ばつなどの異常気象が発生し，農業や漁業などの生産量に影響を与えるほか，冷暖房機器や衣服などの季節製品が販売不振になるなど，工業分野の生産にも影響を及ぼす。(89字)

採点ポイント　問５　【配点　10点】

□Ｅはアタカマ砂漠で，沿岸には寒流のペルー（フンボルト）海流が流れる…（３点）
△アタカマ砂漠，ペルー海流のみ…（－２点）
□気温の逆転現象が起こり，上昇気流が発生しない…（４点）
△気温の逆転現象，上昇気流が発生しないのみ…（－２点）
□降水がほとんどなく，砂漠が形成される…（３点）

問10 (2)　【配点　10点】

□世界各地で，猛暑・冷夏・寒波・暖冬・洪水・干ばつなどの異常気象が発生する…（４点）
□農業や漁業などの一次産業に影響が出る…（３点）
□季節製品が販売不振になるなどして，工業にも影響を及ぼす…（３点）

ここでは… 南アメリカ大陸の自然環境と人々の生活に重点を置き，自然環境や文化的特徴の変化に富むこの地域の特性を理解する。

解説

問１　Aはブエノスアイレスで，温暖湿潤気候区（Cfa）に属する。四季が明瞭で年間を通じて降水が安定していることから，正解は**エ**である。**ア**はオーストラリアのアリススプリングス（BS），**イ**はジャマイカのキングストン（Aw），**ウ**はブラジルのマナオス（Af）である。

問２　**あ**はオリノコ川流域に広がる熱帯草原の**リャノ**，**い**はアマゾン盆地に広がる熱帯雨林の**セルバ**，**う**はブラジル高原に広がる熱帯草原の**カンポ**，**え**はパラグアイからアルゼンチン北部に広がる熱帯草原の**グランチャコ**，**お**はアルゼンチン中部に広がる温帯草原の**パンパ**である。なお，**う**の**カンポ**は，**カンポセラード**という場合もある。また，一般に，パンパは**年降水量550㎜**付近で**湿潤パンパ**と**乾燥パンパ**に分かれる。

問３　B付近にあるマゼラン海峡は，偏西風が吹き荒れる海域として有名である。南半球は大陸が少なく全体の陸地面積も小さい。また，高山のような風速を弱める自然的障害物が少ないので，恒常風が強くなる。

問４　Cのラプラタ川河口では**エスチュアリー**（三角江）が，Dのチリ南部では**フィヨルド**が発達している。

問５ **論述の組立て**

この問では，沿岸への影響を問うている。したがって，**特徴説明型**となる。寒流の影響を論理的に述べるだけでも十分に100字になる。寒流・ペルー海流という語は必ず使用すること。

太平洋岸のチリからペルー沖にかけては，**寒流のペルー（フンボルト）海流**が北流している。沖合を寒流が流れると，地表付近の気温が低く，上空の気温が相対的に高くなる**気温の逆転現象**が生じ，大気が安定し上昇気流が起きにくくなる。そのため雲が発生せず，降水がほとんど無いので，結果として沿岸部ではアタカマ砂漠のような**海岸砂漠**が形成される。アフリカ大陸の南西部の**ナミブ砂漠**も同じ要因により形成された。

問６　南緯20°付近は西側の太平洋沿岸に新期造山帯の環太平洋造山帯に属する**アンデス山脈**があり，そこから東へ向かって，一気に高度が低くなり，中央部は**パラグアイ川**などによって形成された**沖積平野**が広がる。さらに東へ向かうと徐々に高度が上がり，**ブラジル高原**へと続く。ブラジル高原は安定陸塊であり，**ゴンドワナ大陸**から分裂・移動して形成された。

問７　赤道の近く，中央アンデス地域は，沿岸に平野が少ない上に暑さを避けるため，人々の生活は高度2000～3500mの高地が中心となる。栽培される農作物は高度とともに変化し，沿岸の熱帯作物から高地の寒冷作物まで多岐にわたる。また，高度4000m付近になると，**リャマ**や**アルパカ**などアンデス特有の家畜の放牧地となる。

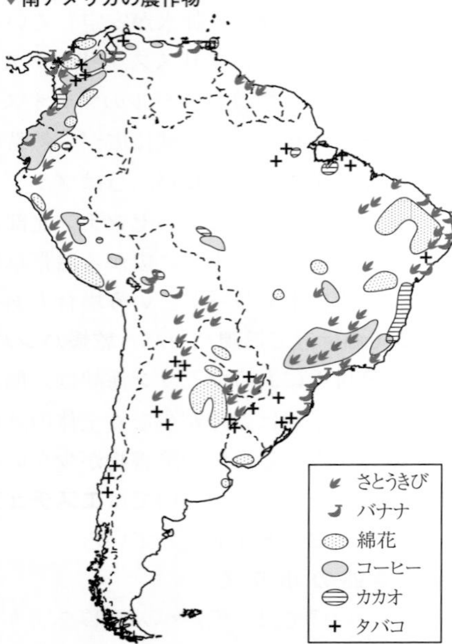

問８　●の栽培地域は，主にブラジル南東部とコロンビアとなっており，コーヒー豆とわかる。▲はブラジルに集中していることからサトウキビ，○の栽培地域はブラジルとエクアドルに見られることからカカオ豆となる。

問９　**ア**のアマゾン川流域の熱帯雨林（セルバ）地域は，地球環境の保持に重要な役割を果たしている。**イ**の下流部のラプラタ川は，アルゼンチンとパラグアイの自然的国境線となっている。パラナ川上流のブラジルとパラグアイの国境付近には世界最大級のイタイプダムが建設されている。**ウ**のオリノコ川の源流はギアナ高地にある。熱帯草原の**リャノ**では牧畜業が盛んである。

問10 **論述の組立て**

この問では，エルニーニョ現象が及ぼす影響について多面的な視点から述べるのであるから，**因果関係説明型**である。エルニーニョ現象によって世界各地で異常気象が発生し，第一次産業に影響を及ぼすということだけではなく，工業にまで影響を与えることにも言及したい。

エルニーニョ現象とは，ペルー沖から太平洋中央部の海域を中心として，海面温度が数年に一度，上昇する現象をいう。反対に同じ海域の水温が低くなった場合は，ラニーニャ現象と呼ばれる。

エルニーニョ現象は，世界的な異常気象の原因の一つで，天候不順によって農業や漁業など自然からの生産物に大きな被害が出るほか，例えばエルニーニョ現象の影響で冷夏となったことにより，冷房機器の売上が例年よりも落ちるなど，工業分野にも影響が及ぶ。

整理しよう！

□南アメリカの植生分布は，北からリャノ（オリノコ川流域の熱帯草原），セルバ（アマゾン川流域の熱帯雨林），カンポ（ブラジル高原の熱帯草原），グランチャコ（パラグアイ川流域の熱帯草原），パンパ（ブエノスアイレスを中心に広がる温帯草原）となる。

□沖合を寒流が流れると気温の逆転現象が起き，沿岸部は海岸砂漠となることが多い。

□エルニーニョ現象は，ペルー沖を中心とした海域で海面温度が数年に一度上昇する状態をいう。

83 南アメリカ大陸の国々

解答

問1　諸島名　④　　説明　ア　　問2　西経70°

問3　(1)　A，B，D　　(2)　C－BW　　E－Cs　　F－Cfa

(3)　ア　ペルー，C　　イ　エクアドル，B　　ウ　チリ，E

エ　アルゼンチン，F　　Ⅰ　メスチソ　　Ⅱ　パンパ　　問4　⑥

ここでは… 南アメリカの国々を，自然環境の面から押さえよう。

解説

問1　ガラパゴス諸島は，赤道直下に位置する**エクアドル**領の島嶼である。寒流のペルー（フンボルト）海流の影響で，赤道直下にもかかわらず気候は温和である。そのため，鳥類やオオトカゲを初め様々な種類の生物が生息する。①は北海の大陸棚上にあるイギリス領の諸島で，説明文は**イ**である。②は，アルゼンチン南部沖合の諸島で，**エ**に当たる。③は，アフリカ大陸の北西，モロッコ沖の諸島で，**ウ**に当たる。

問2　西経70°の経線は，アンデス山脈の南半分をその稜線に沿って北上し，カリブ海を経て，カナダのラブラドル半島に至る。この経線をたどると，南北二つのアメリカ大陸が，東西にずれて位置していることが確認できる。

問3　(1)　ラテンアメリカの低緯度地方（南北回帰線の範囲内）では，標高の高い地域ほど気候は温和で過ごしやすい。そのため，メキシコ高原からアンデス山脈にかけての低緯度地方の都市の多くがいわゆる**高山（高原）都市**となる。メキシコシティ（標高約2300m，メキシコ），Aのボゴタ（2550

m，コロンビア），Bのキト（2800m，エクアドル），Dのラパス（3600m，ボリビア）は，いずれも首都である。なお，ボリビアの憲法上の首都はスクレとなっている。

(2) チリ北部からペルー全域の太平洋岸は，寒流のペルー海流の影響で砂漠気候区（BW）が卓越する。ペルーの首都リマ（C）は，標高13mで，かつ低緯度に位置する都市だが，寒流のペルー海流の影響で比較的，気温が低い。チリは，北部ではアタカマ砂漠など砂漠気候区が卓越するが，首都のサンティアゴ（E）は，温帯の地中海性気候区（Cs）となる。アルゼンチンの首都ブエノスアイレス（F）やウルグアイの首都モンテビデオ（G）一帯は，温暖湿潤気候区（Cfa）である。

(3) **ア**のペルーは，APEC（アジア太平洋経済協力会議）のメンバーで，ラテンアメリカ諸国の中では，太平洋に面したメキシコ・ペルー・チリの3カ国が加盟している。**イ**のエクアドルはバナナの生産量が多いことで知られている。また，メキシコ・ベネズエラ・パラグアイなどとともに**メスチソ**の割合が多い国である。**ウ**のチリは銅の輸出によるモノカルチャー経済であり，銅地金と銅鉱で輸出額の半分以上を占める。**エ**のアルゼンチンは，ラテンアメリカではブラジルに次いで農業生産の盛んな国である。とくに小麦・トウモロコシ・肉類の生産で重要な役割を果たしている。面積278万㎢の国土は，北部の熱帯草原である**グランチャコ**，首都の**ブエノスアイレス**を中心とした半径500～600㎞の低平な半乾燥の温帯草原である**パンパ**，南部の寒冷で少雨の**パタゴニア**などから成る。

	エクアドル		チリ		アルゼンチン	
主な民族(%)	メスチソ	77	白人とメスチソ	94	白人	86
主な輸出品(%)	原油	36.3	銅鉱	24.8	植物性油かす	14.6
	魚介類	22.2	銅	23.8	自動車	7.8
	バナナ	14.9	野菜・果実	9.5	トウモロコシ	6.9
主な輸出相手国(%)	アメリカ合衆国	30.9	中国	33.5	ブラジル	18.3
	ペルー	7.5	アメリカ合衆国	13.9	中国	6.8
	中国	6.9	日本	9.2	アメリカ合衆国	6.8

2018年。

問4 ⑥の小麦は，西アジアあるいはカフカス地方が原産地の作物である。天然ゴムは**アマゾン盆地**が原産地，カボチャ・トマト・トウモロコシ・ジャガイモなどはメキシコ高原やアンデス山脈が原産地である。

整理しよう！

□メキシコ・コロンビア・エクアドル・ボリビアの首都は，すべて標高2000m以上の高山都市である。
□アルゼンチンの温帯草原パンパは，土地が肥沃で小麦・トウモロコシの栽培や肉牛の放牧が行われている。

84 ブラジル地誌

解答

問1　Ⅰ　アマゾン　Ⅱ　セルバ　Ⅲ　ポルトガル　問2　c
問3　(1)　c，エ　(2)　テラローシャ
問4　(1)　ファゼンダ　(2)　コロノ　問5　②　問6　③

ここでは… ブラジルの自然・産業・都市を押さえよう。

解説

問1　Ⅰ　アマゾン川は，熱帯地方を流れ，世界最大の流域面積を持つ河川である。河口付近は赤道直下に当たり，中流部の都市**マナオス**は**天然ゴム**栽培で栄えた。上流の**イキトス**（ペルー）まで，アマゾン川を遡行して船の航行が可能である。

Ⅱ　アマゾン川流域の熱帯雨林を**セルバ**と呼ぶ。セルバの中では太陽光が地表まで届かず，下草が見られない。

Ⅲ　ラテンアメリカ諸国の多くがスペイン語圏であるのに対し，ブラジルは**ポルトガル**の植民地であったので，ポルトガル語が公用語となっている。

問2　ブラジルの**鉄鉱石**産出量は世界第2位（2008年）である。パラ州の**カラジャス**鉄山は，1967年に発見され，世界有数の埋蔵量を持ち，良質の鉄鉱石を産出する。鉄道で結ばれた大西洋岸の**サンルイス**から輸出される。南部のミナスジェライス州の**イタビラ**鉄山は，良質の赤鉄鉱を産出し，埋蔵量も豊富である。大西洋岸の**ヴィトリア**港からアメリカ合衆国や日本へ輸出される。また，イタビラ鉄山付近の**イパチンガ**には日本との合弁で建設されたウジミナス製鉄所があり，ヴィトリア港にはツバロン製鉄所がある。

問3　ブラジルのコーヒー栽培は，南東部の**サンパウロ州**や**パラナ州**が中心である。肥沃な玄武岩の風化土壌（**テラローシャ**）が良質のコーヒー豆を育てる。コーヒー豆は，ブラジル最大の都市でもある**サンパウロ**に集められ，

外港の**サントス**港から世界へ輸出される。サンパウロは，ほぼ南回帰線上に位置する都市である。

問４　(1)　**ファゼンダ**は，ブラジルに見られる大土地所有制に基づく大農園である。コーヒー豆のほか，サトウキビや綿花などを栽培する。メキシコ・ペルー・チリなどラテンアメリカのスペイン語諸国に見られる大土地所有制に基づく大農園は**アシェンダ**という。大農園の地主は，行政・司法の権限を持ち，農民を**小作**として使用する。また，**エスタンシア**は，アルゼンチンの大土地所有制に基づく大牧場（大農園）である。地主の直営農場と小作人が経営する農場とを併せ持つ。

(2)　ブラジルでは大地主は，**コロノ**と呼ばれる労働者と契約を結び，雇用労働をさせたり，耕地を貸して請負耕作をさせたりする。なお，エスタンシアで働く牧夫を**ガウチョ**といい，先住民のインディオと白人との混血（メスチソ）が多い。

問５　1990年代以降，日本の出入国管理法が改正され，日系ブラジル人や，日系ペルー人の日本への「出稼ぎ」を目的とした入国が増加した。労働集約型の電気機械・自動車工業から，いわゆる３Ｋと呼ばれる日本人労働者が集まりにくい産業を中心に外国人労働者が増えた。

問６　ラテンアメリカでは，**サッカー**が圧倒的な人気である。野球は，アメリカ合衆国に近いカリブ海諸国（ドミニカ共和国・キューバなど）で，クリケットは，イギリスとイギリス連邦諸国（ラテンアメリカではジャマイカ）で，ホッケーはインド・パキスタンで，ラグビーはオーストラリア・ニュージーランドで人気がある。

整理しよう！

□ブラジルは，世界上位の鉄鉱石産出国で，カラジャス鉄山やイタビラ鉄山などの大鉱山を持つ。イパチンガには，ウジミナス製鉄所が建設され，ヴィトリア港から輸出される。

□ブラジルは，コーヒー豆の生産と輸出がともに世界一。コーヒー栽培は南東部のテラローシャと呼ばれる肥沃な土壌が分布するサンパウロ州やパラナ州で盛ん。サンパウロ市は，コーヒー豆の集散地として名高い。

□ラテンアメリカには，今もなお大土地所有制が残っており，大農園のことをブラジルではファゼンダ，アルゼンチンではエスタンシアと呼ぶ。コロノはブラジルの大農園で働く労働者を，ガウチョはアルゼンチンの大牧場や大農園で働く牧夫を指す。

85 南アメリカの地域経済統合

解答

問1 ア－B イ－A ウ－B エ－B オ－A カ－B キ－A ク－A ケ－A 問2 イ 問3 D

問4 A アルゼンチン B ブラジル C ベネズエラ=ボリバル

(1) エスタンシア (2) アルファルファ (3) サトウキビ

(4) マラカイボ

問5 A ボリビア B コロンビア C ペルー D エクアドル

問6 自由貿易協定や共同市場を創設することによって，関税などの貿易障壁やサービス貿易に関する規制が撤廃され，人・モノ・資本の移動が自由となり，経済的利益を協力して追求・共有・拡大することができる。また，発展途上国の場合は，先進国に対する共通の要求や統一した対応をとることができるなどのメリットがある。(147字)

採点ポイント 問6 【配点 15点】

□自由貿易協定や共同市場によって人・モノ・資本の移動が自由となる …（5点）

△メリットのみで，自由貿易協定など方法の欠落…（－3点）

□経済的利益を協力して追求・共有・拡大できる…（5点）

□先進国に対する要求や対応を統一することができる…（5点）

ここでは… 南アメリカには様々な地域経済統合が見られる。なぜ，経済統合が進むのか，南アメリカ諸国の経済発展や問題点と関連付けて整理する。

解説

問1 MERCOSUR（**メルコスール**）は，**南米南部共同市場**と訳される。1995年に発足したブラジル・アルゼンチン・ウルグアイ・パラグアイ・ベネズエラ=ボリバル・ボリビアの6カ国の関税同盟である（2020年）。域内関税は原則として撤廃し，域外に対しては大部分の品目について共通関税を設定している。

アンデス共同体（CAN）は，アンデス地域を中心とした経済開発などを目的とした国家共同体である。加盟国は，ボリビア・コロンビア・エクアドル・ペルーの4カ国である（2020年）。

問2　MERCOSURの第一の目的は，関税，その他の通商規則，サービス貿易などの障壁を取り除く自由貿易地域の創出にある。したがってEUのような地域経済統合の型といえる。

問3　GDPの大きいAとBのうち，圧倒的に面積の広いBが，面積世界第2位のカナダ，第3位のアメリカ合衆国が加盟するNAFTAである。また，輸出額・輸入額が大きいAは，域内貿易が盛んなEUである。

GDPの小さいCとDのうち，面積の広いDは，広大な面積を有するブラジルが加盟するMERCOSURである。貿易額の大きいCは，工業化が進んで電化製品などの輸出が盛んなASEANである。

問4　Aがアルゼンチン，Bがブラジル，Cがベネズエラ=ボリバルである。ブラジルでは**サトウキビ**を原料にしたバイオエタノールの生産が盛ん。

問5　Aがボリビア，Bがコロンビア，Cがペルー，Dがエクアドルである。

コロンビアのコーヒー豆，ペルーの銅･銅鉱，エクアドルの原油，果実･野菜（とくにバナナ）など，各国の特徴をつかむようにしよう。

問6 **論述の組立て**

この問では，地域経済統合の利点を問うている。したがって，**特徴・意義説明型**となる。単に利点を述べるだけであるが，内容が薄いと字数に足らないこともあるので，最低でも二つ以上の利点を述べよう。

南米共同体（CSN）は，2004年にペルーで開催された南米12カ国首脳会議で打ち出された政治・経済での統合組織である。アンデス共同体・MERCOSURなどが母体となり，**南米自由貿易圏**をめざしている。2007年には「**南米諸国連合**」（UNASUR）となった。

地域経済統合は，一定の共通性や利害をもつ近隣諸国が，その関係を強化することによりお互いの利益を追求する考え方である。地域統合を進め，関税などの規制を緩和するので，地域連携が取りやすくなることが挙げられる。また，発展途上国においては，巨大な多国籍企業の影響で，一国の経済が振り回される事態を，地域的な連携によって防ぐことができる。

整理しよう！

□MERCOSUR（南米南部共同市場）は，ブラジル・アルゼンチン・ウルグアイ・パラグアイ・ベネズエラ・ボリビアの6カ国が加盟国。

□南米諸国はモノカルチャー経済の国が多く，それぞれの国で産出される鉱産資源やプランテーション作物に特徴がある。

18 オセアニア・極地方

86 オーストラリアとニュージーランド

解答

問1 ア 3 イ アボリジニー ウ 鉄鉱石 エ ピルバラ
オ ボーキサイト カ 石炭 キ ポリネシア ク マオリ
ケ フィヨルド コ APEC（アジア太平洋経済協力会議）
サ ワーキングホリデー 問2 ①－B ②－A ③－C ④－D
問3 (1) ② (2) A－① B－③ C－⑤ D－② E－④
問4 南島の西側は，偏西風の地形性降雨により多雨となり，森林が広がるが，脊梁山脈を越えた東側は少雨になり，草原が広がる。(57字)
問5 (1) 地熱発電 (2) 新期造山帯に位置し，火山活動が活発なため。
問6 冷蔵船や冷凍船の発明により，鮮度を保ったまま肉類や酪農品を北半球の市場へ供給することが可能となった。(50字)

ここでは… オーストラリアとニュージーランドの自然と人文・社会について，基本事項を整理しよう。

解説

問1 ア 日本の面積が約38万km²であるから，オーストラリアの面積は約760万km²とわかる。オーストラリアの人口が約2,500万人なので，その人口密度は約2,500万人÷約760万km²≒3.3人/km²と算出できる。

イ アボリジニーは狩猟採集生活を営んでいた。

ウ・エ オーストラリアの北西部は，マウントトムプライスやマウントホエールバックなどの鉄山が点在する，鉄鉱石の世界的産地として知られる。

オ アーネムランド半島北東部の**ゴヴ**，ケープヨーク半島北西部の**ウェイパ**を中心に，オーストラリアの北部は熱帯の資源として知られる**ボーキサイト**の大産地となっている。

カ クインズランド州の南東部は，**モウラ**を中心に石炭の大産地となっている。オーストラリアは，中国・アメリカ合衆国・インドに次ぐ世界第4位の石炭産出国（2007年）である。

キ・ク ニュージーランドの先住民族は，**ポリネシア**系の**マオリ**（マオリ語で「人間」を意味する）である。

ケ ニュージーランド南島の南部には，**U字谷**（氷食谷）が沈水して形成された**フィヨルド**が発達しており，出入りに富んだ海岸線が見られる。

コ **APEC**（アジア太平洋経済協力会議）は，環太平洋地域における多国間経済協力を進めるための会議で，経済のブロック化を抑制し，域内の貿易・投資の自由化を通じて多角的自由貿易体制を維持・発展させることが目的である。現在は21の国と地域が参加している。

サ　ワーキングホリデーは，青年が異なった文化における休暇を楽しみながら，その間の滞在資金を補うために一定の就労（アルバイト）をすることを認める特別な制度で，２国間の協定に基づいて創設されている。

問２　雨温図①は，気温の年較差が最も小さいことから，南半球の低緯度地方に位置している都市Ｂと判断できる。また，最も少雨である雨温図③は，南回帰線付近の内陸に位置している都市Ｃと判断できる。雨温図②は，12～１月（夏季）に少雨となっていることから，夏季に中緯度高圧帯の，冬季に偏西風の影響を受けて冬雨型の気候となる，大陸西岸の都市Ａである。残った雨温図④は，都市Ｄである。

なお，都市Ａはパース（地中海性気候区，Cs），Ｂはダーウィン（サバナ気候区，Aw），Ｃはアリススプリングス（ステップ気候区，BS），Ｄはシドニー（温暖湿潤気候区，Cfa）である。

問３　⑴　等年間降水量線Ｘは，オーストラリア大陸内陸部に広がる砂漠地帯の外縁部にほぼ沿うように通っていることから，**年降水量250㎜**を示すものと判断できる。

⑵　乾燥地域が広がる内陸部に分布していることから，Ｂ・Ｃが牧畜地帯と判断する。そのうち，熱帯気候が出現する北部にまで分布しているＢが**肉牛**，Ｂよりも高緯度地域に分布しているＣが**羊**の飼育が盛んな地域である。また，熱帯気候が出現する北東部に分布しているＤが熱帯性作物の**サトウキビ**，半乾燥地帯に分布しているＡが**小麦**の栽培が盛んな地域と判断できる。残るＥが乳牛による酪農の盛んな地域となる。

問４　西側は平野が少なく雨が多いため林業地域である。対して，東側は脊梁山脈のサザンアルプス山脈を越えて吹き降ろす風は乾燥しており，牧羊のための放牧地として利用されたり，小麦栽培が行われたりしている。

問５　ニュージーランドは偏西風の影響で降水量が比較的多い上，山がちな地形でもあるため，包蔵水力が豊富で水力発電が盛んである。また，地殻変動や火山活動が活発な新期造山帯に位置するため，**地熱発電**も盛んである。

問６　19世紀後半に冷蔵船・冷凍船が発明されたことで，鮮度を保ったまま肉類や酪農品を南半球から北半球の市場へ供給することが可能となった。この結果，オーストラリア・ニュージーランド・アルゼンチンなどで畜産業や酪農業が大きく発展した。

整理しよう！

□オーストラリアの先住民族はアボリジニー，ニュージーランドの先住民族はポリネシア系のマオリ。
□オーストラリアの北西部（ピルバラ地区）は鉄鉱石，北部はボーキサイト，東部は石炭の大産地。
□ニュージーランドは環太平洋造山帯に属し，地熱発電が盛ん。
□南半球での畜産業や酪農業は，冷蔵船・冷凍船の発明によって発展。

87 オセアニアの島嶼

解答

問1 ④　問2 C　問3 (1) ア－Z　イ－Y

(2) 高潮は気圧低下に伴う海面の吸い上げや，強風による海岸部への海水の吹き寄せにより，海水面が異常に上昇したものである。一方，津波は海底や沿岸での地震などにより，波浪が生じたものである。(90字)

(3) 地球温暖化の促進，土壌侵食や土壌流出によるサンゴ礁の破壊，生態系への悪影響などを引き起こすから。　(4) アメリカ合衆国

問4 (1) P ナウル　Q フィジー　R ハワイ（諸島）

(2) ア ミクロネシア　イ バチカン市国　ウ リン鉱石（グアノ）
エ メラネシア　オ インド　カ ポリネシア
キ アメリカ合衆国　ク オアフ　ケ ホノルル　コ 19

(3) フィジーがイギリス植民地であった時代に，同じくイギリス植民地であったインドから，サトウキビのプランテーションでの労働力として移住させられた。(70字)

(4) キラウエア山の火山活動に伴って噴出した流動性の高い溶岩が海に流れ込んで堆積し，陸地となっているから。

(5) 高度10km付近に，非常に強い偏西風の流れであるジェット気流が吹いている。

ここでは… オセアニアの島嶼について，その自然と人文・社会の基本事項を整理する。

解説

問1　赤道は，ニューギニア島北端を通過する。また，経度180°線は，ニュージーランド北島の最東端沖を通過する。

問2　A（グレートバリアリーフ）とB（ニューカレドニア沿岸）では，サンゴ礁地形の発達が良好である。しかし，C（ニュージーランド北島北岸）は非熱帯海域であり，サンゴ礁は発達していない。

問3　図中のXはパラオ，Yはマーシャル諸島，Zはニューギニア島である。

⑴・⑷　Y（マーシャル諸島）は，第一次世界大戦後は日本の委任統治領，第二次世界大戦後は**アメリカ合衆国**の信託統治領となり，**核実験場**として利用された。1954年には，ビキニ環礁で操業中だった日本の漁船，第五福竜丸が被曝した。1986年に独立を果たした。

Z（ニューギニア島）は，赤道付近に位置し，グリーンランドに次いで面積の広い島である。このため，広大な**熱帯林**が広がり，近年，商業的目的での伐採が活発になっている。また，環太平洋造山帯に属する新期造山帯であるため，**銅鉱・金鉱・石油**などの鉱物資源に恵まれている。

⑵　高潮は，気象現象により海水面が異常上昇した現象で，津波は，地殻変動により波浪が発生した現象である。

⑶　光合成時の二酸化炭素吸収量の減少による**地球温暖化**の促進のほか，裸地化とそれに伴う土壌侵食，さらに，海洋へ流入した土砂によるサンゴ礁の破壊に代表される生態系への悪影響などを指摘したい。

問4　⑴　Pはナウル，Qはフィジー，Rはハワイ諸島を示している。

⑵　太平洋の島嶼は，基本的に赤道と経度180°線を基準に地域区分される。赤道以北・経度180°以西が**ミクロネシア**（小さな島々），赤道以南・経度180°以西が**メラネシア**（黒い島々），経度180°以東が**ポリネシア**（多くの島々）となる。ただし，赤道のわずかに南に位置するナウルはミクロネシア系住民が居住するためミクロネシアに，経度180°よりもわずかに西に位置するニュージーランドは先住民族がポリネシア系のマオリであるためポリネシアに分類される。

P国（ナウル）は，海鳥の糞が堆積することによって作られた**リン鉱石**（グアノ）の採掘・輸出によって繁栄してきた。しかし，典型的な資源モノカルチャー経済国であったため，20世紀末にリン鉱石が枯渇した影響で，現在は深刻な経済危機に見舞われている。

コ　S便がホノルルに到着する時の，日本の現地時間は，22:00（成田国際空港出発時間）＋7:00（所要時間）＝29:00（つまり翌日の5:00）である。

▼オセアニアの地域区分

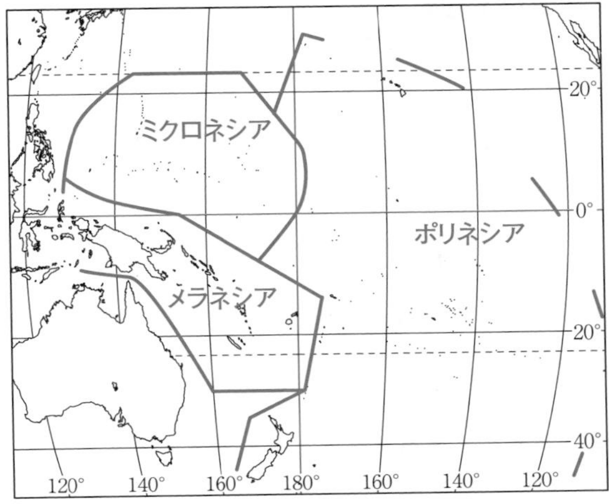

ホノルルの時刻は10:00であることから，その差は19時間である。

(3) Q国（フィジー）には，イギリス領時代にサトウキビプランテーションでの労働力として，同様にイギリスの植民地であったインドからインド系住民が大量に移住させられた。今日，この国の総人口の約４割を占める**インド系住民**と，先住民族の**メラネシア系住民**との間に文化や社会的地位の違いなどに起因する対立が生じている。

(4) ハワイ島の南東部に位置する**キラウエア山**から噴出した流動性の高い溶岩が海に流れ込んで海を埋めるため，面積は増加し続けている。

(5) 中緯度地方の上空には，西から東へ**ジェット気流**が吹いている。このため，中緯度地方を西から東へ移動する航空機にとっては追い風，東から西へ移動する航空機に対しては向かい風として作用し，所要時間に差異が生ずる。

整理しよう！

□太平洋の島嶼は，ミクロネシア（小さな島々）・メラネシア（黒い島々）・ポリネシア（多くの島々）に区分される。

□フィジーでは，イギリス領時代にプランテーション労働力として導入されたインド系住民と，先住民のメラネシア系住民との間に対立がある。

□中緯度地方上空にはジェット気流が吹くため，航空機の飛行時間に大きく影響を与えている。

88 環太平洋地域

解答

問1　夏季の湿潤な南東モンスーンが寒流の親潮により冷却されて海霧が生じるため，低温で日照不足となるから。(49字)

問2　**海溝名**　伊豆・小笠原海溝，マリアナ海溝

理由　フィリピン海プレートの下に太平洋プレートが沈み込む，狭まる境界となっているから。(40字)

問3　**島名**　沖ノ鳥島　　**理由**　この島を中心とする半径200海里の排他的経済水域を設定でき，種々の資源を確保できるから。

問4　火山活動，サンゴ礁

問5　**島の記号**　E　　**島名**　ニューカレドニア島

問6　**海峡名**　マラッカ海峡　　**理由**　西アジアと日本などの東アジアを結ぶタンカーの航路であるから。(30字)

ここでは… 環太平洋地域の自然と人文・社会の基本事項を整理しよう。

解説

問1　図中にAで示された釧路・根室のあたりは，沖合を**寒流**の親潮（千島海流）が流れているため，夏季には太平洋からの湿潤な南東モンスーン（季節風）が冷却されて発生した海霧に覆われる。この影響で，低温に加えて日照不足が引き起こされ，耐寒性品種の開発・普及が進んだ今日もなお稲作には適さない。

問2　日本の国土の東端となっているBは，**南鳥島**である。この島は，日本の領土のなかで唯一，**太平洋プレート**上に位置している。この太平洋プレートが，沖縄県の大東諸島などが位置するフィリピン海プレートの下に沈み込む場所にできた地形が，**伊豆・小笠原海溝**や**マリアナ海溝**である。

問3　日本の国土の南端となっているCは，**沖ノ鳥島**である。南北約1.7km，東西約4.5km，周囲約11kmほどの太平洋上の環礁で，満潮時にはほとんどが海に沈む。日本は沖ノ鳥島の存在によって，日本の国土面積よりも広い約40万km²の**排他的経済水域**を確保している。

問4　大洋に点在する島嶼の成因は，大きく分類すると，火山活動によるものとサンゴ礁が発達してできたものの２種類である。火山島は，ハワイ諸島やガラパゴス諸島，イースター島などが代表例である。一方，サンゴ礁により形成された島ではマーシャル諸島などが代表例である。

問５　南太平洋に点在する島嶼のなかには，独立を遂げていない島もある。その代表例が，南東部の**タヒチ島**を中心とするフランス領ポリネシアと，南西部のフランス領**ニューカレドニア**（Ｅ）である。メラネシアに位置するニューカレドニア島は，高級リゾート地としての開発が進んでいる。また，世界のニッケル鉱の約10％を埋蔵する場所で，その可採年数は約150年（2007年）と推定される。

Ｄはソロモン諸島，Ｆはハワイ諸島，Ｇはフィジーである。

問６　インド洋と太平洋を結ぶＨ海峡は，**マラッカ海峡**である。マラッカ海峡は，西アジアと中国・日本など東アジアを結ぶタンカーの重要な航路（**オイルロード**）となっている。しかし，航路の幅が狭く屈曲している上，浅瀬が多く，通行量も多いため，大型船の通行は制限されている。また近年はマラッカ海峡付近で海賊行為が横行しており，大きな問題となっている。マラッカ海峡を通行できない大型船の迂回路の一つが，インドネシアのバリ島とロンボク島の間に位置する**ロンボク海峡**である。

整理しよう！

□日本の国土の東端は南鳥島，南端は沖ノ鳥島。

□伊豆・小笠原海溝は，太平洋プレートがフィリピン海プレートの下に沈み込む場所にできた地形。

□沖ノ鳥島を中心とする半径200海里の排他的経済水域は，日本の国土面積（約38万km²）よりも広い約40万km²。

89　極地方

解答

問１　ア　北極点　　イ　正距方位　　問２　次ページ図参照

問３　東アジアとヨーロッパ・北米東部を結ぶ大圏航路はシベリア上空を通るが，かつては冷戦の影響で旧ソ連の領空を飛行することが厳しく規制されていたために，大きく迂回する必要があった。また，当時の航空機は航続距離が短かったため途中で給油する必要があり，中間に位置するアンカレジ空港が中継基地として利用されたため。（150字）

採点ポイント 【配点　15点】

□東アジアとヨーロッパ・北米東部を結ぶ大圏航路はシベリア上空を通る …（3点）

□かつては旧ソ連の領空を飛行することが規制されていた…（3点）

□航路の迂回…（2点）

□当時の航空機は航続距離が短い…（3点）

□途中で給油の必要がある…（2点）

□航路の中間に位置するアンカレジ空港は中継基地として利用された …（2点）

ここでは… 正距方位図法によって作成された地図の特色と，北極地方と航空交通の関係を理解しよう。

解説

問１　正距方位図法によって作成された地図では，図の中心点からの正しい方位と距離を直線で表すことができる。また，正距方位図法で世界全図を描いた場合は，外周円が図の中心点の**対蹠点**となる。

問２　サンパウロはブラジル南部，南回帰線付近に位置するブラジル第１の人口を擁する都市である。日本からの距離は約１万8000kmあり，航空機が一回で飛べる距離よりも長く，どこかで給油を行うために着陸する必要がある。東京からニューヨーク経由でサンパウロへ向かう便は，ロシアの極東上空，北極海を経てニューヨークに着き，大西洋を南下してサンパウロへと至る。

問３ **論述の組立て**

人口希薄地帯のアラスカに立地するアンカレジ空港で乗りかえ旅客数が多かった理由を説明するのであるから，**背景・理由説明型**である。旧ソ連の領空飛行が規制されていたことと，当時の航空機は航続距離が短いため途中で給油の必要があったことの２点を軸に記述する。

日本などの東アジアとヨーロッパを結ぶ**大圏航路**は，旧ソ連のシベリア上空を通過する。しかし，第二次世界大戦後の東西冷戦の影響で，旧ソ連は西側諸国の航空機が領空を飛行することを厳しく規制した。このような状況を背景として，旧ソ連領空を迂回する北極圏経由のヨーロッパ−アジア航路が開発された。また，当時は航空機の航続距離も長くなかったため，アンカレジで給油する必要があった。このため，1980年代終わりまでアンカレジ空港の乗りかえ旅客数は増加した。しかし，航空機の性能が向上して航続距離が長くなると，アンカレジで中継せずに北米東部とアジアを結ぶ直行便が増加した。また，東西冷戦の終結を背景に旧ソ連が上空飛行の規制を緩和し，1991年にソ連が崩壊すると飛行制約は撤廃され，ヨーロッパ−アジア航路の主流がシベリア上空を通過するものとなった。この結果，1990年頃からアンカレジ空港の乗りかえ旅客数が急減することになった。

しかし，大量の貨物を積載している貨物便は，旅客便に比べて航続距離が短い。このため，貨物便は今日もなお，アンカレジを重要な中継地としている。アンカレジ周辺は，人口密度が低く，騒音問題と無縁で24時間運用が可能である上，貨物の集散作業に必要な広大な用地や安価な労働力が存在することなどから，国際航空貨物の**ハブ空港**として利用されている。

整理しよう！

- □正距方位図法の地図では，図の中心点からの直線によって正しい方位と距離を知ることができる。
- □正距方位図法の世界全図は，外周円が図の中心点の対蹠点となる。
- □航空機の性能の向上や旧ソ連の崩壊によって，東アジアとヨーロッパ・北アメリカ東部を結ぶ旅客便は直行便が増加した。

90 オセアニアの自然と人間生活

解答

問1 (1) A 鉄鉱石 B 金鉱 C ボーキサイト D 石炭

(2) 乾燥が強く，塩類土が分布する地域であるが，外来河川や地下水を利用する灌漑農業や牧畜業が展開されている。このため，灌漑水が蒸発したのち地表に塩類が集積し，塩害とそれに伴う荒地化・砂漠化が起きた。また，地下水の枯渇も深刻になっている。(115字)

問2 広大な国土に資源産地・都市が点在しているため，効率的な工業生産体制の構築が容易ではない。また，人口が少ないので国内市場規模は小さく，近隣諸国にも大規模消費市場が存在しない。これらが背景となって工業化があまり進まないため，豊富な鉱産資源や大規模農牧業による石炭・鉄鉱石・肉類などの一次産品が主要輸出品目に，電気機械・自動車などの工業製品が主要輸入品目になるという，発展途上国型の貿易形態を示している。(199字)

問3 **大地形における共通点** プレートの狭まる境界に位置する弧状列島で，新期造山帯の環太平洋造山帯に属する。(39字)

気候における相違点 ニュージーランドは偏西風の影響下にあり，日本はモンスーンの影響を強く受ける。(38字)

問4 北東－南西方向に伸びる脊梁山脈を境として，偏西風の風上斜面となる西岸部は多雨，風下斜面となる東岸部は少雨である。このため，北島の西岸部は酪農地帯，東岸部は牧羊地帯，また，南島の西岸部は森林地帯，東岸部はカンタベリー平野中心の混合農業地帯や牧羊地帯となっている。

(130字)

採点ポイント 問1(2) 【配点 10点】

□乾燥が強い地域…（1点）
□塩類土が分布する地域…（1点）
□外来河川や地下水を利用する灌漑農業や牧畜業の展開…（3点）
　△灌漑農業，牧畜業いずれかだけの記述…（－1点）
□灌漑水が蒸発するため，地表に塩類が集積して塩害が発生…（3点）
　△蒸発することが欠落している記述…（－1点）
□荒地化・砂漠化…（1点）
□地下水の枯渇…（1点）

問２　【配点　15点】
□広大な国土に資源産地・都市が点在して効率的な工業生産体制の構築が難しい…（３点）
□人口が少なく国内や近隣諸国の市場規模が小さい…（３点）
□工業化が進んでいない…（２点）
□石炭・肉類・鉄鉱石などの一次産品が主要輸出品目…（３点）
□電気機械・自動車などの工業製品が主要輸入品目…（２点）
□発展途上国型の貿易形態…（２点）

問４　【配点　10点】
□偏西風の風上側となる西岸部は多雨…（３点）
　△西岸部が多雨であることのみの記述…（－１点）
□北島西岸部は酪農地帯，南島西岸部は森林地帯…（２点）
□偏西風の風下側となる東岸部は少雨…（３点）
　△東岸部が少雨であることのみの記述…（－１点）
□北島東岸部は牧羊地帯，南島東岸部は混合農業地帯や牧羊地帯…（２点）

ここでは… オーストラリアとニュージーランドの自然と人文・社会について，頻出論点を整理しよう。

解説

問１　(1)　Aは鉄山が集中する北西部のピルバラ地区にあるので鉄鉱石，Bはカルグーリー，クルガーディのある地区に分布するので金鉱，Dはモウラ炭田周辺に集中するので石炭である。ケープヨーク半島・アーネムランド半島にあるCはボーキサイトである。

(2) **論述の組立て**

まず，この境界線に挟まれた地域が，乾燥が強くて塩類土の分布する地域であることを確認する。その上で，灌漑農業や牧畜業を行うため，塩害が発生し，荒地化・砂漠化が起きるという因果関係を正確に記述する。**因果関係説明型**である。

図中の境界線Xに挟まれた地域は，年降水量がおおよそ250～500㎜の地域である。ここでは，**外来河川**や**地下水**を利用する灌漑農業や牧畜業が展開されてきた。しかし，乾燥が強くて水の蒸発が活発である上，塩類土が分布している地域であるため，灌漑農業や牧畜業を行うと，地表に塩類が集積して塩害が発生する。さらに，塩害が生じると，植生が破壊されて荒地化や砂漠化が引き起こされる。

問2 **論述の組立て**

工業化が遅れているため，先進国であるにもかかわらず，一次産品が主要輸出品目，工業製品が主要輸入品目となる発展途上国型の貿易形態となっていることを指摘するのが核となる。あわせて，このような状況の背景を記述する。**特徴説明型**である。

オーストラリアは先進国であるにもかかわらず，石炭・鉄鉱石・肉類・金などが主要輸出品目，電気機械・自動車などが主要輸入品目となる発展途上国型を示している。これは，広大な国土に資源産地や都市が点在して効率的な工業生産体制の構築が困難であること，人口が少ないために市場規模が小さいこと，近隣諸国に大消費市場が存在しないことなどに起因している。

問3 大地形における共通点としては，プレートの狭まる境界に位置し，**新期造山帯**である**環太平洋造山帯**に属していることがポイントである。

また，気候における相違点としては，ニュージーランドが**偏西風**の影響下にあって気温の年較差が小さい西岸海洋性気候区（Cfb）の地域であるのに対して，日本が**モンスーン（季節風）**の影響下にあって夏季に高温となる温暖湿潤気候区（Cfa）の地域であることがポイントである。

問4 **論述の組立て**

気候と農牧業の地域性を説明するので，**事項説明型**である。南北方向に伸びる脊梁山脈（サザンアルプス山脈など）を境として，偏西風の風上斜面と風下斜面を比較して記述するとよい。

整理しよう！

□乾燥地域で過度の灌漑農業を行うと，塩害→荒地化・砂漠化という環境問題の連鎖反応が起こる。

□ニュージーランドの気候は，偏西風の風上斜面となる西岸部が多雨，風下斜面となる東岸部が少雨。

19 総合問題

91 世界の気候・地形（立教大）

解答

A．1－❽　2－❺　3－❼　4－❹

B．1．フィヨルド　2．氷食によりできたU字谷に海水が浸入して形成された細長い入江で，岸壁は急崖をなし湾奥まで水深が深い。(49字)

C．②，⑤，⑥，⑦，⑩　D．ⓐ，ⓑ

E．1．斜面の向きが異なり，Tの方が陽当たりがよいため。(24字)

2．夏は高地で乳牛を放牧し，冬は麓で舎飼いする移牧。(24字)

ここでは… 世界の気候分布・地形分布は，頻出テーマである。地図帳の「ケッペンの気候区分」をよく見ておくとともに，成因まで踏み込んだ学習をしておこう。地形については，特徴的な地形の代表的な分布を確認しよう。

解説

A．　気候表の都市1は，年降水量が少ないためB気候であると判断できる。地図の地点❶～❿のうち，B気候となるのは，中緯度高圧帯の影響が大きい❸（アスワン）と❽（アリススプリングス）である。各月の気温を見ると，7月が最寒月なので，南半球に位置している❽と判断できる。

都市2は，気温の年変化を見ると，1月が最寒月であることから北半球と判断できる。また，最多雨月の8月の降水量が，冬季に当たる最少雨月の12月の10倍以上であるため，降水量分布はw（冬季乾燥）型である。北半球でw型の降水量分布になるのは，冬季に内陸から乾燥した季節風が吹く❹（デリー）・❺（クンミン）・❻（バンコク）である。都市2の気温は，最寒月平均気温が10℃を下回っているため，ユンコイ（雲貴）高原に位置して高度が高く，最寒月平均気温が低くなる❺と判断できる。

都市3は，年降水量が多く，最寒月平均気温が－3℃以上・18℃未満でC気候，降水量分布は年中一定の雨量があるｆ型，最暖月平均気温が22℃以上であるため，温暖湿潤気候区（Cfa）である。Cfaとなるのは，❷（ブカレスト）と❼（東京）であるが，都市3は9月が最多雨月（秋霖前線と台風の影響）で，年降水量も多いことから，❼と判断できる。❷のブカレストは，内陸に位置し，東京よりも気温が低く，年降水量も少ない。

都市4は，都市2と同じく，北半球でw型の降水量分布であり，❹と❻が該当するが，最寒月平均気温が18℃未満であることから，緯度の高い❹と判断できる。❻のバンコクは，サバナ気候区（Aw）の代表的な都市であり，最寒月平均気温は18℃以上となる。

そのほか，❶（ストックホルム）は西岸海洋性気候区（Cfb），❾（シアトル）は地中海性気候区（Cs），❿（ラパス）は温暖冬季少雨気候区（Cw）となる。アンデス山脈に位置するボリビアの**ラパス**は世界で最も標高が高い首都である。

B．１．㋐は，スカンディナヴィア半島西側の沿岸部であり，発達する地形は**フィヨルド**である。

２．フィヨルドは，氷河の侵食によってできた**U字谷**に海水が浸入して形成された**沈水海岸**である。U字谷に沿って海水が浸入してくるため，細長く奥深い入り江となり，水深は深い。

C．地中海性気候区は，大気の大循環によって，夏季は**中緯度高圧帯**の支配下に入るため乾燥し，冬季は**高緯度低圧帯**や**偏西風帯**の支配下に入るため湿潤となる。そのため，一般的に大気の大循環の影響を受けやすい緯度40°前後の大陸西岸に見られる。それを当てはめると，アフリカ南西岸の②（ケープタウン），オーストラリア南西部の⑤（パース），北アメリカ大陸西岸の⑦（サンフランシスコ），南アメリカ大陸西岸の⑩（サンティアゴ）の四つが該当する。あと一つは，⑥（アデレード）であり，西にグレートオーストラリア湾があり，東の大陸部も小さいため，大陸部から受ける比熱の影響が小さく，地中海性気候区に属する。

D．問題文は，**ケスタ地形**について説明したものである。ケスタ地形は，**構造平野**の一種で，緩傾斜した硬軟互層の地層が差別侵食を受けることで，一方が急傾斜，他方が緩傾斜となった非対称の断面系を持つ地形である。代表例としては，ⓐのロンドン盆地，ⓑのパリ盆地がある。

そのほかの選択肢を見てみると，ⓒは，**アフリカ大地溝帯**が走るエチオピア高原，ⓓは，**新期造山帯**のチベット高原，ⓔは，断層作用によってできた世界最深の湖の**バイカル湖**，ⓕは，新期造山帯のカリマンタン（ボルネオ）島，ⓖは，新期造山帯でアリューシャン列島から続くアラスカ半島，ⓗは，**準平原**でカナダ楯状地に当たるラブラドル高原である。

E．１．日本でも，山間部では，南向きの陽当たりがよい斜面に集落は立地しやすく，日向(ひなた)集落といわれ，日陰に比べて集落は多い。

２．**移牧**は，夏は**アルプ**といわれる山地中腹の高地牧場で乳牛を放牧し，雪深い冬は麓(ふもと)で舎飼いする酪農の形態である。移牧は，夏に高温乾燥する地中海性気候区でも行われ，スペインのメセタや，イタリアのアペニン山脈でも見られる。山地の高度差を利用した**垂直的移動**の移牧に対して，家畜の水や草を求めて**水平的移動**を行う牧畜形態を**遊牧**という。

整理しよう！

□気候は，気温変化と降水量分布に注目しよう。
□フィヨルドは，陸地の奥深くに達し，水深が深い。
□地中海性気候区は，夏季は中緯度高圧帯の支配下に入るため乾燥，冬季は高緯度低圧帯や偏西風帯の支配下に入るため湿潤となる。

92 インド洋の地形・気候（早稲田大）

解答

問1　①－ベンガル湾　②－6　問2　a
問3　④－i　⑤－c　⑥－d　問4　⑦－c　⑧－d
問5　⑨－C　⑩－A　⑪－B　問6　d

ここでは… インド洋を中心とする，アフリカ東部から，西・南・東南アジア，オセアニアについての問題である。日本を含む環太平洋地域や環大西洋地域もしっかり押さえておこう。

解説

問1　①　インド亜大陸東側の海域は，**ベンガル湾**である。

②　時差は常に，本初子午線を標準時子午線とする世界標準時（GMT）を中心に考えよう。「アフリカ東岸」は，本初子午線より東側に位置しているから，「世界標準時との時差2時間」というのは，「世界標準時＋2時間」になる。日本標準時は，東経135°の経線を標準時子午線としており，「世界標準時＋9時間」になる。「オーストラリア西岸」は，東経135°の西に位置しているので，「日本標準時との時差1時間」というのは，「世界標準時＋8時間」ということになる。だから，答えは，「8時間－2時間＝6時間」，ということになる。

問2　アンダマン諸島とその南のニコバル諸島は，スマトラ島やジャワ島に続くアルプス=ヒマラヤ造山帯の一部で，プレートの**狭まる境界**に当たる。

問3　④　「赤道の南側」に卓越する恒常風は，iの南東貿易風である。

⑤・⑥　「北側」の南アジアは**モンスーン**（**季節風**）が卓越する地域であり，冬季は大陸から乾いたcの北東季節風が，夏は海洋から湿潤なdの南西季節風が吹く。

19 総合問題

問4　⑦　熱帯気候，乾燥・半乾燥気候以外でアフリカ大陸東岸に見られる気候は，cのCfbである。Cfbは，南アフリカ共和国の南東で見られる。

⑧　オーストラリア西岸南端部に見られる気候は，dのCsである。問題に該当する地域には，人口100万都市のパースが位置し，周辺では**地中海式農業**が見られる。

問5　環インド洋地域で，比較的面積の大きな島嶼国としては，アフリカのマダガスカル（世界で4番目に大きい島），南アジアのスリランカ，東南アジアのインドネシアが考えられる。A国は，「マレー系の言語」，「稲作」，「フランスへの輸出品」から判断して，マダガスカルである。マダガスカルは，アフリカでは珍しく，**オーストロネシア語族**（マレー=ポリネシア語族）の言語を話し，米を主食とする。また，植民地支配を受けたアフリカの国は，旧宗主国との経済的な関係が強い。マダガスカルにとって，旧宗主国のフランスは最大の輸出相手国である。宗教は，フランスの影響によるキリスト教のほか，それ以前からの伝統信仰も多いことから，⑩が該当する。

B国は，「マレー系の言語」，「稲作」からインドネシアが該当する。東南アジアの島嶼部では，オーストロネシア語族の言語が主に話される。また，モンスーンアジアに位置し，稲作が盛んである。インドネシアは，世界でイスラム教徒が最も多い国として知られることから，⑪が該当する。

C国は，「稲作」のほか，「アメリカやイギリスへの輸出が多い」をヒントに，スリランカとわかる。スリランカでは，インド=ヨーロッパ語族のシンハリ語が主に話され，イギリス植民地であったため茶のプランテーションが発達し，イギリスへの輸出も多い。上座部仏教が主に信仰されていることから，問題の表では「その他」の宗教が最も多い⑨が該当する。スリランカでは，多数派の**上座部仏教徒**の**シンハリ（シンハラ）人**に対して，少数派の**ヒンドゥー教徒**の**タミル人**が反発し，内戦がしばしば生じてきた。

問6　**インド洋中央海嶺**はプレートの**広がる境界**で，マグマが上昇してプレートが生成される。③のアンダマン諸島はプレートの狭まる境界に位置し，プレートが沈み込みによって収束していく。よって，dが正しい。

プレート境界には，広がる境界，狭まる境界，ずれる境界の三つがあるが，いずれの境界も，地殻運動の激しい変動帯であり，地震活動が活発である。a・bのように，どちらか片方だけで地震が起こる，ということはない。

整理しよう！

□南アジアでは，夏季は海洋からの暖かく湿った南西季節風，冬季は大陸からの乾いた北東季節風が卓越する。
□プレート境界は変動帯であり，地震活動が活発である。
□海底の広がる境界ではプレートが生成され海嶺が発達し，狭まる境界ではプレートが収束し，海溝や弧状列島が発達する。

93 人口５千万人～１億人の国（青山学院大）

解答

問１　A　ドイツ　　B　エチオピア
C　エジプト　　D　イラン　　E　タイ　　F　コンゴ民主共和国
G　フランス　　H　イギリス　　I　イタリア
問２　(ア)　ウラル　　(イ)　カスピ海　　(ウ)　黒　　問３　ASEAN
問４　自転軸の傾きと同じ23° 26′ の緯線

ここでは… 人口が５千万～１億人の国は，手薄になりやすい。人口規模の大きい国は，地域ごとに整理し，確認しておこう。

解説

問１　アジアのフィリピン・ベトナム・D・Eのうち，フィリピン・ベトナム・Eは，問題文より東南アジアに位置（ASEAN 加盟国）することがわかる。フィリピンとベトナムは面積もほぼ同程度で区別しづらいが，フィリピンはアメリカ合衆国から独立し，アメリカ合衆国を中心に外国資本の進出が早かったため，ベトナムよりも１人当たりの GNI は高くなる傾向にあった。ベトナムは戦争を経て，1976年に成立した**社会主義国**であり，1980年代から市場経済を導入する**ドイモイ政策**のもとで経済が発展し，現在ではフィリピンと同程度の所得水準となっている。

人口が６千万人強で，１人当たりの GNI がフィリピンよりも高いEはタイである。タイは，マレーシアとともに準 NIEs といわれ，近年では「東南アジアのデトロイト」をめざして先進国の自動車企業を積極的に誘致したため，自動車の輸出が増えている。Dは，「アジア地域西部に位置し，石油収入に依存」とあり，西アジアで人口規模が大きい（５千万人以上）国はイランとトルコなので，該当するのはイランである。西アジアでこの

２国に次いで人口規模が大きいのは，イラク（約４千万人）である。

ヨーロッパのＡ・Ｇ・Ｈ・Ｉのうち，人口が約８千万人のＡがドイツである。問題文に「Ａ国とＧ国は，陸上で国境を共有」，「Ｇ国とＩ国も同様（国境を共有）」，「Ａ国とＩ国の間には，別の国々が存在」とあるので，Ｇはフランス，Ｉはイタリアである。ドイツとフランスの間を流れる**ライン川**は両国の**河川国境**となっており，フランスとイタリアは，**アルプス山脈**が**山岳国境**となっている。ドイツ（Ａ）とイタリア（Ｉ）の間にはスイスやオーストリアが存在する。Ｈは，問題文に「表に挙げたヨーロッパ４カ国の中で石油生産量が一番多い」とあることからイギリスとなる。イギリスは**北海油田**を有する。

アフリカで人口が５千万人を超える国は，ナイジェリア・エチオピア・エジプト・コンゴ民主共和国の４カ国である。（2021年ではタンザニア・南アフリカ共和国・ケニアも５千万人以上となる）。Ｂ・Ｃ・Ｆのうち，問題文に「国土全体が北半球にあり，回帰線が通るのはＣ国のみ」とあるので，Ｃはエジプトである。「タナ湖がある」Ｂはエチオピア。**タナ湖**はエチオピア高原に位置する湖である。Ｆは，「コバルト鉱の産出国」なので，コンゴ民主共和国が該当する。

問２　(ア)　ユーラシア大陸をヨーロッパとアジアに区分する際，一般的には，東経60°に沿って南北に走る**ウラル山脈**をその境界とする。

(イ)　世界最大の湖は**カスピ海**である。石油資源に恵まれ，バクー油田（アゼルバイジャン）を初め，多くの油田が見られる。

(ウ)　ボスポラス海峡は，マルマラ海と**黒海**に挟まれた海峡である。

問３　東南アジアの各国が加盟し，東南アジア諸国の経済の発展，地域の平和・安定をめざす組織は，**ASEAN**（東南アジア諸国連合）である。本部は**ジャカルタ**（インドネシア）にある。

1967年に５カ国によって発足したASEANは当初，ベトナム戦争が激化するなかで，中国やベトナムなど東側陣営に対抗するために結成され，安全保障的な側面が強かった。

1980年代後半に原加盟国のシンガポールやマレーシアなどが著しい経済発展を遂げると，非加盟国から加盟を望む声が挙がった。一方，ASEAN側には「東南アジアのすべての国で構成される機構」との理念があり，双方の思惑が一致した。1995年以後，経済開放を進める社会主義国ベトナムやカンボジアなど次々と加盟した。

ASEAN 加盟国を加盟年の順に並べると，以下のようになる（2021年）。

	加盟年	面積（千km²）	人口（千人）	GNI（億ドル）	GNI/人（ドル）
シンガポール	1967（原）	0.7	5941	3544	63000
マレーシア	1967（原）	331	33574	3630	10710
タイ	1967（原）	513	71601	4875	7090
フィリピン	1967（原）	300	113880	4081	3550
インドネシア	1967（原）	1911	273753	11543	4170
ブルネイ=ダルサラーム	1984	5.8	445	141	30320
ベトナム	1995	331	97468	3474	3590
ラオス	1997	237	7425	178	2510
ミャンマー	1997	677	53798	633	1170
カンボジア	1999	181	16589	256	1580

問4　地球の自転軸は，太陽の周りを回る公転面に対して，約23°（正確には，23°26′）傾いているため，緯度により太陽高度（太陽が地表を照らす角度）が変化する。**回帰線**は，自転軸の傾きと同じ23°26′の緯線である。

整理しよう！

□人口規模が5000万～1億人の国は，アジアではフィリピン・ベトナム・トルコ・イラン・タイ（2021年ではミャンマー・韓国も5000万以上）。

□ヨーロッパでは，ドイツ・フランス・イギリス・イタリア，アフリカでは，エチオピア・エジプト・コンゴ民主共和国が大人口国。

(2021年ではフィリピン・エチオピア・エジプトの人口は1億人以上)

94 民族問題（慶應義塾大）

解答

問1　(1)(2)－29　(3)(4)－48　(5)(6)－38　(7)(8)－50　(9)(10)－19　(11)(12)－40　(13)(14)－26　(15)(16)－46　(17)(18)－37　(19)(20)－17　(21)(22)－28　(23)(24)－44　(25)(26)－22　(27)(28)－18　(29)(30)－41　(31)(32)－11　**問2**　(あ)　EU（ヨーロッパ連合）　(い)　公民権

問3　国民国家（民族国家）　**問4**　フロリダ　**問5**　3

問6　NGO　**問7**　ハーグ　**問8**　ブミプトラ政策

問9　多文化主義政策

ここでは… 民族問題は，世界各地で頻発しているが，まずは，実際に入試で問われた民族問題を確実に押さえよう。

解説

問1　(1)(2)　**コソヴォ**は，旧ユーゴスラビアの**セルビア共和国**の南に位置している。コソヴォには，**アルバニア系**の**イスラム教徒**が居住し，正教徒が多いセルビア共和国からの分離独立運動が行われ，2008年に独立を宣言した。

(3)(4)　1990年代前半から，**ツチ族**と**フツ族**の対立が生じたのは，アフリカのルワンダである。ツチ族とフツ族の対立は，隣国のブルンジでも見られ，両国で大虐殺が行われるなど，その対立は先鋭化した。

(5)(6)・(7)(8)　ベルギーは，北部にゲルマン語系のオランダ語を話す**フラマン人**，南部にラテン語系のフランス語を話す**ワロン人**が居住している。ベルギーでは長い間，両地域間で対立が続いたが，1993年に地域での自治の幅を拡大する連邦制（フラマン・ワロン・ブリュッセルの3地域政府で構成）へと移行した。

(9)(10)　スペインの北東部，地中海沿岸地域に居住するのは，**カタルーニャ人**である。同じくスペイン内の少数派である**バスク人**が居住する**バスク地方**は，ピレネー山脈の西部に位置し，大西洋のビスケー湾に面している。カタルーニャ地方とバスク地方はスペイン内で自治が認められている。

(11)(12)　アメリカ合衆国でアフリカ系住民が労働力として連れて来られたのは，南部の**綿花プランテーション**のためである。

(13)(14)　**ヒスパニック**は，アメリカ合衆国における中南米出身のスペイン語を母語とする人々のことをさす。

(15)(16)・(17)(18)　カリフォルニア州はメキシコから，カリブ海のプエルトリコはスペインから獲得した。アメリカ合衆国は1776年に**東部13州**がイギリスより独立し，西漸（せいぜん）運動によって領土を拡大していった。ミシシッピ川より東側は**イギリス**から，ミシシッピ川からロッキー山脈にかけては**フランス**から，テキサス州を中心とした地域は**メキシコ**から，フロリダ州を中心とした地域は**スペイン**から，アラスカは**ロシア**からそれぞれ獲得した。

▼アメリカの拡大

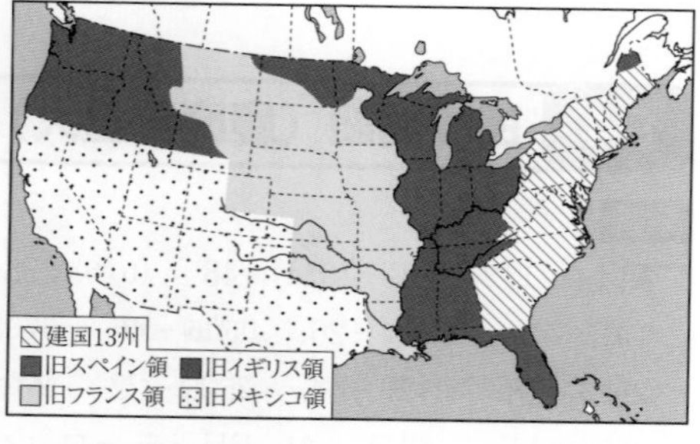

⒆⒇　インドネシアは，**オランダ**から独立した。インドネシア全体ではイスラム教徒が多いが，**バリ島**では**ヒンドゥー教**が信仰されているほか，2002年にインドネシアから独立した**東ティモール**は，旧ポルトガル領であったため，**カトリック**が主に信仰されている。

㉑㉒・㉓㉔　旧ユーゴスラビアに属し，オーストリアに接しているのは**スロベニア**，ギリシャと国境を接しているのは**マケドニア**である。スロベニアは，**問2の㋐**のEUもヒントとなる。イタリアとも国境を接し，旧ユーゴスラビアでは工業化が進んでおり，EU加盟国との所得格差が小さかったため，旧ユーゴスラビアの中でいち早くEU加盟を達成した。

㉕㉖～㉛㉜　カナダで**フランス系**が多数派を占める州は**ケベック州**，英語系の住民が多く，五大湖工業地帯に近い州は**オンタリオ州**である。また，太平洋岸に位置するのは**ブリティッシュコロンビア州**，その東に隣接して石油を初め**オイルサンド**などの化石燃料に恵まれているのは**アルバータ州**である。

問2　㋐　2004年にスロベニアが加盟したのは，**EU**（ヨーロッパ連合）である。2004年は，EUの東方拡大が進んだ年でもあり，スロベニアのほか，バルト3国のエストニア・ラトビア・リトアニア，中欧のポーランド・チェコ・スロバキア・ハンガリー，地中海のマルタ・キプロスの**10カ国**が加盟し，15カ国から25カ国へと加盟国が急増した。また，スロベニアは，同年NATO（北大西洋条約機構）へも加盟している。

㋑　アメリカ合衆国における，アフリカ系住民への差別撤廃運動を，**公民権運動**という。問題文にあるように，1865年の奴隷制廃止の後も，アフリカ系住民に対する様々な差別は長く存在し，交通機関やレストラン，学校，公衆トイレなどの公共機関において，白人とアフリカ系住民を分離する政策が採られてきた。1950年代に入って，こうした政策に異議を訴える公民権運動が起こり，1964年公民権法が制定された。

問3　各民族がそれぞれの道を自ら決定し，一つの民族が一つの国家をつくることを理想とする考え方を，**民族自決主義**といい，こうした考え方に基づいてつくられた国家を，**国民国家（民族国家）**という。

問4　キューバ系ヒスパニックが最も多い州は，**フロリダ州**である。ヒスパニックの主な出身国・地域は，**メキシコ・キューバ・プエルトリコ**である。農場労働者などの出稼ぎが多いメキシコからは，メキシコ国境沿いの**カリフォルニア州**や**テキサス州**に，政治難民が中心のキューバからは，フロリダ海峡を挟んだ**フロリダ州**に，アメリカ合衆国の市民権を持つプエルトリコからは，**ニューヨーク州**に移住してくることが多い。

問５　東南アジアで，最も中国系住民の人数が多いのは，インドネシアである。割合が最も高いのはシンガポールで，**5**に当てはまる。最も人口規模の小さい**4**がブルネイ，残る**1**と**2**は，割合の低い**1**がタイ，割合の高い**2**がマレーシアとなる。東南アジアの中国系住民は，中国南部のフーチエン（福建）省やコワントン（広東）省出身者が多い。

問６　非政府組織のアルファベットでの略語は，NGO（Non-Governmental Organization）である。NGO は，国連や政府以外の非営利民間団体をさし，開発・人権・環境・平和などの問題に国境を越えて取り組むものも多い。ODA（政府開発援助）が，政府間の援助であるのに対し，NGO は，民間レベルでの草の根活動に従事し，両者は最近，補完関係にある。

問７　国連に常設された国際司法機関の**国際司法裁判所**は，オランダの**ハーグ**にある。国家間の法律的紛争や国際紛争に際し，裁判による解決を図る国際法における権威である。その法律的意見は国際法に多大な影響を与えている。国連の本部はアメリカ合衆国の**ニューヨーク**，UNESCO（国連教育科学文化機関，ユネスコ）本部は**パリ**にあるなど，各機関の所在地は異なる。主要な機関の所在地は整理しておきたい。

問８　マレーシアのマレー人優遇政策は，**ブミプトラ政策**である。マレーシアは，マレー人・中国系住民・インド系（タミル系）住民が６：３：１で居住する多民族国家であり，３割に当たる中国系が経済の実権を握っていた。そのため，所得水準の低い多数派のマレー人を優遇するブミプトラ政策（マレー語で「土地っ子」の意）が採られ，大学の進学や公務員の採用などにおいて，マレー人を優遇する政策が採られた。

問９　多民族が共存するための政策に，**多文化主義政策**がある。

整理しよう！

□民族紛争は，その国内での多数派民族と少数派民族の間で発生しやすい。

□アメリカ合衆国のヒスパニックは，メキシコからの移民はメキシコ国境沿い，キューバからはフロリダ州，プエルトリコからはニューヨーク州に多い。

□東南アジアで，中国系住民の人数が最も多いのはインドネシア，その割合が高いのはシンガポールである。

95 人口と水および食料（立命館大）

解答

〔1〕 A 移動　B 爆発　C 一人っ子　D 福祉　E 合計特殊
F 転換（革命）　G 被圧　H 商業　I FAO（国連食糧農業機関）
J 多角　〔2〕 印僑　〔3〕 14%　〔4〕 生産年齢人口
〔5〕 (イ)－㋕　(ロ)－㋐　〔6〕 (ハ)－㋐　(ニ)－㋖
〔7〕 エクメーネ　〔8〕 ㋑　〔9〕 (ホ)－㋒　(ヘ)－㋓

ここでは… 人口と食料を中心に，基本的事項を押さえる。人口は，必修の用語のほか，経済発展によって各指標がどう変化するのかに注目しよう。食料は，その国・地域の自然環境と関係付けて農業形態を整理しておこう。

解説

〔1〕 A 「移民」がヒントになり，人口「移動」が適当である。

B 産業革命期にヨーロッパで生じた急激な人口増加を，第1次人口爆発，20世紀後半の発展途上地域で生じたそれを，第2次人口爆発ということもある。

C 一人っ子政策は，1970年代初期の少子奨励策を経て，1970年代末期から実施された。そのため，それ以降の出生率は急激に低下し，中国の人口ピラミッドは，いびつな形となる。

▼中国の人口ピラミッド（2000年）

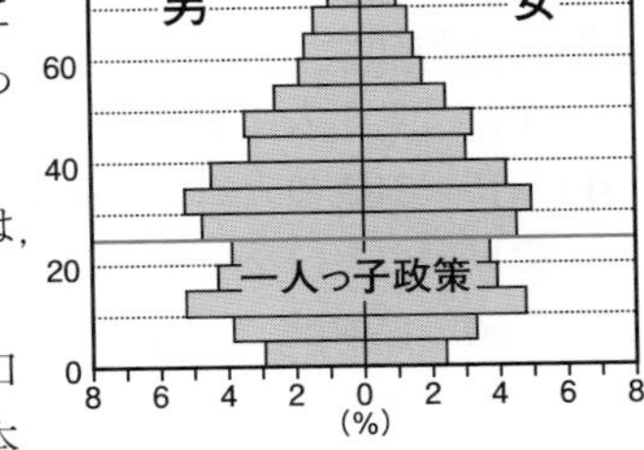

D とくに，スウェーデンなど北欧諸国は，**高福祉国家**として知られている。

E **合計特殊出生率**が2.08の時に静止人口となるといわれるが，2006年時点で，日本は1.3，イタリアは1.4，韓国は1.2まで低下しており，この状態が続くと，人口が減少するようになる。

F 人口動態が，多産多死から少産少死へと変化することを**人口転換**（**人口革命**）という。

G **被圧地下水**を汲み出す井戸を掘り抜き井戸といい，オーストラリアのグレートアーテジアン（大鑽井（さんせい））盆地では，掘り抜き井戸による被圧地下水を利用した粗放的な牧羊が見られる。

▼地下水

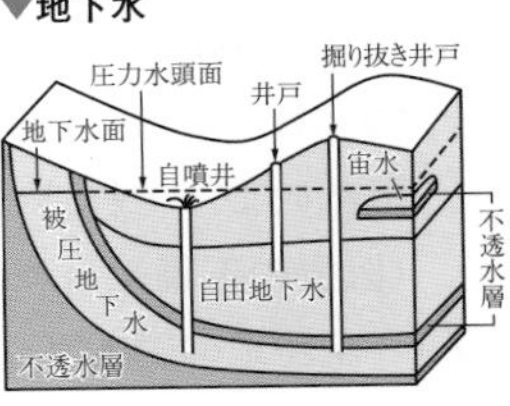

19 総合問題

なお，不透水層の上にある最も浅い地下水を**自由地下水**という。

H　産業革命により，農業活動を行わない工業労働者や都市生活者が登場することで，販売を主目的とする商業的農業が発達した。またこの時期，新大陸から安価な穀類（小麦）が流入してきたため，**三圃式農業**から発達した輪栽式農業は，肉類の販売を主目的とする**商業的混合農業**，乳牛を飼育して生乳や酪農品の販売を行う**酪農**，野菜や花卉(かき)などを販売する**園芸農業**に分化した。なお，果樹栽培を行う地中海式農業は，二圃式農業から発展したものであり，三圃式農業から分化したものではない。

I　FAO（国連食糧農業機関）は，世界の食糧・農産物の生産や加工，流通の改善を図り，栄養水準や生活水準を向上させ，飢餓をなくすことを目的とする機関である。

J　特定の一次産品に輸出が偏るモノカルチャー経済は，気候変動や国際市場の影響を受けて不安定なため，農業の多角化が課題となっている。

〔2〕 インドから世界各地へ移住した人々を**印僑**という。イギリス領インド時代に旧イギリス植民地に移住し，農園や鉱山の労働に従事した。中国系の**華僑**になぞらえて印僑といわれる。イギリス植民地であったケニアなどの東アフリカや，マレーシア・シンガポールなどの東南アジア，カリブ海諸国，フィジーに多い。東南アジアの印僑は，南インド出身者が多く，ドラビダ系のタミル語が話される。またフィジーでは，先住のメラネシア系住民とインド系住民の間で衝突が起きている。

〔3〕 高齢社会（aged society）は，老年人口が14％以上に達した状態をさす。また，老年人口が7～14％の状態を高齢化社会（aging society）という。

〔4〕 15～64歳の人口を**生産年齢人口**という。0～14歳の人口を**年少人口**，65歳以上の人口を**老年人口**という。

〔5〕 (イ) 日本は，高齢化の進行が先進国のなかでも早いことが特徴である。カナダは，若年層の移民が多く，出生率も高くなるため，人口増加率も年少人口比率も高めである。

(ロ) アジア地域の中でも人口増加率が高い南アジアのインドやバンクラデシュよりもさらに高いので，アフリカの最貧国の一つの**エチオピア**である。このような国では，年少人口比率が高く，老年人口比率が低い。

〔6〕 (ハ) 2005年の人口が約3億人であることから，アメリカ合衆国である。

(ニ) ロシアは，1991年のソ連解体以降，市場経済に移行したが，その際の混乱によって経済は停滞し，人口動態では，出生率の低下や死亡率の上昇（医療の不備や自殺率の上昇による）を招き，人口が減少している。

〔7〕 全陸地の約90％が**エクメーネ**に該当する。極限界や乾燥限界，高距限界

を超える非居住地域をアネクメーネという。

〔8〕 赤道に近く高温多雨のジャカルタ（Am：1903.4mm／年）を除き，ほかの三つの判別はやや難しい。ペキン（Dw：575.2mm／年）はモンスーンの影響を受けてw型となり，夏の降水量が多く，年降水量も３都市の中では多くなる。夏季少雨であるs型のローマとテヘランでは，沿岸部に位置するローマ（Cs：716.9mm／年）の方が降水量は多いので，年間降水量が最も少ない都市はテヘラン（BS：219.2mm／年）となる。

〔9〕 (ホ) 小麦は，米よりも冷涼少雨な気候に適するため，タイではほとんど栽培されない。また，タイは鶏肉の生産が盛んであるので肉類の自給率も高くなる。

(ヘ) 耕地率が50％以上と高いデンマークでは，商業的混合農業による豚肉の生産が盛んで，日本にも輸出されている。

整理しよう！

□経済発展に伴い，人口動態が多産多死→多産少死→少産少死へと移行することを人口転換（人口革命）という。

□発展途上地域では，多産少死の状態が続き，人口爆発が起こった。

□先進地域では，少子高齢化が進み，労働力不足が懸念されている。

□中国では，一人っ子政策を初めとする人口抑制策によって，出生率が先進国並みに低下した。

□インドから海外へ移住した人々を印僑といい，旧イギリス植民地に多い。

20 論述問題

96 地形図・立体図・断面図（北海道大）

解答

問１　立体図１－ｂ　立体図２－ｅ　立体図３－ｈ

問２　１　カルデラ　２　カール（圏谷）
３　ホーン（尖峰，ホルン）　問３　４

問４　湖である。南にある517.9mの水準点から水域までに515mの補助曲線しかなく，水面標高は約515mと判断でき，海抜０ｍより高いから。(63字)

問５　中央の扇状地では，扇央部の伏流水が湧出する扇端部に白津や川桁などの集落が，西部の河川沿いに発達した氾濫原では，洪水時に水害を受けにくい微高地の自然堤防上に西館集落が立地する。(87字)

問６　扇状地の水が伏流する扇央部や，西部の河川沿いの自然堤防上は，乏水地であるため主に畑として利用され，西部を流れる河川沿いに広がる低湿な後背湿地は，主に水田として利用されている。(87字)

採点ポイント　問４　【配点　５点】

□湖である…（１点）
□517.9mの水準点，または515mの補助曲線の指摘…（２点）
□水面標高が約515mである，または海抜０ｍより高い…（２点）

問５　【配点　10点】

□中央部に扇状地がある…（１点）
□扇端部に白津や川桁などの集落が立地している…（２点）
　△具体例（白津や川桁などの地名）の欠落…（－１点）
□扇央部の伏流水が湧出する…（２点）
□西部の河川沿いには氾濫原が発達している…（１点）
□自然堤防上に西館集落が立地している…（２点）
　△具体例（西館の地名）の欠落…（－１点）
□洪水時に水害を受けにくい微高地である…（２点）

問６　【配点　10点】

□扇央部や自然堤防上は畑である…（３点）
　△扇央部，自然堤防，どちらか一方の欠落…（－２点）
□乏水地である…（２点）

□西部の河川沿いの後背湿地は水田である…（３点）
□低湿である…（２点）

ここでは… 集落や農業的土地利用と地形との関係を，鳥瞰図や断面図，地形図を題材にして確認する。地形図に苦手意識を抱いている受験生は多いが，何度も取り組んで見慣れることで克服してほしい。

解説

問１　地形図上の谷筋が立体図でどう描かれているかに注目すると解答しやすい。立体図（鳥瞰図）は，標高3000m程度から見た景観であるため，地形図の範囲内でも眺めた地点付近が含まれず，地形図の範囲外にある遠方は含まれることに注意する。

立体図１と地形図Ａ　大雪山から東に刻まれた谷が，立体図上で手前に伸びてきているので，ｂ地点から見たと判断できる。烏帽子岳の西から北東に刻まれた岩のがけもヒントになる。

20 論述問題

立体図２と地形図Ｂ　戸蔦別(とったべつ)川が流れる谷が，立体図の右奥へと伸びている谷に合致するので，ｅと判断できる。戸蔦別岳の南北両側にあるカールの見え方もヒントになる。

立体図３と地形図Ｃ　幅の広い横尾谷が立体図の左側の谷に当たることから，ｈと判断できる。横尾尾根が手前に伸びてきていることもヒントになる。

問2　1　火山の爆発や陥没により形成され，箱根山や阿蘇山にも見られる凹地は**カルデラ**である。阿蘇山のカルデラは，世界最大級である。

2　氷食によってできた凹地を**カール**（圏谷）という。山頂や稜線付近に発達した小規模な氷河が移動して形成された椀状の凹地である。

3　周囲を氷食で削り取られ，ピラミッド状に孤立した岩峰を**ホーン**（尖峰，ホルン）という。ヨーロッパアルプスの**マッターホルン**が典型例である。

問3　断面図の問題は，選択肢を見比べて，異なるところに注目していくと解きやすい。**地形図D**は計曲線が100mおきに描かれていることから，5万分の1である。また，この問題の場合，X－Yの位置関係が地形図と断面図では逆になっていることに注意しよう。**地形図D**から，Xの「すがたみ」駅は1600m，Yの「あさひだけ」駅は1100mの計曲線が近くにあり，XからYに向かって一貫して下りである。したがって，Xが1400m付近になっている1，Y付近で高くなっている3は誤りである。

残った2と4は，急斜面と緩斜面の場所が異なっている。途中にある「てんにょがはら」駅よりY側は，等高線の間隔が広く緩斜面に，X側は間隔が狭く急斜面になっており，さらに1300mの計曲線がXとYの中間地点付近にある。これらの条件に適する4が正しいと判断する。

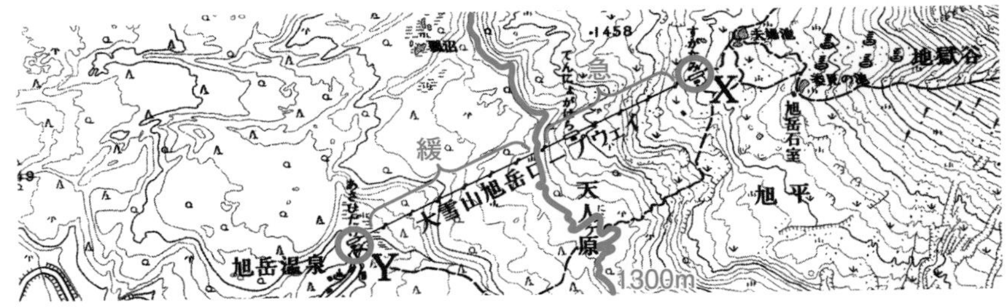

問4　**論述の組立て**

地形図の水域が海か湖かを答え，そのように判断した理由が問われている。**理由説明型**の変形といえる。地形図の論述では，「どこの何を」図から読み取ったのかを明らかにし，そこから判断したことを述べる。

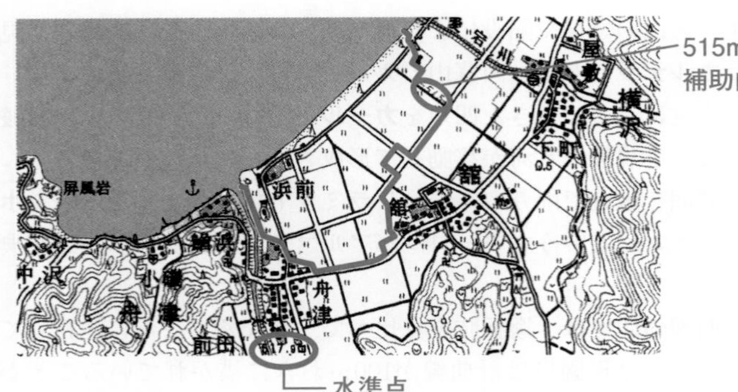

地形図の南端に，517.9mの**水準点**があることが読み取れる。水準点は，土地の高さを測定する（水準測量）際の基準点であり，日本では主要道路沿いにほぼ**2 km間隔**で設置されている。その水準点から水域の間には，515mの補助曲線しかないため，水域の表面は約515mと判断でき，海（海抜０ｍ）ではなく湖と分かる。

なお，地形図の水域は，福島県の猪苗代湖である。

問５ 論述の組立て

集落が立地している場所の特徴を，地形と関係付けて説明することが求められている。**特徴説明型**の変形である。集落が図のどこにあり，そこがどのような地形であるかを述べた上で，なぜその地形に集落が立地しているのかを説明する。

解答では，図中央部の**扇状地**と西部の**氾濫原**に分け，それぞれの具体的な集落名を盛り込みつつ，集落が立地している理由を述べよう。分量は，扇状地と氾濫原でほぼ半々（35～40字程度）でよい。

扇状地については，**扇端**に「白津」，「東館」，「川桁」，「幸野」などの集落が立地する事実を指摘し，扇央部で伏流した水が扇端部で湧出するという水利を理由としてまとめる。

氾濫原についても，「西館」の集落が立地している場所が**自然堤防**であり，そこが微高地で，洪水の被害を受けにくいという安全面の理由を付す。

上水道や人工堤防などの技術が確立する以前の集落は，乏水地では水利のよいところに，低湿地では水害を避けやすいところに立地してきた。乏水地では，扇状地の扇端，台地の侵食谷や台地崖下が，低湿地では，氾濫原の自然堤防上や海岸平野の浜堤上が代表例である。

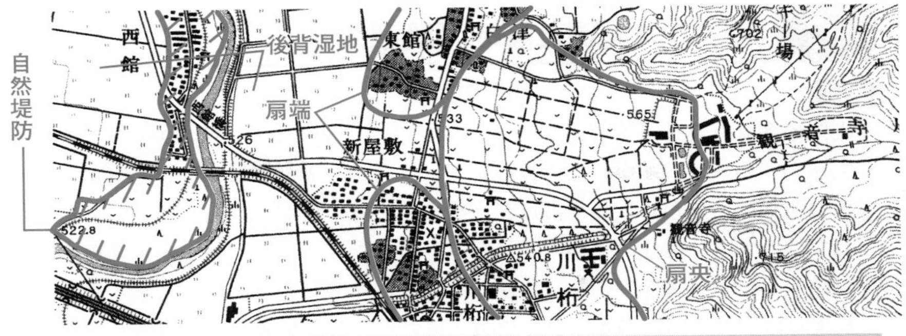

問6 **論述の組立て**

農地と地形を関係付けて説明することが求められている。図に見られる農業的土地利用は，畑と水田であるが，それぞれがどこで見られるのかを，地形とその地形の特徴（水利）も盛り込んで解答を作る。農地が立地している理由の説明を，田と畑について二つつなげた**理由説明型**で述べる。

畑（∨）は図中央部の扇状地の扇央と，西部の河川沿いの自然堤防上の2地域ある。いずれの場所も，**乏水地**で水利に恵まれないことを説明する。

水田（||）については，西部の河川沿い一帯に見られることと，低湿な後背湿地であることを関係付けてまとめよう。水田が西部の河川沿いを初め広い範囲で見られるのは，この地域が水利に恵まれる低湿な後背湿地（沖積平野）である氾濫原となっているからである。後背湿地には，河川の氾濫によって肥沃な土砂が運ばれてくることもあり，主に水田として利用されてきた。

一般に日本では，水利に恵まれる低湿地は水田に，乏水地は畑や茶畑（∴），果樹園（♁），桑畑（Y）などに利用されてきたところが多い。水田は，氾濫原の後背湿地や谷底平野などの沖積平野のほか，台地の侵食谷などに作られてきた。また，海抜高度の低い三角州などでは，排水設備を整備することで水田となっているところもある。

整理しよう！

□山地の地形図は，尾根と谷を読み，その起伏をイメージする。
□断面図は，最高点と最低点，等高線の間隔に注目する。
□平野の地形図は，集落の立地や農業的土地利用を地形と関係付けて読み取る。

97 大気の大循環と陸地（筑波大）

解答

大陸が多く存在するのは北半球であり，とくに北緯40～70°はユーラシア大陸を初め陸地が多い。この緯度帯では，大気の大循環に基づいて卓越する偏西風の影響が，大陸東部ほど山脈などに遮られ弱くなる。代わって東部では，大陸と海洋の比熱の差に起因して，季節で風向が異なる季節風が卓越する。大陸東部の内陸は比熱の大きな海洋の影響を受けにくいため，夏季は海洋よりも高温となり，上昇気流が発生して低圧部が形成され，風は海洋から大陸へ吹き込む。一方，冬季は海洋よりも低温となり，下降気流が発生して高圧部が形成され，風は大陸から海洋へと吹き出す。ユーラシア大陸東部の東アジアでは，夏季は低緯度の海洋に発達する太平洋高気圧からの南東季節風が卓越して高温湿潤，冬季は高緯度の大陸に発達するシベリア高気圧からの北西季節風が卓越して寒冷少雨となり，同緯度のユーラシア大陸西部に比べて気温の年較差，降水量の季節変化の大きい気候となる。(400字)

採点ポイント　【配点　25点】

陸地の分布と卓越風について

□大陸は北半球，とくに北緯40～70°の緯度帯に多い…（2点）

□大気の大循環によって北緯40～70°の緯度帯には偏西風が卓越…（2点）

□偏西風は，大陸東部ほど地形の起伏に遮られて弱くなる…（1点）

□大陸東部では，大陸と海洋の比熱の差によって季節風が吹く…（2点）

□季節風とは，季節によって風向が異なる風である…（1点）

大陸の東部（内陸部）について

□夏季は，海洋よりも高温となり上昇気流が発生し低圧部となる…（3点）

□夏季の風は海洋から大陸へ吹く（大陸部に吹き込む）…（1点）

□冬季は，海洋よりも低温となり下降気流が発生し高圧部となる…（3点）

□冬季の風は大陸から海洋へ吹く（大陸部から吹き出す）…（1点）

（具体例として）東アジアについて

□夏季は，海洋に高気圧が発達し，そこから南東季節風が吹く…（3点）

□夏季は高温湿潤の気候である…（1点）

□冬季は，大陸に高気圧が発達し，そこから北西季節風が吹く…（3点）

□冬季は寒冷少雨な気候である…（1点）

□気温の年較差，降水量の季節変化が大きい気候…（１点）

ここでは… 地球全体を取り巻く大気の大循環が，海陸の比熱の差によって実際にどのような変化を示しているかを考察する。

解説

論述の組立て

海陸分布の影響を受けて，実際の大気の大循環がどのように変化しているかを説明するので，**因果関係説明型**といえる。大陸が存在することで，大陸東部と海洋の間では，季節によって風向が異なる季節風（モンスーン）が卓越する。解答では，それが顕著に見られる東アジアを具体例として，大気の大循環の影響が弱まる理由，季節風が吹くメカニズム，東アジアで実際に見られる風についてまとめる。分量は，それぞれ120～130字程度とし，実際に東アジアでは季節風が気候にどのような影響を与えているかにも言及したい。

モンスーンアジアの具体例として，東南アジアや南アジアも挙げられるが，陸地の割合が高い緯度帯に位置する東アジアの方が問題の趣旨に適している。また，東南アジア・南アジアの季節風は，風向が夏季（高日季）は南西季節風，冬季（低日季）は北東季節風となることに注意する。

風は，高気圧（空気の密度が高いところ）から低気圧（空気の密度が低いところ）へと吹く。風が吹き出す高気圧は**下降気流**（＝晴天），風が吹き込む低気圧は**上昇気流**（＝水蒸気を含む場合は降水）が卓越する。

海洋と陸地では，**比熱の大きさ**が異なる。比熱とは，ある物質１ｇの温度を１℃上げる際に必要な熱量のことである。地球上で最も比熱が大きな物質は水であり，海洋上の空気もその影響を受けるため，比熱の小さな岩石から成る陸地の空気と比べて，夏季は暖まりにくく，冬季は冷え込みが穏やかになる。こうした海洋と陸地の温度差によって，夏季と冬季で高気圧と低気圧の配置が逆となり，季節風（モンスーン）が生じる。

整理しよう！

□風を遮る陸地が東西に広がる地域の東部では，恒常風の影響は弱まり，海陸の比熱の差によって生じる季節風が卓越する。

□東アジアでは，夏季は低緯度の海洋から暖かく湿潤な南東季節風が，冬季は高緯度の大陸から冷たく乾いた北西季節風が吹く。

98 水資源量（京都大）

解答

(1) ①－え　②－あ

(2) B　サウジアラビア　D　ナミビア　f　農業

(3) 地盤沈下，水質汚濁（地下水汚染）

(4) 病原菌や重金属で汚染された水によって健康被害が生じる。(27字)

(5) 土壌の塩性化　河川流入量の減少による湖面の低下や塩分濃度の上昇によって沿岸漁業が衰退した。(38字)

(6) ウ　主に普遍原料の水を使い製品重量も重く，輸送費を抑制するため。(30字)

ここでは… 人口が増加する中で，人間が利用できる水の量は限られるため，近年，その利用が活発に議論されている。水資源の世界的な偏りや，利用によって生じている問題も理解しておこう。

解説

(1) 水資源賦存量（ふぞんりょう）とは，降水量から蒸発散量を差し引いたものであり，理論上人間が最大限利用可能な水の量（単位は通常，m^3／人･年）である。問題にある各国1人当たりの水資源賦存量は，その国の人口で割るため，降水量の多いモンスーンアジア地域でも，人口密度が高い国では，小さくなる。

① 最も少ない指標の1,000m^3未満は，西アジアから北アフリカの回帰線直下の砂漠地域に見られる，**え**である。この地域は強乾燥地域で，降水量がきわめて少なく，蒸発量が多い。

② 2番目に高位の指標となる3,000m^3～10,000m^3未満は，最高位の指標である10,000m^3以上が特定できないと難しい。よって，まずは，どれが最高位の指標であるかを確認する。

いの分布に注目すると，ロシアとオーストラリア，インドネシアなどが該当する。国土面積の広いロシア，赤道付近で年降水量の多いインドネシアは，1人当たりの水資源賦存量が多くなる。また，オーストラリアは乾燥地域が広がるが，国土面積が広いため降水量の総量が多くなる一方，人口は少ないので1人当たりの水資源賦存量は多くなる。これらのことから，**い**が最高位の10,000m^3以上の指標と判断する。

次に，中国からインド，西アジアの高緯度地域にかけて広がる**う**に注目する。**う**の地域を中国とインド，西アジアの高緯度地方に分けて考えると，中国とインドでは人口が多いため，西アジアの高緯度地域では降水量が少ないため，下から２番目の1,000m^3～3,000m^{3}未満の指標となると判断できる。よって，3,000m^3～10,000m^{3}未満は，日本が含まれる**あ**となる。

(2)　地図中に実線で囲った国は，フランス・ウズベキスタン・ナミビア・オーストラリア・日本・サウジアラビアである。**B**国は１人当たり地下水取水量が多く，多額の設備投資を必要とする塩水・廃水の淡水化能力が極端に高いことから，乾燥地域で産油国の**サウジアラビア**と判断する。サウジアラビアの国土の大部分は砂漠であるが，海水淡水化装置を用いて真水を供給している。

D国は改善された水源を利用している人口の割合が４カ国中最も低く，灌漑面積の割合も最も低いことから，アフリカの**ナミビア**と判断できる。反対に，改善された水源を利用している人口の割合が100％の**A**国は先進国のオーストラリア，地下水の取水量が**B**国に次いで多い**C**国は乾燥気候が卓越する中央アジアの**ウズベキスタン**となる。

fは，稲作の盛んな日本と，灌漑普及率の高い**C**国のウズベキスタンで多いので**農業用水**である。モンスーンアジアに位置する日本では，農業用水としての利用が水の利用目的の中で最も多いが，畑作中心のフランスでの農業用水は少ないこともヒントとなる。**g**は経済発展段階の異なる６カ国を比較しても，最大と最小の差が小さいことから**生活用水**，反対にその差が各国で大きい**e**は**工業用水**と判断できる。

(3)　日本で地下水の利用が制約された理由は，過剰揚水による**地盤沈下**と，工業廃水や農薬による**水質汚濁**である。地下水の過剰揚水によって海抜０m地帯（東京湾岸や大阪）では，広域にわたって地盤が沈下する現象が見られた。また，有害物質に汚染された水が浸透して地下水の水質汚濁（地下水汚染）が引き起こされた。

(4)　「改善された水源」とは，公共の水道，安全な地下水・湧水・雨水貯留を意味する。こうした水源に乏しい地域では，**病原菌**が除去されていない水を飲用にしており，感染症が蔓延しやすい。とくに，経済発展の遅れたアフリカでは，公衆衛生が整備されず，感染症による乳幼児死亡率の高さが問題となっている。

また，鉱山や工場からの廃水が，適切に処理されないまま垂れ流され，公害を引き起こすことがある。日本の足尾銅山の鉱毒による被害や**イタイイタイ病**などはその例である。

(5)　オーストラリアやウズベキスタンでは，**土壌の塩性化**により灌漑農地が荒廃した。両国とも，降水量よりも蒸発量の方が多い乾燥気候が卓越しているため，過剰な灌漑の結果，地中の塩類が毛細管現象によって地表に集積する。

アラル海の環境問題は，論述問題の頻出テーマである。アラル海は，乾燥地域に位置する内陸湖で，その湖面面積は流入河川（アムダリア川・シルダリア川）の流量によって決定される。アムダリア川・シルダリア川沿いでは，旧ソ連当時，**自然改造計画**の名のもとで灌漑による耕地化が進み，綿花栽培地域が拡大した。また，アムダリア川の上流とカスピ海を結ぶ**カラクーム運河**の建設が始まり，運河沿いにも灌漑は広がった。その結果，河川水のアラル海への流入量が減少し，アラル海では，水位の低下により湖面面積が縮小した。さらに，湖水の減少は塩分濃度の上昇を引き起こし，沿岸漁業が衰退した。

現在，アラル海は，北の小アラル海と南の大アラル海に分断され，さらに南の大アラル海は東西に分断されている。

(6)　ビール醸造業は，**ウ**の市場指向である。ビール醸造業の場合，どこでも入手可能な**普遍原料**の水が主原料であるため，原料は立地決定に影響を与えない。ビールは製品重量が重くなるため，**市場**に立地すると輸送費が抑制できる。解答では，主原料が普遍原料である水であること，市場に立地すると輸送費が少なくてすむことをまとめる。

整理しよう！

- □日本は水田稲作が盛んなため，水使用量用途のうち農業用水の利用が最も多い。
- □地下水の過剰揚水は地盤沈下を，有害物質の地下水への浸透は地下水の水質汚濁（地下水汚染）を引き起こす。
- □「安全な水へのアクセス」が困難な発展途上地域では，感染症の蔓延などが深刻である。
- □乾燥地域で過剰な灌漑を行うと，毛細管現象によって土壌の塩性化が起こる。
- □アラル海では流入河川沿いでの灌漑の拡大に伴い，流入河川の水量が減少し，湖面面積の縮小のほか，塩分濃度の上昇や沿岸漁業の衰退が生じた。

99 日本の産業と人口（東京大）

解答

設問A (1) a－医療業　b－食料品製造業
c－輸送用機械器具製造業　d－情報サービス業　e－宿泊業
(2) 財政難を背景とした公共事業削減で建設業の雇用が減少し，高齢化を受けた介護保険の導入などで福祉関連の雇用が増加したため。(59字)

設問B 産業が未発達な地方町村では，少子高齢化による年齢構成の変化に伴う税収減や社会保障費の増大による財政難が深刻化し，医療などの公共サービスの効率化を図るため市町村合併を進めたから。(88字)

設問C (1) **ア**－郊外　**イ**－都心　**ウ**－中間
(2) 1995年までは都心の過密により郊外で住宅開発が進み，都心から郊外へ主に生産年齢人口が流出した。その後は郊外で定住者の高齢化により老年人口が急増した一方，都心では地価の下落と再開発の進行で住宅供給が増加し，人口が再び流入する回帰現象が起きた。(119字)

採点ポイント　設問A(2)　【配点　6点】
□公共事業の削減…（1点）
□財政難が背景…（1点）
□建設業の雇用が減少…（1点）
□介護保険制度の導入（もしくは介護需要の増大）…（1点）
□人口の高齢化…（1点）
□福祉関連の雇用が増加…（1点）

設問B　【配点　10点】
□地方町村は，産業が未発達…（1点）
□地方町村では，少子高齢化が進行し，年齢構成が変化…（2点）
□社会保障費の増大…（2点）
□財政難…（2点）
□市町村合併を進めた…（1点）
□公共サービスの効率化（水準維持）を図った…（2点）

設問C(2)　【配点　15点】
□都心の過密…（1点）
□1995年以前，生産年齢人口が都心から郊外へ流出…（2点）
□郊外で住宅開発が進んだ…（2点）

□1995年以前に流入の定住者が高齢化…（２点）
□郊外で老年人口が急増…（２点）
□都心の地価の下落…（２点）
□都心で再開発が進み，住宅（高層マンション）供給が増加…（２点）
□1995年以降，都心では人口が再び流入する回帰現象が起きた…（２点）

ここでは… 日本の人口について，就業構造，地方圏での市町村合併，大都市圏での都心と郊外の人口動態など，様々な角度から確認する。

解説

設問A ⑴　東京が１位ではないｂ・ｃのうち，北海道が１位となっているｂが食料品製造業である。北海道では酪農などが盛んで，農業の経営規模が大きい。ｃは愛知・静岡が上位であり，これらの県では自動車などの**輸送用機械工業**が盛んなので，輸送用機械器具製造業である。

東京が１位のａ・ｄ・ｅのうち，ｅは，雄大な自然を観光資源とする北海道が２位，熱海や伊豆など温泉地が多い静岡が３位であることから，宿泊業である。全国の従業者数が少なく東京の比率が約50％と高いｄは情報サービス業，残るａが医療業となる。

⑵ **論述の組立て**

社会保険・社会福祉・介護事業の従業者が大幅に増加し，総合工事業の従業者が大幅に減少した理由について比較することが求められている。**比較・相違説明型**と**理由説明型**の両面から述べる。各産業それぞれをコンパクトにまとめる必要がある。

福祉関連事業のうち，高齢化を受けて2000年から導入された**介護保険制度**によって，高齢者向け福祉の従業者が大幅に増加した。

一方，総合工事業は，政府の公共事業（道路建設など）への依存度が高く，バブル崩壊後，景気後退が続いた日本では，税収の悪化や国債償還による財政の建て直しの際の公共事業削減が雇用に大きく影響した。

設問B

論述の組立て

三大都市圏内のＡ県で市町村の数がほとんど変化しなかったのに対し，地方圏のＢ県で町村の数が減少し，市の数が増加した理由が問われている。一見すると，比較・相違説明型のように見えるが，Ａ県では変化がほとんどないので，Ｂ県でこうした変化が起こった理由を中心にまとめることになり，**変化・展開・経過説明型**といえる。

1999年から始まった「**平成の大合併**」は，産業基盤が弱い地方の小規模町村で主に進み，1999年に3232あった地方自治体は，2006年には1821まで減少した。町村合併が積極的に進められた結果，合併して市を新設する，財政力のある隣接する市に吸収合併されるなどにより，市の数は増加した。

なお，三大都市圏内のA県は神奈川県，地方圏のB県は山梨県である。

設問C ⑴ **ア**は，1995年までは生産年齢人口に当たる年齢層が住宅都市へと流入した**郊外**と判断できる。

イは，図1では1995年までは減少し，その後は増加に転じていることから，1995年まで**ドーナツ化現象**により人口の減少が見られた**都心**である。1995年以降は都心回帰現象が起こり，生産年齢人口が増加している。図2の老年人口も増加しているが，**ア**・**ウ**に比べて緩やかな増加である。残った**ウ**が都心と郊外の**中間**となる。

⑵ **論述の組立て**

生産年齢人口と老年人口の推移の図から読み取ったことを背景・理由とともに解答に盛り込む。図では1995年の前後で異なる傾向を示すので，その時期に住宅供給の変化が生じたことを説明しよう。時期を追って，郊外と都心を比較するので，**変化・展開・経過説明型**と**比較・相違説明型**の両面から述べる。

1980年代後半から1990年代初めにかけてのバブル経済の進展が都心の地価高騰に拍車をかけ，郊外への人口流出が顕著に進んだ。

1990年代初めにバブル経済がはじけると，地価は下落し，都心の再開発が進行し，再び人口が都心に流入する**都心回帰現象**が起こった。一方で，郊外の新興住宅地に入居していた世帯は年齢構成に偏りがあるため，時が経ち，一斉に高齢化が進んだ。

整理しよう！

□高齢化は地方圏での進行が顕著で，地方自治体の財政難を招いている。

□大都市圏では，1990年代初めまで郊外での住宅開発が進み，都心から郊外へと人口が流出するドーナツ化現象が起こった。

□大都市圏では，1990年代後半からバブル崩壊による地価の下落によって再開発が進み，人口が流入する都心回帰現象が始まった。

100 工業立地（一橋大）

解答

問１ ①＝ウ　②＝ア，ウ，エ　③＝イ　④＝ウ　⑤＝ウ

問２ Ａ市＝33.33…円　Ｂ市＝33.33…円　Ｃ市＝66.66…円

問３ Ａ市。いずれも市場を中心とする200円の等輸送費線上に位置する３市の製品輸送費は同じである。また普遍原料はどこででも入手可能であるので，普遍原料の３市への輸送費はいずれもかからない。一方，純粋原料は原料でも製品でも重量が変化せず，どちらの状態でも輸送費は変わらない。そのため，純粋原料産地と市場を結ぶ直線上に工場が立地する場合に総輸送費が最小となる。よって，この直線上のＡ市が最適な立地となる。

（196字）

採点ポイント　問３　【配点　20点】

□Ａ市の指摘…（３点）
□市場から等距離にある３市の製品輸送費は等しい…（４点）
□普遍原料は，輸送費がかからない…（３点）
□普遍原料は，どこででも入手可能である…（３点）
□純粋原料は，原料でも製品でも輸送費は変わらない…（３点）
□原料産地と市場を結ぶ直線上で総輸送費（原料輸送費と製品輸送費の和）が最小となる…（４点）

ここでは… 論述問題では，理論に基づいて地理的思考力を試す問題が出題されることがある。与えられた理論を応用する力を養っておこう。

解説

問１　①　一つの**普遍原料**のみを用いる場合，輸送費が最小になるのは，市場地である。

②　一つの**純粋原料**のみを用いる場合，原材料時でも製品に加工した後でも重さは変わらず，輸送費は変わらないため，原料産地でも，市場地でも，両者間の直線上の地点でもよい。

③　**重量減損原料**のみを用いる場合，製品に加工した後の方が，輸送費が安くなるため，**原料産地**に立地する。

④　**普遍原料**を用いる場合は，市場で生産すると，製品輸送費は最小にな

る。また，純粋原料の輸送費は，原材料でも製品でも変わらない。よって両者を用いる場合，原料輸送費と製品輸送費の和が最小となる市場地に立地する。

⑤　二つの純粋原料を用いる場合，どちらかの産地に立地すると，もう一つの原料輸送費と，製品輸送費の両方がかかってしまう。そのため，製品輸送費が最小になる市場地に立地し，原材料のまま市場に運ぶ場合に，総輸送費は最小になる。

問２　図の太線は，二つの原材料（１トンの重量減損原料と１トンの純粋原料）の産地からの輸送費と，製品１個（1.5トン）の市場地への輸送費を合計した「等総輸送費線」である。Ｐ市は，それが最小の400円になる立地点であるとされ，Ａ市とＢ市は450円，Ｃ市は500円の線上にある。400円との差額を補助金として支給すれば，Ｐ市と同等の条件になる。ここで注意することは，問われているのが製品１トン当たりの補助金であることである。製品１個は1.5トンなので，Ａ市とＢ市なら50円/1.5トン＝33.33…円，Ｃ市なら100円/1.5トン＝66.66…円を支給することになる。

問３　**論述の組立て**

この問では，輸送費が最小になる地点＝Ａ市を示した上で，そのように判断した理由について求められているので，**理由説明型**である。問題文では，純粋原料，普遍原料がどのような性質を持つ原料なのかについて説明していないため，その性質についても盛り込んだ解答とした。

①　製品の輸送費は３市とも同じ（40～50字）

②　普遍原料は，どこででも得られ，輸送費はかからない（40～50字）

を前提条件として提示する。さらに，

③　純粋原料は原材料でも製品でも輸送費が変わらない（40～50字）

④　よって純粋原料と市場地を結ぶ直線上で，総輸送費が最小になる（30～40字）と説明をする。

整理しよう！

□ウェーバーの工業立地論において，工業立地に関する最も重要な立地因子は，輸送費である。

□原材料は，普遍原料と局地原料に分けられ，局地原料はさらに，重量減損原料と純粋原料に分類される。

●執筆
相澤善雄
伊藤彰芳
下政一
竹内浩一
田村誠
塚原洋子
天井勝海
松村一雄
森田恒芳
山浦敏之

●編集協力
岩渕孝
山崎和加子

実力をつける地理 100 題 [改訂第3版]

初版第１刷発行…………………… 1994 年 2 月 20 日
増訂版第１刷発行………………… 1998 年 4 月 1 日
増訂第２版第１刷発行…………… 2003 年 7 月 1 日
改訂第３版第１刷発行…………… 2010 年 3 月 10 日
改訂第３版第 13 刷発行 ………… 2024 年 7 月 1 日
（通算第 35 刷）
編者…………………………………Ｚ会出版編集部
発行人………………………………藤井孝昭
発行…………………………………Ｚ会
〒 411-0033 静岡県三島市文教町 1-9-11
【販売部門：書籍の乱丁・落丁・返品・交換・注文】
TEL 055-976-9095
【書籍の内容に関するお問い合わせ】
https://www.zkai.co.jp/books/contact/
【ホームページ】
https://www.zkai.co.jp/books/
装丁…………………………………河井宜行・熊谷昭典
印刷・製本…………………………日経印刷株式会社
DTP …………………………………株式会社 三島印刷

ISBN978-4-86066-686-6 C7025

Z-KAI